U0576527

全本全注全译丛书

中华经典名著

徐正英　常佩雨◎译注

周礼　上

中华书局

目录

上　册

下　册

前言

《周礼》,亦称《周官》、《周官经》、《周官礼》,是现存儒家十三经中的一部经典,我国第一部系统、完整叙述国家机构设置、职能分工的专书。它涉及古代官制、军制、田制、税制、礼制等国家重要政治制度,为我国秦汉以来历代国家机构建制提供了全面的参照体系,可谓研究上古文明的百科全书,在中国古代政治思想文化史上影响深远。

一、《周礼》的发现、书名及篇数

在儒学经典中,《周礼》是最晚出的一种,该书仅有古文,没有今文。

据《汉书·景十三王传》记载:"献王所得书皆古文先秦旧书,《周官》、《尚书》、《礼》、《礼记》、《孟子》、《老子》之属,皆经传说记,七十子之徒所论。"则《周官》是西汉初期景武之际河间献王刘德从民间献书中收集所得,藏于汉官秘府中,长期未曾公之于世。

《史记·封禅书》载,武帝与公卿诸生议封禅,"群儒采封禅《尚书》、《周官》、《王制》之望祀射牛事",贾公彦《周礼疏序》则称"《周官》,孝武之时始出,秘而不传。《周礼》后出者,以其始皇特恶之故也"。据此,则明确论及《周礼》出于武帝时。史载西汉末成帝时,刘向、刘歆父子校理秘书,发现此书,先后著录于《别录》、《七略》,《周礼》至此正式公开。

　　《周礼》现世后，先后出现多个名称。初现时，称为《周官》，这是今存史籍对该书最早的称谓。哀平之世，刘歆作《七略》，名之为《周官经》。王莽居摄(公元6年)之后，刘歆为国师，认为该书是"周公致太平之迹"，故更《周官经》为《周礼》，立为官学，成为官方承认的经典。

　　东汉时期，《周官》《周礼》二名并用，至汉末郑玄作注，取用《周礼》之名，其《仪礼》注文、《礼记》注文等，亦均称《周礼》。由于郑玄《周礼注》被视为经典，从而使《周礼》之称进一步巩固。

　　魏晋时，《周官》之称仍时与《周礼》之名并存。南北朝时，有学者综合二名，将其称为《周官礼》。

　　唐高宗时，贾公彦据郑玄《周礼注》作《周礼疏》五十卷。文宗开成年间刻成的石经，称为《周礼》。至此，《周礼》之名最终确立。然后代注疏，仍偶见有称《周官》者。

　　自河间献王晚年将此书献于朝廷之后，百余年间，少人问津。迨刘歆将其著录于《七略》中的《六艺略》时，称"《周官经》六篇"及"《周官传》四篇"，然此六篇《周官经》实为五篇，《冬官》一篇以《考工记》补足。刘歆的弟子杜子春作《周官注》，已对《冬官考工记》作注释。但《汉书·艺文志》对此并无说明，而《周官传》四篇又亡于兵燹，东汉之初已不得见。于是众说纷纭。马融以为《考工记》是刘歆所补，陆德明《经典释文》和《隋书·经籍志》则以为是河间献王所补，孔颖达又认为是汉文帝令博士所补(此说不足信)，贾公彦则判定为六国时所补。郑玄《三礼目录》中《冬官考工记第六》下云："《司空》之篇亡，汉兴，购求千金不得。此前世识其事者，记录以备大数，古《周礼》六篇毕矣。"郑玄之说，较为合理。

二、《周礼》的成书时代与作者

　　《周礼》面世后，其成书年代和作者问题，就引起了众多学者的激烈争辩，近现代学界依然争论不休，迄无定论。归纳起来，主要有以下几种观点：

1. 西周初年周公手作说

即认为《周礼》是西周周公姬旦亲自撰作。刘歆首创此说。他认定其为"周公致太平之迹，迹具在斯"，即为周公所制官政之法。东汉末年，经学大师郑玄因袭其说，在《周礼·天官·叙官》"惟王建国"之下注曰：

> 周公居摄而作六典之职，谓之《周礼》。营邑于土中。七年，致政成王，以此礼授之，使居雒邑，治天下。

其后一大批学者，如唐代的孔颖达、贾公彦，宋代的王安石、张载、李觏、曾巩、司马光、朱熹，清代的魏源、汪中、惠士奇、江永、孙诒让等也都力主此说。唐贾公彦在《序周礼废兴》中说："唯有郑玄遍览群经，知《周礼》者乃周公致太平之迹，故能答林硕之论难，使《周礼》义得条通。"南宋朱熹明确指出："《周礼》是周公遗典也。"称之"盛水不漏"，认为非周公不能作。清末经学大师孙诒让《周礼正义·序》曰："粤昔周公，缵文武之志，光辅成王，宅中作雒，爰述官政，以垂成宪，有周一代之典，炳然大备"；又在《周礼正义·略例十二凡》中说："此经为周代法制所总萃，闳章缛典，经曲毕晐。"

周公作《周礼》说在古代影响最大，信从者最多。但各家均未能提供可靠的证据。此说尚存在疑点，如，《周礼》中官职名称、公田大小与周初的实际情况不合，而且文字风格也与当时实际不符。故周公作《周礼》说当存疑。

2. 作于西周、作者不详说

持此说的主要为现当代学者。如蒙文通在《从社会制度及政治制度论周官成书年代》中认为，《周礼》"虽未必即周公之书，然必为西周主要制度，而非东周以下之治"。日本学者林泰辅的《周官著作时代考》，对《周礼》所见天神、地祇、人鬼，以及伦理思想、政治制度等进行了详细分析，认为《周礼》作于西周末的厉王、宣王、幽王时期。陈汉平在《西周册命制度研究》一书中，就册命金文所见西周官制多与《周官》内容相合之现象对《周礼》成书年代进行推断,表示其倾向于《周官》成书在西周之说。李学勤《新出青铜器研究》一书将《周礼》与金文对照研究,通过出土金文"裘卫"考证《周礼》"司裘",指出"司裘官名只见于《周礼》",其它任何古书都是没有的,他进而认为这充分表明了《周礼》的真实可据,同意《周礼》一书产生于西周的观点,但不认定它一定是周公所作。汤斌、白玉林《周礼概述》认为,仅就根本制度和经济水平来考察,《周礼》的设官分职是以西周前期的社会现实为基础的。朱谦之《周礼的主要思想》说:"此书中所用古体文字,不见于其他古籍,而独与甲骨文金文相同,又其所载官制与《诗经》之'大雅'、'小雅'相合,可见非在西周文化发达的时代不能作。"训诂学者洪诚从语法角度探讨《周礼》的成书年代,他在《读〈周礼正义〉》中指出,《周礼》成书当于西周宣王中兴时代,最晚不会晚于东周惠王后。

3. 作于周室东迁之后,平王至惠王之间说

当代有学者认为,《周礼》"成书最晚不在东周惠王后"。金景芳在《周礼》一文中,详细考察《周礼》的语法、封国之制、畿服之制与周制的差异后推论说:"我认为《周礼》一书是东迁以后某氏所作。作者得见西周王室档案,故讲古制极为纤悉具体。但其中也增入了作者自己的设想。例如封国之制、畿服之制一类的东西,就是作者自己设想所制定的方案。这个方案,具有时代特点,不但西周不能为此方案,即春秋战国时人也不会作此方案。原因是春秋战国时,周室衰微已甚,降为二、三等小国,当时不会幻想它会复兴。而在西周的历史条件下,则不可能产生这样的设想。"

王宁等在《评析本白话十三经》中认为:"《周礼》一书是在周王朝东迁以后,即在东周平王至东周惠王之间(公元前770年—公元前676年)产生的,作者极有可能是管理档案材料的官员。书中所反映的周制,当是西周初期尚未改制,也就是沿用殷制时的周制,同时又有不少内容是作者的设想。"该书还指出,《考工记》本是另外一部书。书中云:"秦之

无庐也,非无庐也,夫人而能为庐也。"又云:"郑之刀,宋之斤,鲁之削,吴、粤之剑,迁乎其地而弗能为良,地气然也。"秦封于周孝王时,郑封于周宣王时,则《考工记》书必在西周孝王和西周宣王以后出现。《南齐书》里记文惠太子萧长懋镇雍州时,有盗发楚王冢,得竹简书,青丝编,凡十余编,以示王僧虔。王僧虔曰:"是蝌蚪书《考工记》。"据此可知,《考工记》也绝非秦朝以后的人所作。

4. 作于春秋说

当代学者刘起釪搜集《周礼》以外的所有职官文献,又采用郭沫若《西周金文辞大系图录考释》中的金文官制材料,写出《两周战国职官考》一书。据此研究成果,他在《〈周礼〉真伪之争及其书写成的真实依据》一文中说:"《周礼》一书所有官职资料,都不出春秋时期承自西周的周、鲁、卫、郑四国官制范围。""所以《周官》一书,最初作为官职之汇编,至迟必成于春秋前期。"王雪萍《〈周礼〉饮食制度研究》认为,《周礼》所叙述的各种制度,主要反映的是西周中后期的典章制度,成书过程中也受春秋时期多种思想观念的影响,由此判断"它成书于春秋时期"。

5. 成书于春秋战国之际,孔子及其弟子为写定者说

谢祥皓、刘宗贤在《中国儒学》中认为,《周礼》是周代典章制度的集结与规划,是周公经国治政的产物,"即使不是周公亲自制定,也必然是在周公的主持或指导之下完成的"。"不论今存《周礼》究竟写于何时,在周公时代必定已经具有了它的雏形。"其结论是:"今存《周礼》乃形成于周公,写定于孔门,传世于刘氏父子。"即《周礼》的最终写定年代当在春秋战国之际,最终写定者可能是孔子及其弟子,刘歆使其在社会上流传开来。唐镜、刘庆华亦认为《周礼》规模宏大,应是周代典章制度的集结与规划。其中既有对夏、殷两代礼制的承袭,又有对周代礼制的改造或新定,更多的则是理想的规划或设想。其写定或当在春秋末到战国时。其书只能是以恢复周礼为己任的孔门弟子所作。而其最后面世,确实经过了刘向、刘歆父子。此说可谓折衷之说。

6. 成书于战国说

此说始于东汉的林孝存(即林硕,或又名临硕,《后汉书·郑玄传》作"临孝存")和何休。据贾公彦《序周礼废兴》所述,林孝存认为《周礼》是"末世渎乱不验之书",故作《十论》《七难》以排弃之。东汉何休认为,《周礼》是"六国阴谋之书"。"末世"、"六国"皆指战国时期。汉儒张禹、包咸,唐朝赵匡、陆淳,宋代刘敞、欧阳修、苏轼,明代季本,清代崔述、皮锡瑞均信从何休说。皮锡瑞指出,《汉书·艺文志》有"六国之君,魏文侯最为好古,孝文帝时得其乐人窦公,献其书,乃《周官·大宗伯》之《大司乐》章也"的记载,由此并根据其他一些记载,认定六国时已有此书。今人郭沫若、范文澜、钱穆、顾颉刚、杨向奎、黄沛荣、金春峰、沈长云、李晶等亦持此说。

此说在具体早晚分期及作者地域等问题上,又有异说。如,沈长云、李晶通过对春秋时期列国官制的清理,并以之与西周官制及《周礼》所记载职官系统仔细比较,发现春秋时期官制无论在整体格局上还是各职官的官称、具体职掌上,都较西周时期更接近于《周礼》,故他们判断《周礼》的成书年代不会早于春秋末叶,或当在战国前期。顾颉刚、杨向奎二位先生把齐国文献《管子》与《周礼》对照,从其什伍组织、授田制度、"足甲兵"的法令与《周礼》所记相似中,断定《周礼》为战国时期齐国人所作。金春峰则认为《周官》是战国晚期、秦统一之前秦地学者的作品。沈长云、金春峰等学者,除注重对文献进行稽考外,还采用了金文、出土秦简等新出土文献材料,这一研究亦具有方法论价值。

按,《周礼》成书于战国说,是目前学术界比较通行的观点。笔者亦赞同《周礼》成书于战国说,而其成书于早期抑或晚期,作者的具体国别,则可作进一步讨论。

7. 成书于秦朝说

南宋魏了翁在《鹤山文钞·师友雅言》中认为,《周礼》为"秦汉间所附会之书"。清代毛奇龄在《经问》卷二中云:"此书系周末秦初儒者所作。"梁启超在《古书真伪及其年代》中断言："这书总是战国、秦汉之间，一二人或多数人根据从前短篇讲制度的书，借来发表个人的主张。"陈延庆《周礼成书年代的新探索》认为："《周礼》制作年代的上限，不早于商鞅变法。……它的下限也不会晚于河间献王在位之时。……《周礼》成书年代的最大可能，是在秦始皇帝之世。"史景成《周礼成书年代考》认为，《周礼》作于《吕氏春秋》以后、秦统一天下之前。

8. 成书于汉初、专人写成说

今人彭林持此说。彭氏《〈周礼〉主体思想与成书年代研究》对传统的研究方法进行了反思，他为摆脱传统的注重考证的研究方法束缚，着眼于《周礼》思想体系的研究。他未从考证《周礼》中职官、制度、文字形态、语言风格入手，而从把握全书的思想体系出发，详细剖析了《周礼》的治民、治官、理财、阴阳五行思想及其国家政权模式，认为该书主体思想具有由儒、法、阴阳五行思想三家紧密融合"多元一体"的基本特征，吻合汉初追求思想多功能的时代需求，断定《周礼》当成书于汉初高祖和文帝之间，且出自一人之手，"成书的下限，当不得晚于文景之世，即道家思想尚未成为主流派之前"。

按，凭借一人之力，要对一个国家政治、经济、军事、礼制作全面系统的规划是困难的，同时《周礼》书中多有互相抵牾之处，出自一人之手的可能性不大。《周礼》表现的思想固然与汉初吻合，但其在实践中的表现与理论形成、思想源头与其盛行时间之间，有着漫长的发展过程。追溯其源头，汉初盛行的哲学思想，当在几百年前就早已存在。并且该书是由古文而非汉代隶书写成，故不太可能成书于汉代。此外，撇开传统的考证方法，单纯从书中的思想进行推论，也难以使人信服。

9. 成书于西汉末年、由刘歆伪造说

此说始倡于南宋胡宏，其直接目的是借此反对此前北宋王安石援《周礼》变法的观点。胡宏在《皇王大纪论·极论周礼》中认为，刘歆伪造《周礼》，是为"附会王莽，变乱旧章，残贼本宗，以趋荣利"，故"假托

《周官》之名，剿入私说，希合贼莽之所为耳"。南宋洪迈，清代万斯大，近人康有为、廖平、钱玄同，今人杜国庠等，均持此说。如万氏认为，《周礼》官制过于冗繁，赋税过于苛重，与先秦文献所载多有不合，当是后人伪作。康有为在《新学伪经考》中说：

> 至《周官》经六篇，则自西汉前未之见，《史记·儒林传》、《河间献王传》无之，其说与《公》、《穀》、《孟子》、《王制》、今文博士皆相反。莽《传》所谓"发得《周礼》以明因监"，故与莽所更法立制略同，盖刘歆所伪撰也。歆欲附成莽业而为此书，其伪群经乃以证《周官》者，故歆之伪学此书为首。

刘歆伪造《周礼》说在港台地区比较流行，如徐复观《周礼批判》、侯家驹《周礼思想渊源》等均从此说。徐复观在《周官成立之时代及其思想性格》中，分析了《周礼》一书的思想线索及其背景后，认为此书受到《管子》、《大戴礼记》、《淮南子》以及董仲舒、桑弘羊等人的思想影响，由王莽草创于前，刘歆整理于后，是表达他们政治理想之书。

按，此说不可信。早于刘歆的《大戴礼记·朝市》已记载《周礼》中"大宗伯"、"典命"、"典瑞"、"大行人"、"职方"等职文，刘歆不可能疏忽到有文献材料在前而后伪作的程度。况且《周礼》中有关礼仪的记载，也与当时流行的《仪礼》、《礼记》多有不同。如若《周礼》系刘歆伪作，何以不弥合这些裂缝，而授人以柄？

要之，关于周礼成书年代与作者问题，聚讼纷纭，至今仍是学界讨论的重要话题。相信随着新材料的出现、学界对古书成书过程、作者概念等问题认识的加深，人们将会获得更为符合历史实际的认识。综合考量，当以"《周礼》成书于战国"说较为稳妥。

三、《周礼》的框架、内容与价值

《周礼》全书共6篇：《天官冢宰》、《地官司徒》、《春官宗伯》、《夏官司马》、《秋官司寇》、《冬官司空》。每篇各包括多个官职，每官之下都详细记载其人数、职务等。其中《冬官》存目无文，汉人以《考工记》补入。《周礼》在中国古代思想史上具有重要的史料价值。一些社会改革家和思想家从《周礼》中吸收了许多养料，以进行现实政治改革。

《周礼》的基本框架是政治制度、设官分职。通过各个官职具体职责的说明，显示一个相当完整的政治思想体系。上以神权观念为庇护，下以王权政治为主体，政治、经济、教育、风俗、军事等各个方面，无不在统一的"礼"之下行事。天子、诸侯、公卿、大夫、士，及至"万民"，均依据既定礼仪行事，从而形成上下相安、万民和谐的礼仪之邦，反映了儒家的主要思想倾向及其社会、政治理想。

《周礼》以记述职官职能来汇集当时的各类制度，是一部"设官分职"的国家机构设置、职责分工的法规总集。全书依据职能将政府机构分为六大部门，除冬官全部亡佚外，地官司禄，夏官军司马、舆司马、行司马、掌疆、司甲，秋官掌察、掌货贿、都则、都士、家士等职文也亡佚了。现存的五篇，每篇皆由叙文、叙官、职文三部分组成。叙文简叙该官设置之由，相当于总论，皆以"惟王建国，辨方正位，体国经野，设官分职，以为民极"数语冠其首。叙官列举该官所属之官府、爵位、人员编制并体现领属关系。六大官府各司其职，国有大事，如祭祀、宾客、丧荒、军旅、田役、敛弛，则六官各府协同办理，谓之"六联"。故《周礼》职文多由该官之专职、该官在大事协办中的地位和作用、该官的日常事务和例行事务等三部分组成。职文规定每一官员的具体职责。六大官府所属主要官府的官员设置和人员编制皆有定数，一曰正，总揽全局之正长；二曰师，正长之副；三曰司，掌一部门；四曰旅，掌一专项事务；五曰府，保管文件档案财物；六曰史，处理起草文书；七曰胥，十徒之长；八曰徒，行走传达。此谓之"八职"。各官府系列所属人数不一，天官 63 职，地官 78 职，春官 70 职，夏官 70 职，秋官 66 职，冬官（《考工记》）有工匠 30 职，共 377 职。有的职官有职官名而无职文，明确有职能记载的有 366 职。据孙诒让《周礼正义》统计，五官府可统计之供职人员为 57079 人，估算加上冬官人数,王国境内政府机构供职人员当为六万以上,有爵者约占十分之一。

天官掌"邦治",又谓之"治官"。地官掌"邦教",又谓之"教官"。春官掌"邦礼",又谓之"礼官"。夏官掌"邦政",又谓之"政官"。秋官掌邦禁,以佐王刑邦国,又谓之"刑官"。冬官亡佚。汉人以《考工记》来弥补。《天官·小宰》中云:"六曰冬官,其属六十,掌邦事。""六曰事职,以富邦国,以养万民,以生百物。"据此,历来认为冬官当为"司空"还是可信的。"司空"一职,唐虞时代已有。《尚书·舜典》云:"伯禹作司空。"《洪范》列"八政"也有"司空"。郑玄笺《诗经·大雅·绵》云:"司空,卿官也,掌营国邑。"颜师古注《汉书·百官公卿表》云:"空,穴也。古人穴居,主穿土为穴以居人也。"可见"司空"原本掌管营建土穴,后泛指一切工程。而作为"司空"职官替代内容被补入《周礼》的《考工记》,则是另外一部主题集中而有特色的独立科技著作。

《考工记》是我国科学技术史上第一部杰作。其结构可分为两部分:开头为总论,论述百工的重要,提出"国有六职",即,"坐而论道,谓之王公;作而行之,谓之士大夫;审曲、面埶,以饬五材,以辨民器,谓之百工;通四方之珍异以资之,谓之商旅;饬力以长地财,谓之农夫;治丝麻以成之,谓之妇功"。其后记载轮人、舆人、辀人、筑人、冶人、桃人等当时官营手工业的三十种工匠之职,包括"凡攻木之工七,攻金之工六,攻皮之工五,设色之工五,刮摩之工五,搏埴之工二",详细记载各种器物的名称、规格、工艺要求及制作过程。

《周礼》体大思精,结构缜密。六官职事复杂繁琐,但作者归纳概括成若干条原则。如天官系统太宰的职务,作者归纳为"六典"(明其统摄其他五官的地位)、"八法"(官员任用、考核、监察等官府治理原则)、"八则"(都鄙治理原则)、"八柄"(辅助君王运用生杀予夺权柄驾驭官吏)、"八统"(驾驭百姓)、"九职"(解决国民生计)、"九赋"(国家财政收入)、"九式"(国家财政支出)、"九贡"(广开财源)、"九两"(联络百姓)等。可以看出,《周礼》全方位汇集了政治、法律、文化、教育、经济、军事、科技等各类典制,具有多方面的史料价值。

《周礼》保存了我国古代政治制度的宝贵资料。《周礼》记载的建国设官,是带有一定民主色彩的君主专制政体。《周礼》反映的政治制度,在我国封建社会中,影响极其深远。如全书对天、地、春、夏、秋、冬六官的设置,在后代基本付诸实施。隋代设置吏、礼、兵、度支(后改为户)、都官(后改为刑)和工六部;唐代在尚书省下,设吏、户、礼、兵、刑、工六部;宋因唐制;元仅改尚书省为中书省;明代废中书省,于是吏部又恢复了统辖地位;清因明制,清末六部才有所增改。我国历代封建王朝的中央官制,都与《周礼》六官框架有关联。历史上不少人在进行社会变革时,往往参用《周礼》。如王莽依据《周礼》改汉制;苏绰借鉴《周礼》改革官制;北宋王安石变法,亦自称取法《周礼》,反对派亦云"王安石以《周礼》乱天下"。

《周礼》保存了我国古代法律制度的宝贵资料。《周礼》的理刑思想重在未犯罪前的纠治。其立足点是以教立国。《秋官·士师》的"五禁"(宫禁、官禁、国禁、野禁、军禁)是为防患于未然。《周礼》对案情的审定十分审慎,订有三刺(讯群臣、群吏、万民,查明实情)、三宥(即宽恕因"不识"、"过失"、"遗忘"而杀人,区分有意行凶、误杀)、三赦(赦免幼弱、老耄和蠢愚)之法。对于万民之间的诉讼,《周礼》依据券书和契约决断。其刑法还体现出恤刑的意向。

《周礼》保存了我国古代文化制度与审美风尚的宝贵资料。《周礼》重视祭祀、卜筮。如《礼记·祭统》说:"礼有五经,莫重于祭。"负责礼制的春官首推大宗伯,所列五礼,祭礼(吉礼)居其首。祭祀对象为天神、人鬼、地祇三类。祭祀方式、祭品、祭器有种种不同。由此后世创造了灿烂的祭祀文化。《周礼》还崇尚乐舞,以之作为陶冶品性、祭祀鬼神、显示等级地位的手段。"大司乐"职以"乐德"、"乐语"、"乐舞"教国子,又明确提出以乐序尊卑,"王出入则令奏《王夏》;尸出入则令奏《肆夏》;

牲出入则令奏《昭夏》"。书中乐器种类、名称繁多,皆有助于考察古代文化风尚。

《周礼》保存了我国古代教育制度的宝贵资料。《周礼》对万民的教化,强调读政令和习礼乐。"大宰"、"大司徒"、"大司马"、"大司寇"分别以各自制订的治法、教法、政法、刑法于夏历十一月宣布于邦国都鄙,并于象魏悬挂,让万民观览。"小宰"、"小司徒"、"小司马"、"小司寇"又于第二年夏历正月再公布一次,并摇动木铎晓谕众官和百姓。习礼乐是对万民的行为、道德规范的熏陶和训练。"大司徒"的十二教,礼教占五条(祀礼、阳礼、阴礼、乐礼、仪辨)。作为乡学教学官法"乡三物"中的"六德"(知、仁、圣、义、忠、和)、"六行"(孝、友、睦、姻、任、恤)也都属于礼的范畴。《周礼》突出道德教育中音乐的感化作用。"大司乐"职掌教国学的教法、治王国的学政,它以"乐德"、"乐语"、"乐舞"教国子,强调乐语盛行,乐舞不衰,以达到处世和谐的目的。《周礼》的教育组织有国学(国家所设,培训贵族子弟)和乡学(地方学校,庶民可入学)等形式。

《周礼》保存了我国古代经济制度的宝贵资料。《天官·太宰》十条官法有四条(九职、九赋、九贡、九式)属于理财范围。《地官》七十八职,除六职掌有关教育事项和六职掌管祭祀外,其余全是执掌有关地政、人力、物产和流通的人员。《周礼》把均分耕地当作经济中的首要问题,"小司徒"一职把土地分成三等,按人口、劳力多少加以分配。《周礼》强调完善水利灌溉系统、选种和注意种植方法,改良土壤和按不同土质施肥,提高土地利用率,"大司徒"、"草人"、"司稼"、"遂人"、"稻人"等职中皆有记载。《周礼》对农民的负担和分配,采取均衡制。《地官》中"司稼"、"均人"、"载师"皆为掌均万民之食、均地守、均地职的官员。《周礼》对经贸工商采取抑制政策,并注意开源节流,重视财富积累与均节财用。通过加强户籍管理,精确统计人口,按人口和土地纳税,强化农民承担的九功、九赋、力征、军赋等多种义务。《周礼》的财经管理制度十分严密。《天官》"大府"、"玉府"、"内府"、"外府"、"司会"、"司书"、

"职内"、"职岁"、"职币"等九职则分掌治藏和会计,各有职司而互相牵制,形成一个严密的财经管理体系。

《周礼》保存了我国古代科学技术的宝贵资料。《考工记》充分体现了当时的工艺水平,在世界科技发展史上占有重要地位。其中所列30个工种6类工匠,包括以"轮人"、"舆人"、"辀人"与"车人"等为代表的制车系统;由"金有六齐"统率,包括"筑氏"、"冶氏"、"桃氏"、"凫氏"、"栗氏"与"段氏"等的铜器铸造系统;以"弓人"、"矢人"、"冶氏"、"桃氏"、"庐人"、"函人"与"鲍人"等为代表的弓矢兵器、制革护甲系统;以"梓人"、"玉人"、"凫氏"、"辉人"、"磬氏"、"画缋"、"钟氏"等为代表的礼乐饮射系统;以"匠人"为代表的建筑水利系统;以"陶人"、"瓬人"为代表的制陶系统等各类工艺技术系统,涉及造车、冶炼、制兵(武器)、治皮、施绘、装饰、雕刻、水利设施、测量、制陶等多种工艺,详细记载了各种工艺的原料、制作过程和制作原理,包含着物理学、生物学、天文学、数学及度量衡等多学科知识。无怪乎《考工记》被英国科学史家李约瑟博士评价为"研究中国古代技术史的最重要的文献"。

《周礼》保存了我国古代文学的宝贵资料,可谓中国早期散文的经典之作。论者指出,《周礼》的文学思想,应包括神话、诗歌、散文思想及其文艺批评思想,具体包括《周礼》对于神话、诗歌、散文的制作者、读者、使用者和批评者的心理、审美趣味等方面的规范与影响;神话与《周礼》的互相关系,包括《周礼》对神话的利用和制约;《周礼》体系中的诗乐构成、适用情况、传播情况;《周礼》规范下的诗歌创作与编纂;《周礼》表现的各种礼乐制度对文章写作的需要,对行政文本、史传、铭文创作的影响等诸多方面。事实上,《周礼》的文学价值,还远不止于此。

《周礼》还保存了丰富的上古语言文字资料。从文字学方面看,该书经文保存了数十个古文字形,有些可以与出土铜器铭文、简帛等文献字形做对比研究。从词汇学角度看,即以汉代郑玄《周礼注》的复音词标准出发,《周礼》复音词一共有3359个,如果不计词性只计词形,则有

3331 个。这些都是研究《周礼》时代古代汉语的宝贵语料。对于《周礼》日渐深入的语言文字的研究,必将有助于推进《周礼》成书时代、作者及该书整体思想内涵的研究。

要之,《周礼》汇集了早期国家体制种种典制与设想的宝贵资料,兼具儒家、法家及阴阳五行等思想,对于研究我国古代史具有重要史料价值,可谓中国文化史上的无价之宝。

四、历代对《周礼》的研究

《周礼》体大思精,文繁事富。自刘歆校理《周礼》,并尊之为经以后,历代学者研究训释、考辨《周礼》的成果极为丰硕。据王锷《三礼研究论著提要》统计,汉代至 1999 年,历代学者研究《周礼》的专著已达551 部,单篇论文已达 457 篇。训释文字以郑玄注、贾公彦疏《十三经注疏》本的《周礼注疏》和孙诒让的《周礼正义》为最精审。考辨性文字从汉代以来也有不少。乾隆十三年鄂尔泰等奉敕撰作的《周官义疏》可作参考。

西汉末期,杜子春师从刘歆研习《周礼》,并撰有《周官注》。东汉郑兴、郑众父子以及贾逵师徒从杜子春研读《周礼》,三人各自撰有《周官解诂》。东汉研究《周礼》的学者还有卫宏(《周官解诂》)、班固(《周礼班氏义》)、张衡(《周官训诂》,佚)、马融(《周官传》)、临硕(《周礼难》)、郑玄等人。马融《周官传》"欲省学者两读,故具载本文,后汉以来始就经为注"。东汉末年经学大家郑玄的《周礼注》成就最显著。郑玄学问渊博,精于"三礼",其注释功力极深,兼采今古文,"囊括大典,网罗众家",广泛融会吸取杜子春、郑兴、郑众、卫宏、贾逵、马融等人的研究成果,广搜博稽,训释经文,阐述礼制,正读字音,纠正衍误,可谓是《周礼》学的第一次全面整理和总结,对"三礼"的定型起了重要作用。郑玄注《周礼》、《仪礼》、《礼记》,著《三礼目录》,《周礼》跃居"三礼"之首。他还有《答临硕周礼难》、《周礼郑氏音》、《周礼序》,今各存辑佚本一卷。

魏晋时期,音韵学取得突出的成就,反切注音法广为推广,音义之学(为古书注音释义)大兴。当时出现许多《周礼》的音义之作,如晋王肃、干宝、刘宗昌、徐邈、李轨、聂熊等皆撰有《周礼音》。古文经学家王肃排斥郑注经传,依据马融的经说为古文经重作注解,在《周官礼注》中,曾对《周礼》作全面系统的阐释,与郑玄各自成一家,影响深远(今亡佚)。孙略问、干宝驳、虞喜撰《周官驳难》,"是书盖……四家问难,合为一编"。《周礼》为学者辩难讨论且合为一书,显见深受学界重视。西晋官方以王肃礼学为主,但郑玄礼学仍在学者中流行,尤其是东晋后,郑玄礼学完全占据了主导地位。

南北朝时期,经学有南学、北学之分,然礼学则同尊郑玄。这一时期,南朝宋雷次宗(《周礼注》)、梁崔灵恩(《集注周官礼》)、陈戚衮(《周礼戚氏音》)、北周沈重(《周官礼义疏》)、熊安生(《周官义疏》)等,取得了较高成就。据《周书·熊安生传》,熊氏初从陈达受《三传》,又从房虬受《周礼》,并通大义,后事徐遵明,服膺历年。东魏天平中,受《礼》于李宝鼎,遂通《五经》。然专以《三礼》教授弟子,自远方至者千余人,乃讨论图纬,捃摭异闻,先儒有未悟者,皆发明之。

唐代初年贾公彦的《周礼疏》,是继郑玄《周礼注》之后又一部具有很高学术价值的《周礼》研究著作,可谓汉代以来《周礼》学的第二次全面总结。他本于郑玄《周礼注》,在晋陈邵《周官礼异同评》、北周沈重《周官礼义疏》等的基础上,集合魏晋六朝各家见解阐释郑注,旁征博引,增益阐发。朱熹《朱子语录》称"五经疏中,《周礼疏》最好"。《四库全书总目》云:"公彦之《疏》,亦极博核,足以发挥郑学。"该书推本郑《注》,与后者合刻流行,使郑学益有独尊之势。

宋代经学家的阐释训诂简明而更注重义理之学。《周礼》研究亦然。宋代的《周礼》研究呈现出较为繁盛的局面,研究整理《周礼》的著作约有105部,而今存本不多,仅有不足二十种。其中王安石《周官新义》(书名亦作《周礼新义》)在当时影响较大。其书是为变法服务,然训诂多用字说,依经诠义,发挥经义,不失为儒者之言,亦有可取处。其后,王昭禹《周礼详解》、王与之《周礼订义》、林之奇《周礼讲义》都祖王安石之说以释《周礼》。王与之《周礼订义》是宋代重要集解之作,以宋代诸儒之说为主,附存宋以前旧说,采五十一家之说,其中唐以前仅有六家,其余四十五家为宋人之说,宋人论《周礼》之精华集于是书,宋人《周礼》研究赖此书以存大貌。以图解的形式注释《周礼》,是宋代《周礼》研究的特点之一。主要有:王洙《周礼礼器图》、陈祥道《周礼纂图》、龚原《周礼图》、吴沆《周礼本制图论》、郑伯谦《太平经国之书》(首列成周官制、秦官制、汉官制、汉南北军四图)、项安世《周礼丘乘图说》、郑景炎《周礼开方图说》、聂崇义《三礼图集注》等。此外,《周礼》专题研究著作有:周必大《周礼庖人讲义》、夏休《周礼井田谱》、林亦之《考工记解》、曹叔远《周礼地官讲义》、魏了翁《周礼井田图说》,等等。

元明时期,对《周礼》的研究并未停止,研究整理著作有一百一十余部,但株守宋人之说,多无所发明。元毛应龙《周官集传》十六卷,参考诸家训释,引据广博,于宋郑锷《周礼解义》等人之书,所采尤多,自注亦不苟。宋以来诸儒散佚之书,藉其得存大略。明方孝孺《周礼考次目录》,凡驳而未纯、迂而难信者,皆著论辨析,其考次《周礼》,较王与之、俞庭椿所订者更为有理。王应电《周礼传》十卷、《图说》二卷、《翼传》二卷,论说较为醇正,略于考证,而义理多所发明。《图说》稽考传义,《翼传》为七篇论文。

清代学者在经学研究方面取得了突出成就。这一时期经学研究的特点是:反对宋学,继承、恢复汉学,以训诂考据见长,规避思想义理。《周礼》研究此时也最为昌盛,名家辈出,著作宏富,约有二百五十余部。其中,惠士奇《礼说》,征引广博而皆有本源,辩论繁复而悉有条理。江永《周礼疑义举要》,融会郑注,参以己说,于经义多所阐发,所解《考工记》尤为精核。沈彤《周官禄田考》,搜采慎而会悟妙,次序宜而文词洁,论说精密淹通,可谓特出之作。鄂尔泰等《周官义疏》,采掇群言,分为正义、辩证、通论、余论、存疑、存异及总论等七例,《四库全书简明目录》评之曰:"是编秉承睿鉴,精粗并贯,本末兼核,实为集汉学、宋学之成。"戴震《考工记图》,全录经文及郑注,以己说补注,详于考核训诂,间有新义,且绘图 54 幅,颇便对照。段玉裁《周礼汉读考》是其治经学、小学集大成之作,摘录经文及旧注,详加疏通证明,辨通精核,阐释明确,于字之正借、声之分合,剖析细密,是便于初学《周礼》的重要典籍。程瑶田《考工创物小记》,详考名物制度及命名精义。阮元博学淹通,精研经学,提倡朴学,长于考据。其《考工记车制图解》,本于郑注,而加以辨析是正,于车制发明新义甚多。阮元《附释音周礼注疏》及其后附的《校勘记》,让人广泛搜校各本及陆德明《音义》,最后由阮氏统稿,此书是清人校勘《周礼》的最佳版本。

清末孙诒让的《周礼正义》,是清代《周礼》学的集大成之作。孙氏费时近三十年,博采历代注疏,详加考核,辨析折中,文极简赅,训释精当,可谓是《周礼》学的第三次总结。全书凡 86 卷,二百三十余万言。此书有四大特点:其一,提纲挈领,以太宰八法为纲领,抓住《周礼》纲领。对三百余职官详为钩考辨析,展示全书内在联系。其二,征引宏富,博采众长,廓清是非,不强为牵合。采取实事求是的治学态度,对待前人注疏持论客观,正确者详加援引、引申,错误者加以纠正,既吸收以往注疏的正确成果,又澄清误说。群经诸子及唐宋以来至清代各家研究《周礼》的重要成果几乎甄录无遗。引文标明篇目,注明出处,便于读者复查。其三,究极群书,持论宏通,而无门户之见。如对于重要的名物制度,往往加以总结论述。对郑玄与王肃之说,虽然推崇郑注,但又客观指出郑注亦有其短,王注不可尽废,"无所党伐,以示折衷"。其四,释经简单,释注详尽。该书代表了清人经学新疏中的最高成就,梁启超在《中国近三百年学术史》中评价为:"这部书可算清代经学家最后的一部书,也是最好的一部书。"

20 世纪以来,对《周礼》的研究更为深入,研究角度侧重在成书年代、思想体系(政治、经济、管理、法律、文学等)、名物典章、语言学诸多方面。较为重要的研究著作有:刘师培《周礼古注集疏》及《西汉周官师说考》(均见于凤凰出版社 1997 年版《刘申叔遗书》),郭沫若《周官质疑》。顾颉刚《周公制礼的传说和〈周官〉一书的出现》,夏纬瑛《〈周礼〉书中有关农业条文的解释》(农业出版社 1979 年),周世辅等《〈周礼〉的政治思想》(东大图书公司 1981 年),钱玄《三礼名物通释》(江苏古籍出版社 1987 年),侯家驹《周礼研究》(联经出版事业公司 1987 年),李普国《〈周礼〉的经济制度与经济思想》(中州古籍出版社 1987 年),彭林《周礼主体思想与成书年代研究》(中国社会科学出版社 1991 年),金春峰《周官之成书及其反映的文化与时代新考》(东大图书公司 1993 年),钱玄《三礼通论》(南京师范大学出版社 1996 年),刘兴均《〈周礼〉名物词研究》(巴蜀书社 2001 年),朱红林《〈周礼〉中商业管理制度研究》(吉林文史出版社 2003 年),张全民《〈周礼〉所见法制研究:刑法篇》(法律出版社 2004 年),李玉平《〈周礼〉复音词郑玄注研究》(天津社会科学院出版社 2007 年),温慧辉《〈周礼·秋官〉与周代法制研究》(法律出版社 2008 年),丁进《周礼考论——周礼与中国文学》(上海人民出版社 2008 年),阎步克《服周之冕——〈周礼〉六冕礼制的兴衰变异》(中华书局 2009 年)等。日人《周礼》研究著作,则有:林泰辅《周公及其时代》(大仓书店 1915 年),东川德治《王道最古之法典周礼讲义录》(周礼讲义录发行所 1934 年),滨薰明《周礼研究》(东京东洋政治学会 1949 年),加滕虎之亮《周礼经注疏音义校勘记》(无穷会影印,1957、1958 年),本田二郎《周礼通释》(秀英出版社 1977、1979 年)等。诸作多能深入《周礼》内部,反复考辨,精义纷呈,展现了《周礼》研究的新成果。

对《周礼》全文进行注译的著作有:林尹《周礼今注今译》(台湾商务印书馆 1972 年;书目文献出版社 1985 年),王宁主编《评析本白话三礼·周礼》(北京广播学院出版社 1992 年),罗宗阳等《十三经直解·周礼直解》(江西人民出版社 1993 年),许嘉璐主编《文白对照十三经·周礼》(广东教育出版社等 1995 年)，钱玄、钱兴奇、王华宝、谢秉洪《国学基本丛书·周礼》(岳麓书社 2001 年)，杨天宇《周礼译注》(上海古籍出版社 2004 年)，吕友仁《周礼译注》(中州古籍出版社 2004 年)。重要的《周礼》索引、辞典等工具书有：哈佛燕京学社引得编纂处《周礼引得附注疏引书引得》(上海古籍出版社 1986 年重印)，日人野间文史《周礼索引》(日本福冈中国书店 1989 年)，栾贵明、田奕《十三经索引·周礼卷》(中国社会科学出版社 2004 年)，钱玄、钱兴奇《三礼辞典》(江苏古籍出版社 1998 年)，十三经词典编纂委员会《十三经辞典·周礼卷》(陕西人民出版社 2010 年)等，颇便研究参考。

补冬官之缺的《考工记》，是我国最早的手工业工艺技术专著。郭沫若以为其成书于春秋末年之齐国。闻人军指出，"《考工记》采用齐国的度量衡制度，引用不少齐国方言，大部分记载能和战国初期的出土文物资料相印证"，推定《考工记》为"战国初期齐国的官书"。闻氏说较为学界认可。历史上专为《考工记》作注释的著作亦很多，如宋人林希逸的《鬳斋考工记解》，清人戴震的《考工记图》，程瑶田的《考工创物小记》，阮元的《车制图考》，郑珍的《轮舆私笺》等。当代亦时有新著，如：贺业钜《考工记营国制度研究》(中国建筑工业出版社 1985 年)。闻人军《考工记译注》(上海古籍出版社 1993 年、2008 年)。戴吾三《考工记图说》(山东画报出版社 2003 年)。刘道广、许旸、卿尚东《图证〈考工记〉：新注、新译及其设计学意义》(东南大学出版社 2012 年)等，均有可观之处。

五、关于本书的译注

本书的注释和翻译，力求通俗流畅。经文以阮元校勘《十三经注疏·周礼注疏》为底本，分节参考了杨天宇先生的《周礼译注》，注释借鉴现有研究成果，而又有所辨析，并注意参考考古新材料及出土古文字文献。译文多用直译，并添加必要的字句以使白话译文完整通顺，这些增添的简短字句一般不另设符号标明。但少数篇目如《秋官·司仪》等礼节繁琐，需要依靠后人注解补充大量原文所无之词句，否则难以达义，此时则将译文中添加的说明文字置于中括号中，并酌情意译，以求行文完整。经文中的异体字，今多作通用字体，少数简化后可能引起误解的字，则保留繁体字形。学界前修大著，启迪良多，谨致谢意！本书注释部分征引历代有关《周礼》研究的文献，为力求简洁一般只标明作者名，若系同一人而引其两种以上著作，则标作者和书名简称，主要征引书目按出现先后顺序附于书后，可以在该书所注解《周礼》相应的篇目章节或条文下检得其说，供有余力的读者作进一步研读。

遥想当年，曾向杨天宇先生问礼学，每每在中州暖阳中，往来答问，如沐春风，其乐融融。而先生已于两年前遽归道山，令人唏嘘叹息，不胜今昔之慨。姑借此小书，表达对先生的深深敬意与悠悠怀念之情！

《周礼》向称古奥难读，历代歧义纷纭。虽有时贤注释可资学习，然要注译畅达殊非易事，笔者深感学力不足，恳请读者诸君指正。

徐正英　常佩雨
2013 年 8 月于京华静园寓所

天官

冢宰第一

【题解】

天官系统的官，掌"邦治"，又谓之"治官"，即治理国政之官。其所属编制，上自大宰，下至夏采，总共六十三种职官。所属官府六十一种。然其实际职掌复杂琐细，可称治官者，仅大宰、小宰、宰夫、大府、内府、外府、司会、司书、职内、职岁、职币等十一官。其长为大宰，亦称冢宰，是六官之首、百官之长，其职掌理天下政务，辅佐王者统治天下，其副为小宰。大宰之职文中以"六典"、"八法"、"八则"、"八柄"、"八统"、"九职"、"九赋"、"九式"、"九贡"、"九两"统括之。其具体职能即为：协助天子综揽朝廷一切重大政务、管理内宫一切事务。小宰和内宰统一管理内宫各类活动、掌控天下财政收支、保管财物，而以"六叙"、"六属"、"六职"、"六联"、"八成"、"六计"统括之。其他诸官的职掌，大体可分以下几类：第一类是掌饮食的官，包括掌烹煮或制作食物的膳夫、庖人、内饔、外饔、亨人、腊人、醢人等，掌捕获兽类或鱼鳖等以供膳食的兽人、渔人、鳖人等，掌进献食物的笾人和醯人，掌酒浆的酒正、酒人、浆人，以及为王调配饮食的食医，掌盐的盐人，掌供巾幂以覆盖饮食的幂人，掌供冰以冷藏食物的凌人等。第二类是掌服装的官，包括掌王皮裘的司裘，为王、王后缝制衣服的缝人，掌王后、九嫔和内外命妇首服（头上饰物）的追师，为王、王后掌鞋的屦人等。第三类是医官，包括医师、疾医、疡医、兽医等。第四类是掌寝舍的官,包括掌清除宫寝污秽的宫人、为王外出设宫舍帷帐等的掌舍、幕人、掌次等。第五类是宫官,包括宫正、宫伯、内宰、内小臣、阍人、寺人、内竖等。第六类是妇官,包括服侍王并协助王后行礼事的九嫔、世妇、女御,以及附列的女祝、女史。第七类是掌妇功的官,包括典妇功、典丝、典枲。此外还有单独成类的甸师(为王掌籍田)、玉府(为王掌收藏)、掌皮(掌皮革)、染人(掌染丝帛)、夏采(大丧为王招魂)等。

据孙诒让统计,天官之属,卿一人,中大夫四人,下大夫十二人,上士四十二人,中士一百一十八人,下士一百七十九人,府八十五人,史一百四十八人,胥一百七十四人,徒二千二百零四人,工二十二人,贾四十四人。凡正官自卿至庶人,总计三千零三十三人。又奄上士四人,寺人、内竖及奄无爵者四十四人。内司服、缝人女御十人,女祝四人,女史八人,女奴一百二十五人,奚六百七十二人,女工八十人。凡女官、女庶人,总计八百九十九人。此外,九嫔、世妇、女御无员数;阍人每门四人,有员数,无总数,不可计。大凡可计者计三千九百八十人。(《周礼正义》,中华书局1987年版,第57页)

叙官

1. 惟王建国^①,辨方正位^②,体国经野^③。设官分职,以为民极^④。乃立天官冢宰^⑤,使帅其属,而掌邦治^⑥,以佐王均邦国^⑦。

【注释】

①惟王建国:惟,语首语气助词。建国,建立国城,即王所居之城。

②辨方:辨别四方。正位:确定宗庙、朝廷的位置。《尚书·盘庚》曰:"盘庚既迁,……乃正厥位。"其孔颖达《疏》引郑玄《注》云:

"正宗庙、朝廷之位。"与此义同。

③体国经野：体国，主次有别地进行国都建设。郑玄《注》："体，犹分也。"孙诒让说：体，"本无分义，以总为一体，分为众体，展转引申，亦得训为分"。"彼营国、庙、社、朝、市等，皆分别营之，即此所谓体国。"朱申曰："体犹分也，经犹画也。城中曰国，郊外曰野。"野，指国都城外半径为五百里的地域。

④"设官"二句：设官，即设置冢宰、司徒、宗伯、司马、司寇、司空，是谓六卿。六卿各有部属。极，屋架最高处的横木。此指中正的准则。俞樾曰："极有准则之义。"姜兆锡曰："谓为斯民至极之标准。"

⑤天官冢宰：官名。天官是《周礼》所设计职官体制六官（分别以天地四时命名，即天官、地官、春官、夏官、秋官、冬官）系统之一，天官之长则为冢宰，又叫大宰，亦总辖六官，象天之无所不包，故称天官。故郑《注》引郑司农曰（按，以下凡引郑司农说，皆转引自郑《注》）："六官皆总属于冢宰。"

⑥"使帅"二句：帅，率领。沈梦兰曰："王国曰国，曰邦，侯国则谓之邦国。""掌邦治"同下文"均邦国"互文，皆统言王国与诸侯国，亦即统言全天下。

⑦均邦国：均，此谓治理。方苞曰："治之使各得其分谓之均。均者，上下、尊卑、贫富、远迩各得其平也。"邦国，统言王国与诸侯国。

【译文】

王建立国都，辨别国都所在地的方向，确定宗庙、朝廷所在的位置，主次有别地划分国都、郊野的界限，进行建设经营。分设百官职位，作为天下民众有所取法的榜样。为了达到此目的，于是设立天官冢宰这一官职，让他率领部属，来掌管天下的治理，以辅佐王治理天下各国。

2. 治官之属①：大宰②，卿一人；小宰③，中大夫二人；宰夫④，下大夫四人；上士八人，中士十有六人，旅下士三十有二人⑤，府六人⑥，史十有二人⑦，胥十有二人⑧，徒百有二十人⑨。

【注释】

①治官：即天官，因其"掌邦治"，掌管天下治理，故称天官系统的官为治官。下文从"大宰"到"夏采"，共六十三种官职，皆属治官。按本书六官《叙官》通例，皆先言官名，次陈爵等，次记员数。又，本书王官员之爵位共七等，从高到低依次是：公，卿，中大夫，下大夫，上士，中士，下士。无上大夫，卿即上大夫。

②大(tài)宰：官名。即冢宰，治官之长，六卿之首，总理百官。掌管建邦之六典，以协助天子治理邦国。职位略等于后世的宰相。蒋载康曰："大，音泰，后放此。"

③小宰：官名。大宰的副职，协助大宰处理治官事务，掌管制定王官之刑法，管理宫中之政令。

④宰夫：官名。负责对天官系统官吏的考核，是大宰、小宰的助手。贾《疏》曰："宰夫是大宰之考。"

⑤旅下士：旅，郑《注》曰："旅，众也。"郝敬曰："下士独言众，人众也。"下士人数众多，故称"旅下士"。

⑥府：负责收藏文书、财物的小吏。

⑦史：负责撰写文书的小吏。据郑《注》，府、史"皆其长官所自辟除"，由宰夫聘请。

⑧胥：及下文徒，皆是被征调到官府服徭役的平民。郑《注》曰："此民给徭役者。"胥是徒的头目，一胥率领十徒。郑《注》曰："(胥)有才知(智)，为什长。"

⑨徒：从平民中征调到官府供役使的勤杂人员。按，《周礼》中府、

史、胥、徒，皆"庶人在官者"，即在官府任职服役的庶人，无爵位，地位低于下士而高于庶人。

【译文】

天官的属官有：大宰，由卿一人担任；小宰，由中大夫二人担任；宰夫，由下大夫四人担任；此外还有上士八人，中士十六人，众下士三十二人递相辅佐，下辖府六人，史十二人，胥十二人，徒一百二十人。

3. 宫正①，上士二人，中士四人，下士八人，府二人，史四人，胥四人，徒四十人。

【注释】

①宫正：官名。负责王宫政令、宿卫的官员，乃宫中官之长。郑《注》曰："正，长也。宫正，主宫中官之长。"贾《疏》曰："宫正上士二人为官首，中士四人为之佐，下士八人理众事，府二人主藏文书也，史四人主作文书，胥四人为什长，徒四十人给徭役。诸官皆仿此。"

【译文】

宫正，由上士二人任长官，中士四人任副职，此外还配有下士八人协理众事，下辖府二人，史四人，胥四人，徒四十人。

4. 宫伯①，中士二人，下士四人，府一人，史二人，胥二人，徒二十人。

【注释】

①宫伯：官名。掌管统率王宫中值勤的卿大夫子弟。郑《注》曰："伯，长也。"按，此宫伯与上文宫正，皆主宫中之长，然职掌有别。

贾《疏》曰：“若宫正，则主任三宫卿大夫士之身，故为宫中官之长。……宫伯云长者，直主宫中卿大夫士之適子、庶子，行其秩叙，授其舍次之事，亦得为长，故云‘伯，长也’。”

【译文】

宫伯，由中士二人任长官，下士四人为任副职，下辖府一人，史二人，胥二人，徒二十人。

5. 膳夫^①，上士二人，中士四人，下士八人，府二人，史四人，胥十有二人，徒百有二十人。

【注释】

①膳夫：官名。主管王的膳食。郑《注》曰：“食官之长也。”下文庖人、内饔、外饔、亨人，皆其属官。

【译文】

膳夫，由上士二人任长官，中士四人任副职，下辖下士八人协理众事，府二人，史四人，胥十二人，徒一百二十人。

6. 庖人^①，中士四人，下士八人，府二人，史四人，贾八人^②，胥四人，徒四十人。

【注释】

①庖人：官名。负责供给王、王后、世子等的食用牲畜禽兽。贾《疏》曰：“庖者，今之厨。……庖人主六兽、六禽，以供庖厨。”

②贾(gǔ)：指熟悉市场物价，负责采购的人。知掌物价者。郑《注》曰：“贾主市买，知物贾(价)。”

【译文】

庖人,由中士四人任长官,下士八人任副职,下辖府二人,史四人,贾八人,胥四人,徒四十人。

7. 内饔①,中士四人,下士八人,府二人,史四人,胥十人,徒百人。

【注释】

①内饔(yōng):官名。负责王、王后、世子饮食的烹调,亦称饔人。郑《注》曰:"饔,割亨煎和之称。内饔所主在内。""所主在内",贾《疏》曰:"以其掌王及后、世子及宗庙,皆是在内之事。"

【译文】

内饔,由中士四人任长官,下士八人任副职,下辖府二人,史四人,胥十人,徒一百人。

8. 外饔①,中士四人,下士八人,府二人,史四人,胥十人,徒百人。

【注释】

①外饔:官名。负责宫外祭祀、宴会招待宾客、耆老孤子的割烹。郑《注》曰:"所主在外。"贾《疏》曰:"其职云掌外祭祀及邦飨孤子、耆老割亨,皆是在外之事,故云所掌在外也。"

【译文】

外饔,由中士四人任长官,下士八人任副职,下辖府二人,史四人,胥十人,徒一百人。

9. 亨人①，下士四人，府一人，史二人，胥五人，徒五十人。

【注释】

①亨(pēng)人：官名。负责为内饔、外饔煮肉。郑《注》曰："主为外内饔煮肉者。"亨，同"烹"。

【译文】

亨人，由下士四人任长官，下辖府一人，史二人，胥五人，徒五十人。

10. 甸师①，下士二人②，府一人，史二人，胥三十人，徒三百人。

【注释】

①甸师：官名。负责藉田和供给野物的官员之长；王族有罪，负责施刑。下文兽人、渔人、鳖人、腊人，皆甸师属官。郑《注》曰："郊外曰甸。师，犹长也。甸师，主共野物官之长。"

②下士：按，孙诒让认为"下士"或是"上士"、"中士"之误。甸师既为兽人、渔人之长，爵位应高于后二者。

【译文】

甸师，由下士二人任长官，下辖府一人，史二人，胥三十人，徒三百人。

11. 兽人①，中士四人，下士八人，府二人，史四人，胥四人，徒四十人。

【注释】

①兽人：官名。负责供给野兽并执掌猎取野兽政令之官。据贾

《疏》，"掌罟田兽"，"供膳羞"。罟（gǔ），网，谓用网捕田兽。

【译文】

兽人，由中士四人任长官，下士八人任副职，下辖府二人，史四人，胥四人，徒四十人。

12. 渔人①，中士二人，下士四人，府二人，史四人，胥三十人，徒三百人。

【注释】

①渔人：官名。负责供给鱼类并执掌捕鱼政令之官。据贾《疏》，"掌以时渔"、"供鱼物"。

【译文】

渔人，由中士二人任长官，下士四人任副职，下辖府二人，史四人，胥三十人，徒三百人。

13. 鳖人①，下士四人，府二人，史二人，徒十有六人。

【注释】

①鳖人：官名。负责供给鱼鳖龟蜃等甲虫。孙诒让曰："掌共介物。"介物，龟鳖之类。此官有府、史、徒而无胥，是因此官职掌简易。

【译文】

鳖人，由下士四人任长官，下辖府二人，史二人，徒十六人。

14. 腊人①，下士四人，府二人，史二人②，徒二十人。

【注释】

①腊人：官名。制作供给干肉之官。

②府二人，史二人：据王引之《经义述闻》以为此六字是衍字。此暂保留原文。

【译文】

腊人，由下士四人任长官，下辖府二人，史二人，徒二十人。

15. 医师①，上士二人，下士四人，府二人，史二人，徒二十人。

【注释】

①医师：官名。众医之长，掌管医治疾病的政令。下文食医、疾医、疡医、兽医，皆其属官。郑《注》曰："众医（官）之长。"

【译文】

医师，由上士二人任长官，下士四人任副职，下辖府二人，史二人，徒二十人。

16. 食医①，中士二人。

【注释】

①食医：官名。掌调和四季众味之宜。负责为王调配食饮膳羞，以祛病健身。按，食医只有中士二人，无府、史、胥、徒。贾《疏》曰："以其专官行事，更无所须故也。"

【译文】

食医，由中士二人任长官。

17. 疾医①,中士八人。

【注释】

①疾医:官名。职责如同内科医生。孙诒让曰:"若今之内科医也。"

【译文】

疾医,由中士八人担任。

18. 疡医①,下士八人。

【注释】

①疡医:官名。职责如同外科医生。孙诒让曰:"若今之外科医也。"疡,谓生疮化脓。

【译文】

疡医,由下士八人担任。

19. 兽医①,下士四人。

【注释】

①兽医:官名。即今为牛马等牲畜治病的兽医。郑《注》曰:"兽,牛马之属。"

【译文】

兽医,由下士四人担任。

20. 酒正①,中士四人,下士八人,府二人,史八人,胥八人,徒八十人。

【注释】

①酒正:官名。酒官之长,掌管造酒政令。下文酒人、浆人,皆酒正属官。

【译文】

酒正,由中士四人为长官,下士八人任副职,下辖府二人,史八人,胥八人,徒八十人。

21. 酒人①,奄十人②,女酒三十人③,奚三百人④。

【注释】

①酒人:官名。掌管酿酒,以备祭祀和宾客之需。

②奄:阉割过的男奴,即宦官。郑《注》曰:"今谓之宦人。"贾《疏》曰:"奄亦府史之类。"

③女酒:通晓酿酒的女奴。女奴是奚的头目,一女奴率领十奚。郑《注》曰:"女奴晓酒者。"孙诒让曰,谓女奴而"多才知,知作酒之事者"。按,以下凡曰"女奴晓某者",义皆放此。

④奚:女奴。孙诒让曰:"凡此经之奚皆为女奴,对《秋官》五隶为男奴也。"

【译文】

酒人,由奄十人任长官,下辖女酒三十人,奚三百人。

22. 浆人①,奄五人,女浆十有五人②,奚百有五十人。

【注释】

①浆人:官名。掌管制作饮料。

②女浆:通晓制作饮料的女奴。郑《注》曰:"女奴晓浆者。"

【译文】

浆人，由奄五人任长官，下辖女浆十五人，奚一百五十人。

23. 凌人①，下士二人，府二人，史二人，胥八人，徒八十人。

【注释】

①凌人：官名。掌管采冰、藏冰、颁冰之事。凌，冰室。

【译文】

凌人，由下士二人任长官，下辖府二人、史二人、胥八人、徒八十人。

24. 笾人①，奄一人，女笾十人②，奚二十人。

【注释】

①笾人：官名。掌管供给笾中食物以进献之官。笾，一种竹制的高脚盛物器，形如豆，容量四升，祭祀、宴飨时盛放果实脯。《说文》曰："笾，竹豆也。"

②女笾：通晓供给笾中食物的女奴。郑《注》曰："女奴之晓笾者。"

【译文】

笾人，由奄一人任长官，下辖女笾十人，奚二十人。

25. 醢人①，奄一人，女醢二十人②，奚四十人。

【注释】

①醢（hǎi）人：官名。掌管供给祭祀、宴飨时所需的醢。醢，肉酱，盛于豆中。

②女醢：通晓供给肉酱的女奴。郑《注》曰："女奴晓醢者。"

【译文】

醢人，由奄一人任长官，下辖女醢二十人，奚四十人。

26. 醯人^①，奄二人，女醯二十人^②，奚四十人。

【注释】

①醯(xī)人：官名。掌管供给醋的官员。掌以醯调制食物者。醯，就是醋。

②女醯：通晓造醋的女奴。郑《注》曰："女奴之晓醯者。"

【译文】

醯人，由奄二人任长官，下辖女醯二十人，奚四十人。

27. 盐人^①，奄二人，女盐二十人^②，奚四十人。

【注释】

①盐人：官名。掌管有关盐的政令及供给盐。

②女盐：通晓盐事的女奴。郑《注》曰："女奴晓盐者。"

【译文】

盐人，由奄二人任长官，下辖女盐二十人，奚四十人。

28. 幂人^①，奄一人，女幂十人^②，奚二十人。

【注释】

①幂(mì)人：官名。掌管供给覆盖饮食的布巾。幂，遮盖，以巾覆盖事物。

②女幂：通晓以布巾覆盖饮食的女奴。郑《注》曰："女奴晓幂者。"

【译文】

幂人，由奄一人任长官，下辖女幂十人，奚二十人。

29. 宫人①，中士四人，下士八人，府二人，史四人，胥八人，徒八十人。

【注释】

①宫人：官名。掌管王寝宫的清扫、执烛、供炭等事。孙诒让曰："此官掌王寝，亦主服御之事。"下文掌舍、幂人、掌次，皆其属官。

【译文】

宫人，由中士四人任长官，下士八人任副职，下辖府二人，史二人，胥八人，徒八十人。

30. 掌舍①，下士四人，府二人，史四人，徒四十人。

【注释】

①掌舍：官名。掌管王与诸侯会同时所居行宫的门禁、警卫事。孙诒让曰："掌王行道馆舍之事。"舍，在外休息之处。

【译文】

掌舍，由下士四人任长官，下辖府二人，史四人，徒四十人。

31. 幂人①，下士一人，府二人，史二人，徒四十人。

【注释】

①幂人：官名。掌管供给野外休息等所用帷幕。及下文掌次，孙诒

让曰:"并主张设帷幕之事,以备王舍息。"

【译文】

幕人,由下士一人任长官,下辖府二人,史二人,徒四十人。

32. 掌次^①,下士四人,府四人,史二人^②,徒八十人。

【注释】

①掌次:官名。负责张设帷幕。次,用布帷、竹帘设立的供更衣、修饰、休息的临时处所,《康熙字典·欠字部》:"张幄于所止之处亦曰次。"

②府四人,史二人:王引之《经义述闻》曰:"窃疑掌次等官,'府四人,史二人','府二人,史一人'(按,后者指《春官·叙官》之《郁人》、《司尊彝》、《司几筵》等的府史数),人数皆上下互讹,《唐石经》已如是。"按,上下互讹,即谓"府四人,史二人"当作"府二人,史四人";"府二人,史一人"当作"府一人,史二人"。其说当是,下文翻译时即据王引之说。

【译文】

掌次,由下士四人任长官,下辖府二人,史四人,徒八十人。

33. 大府^①,下大夫二人,上士四人,下士八人,府四人,史八人,贾十有六人^②,胥八人,徒八十人。

【注释】

①大府:官名。王的府库总保管,掌管财物收受、发放。下文玉府、内府、外府,皆其属官。郑《注》曰:"为王治藏之长。"

②贾:贾《疏》曰:"有贾者,府官须有市买,并须知物货善恶故也。"

【译文】

大府,由下大夫二人任长官,上士四人任副职,下士八人协理众事,下辖府四人,史八人,贾十六人,胥八人,徒八十人。

34. 玉府^①,上士二人,中士四人,府二人,史二人,工八人^②,贾八人^③,胥四人,徒四十有八人。

【注释】

①玉府:官名。为王保管金玉、玩好、兵器者。

②工:善于治玉的工匠。亦平民在官任事者。郑《注》曰:"能攻玉者。"

③贾:贾《疏》曰:"有贾者,使辨玉之善恶贵贱也。"

【译文】

玉府,由上士二人任长官,中士四人任副职,下辖府二人,史二人,工八人,贾八人,胥四人,徒四十八人。

35. 内府^①,中士二人,府一人,史二人,徒十人。

【注释】

①内府:官名。负责保管贡赋中珍贵之物者。郑《注》曰:"主良货贿藏在内者。"良货贿,据《内府》郑《注》说,即"诸侯朝觐所献国珍"。

【译文】

内府,由中士二人任长官,下辖府一人,史二人,徒十人。

36. 外府^①,中士二人,府一人,史二人,徒十人。

【注释】

①外府:官名。负责货物、钱帛的回收、发放。郑《注》曰:"主泉(钱币)之藏在外者。"

【译文】

外府,由中士二人任长官,下辖府一人,史二人,徒十人。

37. 司会①,中大夫二人,下大夫四人,上士八人,中士十有六人,府四人,史八人,胥五人,徒五十人。

【注释】

①司会(kuài):会,计算。《说文》曰:"计,会也,算也。"司会,官名。掌管统计、考核邦国、都鄙、官府等的财政收支,相当于全国总会计。下文司书、职内、职岁、职币,皆其属官。郑《注》曰:"会,大计也。主天下之大计,计官之长。"

【译文】

司会,由中大夫二人任长官,下大夫四人任副职,上士八人、中士十六人协理众事,下辖府四人,史八人,胥五人,徒五十人。

38. 司书①,上士二人,中士四人,府二人,史四人,徒八人。

【注释】

①司书:官名。掌管各种会计账簿。郑《注》曰:"主计会之簿书。"簿书即会计账簿。

【译文】

司书,由上士二人任长官,中士四人任副职,下辖府二人,史四人,徒八人。

39. 职内^①，上士二人，中士四人，府四人，史四人，徒二十人。

【注释】

①职内：职，主也。内，入也。职内，官名。负责赋税的征收。按，其职文云"掌邦之赋入"，故郑《注》曰："主入也。"

【译文】

职内，由上士二人任长官，中士四人任副职，下辖府四人，史四人，徒二十人。

40. 职岁^①，上士四人，中士八人，府四人，史八人，徒二十人。

【注释】

①职岁：官名。掌管年终赋税支出总结算事务。郑《注》曰："主岁计，以岁断。"赋税结算以年岁丰歉为断。

【译文】

职岁，由上士四人任长官，中士八人任副职，下辖府四人，史八人，徒二十人。

41. 职币^①，上士二人，中士四人，府二人，史四人，贾四人，胥二人，徒二十人。

【注释】

①职币：币，通"散"，剩余。职币，官名。掌管各部门经费支出结余部分，以备王用于赏赐。王引之曰："主余财之官也。职，主也。币，余

也。所主者,财物之余",“谓为国营造用物有余,并归之于职币"。

【译文】

职币,由上士二人任长官,中士四人任副职,下辖府二人,史四人,贾四人,胥二人,徒二十人。

42. 司裘^①,中士二人,下士四人,府二人,史四人,徒四十人。

【注释】

①司裘:官名。掌管制作皮衣。《说文》曰:“裘,皮衣也。"

【译文】

司裘,由中士二人任长官,下士四人任副职,下辖府二人,史四人,徒四十人。

43. 掌皮^①,下士四人,府二人,史四人,徒四十人。

【注释】

①掌皮:官名。掌管收敛、制作皮革。

【译文】

掌皮,由下士四人任长官,下辖府二人,史四人,徒四十人。

44. 内宰^①,下大夫二人,上士四人,中士八人,府四人,史八人,胥八人,徒八十人。

【注释】

①内宰:官名。总理王内宫事务,为王后辅佐。郑《注》曰:“宫中官

之长。"按,此官后世任以宦官,此则任以士人。下文内小臣、阍人、寺人、内竖,皆其属官。

【译文】

内宰,由下大夫二人任长官,上士四人任副职,中士八人协理众事,下辖府四人,史八人,胥八人,徒八十人。

45. 内小臣①,奄上士四人②,史二人,徒八人。

【注释】

①内小臣:官名。王后的侍从,掌管传达其旨意。

②奄上士:命名为上士的奄中贤者。贾《疏》曰:"以其有贤行,命为士。"于鬯曰:"此上士与凡称上士、中士、下士者不同","此则非爵也,特因奄之贤者为之,故尊其称曰奄上士耳。"

【译文】

内小臣,由奄上士四人领受其事,下辖史二人,徒八人。

46. 阍人①,王宫每门四人,囿游亦如之②。

【注释】

①阍人:守门人。阍,宫门。阍人无爵位,多以受墨刑者担任。

②囿游:据郑《注》,囿为御苑,游为囿内离宫(正宫外供王出巡时居住的宫室)。

【译文】

阍人,王宫每门设四人,王的御苑、离宫也是如此。

47. 寺人①,王之正内五人②。

【注释】

①寺人:王后宫寝内以宦官担任的近侍,掌管王宫内女人们的戒令。其职文曰:"掌王之内人及女官之戒令。"

②正内:正寝,即路寝,在王宫路门内。郑《注》曰:"路寝。"按,王宫五门,据孙诒让引黄度、沈彤说,依次为:皋门、库门、雉门、应门、路门。

【译文】

寺人,在王后的正寝,共设五人。

48. 内竖①,倍寺人之数。

【注释】

①内竖:王后宫寝的近侍,由十五岁至十九岁的未成年人担任,便于内外沟通。郑《注》曰:"竖,未冠者之官名。"内竖职文郑《注》曰:"通王内外之命,给小事者。"

【译文】

内竖,人数设置比寺人多一倍。

49. 九嫔①。

【注释】

①九嫔:嫔,王之妾,地位仅次于夫人。按,九嫔与下文世妇、女御皆为王之妃妾。

【译文】

嫔九人。

50. 世妇①。

【注释】

①世妇：妇官，王之妃妾，位次于九嫔。按，此官未言员数，郑《注》曰："君子不苟于色，有妇德者充之，无则阙。"

【译文】

世妇。

51. 女御①。

【注释】

①女御：妇官，即御妻，王之妃妾，位在世妇下，亦不言员数。郑《注》曰："《昏义》所谓御妻。御犹进也，侍也。"

【译文】

女御。

52. 女祝四人①，奚八人。

【注释】

①女祝：祝，《说文》曰："祭祀主赞词者。"女祝，官名。负责后宫祈祷之事。郑《注》曰："女奴晓祝事者。"孙诒让说，当以世代任祝官家之妇女充任。

【译文】

女祝四人，下辖奚八人。

53. 女史八人①，奚十有六人。

【注释】

①女史:官名。掌管记载史事的女官。郑《注》曰:"女奴晓书者。"《说文》曰:"史,记事者也。"孙诒让说,以知书达理的妇女充任。

【译文】

女史八人,下辖奚十六人。

54. 典妇功①,中士二人,下士四人,府二人,史四人,工四人②,贾四人③,徒二十人。

【注释】

①典妇功:典,主管,主持。典妇功,官名。后宫女工活计的总管,负责教导、督促后宫妇人纺织,检验成品质量。下文典丝、典枲,皆其属官。郑《注》曰:"典,主也。典妇功者,主妇人丝枲(麻)功官之长。"

②工:男工。孙诒让曰:"此不言女工,则男工也。"

③贾:贾《疏》曰:"以其丝枲有善恶贵贱之事,故须贾人也。"

【译文】

典妇功,由中士二人任长官,下士四人任副职,下辖府二人,史四人,工四人,贾四人,徒二十人。

55. 典丝①,下士二人,府二人,史二人,贾四人,徒十有二人。

【注释】

①典丝:官名。掌管收进、保管蚕丝,并将之分发给内外女工作原料。

【译文】

典丝,由下士二人任长官,下辖府二人,史四人,贾四人,徒十二人。

56. 典枲①,下士二人,府二人,史二人,徒二十人。

【注释】

①典枲(xǐ):枲,大麻雄株,此泛指麻。典枲,官名。掌管收进、保管麻葛等纺织原料,并将之分发给女工使织布。

【译文】

典枲,由下士二人任长官,下辖府二人,史二人,徒二十人。

57. 内司服①,奄一人,女御二人②,奚八人。

【注释】

①内司服:官名。负责制作、供给王后及内命妇服装。郑《注》曰:"主官中裁缝官之长。"

②奄一人,女御二人:按,孙诒让说,此二女御,实以内官而兼管内司服之事,首长实为女御,故"首列奄,次列女御,亦变例也"。翻译时略作调整。下文缝人官同此例。

【译文】

内司服,由女御二人兼领其事,下辖奄一人,奚八人。

58. 缝人①,奄二人,女御八人②,女工八十人③,奚三十人。

【注释】

①缝人:官名。负责为王、王后缝制衣服之事。

②女御:据孙诒让说,此亦内官而兼领缝人之事者。

③女工:通晓裁缝、手艺工巧的女奴。郑《注》曰:"女奴晓裁缝者。"贾《疏》曰:"有女工者,谓女奴巧者。"

【译文】

缝人,由女御八人兼领其事,下辖奄二人,女工八十人,奚三十人。

59. 染人①,下士二人,府二人,史二人,徒二十人。

【注释】

①染人:官名。负责为丝帛染色。

【译文】

染人,由下士二人任长官,下辖府二人,史二人,徒二十人。

60. 追师①,下士二人,府一人,史二人,工二人,徒四人。

【注释】

①追(duī)师:官名。掌管王后、内外命妇的首服(即头饰)。追,雕琢玉器。贾《疏》曰:"《诗》云:'追琢其璋'。璋是玉为之,则追与琢皆是治玉石之名也。"

【译文】

追师,由下士二人任长官,下辖府一人,史二人,工二人,徒四人。

61. 屦人①,下士二人,府一人,史一人,工八人,徒四人。

【注释】

①屦(jù)人:屦,用草、葛、麻、丝、革等制的鞋子。屦人,官名。负责

制作王、王后的各种鞋子。

【译文】

屦人,由下士二人任长官,下辖府一人,史一人,工八人,徒四人。

62. 夏采①,下士四人,史一人,徒四人。

【注释】

①夏采:官名。掌管王丧时招魂之事。

【译文】

夏采,由下士四人任长官,下辖史一人,徒四人。

一　大宰

1. 大宰之职,掌建邦之六典①,以佐王治邦国②。一曰治典,以经邦国③,以治官府,以纪万民。二曰教典④,以安邦国,以教官府,以扰万民⑤。三曰礼典⑥,以和邦国,以统百官,以谐万民。四曰政典⑦,以平邦国,以正百官,以均万民。五曰刑典,以诘邦国⑧,以刑百官,以纠万民。六曰事典⑨,以富邦国,以任百官,以生万民⑩。

【注释】

①掌建邦之六典:建,修立、制定。孙诒让曰:“经例言建者,并谓修立其政法之书,颁而行之。”邦,国也,谓王国,即天子之国,以别于下文泛指诸侯国的“邦国”。六典,即下文所云治典、教典、礼典、政典、刑典、事典,郑《注》说,此六典皆由大宰所建,分别由天官冢宰、地官司徒、春官宗伯、夏官司马、秋官司寇、冬官司空六官施行,而受大宰总辖。

②以佐王治邦国：邦国，诸侯国。贾《疏》云："《周礼》凡言'邦国'者，皆是诸侯之国。"

③一曰治典，以经邦国：治典，大宰所掌治理政务的法典，包括下文八法、八则、八柄、八统、九职、九赋、九式、九贡、九两等。经，与下文"治"、"纪"，皆治理、统治义。

④教典：大司徒所掌施行教化的各种法典。

⑤以扰万民：扰，驯顺，使驯服。郑《注》曰："犹驯也。"

⑥礼典：大宗伯所掌关于五礼（吉礼、凶礼、宾礼、军礼、嘉礼）的各种法典。

⑦政典：大司马所掌以军事力量安定天下与均平赋税的各种法典。

⑧五曰刑典，以诘邦国：刑典，大司寇所掌刑罚方面的各种法典。诘，禁止，查禁。郑《注》曰："犹禁也。"

⑨事典：大司空所掌营造都邑、城郭、宗庙、宫室以及车服器械的各种法典。

⑩生：养。

【译文】

大宰的职责，是掌管制定和颁行王国的六种法典，以辅佐王统治天下各国。所谓六典，第一是治典，用来统治天下各国，治理官府，管理民众。第二是教典，用来安定天下各国，教育官府百官，使民众驯顺。第三是礼典，用来协和天下各国，统驭官府百官，用使民众和谐。第四是政典，用来平服天下各国，使百官端正政风，民众赋役均平。第五是刑典，用来禁止天下各国的叛逆作乱，惩罚百官的违法分子，纠察民众。第六是事典，用来使天下各国富强，百官胜任职事建立功勋，民众能得生养安居乐业。

　　2. 以八法治官府①。一曰官属，以举邦治②。二曰官职，以辨邦治③。三曰官联④，以会官治。四曰官常，以听官治⑤。五曰官成⑥，以经邦治。六曰官法⑦，以正邦治。七曰官刑⑧，以纠邦治。八曰官计⑨，以弊邦治⑩。

【注释】

①以八法治官府：八法，即下文官属、官职、官联、官常、官成、官法、官刑、官计。按，八法为全书纲领。孙诒让曰："此八法为治百官之通法。全经六篇，文成数万，总其大要，盖不出此八科。……其余三百六十职，虽爵有尊卑，事有繁简，要此八法足以赅之矣。"官府，此谓王朝之官府。

②"一曰官属"二句：官属，指各个官府的统属关系。举，推行，开展，进行。王昭禹曰："举者，有所执而兴起之谓也。"邦治，此指王国治理事务（王国政务）。贾《疏》曰："以下皆单言邦，据王国而言之。"

③"二曰官职"二句：官职，指各官府官吏的职责范围。辨，分别，区别。

④官联：指多个官府为完成任务而联合办事的职责。

⑤"四曰官常"二句：官常，指某官府可独立完成的常规性职责。毛应龙引欧阳谦之曰："官常，一官之常职。"官治，即邦治。

⑥官成：郑《注》曰："谓官府之成事品式也。"即各官府办事的成例定规。

⑦官法：指各官府履行职责时应遵循的法规。

⑧官刑：指赏罚官吏的法规。

⑨官计：定期考核官员政绩的标准。郑《注》曰："谓《小宰》之六计，所以断群吏之治。"（参见《小宰》）

⑩弊：决断，裁决。郑《注》曰："断也。"

【译文】

依据八种法则来治理官府：第一是官属，用来建立统治体系开展王国治理。第二是官职,用来明确划分王国各官府官吏的职责分工。第三是官联,用来会合各官府、协力完成王国治理任务。第四是官常,用来考察各官府常规工作、促进完成王国治理任务;第五是官成,用来遵循成例治理王国政务。第六是官法,用来端正政风依法治理王邦;第七是官刑,用来纠察官员尽力完成王国政务。第八是官计,用来考核百官评断王国的吏治。

3. 以八则治都鄙①。一曰祭祀②,以驭其神③。二曰法则④,以驭其官。三曰废置,以驭其吏⑤。四曰禄位,以驭其士⑥。五曰赋贡⑦,以驭其用。六曰礼俗⑧,以驭其民。七曰刑赏⑨,以驭其威。八曰田役⑩,以驭其众。

【注释】

①以八则治都鄙:八则,则,法则,八则即本段下文所及的八种治理法则。都鄙,指王畿之内的公卿大夫之采邑以及王子弟的食邑。沈梦兰《周礼学·都鄙》曰:"都鄙,畿内邑之统称。"

②祭祀:指关于祭祀社稷、先君、五祀等神的制度、法则。按,周代礼制,爵位越高,应当祭祀的神灵就越尊贵而众多。

③驭其神:驭,同"御"。本书"驭",含义丰富,可据语境理解为:鞭策、节制、控制、操纵、督导、管理、劝励等义。公卿大夫爵位有尊卑,所祀之神亦有尊卑,不得僭越泛滥。李光坡曰:"驭其神,使之无僭祀,无淫祀也。"

④法则:指都鄙的官府制度。郑《注》曰:"其官之制度。"贾《疏》曰:"谓宫室、车旗、衣服之等,皆不得僭也。"

⑤"三曰废置"二句:废置,废,废退无能;置,推举贤能。废置指罢黜、任用官吏的制度。吏,指公卿大夫所用的家臣。

⑥"四曰禄位"二句：禄位，指授予俸禄、爵位的制度。士，郑司农曰："谓学士。"所谓学士，据孙诒让说，指讲学道艺而养之于学中者，非谓卿大夫士之士。

⑦赋贡：赋，土地税；贡，赋税外进贡的珍宝、特产等物品。此指征收赋贡的制度。

⑧礼俗：谓先王旧礼和当地旧俗。

⑨刑赏：指惩罚、奖励的制度。

⑩田役：指因田猎、征伐、功作而征发民众的制度。

【译文】

依据八种制度治理王畿内的采邑。第一是祭祀制度，用来控制祭祀不使僭越淫祀。第二是关于宫室、车服等级的官府制度，用来统御所设官吏不使僭上逾等。第三是废置制度，用来调控官吏以免随意任免。第四是禄位制度，用来督励学士以便人尽其用。第五是赋贡制度，用来调节财税以便开源节用。第六是礼仪风俗，用来约束民众以便风化向善。第七是刑赏制度，用来控制威势以免擅自作威作福。第八是田役制度，用来调控民力以免随意征调。

4. 以八柄诏王驭群臣①。一曰爵②，以驭其贵。二曰禄，以驭其富。三曰予，以驭其幸③。四曰置④，以驭其行。五曰生，以驭其福⑤。六曰夺⑥，以驭其贫。七曰废，以驭其罪。八曰诛，以驭其过⑦。

【注释】

①以八柄诏王驭群臣：八柄，比喻王掌握的八种权力。详下文。诏，告知，此指辅佐王对群臣施行赏罚。郑《注》曰："告也，助也。"孙诒让曰："经例，凡言'诏'者，并以言语诏告相佐助之谓。"

②爵：爵位，谓公、侯、伯、子、男、卿、大夫、士。

③"三曰予"二句：孙诒让说："谓诸臣本无功德，以言行偶合于善，则王亦有以赐予之，以广恩泽，并以为后人劝也。"

④"四曰置"二句：置，任用，提拔。贾《疏》曰："有贤行则置之于位，故云以驭其行。"

⑤"五曰生"二句：生，犯罪当死者有以下情况可免死获生：为王亲属、为王故旧、德行崇高、才能特殊、曾立大功、地位尊贵、为国操劳多年、为先朝之后而今为国宾等等。参见《秋官·小司寇》"八议"。福，谓长寿。据《尚书·洪范》，五福首条为寿。

⑥夺：没收犯罪者的家产。

⑦"八曰诛"二句：诛，处以死刑。过，通"祸"，灾祸。俞樾曰："此'过'字当读为'祸'，古'祸'、'过'通用。"

【译文】

用八种权柄辅助王驾驭群臣。第一是授予爵位的权柄，以使得爵位者尊贵。第二是授予俸禄的权柄，以使得俸禄者富裕。第三是赐予的权柄，以使得赐予者受到恩宠。第四是提拔安置官吏的权柄，以使被提拔者砥砺贤行。第五是赦免死罪的权柄，以使被赦免者得免死存活之福。第六是剥夺家产的权柄，以使被抄家者陷入贫穷。第七是废黜的权柄，以使被削职者因罪受罚。第八是诛杀的权柄，以使被处死者因过遭祸。

5. 以八统诏王驭万民①。一曰亲亲②，二曰敬故，三曰进贤，四曰使能，五曰保庸③，六曰尊贵④，七曰达吏⑤，八曰礼宾⑥。

【注释】

①以八统诏王驭万民：八统，谓上以统下的八项原则。乾隆十三年

《钦定周官义疏》引《礼库》曰："八者通于上下,故曰统。"万民,包括庶民百姓与群臣。

②亲亲:亲近亲族(包括九族)。

③保庸:庸,功劳。保庸,郑《注》曰:"安有功者。"

④贵:包括有爵位者、有崇高道德者、年长者。

⑤达吏:郑《注》曰:"察举勤劳之小吏也。"孙诒让曰:"小吏爵秩卑猥,有勤劳者,则亦察举之,俾通于上,故谓之达。"

⑥礼宾:孙诒让曰:"凡诸侯来朝会,王待以不纯臣,故谓之礼宾。"

【译文】

用八项原则辅助王统御民众。第一是亲近亲族,第二是敬重故旧,第三是荐举有善行的贤人,第四是任用有才艺的能人,第五是抚慰奖励有功之人,第六是尊敬有声望、地位的尊贵之人,第七是考察提拔勤劳的小吏,第八是礼貌接待来朝的宾客。

6. 以九职任万民①。一曰三农,生九谷②。二曰园圃,毓草木③。三曰虞衡,作山泽之材④。四曰薮牧⑤,养蕃鸟兽。五曰百工,饬化八材⑥。六曰商贾,阜通货贿⑦。七曰嫔妇,化治丝枲⑧。八曰臣妾,聚敛疏材⑨。九曰闲民,无常职,转移执事⑩。

【注释】

①九职:九种职业。详下。按,九职是任民之法,也是征税之法。

②"一曰三农"二句:三农,指在三种地理环境下从事农业生产的农民。郑《注》曰:"原(高而平之地)、隰(低而湿之地)及平地。"九谷,九种谷物。据郑《注》,指黍、稷、稻、粱、苽、麻、大豆、小豆、小麦等。

③"二曰园圃"二句：园圃，在园地中种植瓜果蔬菜的人。毓，同"育"，养育，种植。草木，此泛指瓜果。

④"三曰虞衡"二句：虞衡，官名。此指在山林川泽从事生产的人。郑《注》曰："掌山泽之官，主山泽之民者。"

⑤薮(sǒu)牧：指以畜牧为职业的人。薮，沼泽地，牧，郊外适宜放牧之地。薮牧在此指代畜牧业。郑《注》曰："泽无水曰薮。牧，牧田，在远郊。皆畜牧之地。"

⑥"五曰百工"二句：百工，各种手工业工匠。贾《疏》曰："谓百种巧作之工。"饬，整治。饬化，谓通过加工将原材料制造成器物，即制作、制造。八材，据郑司农说，指珠、象(象牙、象骨)、玉、石、木、金、革、羽八者，泛指各种原材料；相应的加工过程称为：切、磋、琢、磨、刻、镂、剥、析。

⑦"六曰商贾(gǔ)"二句：商贾，行商曰商，坐商曰贾。阜，茂盛。货贿，财物钱帛。郑《注》曰："阜，盛也。金玉曰货，布帛曰贿。"货贿通言皆可谓财，故《说文》货、贿并训云"财也"。

⑧"七曰嫔妇"二句：嫔，即妇女。郑《注》曰："嫔，妇人之美称也。"枲(xǐ)：大麻雄株，称"枲麻"。此指麻类植物纤维。

⑨"八曰臣妾"二句：臣妾，卖身为奴的贫民。江永曰："奴婢也。贫民鬻身为人奴婢。"疏材，泛指各种野生草木根茎果实。《地官·委人》"疏材"郑《注》曰："凡疏材，草木有实者也。"据孙诒让说，此指野生草木的果实。

⑩"九曰闲民"三句：闲民，指无固定职业而为人雇佣的人。转移执事，朱申曰："若今庸雇为工作者。"

【译文】

以九类职业任用天下民众。第一是三农，在三种地形从事农业，来生产各种谷物。第二是园圃之业，来培育各种瓜果蔬菜。第三是虞衡之业，来开发利用山林川泽资源。第四是薮牧之业，养育繁殖鸟兽。第五是百工之业,加工珍珠、象牙、玉料、石料、木料、金属、兽革、鸟羽等原材料来制造器物。第六是商贾之业,来繁荣市场、流通物资。第七是妇女,来缫丝绩麻,织造布帛。第八是奴婢之业,来采集野生草木的果实。第九是闲民,没有固定职业,四处流动而转换雇主,为人务工。

7. 以九赋敛财贿[①]。一曰邦中之赋[②],二曰四郊之赋[③],三曰邦甸之赋[④],四曰家削之赋[⑤],五曰邦县之赋[⑥],六曰邦都之赋[⑦],七曰关市之赋[⑧],八曰山泽之赋[⑨],九曰弊余之赋[⑩]。

【注释】

①九赋:九种土地税。九赋是国家财政收入的主要来源。财贿:用作经费的财货,包括钱币谷物与其他实物。

②邦中:城郭之内,据孙诒让说,此谓王城之内。

③四郊:指王城之外一百里内的地区。段玉裁《说文解字注》"郊"字下引用杜子春注解说:《周礼》之制,城外五十里为近郊,百里为远郊。郑《注》曰:"去国百里。"按,国即国都,王城。

④邦甸:谓王城外百里至二百里之间的地区。郑《注》曰:"去国二百里。"

⑤家削:谓王城外二百里至三百里之间的地区。郑《注》曰:"去国三百里。"贾公彦说:"三百里之内地名削,其中有大夫采地,谓之家,故名家削。"按,家削之"削",《说文》作从邑肖声。

⑥邦县:谓王城外三百里至四百里之间的地区。郑《注》曰:"去国四百里。"

⑦邦都:谓王城外四百里至五百里之间的地区。郑《注》曰:"去国五百里。"按,据孙诒让说,自"邦中"至此"邦都"六者,所征皆土

地税。

⑧关市之赋:由司关、司市向商贾征收的赋税。关赋谓货物出入关门之税,市赋如今之市场营业税。

⑨山泽之赋:向山泽生产经营者征收的赋税,如《矿人》所征的金锡玉石,《角人》所征的象牙鹿角等。

⑩弊余之赋:弊,通"币",本亦作"币",据王引之说,币当读为"散",残余义。币余此指官府每年公用后结余的财物,当交还公家,即"弊余之赋"。(参见《叙官》注)

【译文】

用九种赋税方法征敛财物。第一是王城范围内的土地税,第二是距王都百里的四郊之内的土地税,第三是距王都百里至二百里的邦甸之内的土地税,第四是距王都二百里至三百里的家削之内的土地税,第五是距王都三百里至四百里的邦县之内的土地税,第六是距王都四百里至五百里的邦都之内的土地税,第七是司关、司市负责征收的赋税,第八是山林川泽的赋税,第九是公用后结余物资的回收。

8. 以九式均节财用①。一曰祭祀之式②,二曰宾客之式③,三曰丧荒之式④,四曰羞服之式⑤,五曰工事之式,六曰币帛之式⑥,七曰刍秣之式⑦,八曰匪颁之式⑧,九曰好用之式⑨。

【注释】

①九式:式,《说文》曰:"法也。"九式,九种使用财物的法规。

②祭祀之式:贾《疏》曰:"谓若大祭、次祭用太牢,小祭用特牲之类。"

③宾客之式:不同的宾客,接待规格各不相同。

④丧荒:丧,谓丧事。荒,谓凶年。

⑤羞服:羞,同"馐",膳羞,指王的饮食之物。服,指王的衣服、车马仪仗。《经典释文》引干宝云:"羞,饮食也。服,车服也。"

⑥币帛:聘问时使者所带礼物。币亦帛,帛即缯,币帛即束帛。《说文》:"币,帛也。"段注曰:"帛者,缯也。《聘礼》注曰:'币,人所造成以自覆蔽。'"按,束帛谓十端帛,十端即五两。古时折布帛之法,由两端相向卷之,合为一两,一端二丈,一两即四丈。束帛五两,即二十丈。此处币帛泛指王的使者聘问诸侯所带的礼物。

⑦刍秣(chúmò):喂养牛马的禾谷草料。

⑧匪(fēn)颁:匪,通"分"。郑司农曰:"匪,分也。"郑《注》曰:"谓王所分赐群臣也。"匪颁,金榜《礼笺》以为,此指王分发群臣的俸禄。

⑨好(hào)用:王特恩赏赐宠臣的物品。郑《注》曰:"燕好所赐予。"燕好,孙诒让曰:"谓王燕闲与诸侯及亲贵诸臣为恩好。"按,燕好所赐,是有别于常例"匪颁"的变例颁赐。

【译文】

用九种使用财物的法规来调节、平衡财物用度。第一是大小祭祀使用财物的法规,第二是接待宾客使用财物的法规,第三是治丧或荒年赈灾而使用财物的法规,第四是置备王的饮食、车服、仪仗等使用财物的法规,第五是工匠制造各类器物而使用财物的法规,第六是聘问置备礼品而使用财物的法规,第七是因饲养牛马草料开支而使用财物的法规,第八是王按常例分颁群臣俸禄、赏赐而使用财物的法规,第九是王闲暇时为与诸侯、臣下结恩好,按变例赏赐时使用财物的法规。

9. 以九贡致邦国之用①。一曰祀贡②,二曰嫔贡③,三曰器贡④,四曰币贡⑤,五曰材贡⑥,六曰货贡⑦,七曰服贡⑧,八曰斿贡⑨,九曰物贡⑩。

【注释】

①以九贡致邦国之用：九贡，九种纳贡方法。贡，献也，谓各诸侯国将本国土特产献给王。邦国，此只指各诸侯国，不包括王国。

②祀贡：郑司农曰："祀贡，牺牲、包茅之属。"包茅，祭祀时用以滤去酒滓的菁茅。王引之曰："以供王祭祀之事。"

③嫔（bīn）贡：嫔贡，即宾贡。《经义述闻》"郑《注》曰嫔，故书作'宾'。"王引之以为"宾"是本字，"嫔"是借字，谓"供王宾客之事"。

④器贡：器，谓宗庙之器，如尊、彝等。黄度曰："用器、兵器、礼乐之器。"

⑤币贡：币，指聘问时使者所带礼品。郑司农曰："绣帛。"按，绣帛在此泛指各种丝织物。

⑥材贡：材，指櫄、幹、栝、柏等优质木材。郑《注》曰："櫄、幹、栝、柏、篠、簜也。"篠，小竹。簜，大竹。

⑦货贡：货，谓金玉龟贝等货物。郑司农曰："珠贝自然之物也。"郑《注》曰："金玉龟贝也。"

⑧服贡：进献制作礼服所需的布料，即郑《注》所谓缔、纩等。

⑨斿（yóu）贡：游玩，燕游。斿贡即游贡，进献玩好之物。郑《注》曰："燕好珠玑琅玕也。"按，燕好即玩好，供玩赏之物。玑亦珠。琅玕，美石似玉者。

⑩物贡：指进献本地土特产。郑《注》曰："杂物鱼盐橘柚。"贾《疏》据《尚书·禹贡》，谓徐州贡鱼，青州贡盐，荆、扬贡橘袖。

【译文】

按照九种纳贡方法收纳诸侯国向王进献的财物。第一是让他们进献祭祀所需物品，第二是让他们进献接待宾客所需物品，第三是让他们贡献宗庙所需的各种礼器，第四是让他们进献聘问时所需的馈赠物品，第五是让他们进献各种竹、木材，第六是让他们进献金玉龟贝等之类的自然物品,第七是让他们进献缝制制服用所需的布料,第八是让他们进献燕游玩赏的物品,第九是让他们进献各地土特产。

10.以九两系邦国之民①。一曰牧,以地得民②。二曰长,以贵得民③。三曰师④,以贤得民。四曰儒⑤,以道得民。五曰宗,以族得民⑥。六曰主,以利得民⑦。七曰吏,以治得民⑧。八曰友,以任得民⑨。九曰薮,以富得民⑩。

【注释】

①以九两系邦国之民:两,谓协调两方关系的方法。郑《注》曰:"两犹耦也,所以协耦万民。系,联缀也。"贾《疏》曰:"谓王者于邦国之中立法,使诸侯与民相合耦而联缀,不使离散,有九事。"邦国,此指天下。

②"一曰牧"二句:牧,谓牧养下民的有地诸侯。刘敞曰:"牧者,司牧也,谓邦国之君也。诸侯世(袭),故曰以地得民。"孙诒让曰:"盖自畿外九州牧伯、五等诸侯及附庸之君与公卿大夫食三等采地,凡世守其国邑者,通谓之牧。"

③"二曰长"二句:长,官长,即公卿大夫士凡有爵位而无国邑者之通称。民,部下或者下属。孙诒让曰:"所谓民者,盖兼含不命之士及府、史、胥、徒、工、贾、隶役等,凡执事于百官府者而言。"又曰:"长犹言官长,即公卿大夫士凡有爵位而无国邑者之通称……此皆以贵领贱,故曰长以贵得民。"

④师:指有德行才艺而能训导教育别人者。

⑤儒:指通晓儒家经典而能训导教育别人者。

⑥"五曰宗"二句:宗,谓大宗,即族长。《丧服传》云:"大宗,收族者也。"按,族长有团结敦睦族人的责任。据郑《注》,宗谓大宗,"收

族者"。收族即亲睦、统率宗族。

⑦"六日主"二句：主，主人。指异乡客居时所住处的主人和无固定
　职业者做工所在之家的主人。叶时《礼经会元·系民》曰："主谓
　卿大夫食采邑者，有利可依，故以利得民也。"

⑧吏：谓负有治理百姓责任的乡、遂、公邑等官吏。

⑨"八日友"二句：叶时《系民》曰："友谓与国人交，相保任者，故以
　任得民。"保任，谓托付信任。

⑩"九日薮(sǒu)"二句：薮，本指泽而无水之地，此指管理山林川泽
　的虞衡之官，故惠士奇《礼说·天官上》曰："川衡、林衡、山虞、泽
　虞，皆国之薮，民共之而吏掌之。"富，财富货物。郑《注》曰："谓
　薮中财物。"

【译文】

　　用九种协调两方关系的办法加强天下各国民众的互相联系。第一
是有地的诸侯国君，以土地取得民众的拥护。第二是长官，以尊贵的爵
位取得民众的敬重。第三是传道的教师，以贤德取得民众的爱戴。第
四是授业的儒士，以道艺取得民众的热爱。第五是族长，以团结敦睦族
人取得民众的敬爱。第六是主人，以能为客人提供便利有利可依取得
民众的感激。第七是各级官吏，以擅长治理取得民众的爱戴。第八是
朋友，以可托付信任取得民众的信任。第九是掌管山林川泽的官吏，以
能让百姓利用山林川泽的资源取得民众的赞许。

　　11. 正月之吉①，始和布治于邦国都鄙②，乃县治象之法
于象魏③，使万民观治象，挟日而敛之④。

【注释】

①正月之吉：正月，谓周之正月。吉，指朔日，即每月初一。郑《注》
　曰："正月，周之正月。吉谓朔日。"按，周历以十一月为岁首，是

周之正月,即夏历之十一月。

②始和布治于邦国都鄙:和(xuān)布,据王引之说,"和"当读为"宣",即宣布。治,谓治典。邦国都鄙,邦国指畿外诸侯国,都鄙指王畿内公卿大夫之采邑和王子弟之食邑。此处指整个天下。

③县治象之法于象魏:县,同"悬"。治象之法,即书写为文字的法典,简称治象。孙诒让曰:"凡书著文字,通谓之象。"象魏,天子、诸侯宫门上的较高建筑,可悬挂法令以便观看。孙诒让云:"天子、诸侯宫门皆筑台,台上起屋,谓之台门。……天子台门之两旁,特为屋,高出于门屋之上者,谓之双阙,亦谓之两观。……皆可以悬法,即通谓之象魏。象魏之名,起于悬法象。"

④挟日:挟,十天。挟者,匝也。古人以天干记日,从甲日到甲日,恰好周匝一圈,称挟日。郑《注》曰:"从甲至甲谓之挟日,凡十日。"

【译文】

每年周历正月初一,开始向天下各国诸侯、王畿采邑臣民宣布治国法典,把形成文字的法典悬挂在王宫大门的双阙上,让民众观看,十天以后才把它收藏起来。

12. 乃施典于邦国,而建其牧,立其监①,设其参,傅其伍②,陈其殷,置其辅③。乃施则于都鄙④,而建其长⑤,立其两,设其伍,陈其殷⑥,置其辅。乃施法于官府⑦,而建其正,立其贰⑧,设其考,陈其殷,置其辅⑨。

【注释】

①"而建其牧"二句:牧,据郑《注》,牧谓州牧,一州之长,是以诸侯有功德者任之。监,即五等诸侯国君。郑《注》曰:"公侯伯子男,

各监一国。"

②"设其参"二句：参，同"三"，谓辅佐国君理事的三卿。郑《注》曰：
"谓卿三人。"傅，是"敷"的借字，设立义。伍，谓协助三卿理事的
五个大夫。郑《注》曰："谓大夫五人。"

③"陈其殷"二句：陈，设也。殷，众也。郑《注》曰："众也，谓众士
也。"辅，助也。据郑《注》，谓府史，即庶人在官者。

④乃施则于都鄙：则，据贾《疏》，即上文"八则"。

⑤而建其长：长，谓都鄙之君。郑《注》曰："谓公卿大夫，王弟子食
采邑者。"按，公卿大夫皆其采邑之主，故谓之长。

⑥"立其两"三句：两，郑《注》曰："谓两卿。"以上文例之，则伍当为
五大夫，殷当为众士。按，此三句中"两"、"伍"、"殷"，含义随
"长"爵位高低而有变化。此处仅据公之采邑言，若卿大夫之采
邑，则不得如此设官。故沈彤曰："唯在公，则两为卿，五为大夫，
殷为上士。若在卿，则两为大夫，五为上士，殷为下士。……盖
爵之等从其长而递降，爵之数从其等而递减也。"

⑦乃施法于官府：法，据贾《疏》，即上文八法。官府，据孙诒让说，
谓王朝六官之府。

⑧"而建其正"二句：正，六官府之长官。郑《注》曰："谓冢宰、司徒、
宗伯、司马、司寇、司空也。"贰，副也，六长官的副职，即小宰、小
司徒、小宗伯、小司马、小司寇、小司空。

⑨"设其考"三句：考，六官正副长官的助手，位居六贰之下，郑《注》
曰："成也，佐成事者，谓宰夫、乡师、肆师、军司马、士师也。《司
空》亡，未闻其考。"按，自宰夫以下，负责考核本系统官吏，故谓
之考。

【译文】

在各诸侯国和王畿内的采邑实施治典，为各州设州牧，为各国设国
君，为国君设辅佐的三卿，为卿设协助理事的五大夫，为大夫设协助理

事的众上士，为众上士配备协助理事的府、史。在王畿的都鄙实施八则，为各采邑设立君长，为君长设辅佐君长的两卿，为卿设协助理事的五大夫，为大夫设协助理事的众上士，为士置协助理事的府、史。在官府实施八法，为各官府设长官，为长官设副职，副职下设考核官，属官下设众士，士下配备府、史。

13. 凡治，以典待邦国之治，以则待都鄙之治，以法待官府之治，以官成待万民之治①，以礼待宾客之治②。

【注释】

①官成：郑《注》曰："成，八成。""八成"，据贾《疏》，即《小宰》"以官府之八成经邦治"之"八成"。详下。阮《校》曰："谓以治官府之八成，待万民之治也。"

②以礼待宾客之治：礼，郑《注》曰："宾礼也。"宾客，指诸侯。详见《春官·大宗伯》"以宾礼亲邦国"。

【译文】

凡治理政务，则依据六典去治理天下各国，依据八则去治理王畿都鄙，依据八法去治理官府，依据八成去治理民众，依据宾礼去接待宾客。

14. 祀五帝①，则掌百官之誓戒，与其具修②。前期十日，帅执事而卜日，遂戒③。及执事，视涤濯④。及纳亨，赞王牲事⑤。及祀之日⑥，赞玉币爵之事⑦。祀大神示亦如之⑧。享先王亦如之。赞玉几玉爵⑨。

【注释】

①祀五帝：五帝，谓五方帝，又称五色帝，指东方青（苍）帝，西方白

帝,南方赤帝,北方黑帝,中央黄帝。

②"则掌百官"二句:誓戒,约束,警戒。具修,具,指供给祭器、祭
品。修,指打扫祭祀场地。郑《注》曰:"具,所当共(供)。修,扫
除粪洒。"

③"前期十日"三句:前期十日,提前十天。戒,告也。郑《注》曰:
"又戒百官以始齐(斋)。"

④"及执事"二句:及,与,同。执事,有关官员,有关部门。郑《注》
曰:"宗伯、大卜之属。"据郑《注》,视涤濯谓视察祭器是否洗涤干
净,视涤濯时间在祭祀日前夕。

⑤"及纳亨(pēng)"二句:纳亨,即纳牲,谓将祭祀用的牺牲牵至祭
祀场所。按,凡大祭祀,王要亲自迎牲、牵牲而纳之于庭,以向神
行"告杀"礼,即报告神将杀此牲,即所谓纳牲,然后宰杀、授亨人
烹煮,是先纳牲,而后授亨,故通谓之纳亨。据郑《注》,纳亨在祭
祀当天黎明进行。

⑥日:郑《注》曰:"旦明也。"

⑦赞玉币爵之事:玉币,用以礼神之物。币,谓皮帛。据郑《注》,
玉、币(即束帛)皆为献神,爵则是向神献酒用的,玉和币的颜色
皆如其所祭方帝之色(如祭东方之帝就用青色)。这三样东西都
由大宰"执以从王,至而授之",即所谓"赞玉币爵之事"。

⑧大神示(qí):大神,谓至上神。按,《周礼》中至上神称为"昊天上
帝",或称为"上帝"、"天"或"大神"。示,同"祇",谓地神。

⑨玉几玉爵:玉几,是供先王的神灵降临后凭依的小矮桌,玉爵,一
种酒器,用以向神献酒。

【译文】

王祭祀五帝时,掌管约束告诫百官以防失礼,以及周全具备祭器、
祭品,保持祭祀场所整齐干净。举行祭祀前的第十天,要率领有关官员
占卜祭祀时日的吉凶,占卜结果若吉利,就告诉百官开始斋戒。到祭祀

的前夕,携同有关官员视察祭器、炊具是否洗涤干净。祭祀当天黎明王亲自牵牲行纳亨礼时,要跟在后面帮助。祭祀当天天大亮时,要帮助王拿着玉器、币帛和爵并适时递上。祭祀大神天神、地神时,也是这样。王祭祀列祖列宗时,也是这样。不同的是,还要帮助王放好让神凭依的玉几,当王亲酌献尸时把玉爵递上。

15. 大朝觐会同^①,赞玉币、玉献、玉几、玉爵^②。

【注释】

①大朝觐会同:《春官·大宗伯》曰:"春见曰朝,夏见曰宗,秋见曰觐,冬见曰遇,时见曰会,殷见曰同。"按,春见,即诸侯春天朝见王。余可类推。会,是指王发现某方某国不顺服,就会合当方诸侯兴师征伐,因时间不定,故称时见。殷见曰同,殷,众也。王本有巡守会见四方诸侯之制,若十二年未出巡,四方诸侯要同来朝见。会同,此指大朝觐。孙诒让曰:"经云大朝觐,即是会同。"此处省略未提宗、遇。郑《注》曰:"举春秋,则冬夏可知,"

②赞玉币、玉献、玉几、玉爵:玉币,诸侯朝见天子时所献的见面礼。郑《注》曰:"诸侯享币也。"即诸侯朝王时所献之玉,因玉皆放在币(即束帛)上奉献,故称玉币。玉献,诸侯献玉币致辞后进献的本国珍异之物。郑《注》曰:"献国珍异,亦执玉以致之。"玉几,此指王接见诸侯时凭依的小矮桌。玉爵,郑《注》曰:"王礼诸侯之酢爵"。按,王为答谢诸侯朝觐,当首先向诸侯献酒,随后诸侯向王回敬酒(称酢酒),玉爵即诸侯酢王时所用的酒杯。又,诸侯酢王时,当先将玉爵授予大宰,而后大宰授予王,故贾《疏》曰:"冢宰赞,王受之,故云赞玉爵。"

【译文】

在诸侯朝觐王会同的重大场合,大宰要协助王接受诸侯晋见奉献的玉币与进献的珍异之物,还要协助王准备好玉几,协助王接受诸侯向王进酢酒的玉爵。

16. 大丧①,赞赠玉、含玉②。

【注释】

①大丧:谓王、王后、世子之丧。此指王丧。

②赞赠玉、含玉:赞,据贾《疏》,谓助嗣王。赠玉,指灵柩放进墓穴后、封墓前,赠送给死者的束帛加璧。孙诒让曰:"盖以玉加于币(束帛)以入圹(墓穴)也。赠玉亦用璧。"含玉,人死入殓前往死者口中放玉。李调元曰:"含玉,以玉实尸口。"《白虎通义》曰:"有益死者形体。"

【译文】

遇到王去世,协助嗣位的王为死者赠玉、含玉。

17. 作大事①,则戒于百官,赞王命。

【注释】

①大事:据贾《疏》,此处指征伐。

【译文】

王采取兴兵征伐等大的军事行动,就要告诫百官,协助王施行教令。

18. 王视治朝①,则赞听治②;视四方之听朝③,亦如之。

【注释】

①治朝：又叫正朝，群臣办公处，在路门外。郑《注》曰："在路门外，群臣治事之朝。"按，天子有五门三朝，五门自外而内，是皋门、库门、雉门、应门、路门。三朝即外朝、治朝、燕朝。外朝在皋门内、库门外，治朝在路门外、应门内，燕朝在路门内。

②赞听治：郑《注》曰："王视之，则助王平断。"

③视四方之听朝：视四方，郑《注》曰："谓王巡守在外时。"听朝，孙诒让曰："于所至之国听朝也。"

【译文】

王在治朝处理政事，就要协助王裁决政事。王每十二年外出巡守四方，在所到国家听断政事时，大宰的职责也是这样。

19. 凡邦之小治，则冢宰听之①。待四方之宾客之小治。

【注释】

①"凡邦之小治"二句：指冢宰有权处理王国政务小事。郑《注》曰："大事决于王，小事冢宰专平。"

【译文】

凡是王国政务上的小事，就可由冢宰做主处理。例如接待四方来朝宾客一类的小事情。

20. 岁终①，则令百官府各正其治②，受其会③，听其致事④，而诏王废置。三岁则大计群吏之治而诛赏之⑤。

【注释】

①岁终：王引之说，谓夏历十二月。戴震曰："《周礼》之书，曰岁终，

曰正岁,曰春秋冬夏,皆夏时也。"

②正其治:正,孙诒让曰:"谓平正处制其治也。"按,平正处制,即实事求是地客观处置。治,贾《疏》释为"所治文书"。

③会:郑《注》曰:"大计也。"即年终会计总账。

④听其致事:王安石曰:"听其所致以告于上之事,则其吏之行治可知矣,于是乎诏王废置。"

⑤大计:三年一次的全面考核。

【译文】

夏历年终,要命令所有官府实事求是地整理办公文书资料,接受他们的会计总账,评断官府汇报的政绩,而提请王决定对官吏的罢退或提升。每过三年,就要对内外百官政绩进行全面考核,而提请王对他们予以惩罚或奖励。

二　小宰

1. 小宰之职,掌建邦之宫刑①,以治王宫之政令②,凡宫之纠禁③。

【注释】

①建邦之宫刑:宫刑,谓王宫中的刑法,即对违犯宫禁者的惩罚条例。郑《注》曰:"在王宫中者之刑。建,明布告之。"按,王宫,谓皋门(王宫最外的大门)以内及后宫。在王宫中者,谓在王宫中办公的官吏及其有关人员。

②政令:孙诒让曰:"凡施行为政,布告为令。"

③纠禁:纠,郑《注》曰:"犹割也,察也,若今御史中丞。"毛应龙曰:"纠以察其隐慝,禁以止其邪僻。"

【译文】

小宰的职责,掌管建立、颁布有关王宫中官吏的刑法,以推行王宫中的政令,并纠察、禁止宫中所有违反禁令的不良现象。

2. 掌邦之六典、八法、八则之贰①,以逆邦国、都鄙、官府之治②。执邦之九贡、九赋、九式之贰③,以均财节邦用。

【注释】

①掌邦之六典、八法、八则之贰:六典、八法、八则,分别参见《大宰》第1、2、3节。贰,副也,谓副本。

②逆:考核。贾疏曰:"谓迎受句(勾)考之也。"邦国,谓畿外各诸侯国。都鄙,谓畿内公卿大夫采邑和王子弟食邑。官府,谓天、地、春、夏、秋、冬六官及其属下各官。

③九贡、九赋、九式:分见《大宰》第9、7、8节。

【译文】

掌管王国六典、八法、八则的副本,以辅佐大宰考核天下各诸侯国、王畿、朝廷官府的政绩。掌管王国九贡、九赋、九式的副本,以辅佐大宰平衡、节制王国的财政用度。

3. 以官府之六叙正群吏①。一曰以叙正其位②,二曰以叙进其治③,三曰以叙作其事④,四曰以叙制其食⑤,五曰以叙受其会⑥,六曰以叙听其情⑦。

【注释】

①叙:谓爵位尊卑的次序。

②以叙正其位:位,百官上朝时所站位置。尊者在前在上,卑者在后在下。《夏官·司士》谓"正朝仪之位,辨其贵贱之等"。贾《疏》曰:"谓若卿大夫士朝位尊卑次列。"

③以叙进其治：治，谓上报政绩的文书。郑《注》曰："治，功状也。"贾《疏》曰："谓卿大夫士有治职功状文书进于上，亦先尊后卑也。"

④以叙作其事：作其事，派给他们的任务。所派任务大小，依爵位尊卑而定。贾《疏》曰："谓有所职掌其事，亦先尊后卑也。"按，《秋官·象胥》曰："凡作事，王之大事诸侯，次事卿，次事大夫，次事上士，下事庶子。"即其义。

⑤食：谓无爵位而在官府工作者的月薪。郑《注》食、禄混同，释曰："禄之多少。"孙诒让辨析曰："经典通称禄为食，分言之则食与'禄'别。周制，命士以上，以爵制禄；不命之士及庶人在官者，则以事制食。……此云'以叙制其食'，当专属不命之小吏言之。"又曰："自卿以下至命士，皆有爵者也，故皆给禄不给食；……不命之士及庶子、庶人在官者，皆无爵而有事者也，故皆给食不给禄。"

⑥以叙受其会：朱申曰："谓进会计文书，受之亦以尊卑为叙。"

⑦以叙听其情：俞樾曰："情，当读为'请'，古字通用。"又曰："谓群吏有所陈请，则小宰以叙听之也。"

【译文】

依照官府六个方面的尊卑次序来规正官吏们使尊卑有序。一是依照爵位的尊卑次序来规正百官朝位，二是依照爵位的尊卑次序来排定百官上报政绩的递进先后，三是依照爵位的尊卑次序来分派百官承担任务的轻重，四是依照爵位的尊卑次序来制定小吏月薪的多少，五是依照尊卑次序来安排百官上报年终会计总账的先后，六是依照爵位的尊卑次序来安排百官向王陈述或提出请求的先后。

4. 以官府之六属举邦治①。一曰天官，其属六十②，掌邦治③，大事则从其长④，小事则专达⑤。二曰地官，其属六十，掌邦教，大事则从其长，小事则专达。三曰春官，其属六十,掌邦礼,大事则从其长,小事则专达。四曰夏官,其属六十,掌邦政,大事则从其长,小事则专达。五曰秋官,其属六十,掌邦刑,大事则从其长,小事则专达。六曰冬官,其属六十,掌邦事⑥,大事则从其长,小事则专达。

【注释】

①以官府之六属举邦治:六属,谓有关六官属官的设置法则。按,此即《大宰》八法之"一曰官属,以举邦治",大宰所掌,小宰则佐其施行之。

②"天官"二句:按,此举成数,实际六官部属不止此数。下凡言"其属六十",义皆仿此。

③掌邦治:治,谓治典。按,本篇《叙官》曰:"乃立天官冢宰,使帅其属,而掌邦治。"故此处云"掌邦治"。下云地官"掌邦教",春官"掌邦礼",夏官"掌邦政",秋官"掌邦刑",冬官"掌邦事",亦皆分据各篇《叙官》而言之。

④大事则从其长:大事,事体重大,需多部门协作才能完成之事,即《大宰》八法之"官联"。长,长官,大事负责人。此谓天官系统中分掌各类职事的诸官之长,如膳夫、庖人、内饔、外饔、亨人等皆负责饮食,但膳夫为庖人等四官之长。皆见《叙官》。按,下凡云"大事则从其长",义仿此。

⑤小事则专达:小事,谓一部门可独自办理之事。即《大宰》八法之"官常"。达,通也。孙诒让曰:"此专达亦谓修其职事,以自通达于王。"按,上文说"大事则从其长",而此处说小事可"专达",贾《疏》曰:"谓若官人、掌舍无大事,无长官可谘,自专行事。"下文凡云"小事则专达",义皆仿此。

⑥邦事:按,下节云"六曰事职,以富邦国,以养万民,以生百物",则邦事当谓王邦生产之事。

【译文】

用官府有关六类属官的法则,辅佐大宰完成对王国政事的治理。第一类是天官,下设属官六十个,掌管王国治典的推行,遇到大事要听从各自上级长官的指挥,不设长官的小官遇到小事可自行处置,直接向王报告。第二类是地官,下设属官六十个,掌管王国教典的推行,遇到大事要听从各自上级长官的指挥,不设长官的小官遇到小事可自行处置,直接向王报告。第三类是春官,下设属官六十个,掌管王国礼典的推行,遇到大事要听从各自上级长官的指挥,不设长官的小官遇到小事可自行处置,直接向王报告。第四类是夏官,下设属官六十个,掌管王国政典的推行,遇到大事要听从各自上级长官的指挥,不设长官的小官遇到小事可自行处置,直接向王报告。第五类是秋官,下设属官六十个,掌管王国刑典的推行,遇到大事要听从各自上级长官的指挥,不设长官的小官遇到小事可自行处置,直接向王报告。第六类是冬官,下设属官六十个,掌管王国事典的推行,遇到大事要听从各自上级长官的指挥,不设长官的小官遇到小事可自行处置,直接向王报告。

5. 以官府之六职辨邦治①。一曰治职,以平邦国,以均万民,以节财用②。二曰教职③,以安邦国,以宁万民,以怀宾客④。三曰礼职,以和邦国,以谐万民,以事鬼神⑤。四曰政职⑥,以服邦国,以正万民,以聚百物⑦。五曰刑职⑧,以诘邦国,以纠万民,以除盗贼⑨。六曰事职⑩,以富邦国,以养万民,以生百物。

【注释】

①以官府之六职辨邦治:六职,谓有关六官职责的规定。孙诒让曰:"此即《大宰》八法之'二曰官职,以辨邦治'也。"

②"以均万民"二句：按，《大宰》记大宰职责为"均万民"，又曰"以九
　式均节财用"，故此处统言之为"以均万民，以节财用"。

③教职：谓地官教化方面的职责。

④以怀宾客：安排周到、使宾客有宾至如归的安定感觉。怀，郑
　《注》曰："怀亦安也。宾客来，共其委积，所以安之。"

⑤"三曰礼职"四句：礼职，谓春官礼法方面的职责。以事鬼神，大
　宗伯掌管对天神、人鬼、地祇的祭祀，故云。

⑥政职：谓夏官政务方面的职责。

⑦以聚百物：谓聚集天下物产。按，《夏官》职方氏掌管天下地图，
　熟悉各地物产，制定贡法，令各地来贡，故云"以聚百物"。郑
　《注》曰："司马主九畿，职方制其贡，各以其所有。"

⑧刑职：谓秋官刑法方面的职责。

⑨"以诘邦国"三句：诘，犹禁也。以除盗贼，因《秋官·士师》涉及
　对邦贼、邦盗的惩治，故云。贼，犯上作乱者。盗，窃取财物者。

⑩事职：谓冬官生产事务方面的职责。按，《冬官》缺，其所掌职事
　今已不可考。据下文"以富邦国，以养万民，以生百物"推断，当
　掌管生产事务。

【译文】

　　用官府六类职责方面的规定辅佐大宰明确辨别王国治理的职责
分工。第一是天官的治理职责，以治理天下各国使政治公平，以均平
民众的赋役，以调节王国的财用开支。第二是地官的教育职责，以安
定天下各国，使民众安宁，安定来朝的宾客使宾至如归。第三是春官
的礼仪职责，以协和天下各国，敦睦民众，祭祀天神、人鬼、地祇。第四
是夏官的军政职责，以威服天下各国，以使民众循规蹈矩正道而行，以
征集各地进贡的财物。第五是秋官的刑罚职责，以禁止天下各国犯上
作乱，纠察督正民众，捕除盗贼。第六是冬官的生产事务职责，以使天
下各国富足，以养育民众使安居乐业，以生产各种财物。

6. 以官府之六联合邦治①。一曰祭祀之联事②,二曰宾客之联事,三曰丧荒之联事,四曰军旅之联事,五曰田役之联事③,六曰敛弛之联事④。凡小事皆有联⑤。

【注释】

①以官府之六联合邦治:孙诒让曰:"此即大宰八法之'三曰官联,以会邦治'也。合、会义同。"(参见《大宰》)按,官联,即几个部门联合办理一事。六联,六项会合诸官办事的法则。黄度曰:"凡官府之相关通者,联合之。"

②祭祀之联事:郑众曰:"大祭祀,大宰赞玉币,司徒奉牛牲,宗伯视涤濯,此所谓官联。"

③田役:孙诒让曰:"谓起徒役以田猎。"

④敛弛:弛,通"施",此谓施予,施惠。郑《注》曰:"杜子春'弛',读为'施'。"(按,下文凡引杜子春说,皆出自郑《注》,直接出注)王引之曰:"当以读'施'为是。敛者,聚也。施者,散也。"

⑤凡小事皆有联:按,小事当合办者亦甚多,不可尽举,故笼统言之。

【译文】

用官府的六项联合办事的法则辅佐大宰会同各官合办王国的事务。一是祭祀方面的联合办事,二是接待来朝宾客方面的联合办事,三是王丧和荒年赈灾方面的联合办事,四是军事方面的联合办事,五是田猎、征调民众方面的联合办事,六是聚敛财物、施发救济方面的联合办事。除此以外,凡是小事也都有需联合办理的。

7. 以官府之八成经邦治①。一曰听政役以比居②,二曰听师田以简稽③,三曰听闾里以版图④,四曰听称责以傅别⑤,五曰听禄位以礼命⑥,六曰听取予以书契⑦,七曰听卖买以质剂⑧,八曰听出入以要会⑨。

【注释】

①以官府之八成经邦治:成,谓有据可查之文书。方苞《集注》曰:
　　"成,谓有成籍可覆按也。"孙诒让曰:"此即《大宰》八法之'五曰
　　官成,以经邦治'也。"八成,谓八项成事品式。经,治也。

②听政役以比居:听,谓评断、处理。政,通"征"。政役,征调力役。
　　郑《注》曰:"谓赋也。凡其字或作'政',或作'正',或作'征',以
　　多言之宜从'征'。"比居,即伍籍,记录可出劳役者的花名册。比
　　谓校比,居谓居民,比居即定期校比(清查)居民人数、财产,登记
　　入簿册,作为征收赋税徭役的依据,此簿册即谓比要。孙诒让
　　曰:"伍籍,谓每地人民可任力役者之姓名,校比之时,亦依军法
　　联其什伍。"又曰:"盖每年校比,三年大比,皆有总要(即比要),
　　其征役弛舍,咸具于书(簿册),故具治讼即依此听之。"

③听师田以简稽:师田,贾《疏》曰:"谓师出征伐及田猎。"简稽,记
　　载士卒姓名、武器等信息以便查核的簿籍。郑司农曰:"简稽士
　　卒、兵器簿书。"

④听闾里以版图:闾里,周代基层行政单位,此泛指平民聚居处。
　　贾《疏》曰:"在六乡则二十五家为闾(参见《地官·大司徒》),在
　　六遂则二十五家为里(参见《地官·遂人》)。版图,户籍和地图。
　　郑司农曰:"版,户籍。图,地图也。听人讼地者,以版图决之。"

⑤听称责以傅别:责,同"债"。称责,郑司农曰:"谓贷子。"按,贷子
　　即借贷、有息贷款。傅别,是记录借贷信息的借券。一般是在一
　　札中间写字,从字中间剖开,双方各执其半,即郑《注》所谓"为大
　　手书于一札,中字别之。"

⑥听禄位以礼命:礼命,国家的礼籍和王的册命文书。郑司农曰:
　　"谓九赐也。"按,九赐,即九等封赐。此指记载礼命的策书。贾

《疏》曰："有人争禄之多少,位之前后,则以礼命文书听之。"

⑦听取予以书契:取,谓借取或领取。予,谓借予或授予。借领授予皆有凭证,即书契(登记财物出纳的账簿)。据孙诒让说,书契有两种:一种是簿书之书契,如今之账册;一种是符券之书契,即《地官·质人》郑《注》所谓"书两札,刻其侧"者。此处书契指符券。

⑧质剂:买卖成交的契约。郑《注》曰:"谓两书一札,同而别之。长曰质,短曰剂。"即在同一札上,分左右写两段相同文字,从中剖开双方各执其半。这种券书确定买卖关系,故郑《注》曰:"傅别、质剂,皆今之券书也,事异,异其名耳。"质剂分长、短两种,长者称质,短者称剂。贾《疏》曰:"大市(即大买卖),人民、牛马之属,用长券;小市,兵器、珍异之物,用短券。"按,孙诒让区别质剂、傅别、书契三者异同曰:"盖质剂、傅别、书契,同为券书。特质剂,手书一札,前后文同而中别之,使各执其半札。傅别,则为手书大字,中字而别其札,使各执其半字。书契,则书两札,使各执其一札。傅别札、字半别;质剂则唯札半别,而字全具,不半别;书契则书两札,札亦不半别也。"可见,质剂、书契有别:书契书两札,双方各执其一;质剂书一札,左右文同而从中剖开,双方各执其半。

⑨听出入以要会:出入,谓财物收支。要会(kuài),此指会计账册。统计一月的会计文书称要、月要。年终整年结算的会计文书称会、岁会。贾《疏》曰:"岁计曰会,月计曰要。此出入者,正是官内自用物。有人争此官物者,则以要会簿书听之。"

【译文】

　　用官府的八种成事品式辅佐大宰治理王国以处理纠纷。一是登记百姓人口财产的伍籍,据以处理征派赋役方面的纠纷。二是登记人员兵器的简稽,据以查核处理军旅、田猎方面的纠纷。三是版图,据以处理社区闾里之间户口迁移、土地所有权方面的纠纷。四是记录借贷关系的傅别,据以处理借贷方面发生的纠纷。五是礼籍、册命文书礼命,据以处理体禄多寡、朝位前后方面的纠纷。六是民间书契,据以处理财物的借取授予方面的纠纷。七是记载买卖成交事宜的质剂,据以处理买卖方面的纠纷。八是会计账册,据以处理官府财物收支方面的纠纷。

8. 以听官府之六计,弊群吏之治①。一曰廉善②,二曰廉能③,三曰廉敬④,四曰廉正⑤,五曰廉法⑥,六曰廉辨⑦。

【注释】

①"以听官府"二句:孙诒让曰:"即《大宰》八法之:'八曰官计,以弊邦治'也。"六计,谓六项评断吏治的标准。听,治理,平正裁决。郑《注》曰:"平治也。"计,考核。弊,判断,评价。郑《注》曰:"断也。"

②廉善:廉,考察。郑《注》曰:"既断以六事,又以廉为本。善,善其事,有辞誉也。"按,王安石、王与义等说,廉为"覝(lián)"之借字,察视、察看义。今不取此说。

③能:郑《注》曰:"政令行也。"

④敬:郑《注》曰:"不解(懈)于位也。"

⑤正:郑《注》曰:"行无倾邪也。"

⑥法:郑《注》曰:"守法不失也。"

⑦辨:有分辨能力。郑《注》曰:"辨然不疑惑也。"

【译文】

用公平治理官府的六条评价标准,辅佐大宰评价官员的治绩。一是考察其是否有廉洁而又良好的声誉,二是考察其是否有廉洁而又能贯彻政令、令行禁止的能力,三是考察其是否有廉洁而又勤勉尽职的态度,四是考察其是否廉洁而又处事公正品行端庄,五是考察其是否廉洁而又守法不苟执法准确,六是考察其是否廉洁而又明辨是非。

9. 以法掌祭祀、朝觐、会同、宾客之戒具①，军旅、田役、丧荒，亦如之。七事者②，令百官府共其财用③，治其施舍④，听其治讼⑤。

【注释】

①"以法"至"戒具"：法，郑《注》曰："谓其礼法也。"朝觐、会同：参见《大宰》注。会同，《春官·大宗伯》曰："时见曰会，殷见曰同。"戒具，即《大宰》之"誓戒、具修"。

②七事：指上文祭祀、朝觐、会同、宾客、军旅、田役、丧荒七件事。按，《周礼》旧本"七事"作"小事"。俞樾云："七事上文既明列其目，则但云'令百官府共其财用'云云足矣，不必更斥之曰'七事者'，全经亦无此例。当从故书为'小事'。"又曾钊云："凡非祭祀、朝觐、会同、军旅、田役、丧荒之事，皆谓之小事。"此说亦通，但译文暂按字面翻译。

③共：通"供"，供给。全书皆借"共"为"供"。

④施舍：施，当为"弛"。《释文》引作"弛舍"，阮校曰："凡经云'施舍'，《注》皆读'施'为'弛'，此经不言'读为'，盖经本作'弛'字。"按，弛舍，谓豁免徭役。郑《注》曰："施（弛）舍，不给役者。"即免除徭役者。据贾《疏》，"国中贵者、老者、疾者、服公事者"皆可免服役。

⑤治讼：谓有所陈诉请求、争讼。孙诒让曰："此治盖谓以事来咨辩，及有所陈诉、请求。""讼谓争讼之事。"

【译文】

依据礼法，掌管祭祀、朝觐、会同事务，以及接待宾客时，约束警戒有关官吏保证具备一应物品，如有军事行动、田猎和徒役、死丧和灾荒的事，也是这样做。遇到上面七类事情，就命令有关官府供给财物用具；处理豁免徭役的问题，评断有关的陈请事项和争讼。

10. 凡祭祀①，赞王币爵之事②，祼将之事③。

【注释】

①凡祭祀：实指祭祀五帝、天地和先王。

②赞王币爵之事：小宰执玉币爵以授大宰，大宰执以授王，王献于神。按，此句已见于《大宰》。王，据段玉裁《汉读考》及阮校说，是"玉"字之误。郑《注》曰："又从大宰助王也。"段玉裁《汉读考》曰："谓大宰祀五帝之日'赞玉币爵之事'，是大宰助王，而小宰又从大宰助王也。"

③祼（guàn）将：祼，宗庙祭祀之初献郁鬯酒（一种用黑黍掺郁金香酿造成、味道芬芳调畅的香酒）的降神祭礼。王酌郁鬯献尸，尸灌少许于地以示祭，浅尝后即放席前不再饮。将，即送，亦即献尸。祼将二字倒文。郑《注》曰："将，送也。祼送，送祼，谓赞王酌郁鬯以献尸谓之祼，祼之言灌也，明不为饮，主以祭祀。"按，周人宗庙祭祀时用尸祭，即用活人扮作已故父祖，代其受祭。

【译文】

凡是遇到王祭祀五帝、天地时，应充当大宰的帮手协助王拿着玉器、币帛和爵等事物礼神，遇到王祭祀先祖时，小宰要协助王酌酒献尸以灌地降神等事情。

11. 凡宾客赞祼①；凡受爵之事，凡受币之事②。

【注释】

①赞祼：据郑《注》，王设宴招待来朝的诸侯，大宗伯代表王向诸侯献郁鬯酒，小宰协助大宗伯完成此事。

②"凡受爵之事"二句：据郑《注》，在大宰协助王受爵、受币时，小宰在旁边担任大宰的助手。《大宰》云："大朝觐会同，赞玉币、玉

爵。"受爵指接受宾客的酢酒。按,大宗伯代表王向宾客献酒(即行裸礼)后,宾客要回敬王酒,称酢。此时小宰要协助大宰帮助王行受酢事。币,即币帛、束帛,是宾客进献给王的礼物。受币,谓协助大宰帮助王接受宾客所献币帛。

【译文】

凡是接待宾客时,要从旁协助大宗伯代表王向宾客敬献郁鬯酒;凡是接过宾客向王酢酒、王饮毕递杯子给大宰,小宰应从大宰手中接过杯子的事,凡是接受宾客向王所献币帛的事,都协助去做。

12. 丧荒,受其含、襚、币、玉之事①。

【注释】

①含、襚、币、玉之事:含,此指含玉,即为死者行饭含礼所需之珠玉。襚(suì),赠送给死者装敛用的衣服。郑《注》曰:"口食曰含,衣服曰襚。"币、玉,王国遇到荒年,诸侯主要馈赠粮食、金钱等救灾物资,币玉只作致送馈赠的礼品。

【译文】

遇到王丧或荒年,负责接受诸侯、大臣为助丧而赠送的含玉、衣服、以及诸侯用以致送救灾物资的币帛、玉器等事情。

13. 月终,则以官府之叙①,受群吏之要②。赞冢宰受岁会。岁终,则令群吏致事③。

【注释】

①叙:谓尊卑次序。刘沅曰:"以其尊卑之叙,致其簿书之要。"
②要:谓每月的会计结账。

③令群吏致事：贾《疏》曰："谓使六官各致一年功状，将来考之故也。"

【译文】

每月月底，就要以官府的尊卑为序，接受官吏们呈报的当月会计总账。每年年终，要协助大宰接受一年的会计总账。每年年终，就命令官吏们呈报一年来的工作政绩。

14. 正岁①，帅治官之属，而观治象之法②，徇以木铎③，曰："不用法者，国有常刑④。"乃退，以官刑宪⑤，禁于王宫⑥。令于百官府曰："各修乃职，考乃法，待乃事⑦，以听王命。其有不共，则国有大刑⑧。"

【注释】

①正岁：谓夏历正月。按，本书正岁，皆指夏历正月。孙诒让曰："全经凡言正岁者，并为夏正建寅之月，别于凡言正月者为周正建子之月也。"

②"帅治官"二句：治官，参见本篇《叙官》。治象之法，即治典，悬于象魏之上者（参见《大宰》注）。

③徇以木铎（duó）：徇，巡行时示众并宣布号令。《说文》曰："徇，行示也。""徇"即"徇"的俗字。木铎，一种木舌的摇铃。朱申曰："铎，铃也，金口而木舌。古者有新令，必奋木铎以警众。"

④国有常刑：黄度曰："谓国法掌在司寇。"

⑤以官刑宪：官刑，曾钊《周礼注疏小笺》以为即前所云"掌建邦之官刑"，"但前主建，此主表县（悬）耳。"

⑥禁于王宫：孙诒让曰："即前云'王宫之纠禁'是也。"

⑦"各修乃职"三句：孙诒让曰："职、法，即《大宰》之'官职'、'官

法’,事谓当职之事也。”待,按,徐幹《中论·谴交篇》引此文“待”
作“备”,译文从之。

⑧“其有不共”二句:共,通“供”,供职,奉职。大刑,重刑。

【译文】

每年夏历正月,(协助大宰)率领天官的属官观看悬挂在象魏上的
治典,边走边摇动木铎,当众大声警告说:“若有不依法行事的,国家自
有常刑加以惩处。”于是退下,又将有关王宫中的刑法禁令悬挂公布,纠
察王宫中违反禁令者。并向所有官府下令说:“各自恪尽你们的职守,
遵守你们应遵守的规章制度,完备你们的职事,而听从王的命令。若有
不尽职守法的,国家就自有重刑加以惩处。”

三　宰夫

1. 宰夫之职,掌治朝之法①,以正王及三公、六卿、大夫、
群吏之位②,掌其禁令③。

【注释】

①掌治朝之法:治朝,王、群臣治理政务之处,在路门外。郑《注》
曰:“治朝,在路门之外,其位司士掌焉,宰夫察其不如仪。”

②“以正”至“之位”:三公,谓太师、太傅、太保。三公爵在六卿之
上。六卿,谓六官之长,即大宰、大司徒、大宗伯、大司马、大司
寇。其爵位皆卿,故称。大夫,包括中大夫、下大夫。群吏,此指
命士及命士以下在朝之小吏。

③掌其禁令:贾《疏》曰:“即察其不如仪耳。”

【译文】

宰夫的职责,掌管有关治朝的法令,在群臣朝见王时,来规正王及
三公、六卿、大夫和群吏各就其朝位,维持朝堂秩序,纠察违反禁令的
行为。

2. 叙群吏之治①，以待宾客之令②，诸臣之复③，万民之逆④。

【注释】

①叙群吏之治：叙，次序。郑《注》曰："恒次叙诸吏之职事。"按，此群吏亦当指命士以下。命士有上中下三等，其下有府、史，秩等尊卑皆不同，故需次序之。

②以待宾客之令：待，处理。此谓向朝廷转达。宾客，指来朝聘的诸侯。待宾客之令，孙诒让曰："犹《大宰》云'待四方宾客之小治'。"宾客之令，谓朝聘宾客之陈诉、请求。

③诸臣之复：诸臣，此亦谓命士以下。公卿大夫、诸侯之复，则由大仆、小臣掌之(参见《夏官》)，王与大宰听之。复，报也，即谓向朝廷奏事。

④逆：谓向朝廷上书。郑《注》曰："自下而上曰逆，逆谓上书。"

【译文】

依尊卑安排好群吏的职事，以转达来朝宾客的陈诉、请求等小事，受理群臣的奏事，以及民众的上书。

3. 掌百官府之征令，辨其八职①。一曰正，掌官法以治要②。二曰师，掌官成以治凡③。三曰司，掌官法以治目④。四曰旅，掌官常以治数⑤。五曰府，掌官契以治藏⑥。六曰史，掌官书以赞治⑦。七曰胥，掌官叙以治叙⑧。八曰徒，掌官令以征令⑨。

【注释】

①"掌百官府"二句：贾《疏》曰："谓总王朝三百六十官，以备王之所

征召及施令。若不分别其职，则征召无所指斥，故须分辨三百六十职也。"王安石曰："有官府则有征令，有征令则其所掌治，不可不辨也。"

②"一曰正"二句：正，谓每一官府之最高级官员，下文所云师、司、旅，则为依次降等的官员。官法，参见《大宰》注。要，要领总纲，此谓整体工作安排。郑《注》曰："若岁计也。"治要，统筹全面工作。

③"二曰师"二句：师，谓小宰、宰夫等次于正之高级官员。郑《注》曰："辟小宰、宰夫也。"官成，参见上文《大宰》注。治凡，郑《注》曰："若月计也。"

④"三曰司"二句：司，据贾《疏》，谓官府中如上士、中士所任之中级官员。官法，与上文正所掌官法同，而所掌之详略不同：正掌总纲，司掌细则。治目，郑《注》曰："若今日计也。"

⑤"四曰旅"二句：旅，谓官府中下士所任之下级官员。郑《注》曰："辟下士也。"治数，郑《注》曰："每事多少异也。"

⑥"五曰府"二句：府，主收藏文书、财物等的小吏。参见《大宰》注。下文史、胥、徒，亦参见《大宰》注。官契，孙诒让曰："即《小宰》八成之书契也。"治藏，郑《注》曰："藏文书及器物。"

⑦"六曰史"二句：史，掌文书者。赞治，起草文书。郑《注》曰："若今起文书草也。"

⑧"七曰胥"二句：胥，及下文徒，参见本篇《叙官》注。官叙，犹言叙官，即次序排列官事之轻重缓急。治叙，郑《注》曰："次序官中。"谓依官府中事情轻重缓急指派属徒。

⑨征令：郑《注》曰："趋走给召呼。"黄以周《礼书通故·职官礼通故五》曰："《注》'趋走'释徒，'召呼'释征令。"是此处之征令乃供召呼役使义。

【译文】

掌管王对于各官府人员的征召和役使，辨别官府的八类职责。一是正的职责,掌管依照官府法规制度而统筹全面工作。二是师的职责,掌管依照官府成事品式要求而做出月度工作安排。三是司的职责,掌管依照官府法规制度而做出每天的工作安排。四是旅的职责,掌管依照官吏常职要求对工作做出每件事的安排。五是府的职责,掌管书契而负责文书、器物等的收藏。六是史的职责,掌管官府文书的草拟而协助治理。七是胥的职责,掌管依照官府事务的轻重缓急而妥善安排徒属供差使。八是徒的职责,负责依照官府的命令而听候征召与役使。

4. 掌治法,以考百官府、群都、县鄙之治①,乘其财用之出入②。凡失财用、物辟名者③,以官刑诏冢宰而诛之④。其足用、长财、善物者⑤,赏之。

【注释】

①“掌治法”二句:治法,即治典。群都,即都鄙,畿内之采邑。郑玄注《地官·载师》云:“小都,卿之采地。大都,公之采地,王子弟所食邑也。”县鄙,即公邑。王的直辖领地。郑《注》曰:“群都,诸采邑也。六遂五百家为鄙,五鄙为县。言县、鄙而六乡州、党亦存焉。”贾《疏》曰:“宰夫是句考之官,故以治法考百官及群都、县、鄙乡遂之内。”按,采邑谓王畿内公卿大夫及王子弟的食邑。遂是野(即距离王都百里以外、二百里以内)的行政组织,凡六遂,一遂辖五县(参见《地官·遂人》)。乡是都郊(即距离王都百里之内)的行政组织,凡六乡。

②乘其财用:乘,计算,核算。财用,郑《注》曰:“乘,犹计也。财,泉(钱)谷也。用,货贿也。”按,泉即钱。

③辟名:谎报虚假账目。郑《注》曰:“诈为书,以空作见(即以无诈称有),文书与实不相应也。”

④官刑：参见《大宰》第2节注。

⑤善物：物产丰饶，质地精良。

【译文】

掌管治法，用以考核所有官府、采邑、公邑的治绩，计算其钱粮财物的收入、支出情况。凡是钱粮财物支出失当、账目不实者，就要根据官刑报告冢宰来加以惩治。而那些用度充足、能够经营有方而生财有道、能使物产丰饶、质地精良的，就要予以奖赏。

5. 以式法掌祭祀之戒具①，与其荐羞②，从大宰而视涤濯③。

【注释】

①以式法掌祭祀之戒具：式法，式亦法，此谓祭祀之礼法；戒具，祭祀所需用器物。孙诒让曰："戒官有事者所当共（供）。"

②荐羞：指供祭祀用的脯醢和各种美味食物。郑《注》曰："荐，脯醢也。羞，庶羞、内羞。"按，荐，进也；脯是干肉，醢是肉酱，脯醢分盛于笾、豆中荐上，称之为荐脯醢，礼文中每以荐指代脯醢。凌廷堪《礼经释例》卷五曰："脯，笾食；醢，豆食。凡经所谓荐者，皆指脯醢也。"按，羞，美味食物。庶，众也。庶羞谓众多美味之物；内羞谓房中之羞。二者皆祭祀加馔，庶羞为肉食，而内羞为谷食。

③从大宰而视涤濯：视涤濯，视察祭器、炊具的洗涤情况。贾《疏》曰："上《大宰》职已云祀五帝视涤濯，此宰夫又从大宰而视之也。"

【译文】

按照祭祀礼法，掌管祭祀时告诫有关官员应该供给的祭祀牲物，以及祭祀所用的脯醢、各种食物，随从大宰视察祭器等是否洗涤干净。

6. 凡礼事,赞小宰比官府之具^①。

【注释】

①比官府之具:比,检查,查对。郑《注》曰:"比,校次之。"贾《疏》曰:"上《小宰》于七事已言以法掌戒具,此宰夫赞小宰校次之,使知善恶足否也。"

【译文】

凡有举行礼仪的事,都要协助小宰检查评比各官府所准备的物资器具是否合适。

7. 凡朝觐、会同、宾客^①,以牢礼之法^②,掌其牢礼、委积、膳献、饮食、宾赐之飧牵^③,与其陈数^④。

【注释】

①凡朝觐、会同、宾客:朝觐、会同,皆为诸侯朝见王。宾客,诸侯来朝王称宾,卿大夫来聘称客。

②牢礼之法:接待宾客时用牲牢时间、用牲牢多少的礼数。郑《注》曰:"多少之差及其时也。三牲牛羊豕具为一牢。"

③牢礼:此指赠送牲肉、活牲之礼。贾《疏》曰:"此牢礼谓饔饩之礼。"按,此处饔指已杀的牲,饩指未杀的活牲。《仪礼·聘礼》郑《注》曰:"杀曰饔,生曰饩。"委积:指储备在宾客所经路上供其使用的粮食。郑《注》曰:"谓牢、米、薪、刍,给宾客道用也。"孙诒让认为凡储聚禾、米、薪、刍之属,通谓之委积。膳献:指宾客及其副手(即介)留居期间,为其供应的牲禽及四时鲜物。王安石曰:"膳则'殷膳大牢'之属是也,献则'上介有禽献'之属是也。"饮食:郑《注》曰:"燕飨也。"按,燕谓燕礼,是君主闲暇时为安乐臣

下或宾客所举行的饮酒礼,《仪礼·燕礼》记载了此礼仪。飧谓
飧礼,亦是用酒食款待宾客之礼。其礼已不可考。殠牵:熟食和
活牲口。宾客至致殠,牵牛羊豕以往。殠(sūn),是"飧"的俗字。
郑《注》曰:"殠,客始至所致礼。"按,殠犹便宴(参见《秋官·司
仪》第3节注)。牵,谓生牲,即活牲。

④陈数:陈列和数量。

【译文】

　　凡是有朝觐、会同或有宾客到来之事,要按照接待宾客的牢礼之
法,掌管供给宾客的牲肉与活牲、路途所需粮食、宾客留居期间所需牲
肉、禽与时鲜、燕礼和飧礼所需酒食、宾客初到时所赐便宴的熟食与活
牲,以及各种食品、器物的摆放方式和数量多少。

　　8. 凡邦之吊事①,掌其戒令②,与其币、器、财用③,凡所
共者④。

【注释】

①吊事:郑《注》曰:"吊诸侯、诸臣。"
②戒令:将注意事项事先告诫之。
③币、器:币,谓帮助料理丧事的钱财。郑《注》曰:"币,所用赙也。"
　　按,赙(fù),谓赠财物助人料理丧事。器,据郑《注》,谓赠送丧家
　　的随葬明器。
④共:通"供",供给。

【译文】

　　凡是王国有吊唁诸侯、大臣的事,掌管将注意事项告诫前往吊唁的
官员,供给所应提供的币帛、明器、财物,以及凡是应该供给的其他助葬
器物。

9. 大丧、小丧①,掌小官之戒令②,帅执事而治之。三公、六卿之丧,与职丧帅官有司而治之③。凡诸大夫之丧,使其旅帅有司而治之④。

【注释】

①大丧、小丧:大丧,谓王、王后及太子去世。小丧,谓夫人、九嫔、世妇、妇御等内人去世。郑《注》曰:"夫人以下。"

②掌小官之戒令:郑《注》曰:"小官,士也。其大官,则冢宰掌其戒令。"

③与职丧帅官有司而治之:职丧,官名。属春官,掌管诸侯、卿大夫、士之丧礼事。孙诒让曰:"此与职丧为官联也。"又曰:"官有司,谓小官之主共丧事者,亦谓之公有司。"

④使其旅帅有司而治之:贾《疏》曰:"大夫之丧卑贱,宰夫不自为,使在己之下其旅三十有二人帅有事于丧家之有司而治之。"按,旅指下士。

【译文】

遇到大丧、小丧,掌管告诫、命令小官,率领有关部门共同操办丧事。遇到三公、六卿的丧事,就与职丧一起率领有关官吏共同操办丧事。凡是大夫的丧事,就使众下士率领有关官吏办理。

10. 岁终则令群吏正岁会①,月终则令正月要,旬终,则令正日成,而以考其治。治不以时举者②,以告而诛之②。

【注释】

①岁终则令群吏正岁会:岁终,夏历年终。王引之曰:"为夏(历)之季冬。"正,核定。郑《注》曰:"定也。"岁会,全年收支总计及事功

文书;年终总结。贾《疏》曰:"谓一年会计文书。"孙诒让曰:"此总掌治官之岁会,与大宰、小宰通受六官岁会异。"按,下文月要、日成,则为月终、旬终收支及事功会计文书名。

②治不以时举者:郑《注》曰:"谓违时令,失期会。"

③以告而诛之:贾《疏》曰:"谓告冢宰而诛责之。"

【译文】

每到夏历年终,就命令冢宰属下的所有官员们做好全年的会计文书,每到月底就命令做好当月的会计文书,旬终就命令做好这十天的会计文书,而以此作为考核他们治绩优劣的根据。对于属于本职工作而又不按时完成的,就要报告上级给予处分。

11. 正岁①,则以法警戒群吏②,令修宫中之职事。书其能者与其良者,而以告于上③。

【注释】

①正岁:夏历正月。

②群吏:据孙诒让说,指宰夫的属吏及在王宫任职的官吏。

③上:谓其上司小宰、大宰。郑《注》曰:"谓小宰、大宰。"

【译文】

每年夏历正月,就要以法令提醒、告诫冢宰属下所有官吏,责令他们努力做好王宫中各项本职工作。记下他们当中的有才能者和治绩优秀者,而以之报告上级,加以举荐。

四　宫正

1. 宫正掌王宫之戒令、纠禁①,以时比宫中之官府、次舍之众寡②,为之版以待③。夕击柝而比之④。

【注释】

①纠禁：纠察、禁绝。

②以时比宫中之官府：时，据孔广林《臆测》说，是对下"夕"而言，谓昼也。比，检查，查对。郑《注》曰："校次其人在否。"宫中之官府，郑《注》曰："官府之在宫中者，若膳夫、玉府、内宰、内史之属。"次舍：次，谓宫中值卫人员执勤之所，多在应门内。舍，谓宫中值卫人员休息之所，多在应门外。通言无别。郑《注》曰："次，诸吏值宿。……舍，其所居寺。"

③版：名册。

④夕击柝（tuò）而比：柝，巡夜打更或警戒时敲击的木梆。郑《注》曰："莫（暮）行夜比值宿者，为具有解（懈）惰离部署。"

【译文】

宫正掌管王宫中的戒令、纠察、禁绝之事。按时检查在宫中上班的官员和在宫中值班官员的人数，事先造好所有人员的花名册以备检查。黄昏时敲击木梆边警戒边检查值夜人员是否懈惰。

2. 国有故则令宿①，其比亦如之。

【注释】

①国有故则令宿：故，谓兵寇水火等特殊情况。郑《注》曰："凡非常也。"则令宿，平时仅宫内官员、贵族子弟中应值班者入宫宿卫，有特殊情况时则令所有宫内官员、贵族子弟皆宿卫王宫。

【译文】

王国若发生特殊情况，就命令所有宫内官员、贵族子弟宿卫王宫，对他们的检查、警戒也像平常一样。

3. 辨外内而时禁①。稽其功绪②，纠其德行③，几其出入④，均其稍食⑤。去其淫怠与其奇邪之民⑥。会其什伍⑦，而教之道艺⑧。月终则会其稍食⑨，岁终则会其行事⑩。

【注释】

①时禁：谓人员出入有规定的时间，非时则禁。郑司农云："禁其非时出入。"

②功绪：功业，功绩。绪，未完成的事业、功业。

③纠其德行：纠，督察，督责。德行，指《地官·师氏》"三德三行"。

④几其出入：几，通"讥"，查问，盘查。据郑《注》，谓检查其所穿衣服、所携带物品是否合规，及出入次数是否异常等。

⑤均其稍食：稍食，发给无爵位而在官府任职者作为月俸的米粟。贾《疏》曰："稍则稍稍，与之，则月俸是也。"按，孙诒让等认为稍食与禄不同：禄是授给命士以上有爵位者的田或米粟；稍则是授给无爵而在官任职事者（所谓庶人在官者）作为报酬的米粟。

⑥去其淫怠与其奇邪之民：宋无名氏《周官集说》引刘氏曰："淫，放滥也。怠，懒慢也。奇，异常也。邪，不正也。"民，郑《注》曰："官中吏之家人也。"

⑦会其什伍：会，合也。什伍，军队基层组织，五人为伍，二伍为什。所会合者，据贾《疏》说，是官中官吏的子弟，会合而对其教育、训练，以便担任王官宿卫。

⑧道艺：此指《地官·保氏》之六艺：礼、乐、射、驭、书、数。

⑨月终则会其稍食：会(kuài)，计，总计。贾《疏》曰："月终会计之。"

⑩岁终则会其行事：行，做，从事某种活动。郑《注》曰："行事，吏职也。"贾《疏》曰："岁终则会计行事吏职，当考知功过也。"

【译文】

辨别宫外、宫内的人，而禁止他们在规定之外的时间出入。考察宫中官吏的功业，督察他们的品德行为防止偏失，严格检查他们出入宫门,合理调整他们的食粮保证均平。驱逐那些放纵无礼、懈怠懒惰的官员,以及官员子弟中那些行为诡异、品行邪恶的人。平时将宫中官员子弟依据军队什伍编制组织起来,用礼、乐、射、驭、书、数等技艺来教育他们。每月月底就统计宫中官员的报酬数额,每年年底就总结他们履行职务的情况。

4. 凡邦之大事^①,令于王宫之官府次舍,无去守而听政令。

【注释】

①大事:孙诒让曰:"谓有寇戎及大丧之事。"

【译文】

凡是王国发生了战争或王、后、太子去世等大事,就向王宫中所有官府的人员及值夜官员宣令,不得擅离职守而随时听候命令。

5. 春秋,以木铎修火禁^①。

【注释】

①修火禁:修,实行。郑《注》曰:"火星以春出,以秋入,因天时而以戒。"贾《疏》曰:"此谓宫正于宫中特宜慎火,故修火禁。"

【译文】

每年春季和秋季,摇动木铎在宫中巡行,告诫宫中人等严格遵行有关用火的禁令严防火灾。

6. 凡邦之事^①,跸宫中、庙中^②,则执烛^③。

【注释】

①事：郑《注》曰："祭事也。"

②跸（bì）宫中、庙中：跸，谓王出行时清道，以禁绝闲人往来。按，具体行跸事者是隶仆（参见《夏官·隶仆》）。

③执烛：据贾《疏》，王往宫中、庙中时天色尚早，需执烛照明。按，烛，谓火炬。

【译文】

凡是王国宫中、庙中的祭祀活动，当隶仆禁绝宫中、庙中闲人通行时，就由宫正手持火炬为王照明。

7. 大丧，则授庐舍①，辨其亲疏贵贱之居②。

【注释】

①庐舍：庐，谓倚庐，按贾《疏》，为守丧而用木椽斜倚路门外东墙搭成的小草棚。舍，谓垩室，以白垩土涂墙的砖垒小草屋。二者皆居丧时的临时住所。郑《注》曰："庐，倚庐也。舍，垩室也。"

②辨其亲疏贵贱之居：郑《注》曰："亲者、贵者居倚庐，疏者、贱者居垩室。"贾《疏》曰："亲谓大功以上，贵谓大夫以上，居倚庐；……疏谓小功、缌麻，贱谓士，二者居垩室。"

【译文】

国有大丧，就负责分配居丧的倚庐、垩室，要分辨亲疏贵贱来适当安排居丧住所。

五　宫伯

1. 宫伯掌王宫之士、庶子凡在版者①，掌其政令，行其秩叙②，作其徒役之事③，授八次、八舍之职事④。

【注释】

①王宫之士、庶子凡在版者：士、庶子，据孙诒让说，皆负责宿卫王宫的公卿大夫士之子弟，通称之为国子，其已受爵命为工者谓之士，未受爵命者谓之庶子。版，郑司农曰："名籍也。"

②行其秩叙：王引之曰："秩叙，谓士庶子更番宿卫之次第，一月之次谓之秩，一岁之次谓之叙，故下文'月终则均秩，岁终则均叙'。均者齐其劳逸。行者巡其先后也。"

③作其徒役之事：郑《注》曰："作徒役之事，大子所用。"贾《疏》曰："士、庶子属大子，随其所用使役之也。"

④八次、八舍：郑《注》曰："卫王宫必居四角四中，于徼候（循行伺望）便也。"又曰："次，其宿卫所在，舍，其休沐之处。"案四角，谓宫墙之四角；四中，谓四面宫墙的正中。四角四中共八，宿卫于此八处，故需有八次。休沐（休息沐洗）亦有八处，故需有八舍。次、舍，皆屋舍，而用途不同。职事，职务，事务。

【译文】

宫伯负责掌管王宫中所有登记在册宿卫王宫的士、庶子，掌管管理他们的政令，安排他们轮流换班宿卫的先后顺序，派遣他们到太子处从事劳役活动等事务，分配他们宿卫时的哨位（八次）和下班后的休息处（八舍）的事务。

2. 若邦有大事作宫众①，则令之。

【注释】

①大事：谓战争、大丧和天子巡守等事。

【译文】

如果王国有大事需要征调宿卫王宫的贵族子弟，就负责向这些士、庶子下达命令。

3. 月终则均秩,岁终则均叙①。以时颁其衣裘。掌其诛赏。

【注释】

①"月终则均秩"二句:惠士奇《礼说·天官上》曰:"月终均秩者,犹(唐时)府兵之月上;岁终均叙者,犹(汉时)卫卒之岁更。盖番上更休皆有秩叙,各得其均。"

【译文】

月底要调整士、庶子换班宿卫的次序,年终也要调整(他们换班)轮值的次序,以便苦乐均平。按照不同季节,向他们颁发夏衣、冬衣。掌管对他们的赏罚。

六 膳夫

1. 膳夫掌王之食、饮、膳、羞①,以养王及后、世子②。

【注释】

①食饮膳羞:此为组成王及其近亲贵臣伙食的四方面。食,即饭食,食物。饮,泛指酒浆、饮料;具体包括《天官·酒正》"三酒"、《天官·浆人》"六饮"等。膳,谓牲肉,主要指牛、羊、豕、犬、雁(鹅)、鱼六牲,煮熟而无佐料。羞,即庶羞,谓美味食物,为三牲之羹及禽兽、虫鱼、菜果众物之在笾豆者。郑《注》曰:"膳,牲肉也;羞,有滋味者。"

②世子:即太子。天子及诸侯的嫡长子,王位的合法继承人。

【译文】

膳夫掌管王伙食所需的的饭食、饮料、牲肉、庶羞美味,用以供养王、王后和太子。

2. 凡王之馈食用六谷①，膳用六牲②，饮用六清③，羞用百二十品④，珍用八物⑤，酱用百有二十瓮⑥。

【注释】

①凡王之馈食用六谷：馈，郑《注》曰："进物于尊者曰馈。"六谷：郑司农曰："稌、黍、稷、粱、麦、苽。"按，稌（tú），稻也。程瑶田《九谷考》曰："黍，今之黄米。稷，今之高粱。"又曰："今北方呼粟米之纯白者曰粱。"苽（gū），同"菰"，即菰米，茭白的果实，又名雕胡，产于我国南方，古人或煮菰米为饭。

②六牲：王引之曰："牛、羊、豕、犬、雁（鹅）、鱼也。"

③六清：郑司农曰："水、浆、醴、凉、醫、酏。"六饮中水之外的五饮有清、浊之分，清者为善，此处所用皆清，故称。按，此处六清与《天官·浆人》"六饮"同，彼"凉"作"凉"。

④羞用百二十品：郑《注》曰："羞，出于牲及禽兽，以备滋味，谓之庶羞。"

⑤珍用八物：即八珍，八种最高级的食品。郑《注》曰："谓淳熬、淳母、炮豚、炮牂、捣珍、渍、熬、肝膋也。"按，据《礼记·内则》，淳熬，是将煎炒过的肉酱加在稻米饭上，再浇上油脂做成的食物。淳母，是将煎炒过的肉酱加在黍饭上，再浇上油脂做成的食物。炮豚，是将猪腹内掏空填上枣，用苇席包裹、泥巴涂封后烧烤，然后剥去泥、席，用水调和稻米粉涂在猪肉外，再用油煎，煎后切成薄片加香料调和，放入小鼎，再将小鼎放入盛水的大鼎中，用火煨三天三夜，这样做成的食物。炮牂（zāng），牂即母羊，其做法与炮豚相同。捣珍，取牛、羊、麋、鹿、麏的狭脊肉，捶捣后煮熟，捞出用醋、肉酱调和而成的食物。渍，取新鲜牛肉切成薄片，用酒浸泡一天一夜，然后用肉酱、醋、梅浆调和做成的食物。熬，将牛肉捶捣后摊在苇席上，洒上香料、盐，再将肉烤干做成的食物。

肝膋(liáo),指动物肠间的脂肪,是取一副狗肝,蒙以狗肠间的脂肪,用火将脂肪烤焦熟而做成的食物。

⑥酱用百有二十瓮:酱,用调料腌制而成的肉酱,是醯、醢的总名。醯主酸、醢主咸。析言之,酱主要为醢。郑玄注:"酱,谓醯、醢也。"醯(xī)即醋,醢(hǎi)即用肉、鱼等制成的咸肉酱。百二十瓮醯、醢的具体种类已不可考。郑《注》曰:"天子、诸侯有其数,而物未得尽闻。"

【译文】

凡是馈送王的饮食,主食用六种谷物做成,肉食用六种家畜和家禽,饮料用六种清饮料,庶羞美味用一百二十种,珍肴用八种,酱用一百二十瓮。

3. 王日一举①,鼎十有二②,物皆有俎③。以乐侑食④。膳夫授祭⑤,品尝食⑥,王乃食。卒食,以乐彻于造⑦。

【注释】

①王日一举:举,杀牲制作盛馔曰举。郑《注》曰:"杀牲盛馔曰举。王日一举,以朝食也。"贾《疏》曰:"一日食有三时,同食一举。"即每日早餐前杀牲,吃上一天(三餐)。

②鼎十有二:盛牲肉的正鼎九,盛庶羞的陪鼎三。鼎,食器,一般三足两耳。郑《注》曰:"牢鼎九,陪鼎三。"按,牢鼎,又称正鼎,盛牛羊豕三牲及其他牲肉的鼎。陪鼎,正鼎之外陪设于旁者。

③物皆有俎:物,谓牢鼎之实。俎,古代祭祀、宴飨时陈置牲肉的桌几形青铜或木制器具。郑《注》曰:"物谓牢鼎之实,亦九俎。"按,取出九鼎中的牲肉分置于九俎上后,才能取食。

④侑:劝也。孙诒让说字当作"宥",又说:"宥,本训宽,假借为劝助之义。"

⑤膳夫授祭:祭,谓食前之祭。郑《注》曰:"礼,饮食必祭,示有先也。"秦蕙田《五礼通考·吉礼六十二》曰:"食必有祭,示不忘先。"按,古人饮食之前必先行祭礼,祭祀食物发明者,称食前祭礼。其祭法是:若饮,则先取少许浇于地;若食,亦先取少许置于席前俎、豆或笾旁以示祭。膳夫授祭,指膳夫助王行食前祭礼:把应祭的食物取以授王,再由王祭之。

⑥品尝食:品,相当于"遍",表示统括。品尝,遍尝各种食物。

⑦以乐彻于造:彻,撤除,撤去。祭奠或宴会结束时彻去食物,并演奏音乐。造,通灶,灶房,厨房。郑司农曰:"谓食之故所居处也,已食彻置故处。"

【译文】

王用膳每天杀牲做一次盛馔,陈列各种肉食、庶羞十二鼎,鼎中牲肉取出后都用俎盛着进上。王进食时要奏乐劝食。食前膳夫要把应当行祭礼的食物递给王,并先为王遍尝各种食物,然后王才开始进食。王食毕,要奏起音乐,把食器撤回原处。

4. 王齐①,日三举。

【注释】

①齐(zhāi):同"斋",指斋戒,祭祀前十天开始的散斋和致斋。参见《大宰》注。

【译文】

王在斋戒期间,每日三餐都要宰杀牲畜。

5. 大丧则不举,大荒则不举①,大札则不举②,天地有灾则不举③,邦有大故则不举④。

【注释】

①大荒：凶年五谷不收。

②大札：大瘟疫。郑《注》曰："疫疠也。"按，疫疠即瘟疫，谓急性传染病流行。

③天地有灾：指日食、月食、山崩、地震等异常现象。郑《注》曰："天灾，日月晦食。地灾，崩动也。"

④大故：重大事故，指兵寇、刑杀等事。郑《注》曰："寇戎之事。"

【译文】

如果遇到大丧，就不杀牲，遇到大灾荒年，也不杀牲，瘟疫流行不杀牲，遇到天象变异、地震山崩等不杀牲，王国有大的军事行动或罪犯行刑不杀牲。

6. 王燕食①，则奉膳、赞祭②。凡王祭祀、宾客食③，则彻王之胙俎④。凡王之稍事⑤，设荐脯醢⑥。王燕饮酒，则为献主⑦。

【注释】

①燕食：谓王日中之食和夕食。此两餐吃朝食（早饭）所余。郑《注》曰："谓日中与夕食。"孙诒让曰："以王日三食，日中与夕食馔具减杀，别于礼食及朝食盛馔，故谓之燕食。"

②奉膳、赞祭：奉，进也。膳，牲肉。郑《注》曰："奉朝之余膳。"即早餐剩下的牲肉。祭，谓食前祭。

③祭祀、宾客食：祭祀，谓祭宗庙。宾客食，贾《疏》曰："王与宾客礼食于庙。"

④胙俎：胙，通"阼"。胙俎，即阼俎。主人饮食之俎曰胙俎。《仪礼·特牲馈食礼》郑《注》曰："阼俎，主人俎。"即主人席前所设之俎。祭祀或款待宾客之礼毕，则由膳宰为主人把胙俎彻去。

⑤稍事:稍,小。郑《注》曰:"有小事而饮酒。"

⑥脯醢:干肉和肉酱。贾《疏》曰:"脯醢者是饮酒肴羞,非是食馔。"

⑦"王燕饮酒"二句:燕,宴饮,宴请。燕饮酒,谓王闲暇时宴请臣下
　饮酒。有别于飨、食之礼,燕饮酒之礼最轻,王不亲自献酒,而以
　膳夫代王为献主。按,郑司农曰:"膳夫代王为主,君不敌臣也。"
　即谓王位尊贵,臣不敢与之抗礼,故由膳夫代王向宾(大夫充当)
　及臣下献酒。

【译文】

　　到王进午餐、晚餐时,就要为王奉进早饭所剩的饭菜,并帮助王行
食前祭礼。凡是王举行祭祀,或与宾客同进酒食,礼毕就撤下王的胙
俎。凡是王因小事而饮酒,就要为王陈设进献脯醢等小菜,王设宴招待
臣下饮酒时,就做献主代王为主人向臣下献酒。

7. 掌后及世子之膳羞①。

【注释】

①掌后及世子之膳羞:郑《注》曰:"亦主其馔之数,不馈之耳。"按,
　馔之数,谓合乎礼制的膳羞种类、数量。膳夫只掌管膳羞的供
　给,而由内饔进献。

【译文】

掌管供给王后、太子饮食所需的牲肉及美味菜肴。

8. 凡肉脩之颁赐①,皆掌之。

【注释】

①肉脩:脩,又叫腶脩,将薄肉片加入姜桂等后捶捣、风干制成的干

肉。按，贾《疏》曰："加姜桂锻治（即捶捣）者谓之脩，不加姜桂、以盐干之者谓之脯。"则干肉有脩、脯两种。二者亦可通谓之脯。颁赐，赏赐，分赏。常制范围内给予称颁，分外加惠赠送称赐。

【译文】

凡是王向群臣颁赐鲜牲肉和腶脩的事，都由膳夫掌管。

9. 凡祭祀之致福者①。受而膳之②。以挚见者③，亦如之。

【注释】

①祭祀之致福：指诸臣祭祀宗庙后，将祭肉进献给王，以示将祭祀所祈之福致之于王。郑《注》曰："致福，谓诸臣祭祀，进其余肉，归胙于王。"

②受而膳之：贾《疏》曰："膳夫受之，以为王膳，故云'受而膳之'。"

③挚：相见时所持的见面礼。今多作"贽"。六挚为皮帛、羔、雁（鹅）、雉、鹜、鸡。

【译文】

凡是祭祀后群臣将祭肉进献给王的，就接受而用为王的肴馔。群臣拿着见面礼来晋见王的，也是这样。

10. 岁终则会①，唯王及后、世子之膳不会②。

【注释】

①岁终则会：岁终，谓夏历年终。会，统计，总计。此处谓岁计，即全年收支总计。

②"唯王"句：郑《注》曰："不会计多少，优尊者。其颁赐诸臣，则计之。"按，即谓王、王后、太子的膳食费用无限制。

【译文】

每到夏历年终,就要把全年颁赐群臣的鲜肉、肉脯数量加以总计,但王、王后和太子的膳食费用不作总计。

七　庖人

1. 庖人掌共六畜、六兽、六禽①,辨其名物②。

【注释】

①六畜:郑《注》曰:"六牲也。"(参见《膳夫》第 2 节注)六兽:据郑《注》,谓麋、鹿、狼、麇(jūn,即獐)、野豕(野猪)、兔。或曰有熊而无狼。六禽:据郑《注》,谓羔、豚(小猪)、犊(小牛)、麛(mí,幼鹿,此泛指小兽)、雉、雁。郑司农说是雁、鹑、鷃、雉、鸠、鸽。郑《注》又曰:"凡鸟兽未孕曰禽。"又按,《礼记·曲礼上》孔《疏》曰:"别而言之,羽则曰禽,毛则曰兽;通而为说,兽亦可曰禽。……《白虎通》曰:'禽者,鸟兽之总名。'"

②辨其名物:名物,名称、物色(毛色)。贾《疏》曰:"此禽兽等皆有名号物色,故云'辨其名物'。"

【译文】

庖人掌管供给六畜、六兽、六禽,辨别它们的名号、毛色。

2. 凡其死、生、鲜、薧之物①,以共王之膳,与其荐羞之物②,及后、世子之膳羞③。

【注释】

①凡其死、生、鲜、薧(kǎo)之物:鲜,新杀者。薧,谓晒干者。郑司农曰:"谓干肉。"据孙诒让说,此处"死、生、鲜、薧之物",乃承上

节六畜、六兽、六禽为文。

②荐羞：进献美味的食品。先设品物称荐，加进有滋味之食物称羞。郑《注》曰："荐亦进也。备品物曰荐，致滋味乃为羞。"

【译文】

凡是这些死的、活的、鲜的、干的畜禽及兽肉，都用来作为供奉给王膳食所需的牲肉，和进献给王的美味佳肴，以及供奉王后、太子伙食所需的牲肉和美味佳肴。

3. 共祭祀之好羞①。共丧纪之庶羞②，宾客之禽献③。

【注释】

①好羞：据郑《注》、贾《疏》，谓难得的时鲜珍美食物、土特产等。

②共丧纪之庶羞：丧纪，即丧事。丧事有一定的法数，故谓之丧纪。《礼记·文王世子》"丧纪以服之轻重为序"，郑《注》曰："纪犹事也。"庶羞，参见上文《膳夫》注。

③宾客之禽献：宾客，指来朝聘的诸侯、卿大夫等。禽献，此指活的禽、兽。郑《注》曰："献禽于宾客。"

【译文】

供给祭祀所需的时鲜珍美食物。供给丧事所需的各种美味佳肴，以及款待来朝聘宾客所需的禽兽肉。

4. 凡令禽献①，以法授之②，其出入亦如之③。

【注释】

①凡令禽献：郑《注》曰："令，令兽人也。禽兽不可久处，宾客至，将献之，庖人乃令兽人取之。必书所当献之数与之，及其来致禽，

亦以此书校数之。至于献宾客,又以此书付使者,展而行之。"
按,兽人,官名。负责提供活的禽兽。

②以法授之:法,指供应各类宾客禽兽数目的相关法规、规定。授
　之,谓授予兽人,让其依数进献。

③其出入亦如之:贾《疏》曰:"既以数授兽人,(兽人)依数以禽入庖
　人,是入也。庖人得此禽,还依数付使者送向馆,是出也。"

【译文】

凡是宾客到达后,庖人就要命令兽人进献禽兽,依据规定把所应献
禽兽的数量交给他。兽人给庖人送来禽兽,庖人送出禽兽,也要像这样
依据规定办理。

5. 凡用禽献①,春行羔豚②,膳膏香③;夏行腒鱐④,膳膏
臊⑤;秋行犊麛,膳膏腥⑥;冬行鲜羽⑦,膳膏膻⑧。

【注释】

①用禽献:郑《注》曰:"用禽献,谓煎和之以献王。"煎和,烹调也。

②行:使用。

③膳膏香:膳,据郑《注》,谓烹调,煎和。膏香,牛油。杜子春曰:
　"牛脂也,以牛脂和之。"

④腒鱐(jūsù):腒,腌制的干野鸡。郑司农曰:"腒,干雉。鱐,
　干鱼。"

⑤膏臊:狗油。杜子春曰:"犬膏。"

⑥膏腥:鸡油。郑《注》曰:"鸡膏也。"一说,为豕膏,猪油。

⑦鲜羽:《礼记·内则》郑《注》曰:"鲜,生鱼也。羽,雁(即鹅)也。"

⑧膏膻:羊油。杜子春曰:"羊脂也。"

【译文】

凡是用禽兽肉进献给王,要因时制宜:春季使用羊羔肉和小猪肉,

以有香味的牛油烹调；夏季使用干野鸡肉和干鱼，以有臊味的狗油烹调；秋季使用小牛犊肉和小兽肉，以有腥味的鸡油脂烹调；冬季使用鲜鱼和鹅肉，以有膻味的羊油烹调。

6. 岁终则会,唯王及后之膳禽不会①。

【注释】

①膳禽：即上文春夏秋冬四季特意为王烹调的禽兽。

【译文】

每到夏历年终就要对全年所用禽兽的数目做总计，只有供给王和王后的禽兽不作总计。

八　内饔

1. 内饔掌王及后、世子膳羞之割亨煎和之事①,辨体名、肉物②,辨百品味之物③。

【注释】

①割亨煎和之事：割，用刀宰杀、分解牲体。亨，同"烹"，烧煮，烹调。本书烹概用亨。煎和，煎炒并以五味调和使有滋味。

②体名、肉物：体名，谓牲畜宰杀后分割成块的各部位名称，如脊、胁（两肋）、臂（在肩之下）、臑（nào，前胫骨的下端）等等。肉物，指不同部位、用途的内脏的名称，如心、肝、肠、胃、举肺（用于食的肺）、祭肺（用于祭的肺），等等。参见凌廷堪《礼经释例》。

③百品味：品，种类。郑《注》曰："庶羞之属。言百，举成数。"

【译文】

内饔掌管供给王及王后、太子的所食牲肉和美味的宰割、烧煮、煎炒、调和的事情，辨别牲体各个部位、内脏的名称，辨别制成的众多美味佳肴的名称。

2. 王举[1]，则陈其鼎俎[2]，以牲体实之[3]。

【注释】

①举：谓杀牲盛馔（参见《膳夫》注）。

②陈其鼎俎：按，牲体先放镬中煮熟，捞出盛于鼎而陈于庭中，然后从鼎中捞出盛于俎以进献。鼎俎皆为盛放之物。

③以牲体实之：谓将牲体分别放入鼎中、俎上。实，装满，填装。郑《注》曰："取于镬以实鼎，取于鼎以实俎。"

【译文】

王进朝食杀牲盛馔时，就要负责陈设那些鼎和俎，并负责将牲体放入镬内煮熟，捞出放到鼎中，然后再盛放到俎上。

3. 选百羞、酱物、珍物[1]，以俟馈[2]。

【注释】

①百羞、酱物、珍物：贾《疏》曰："百羞者，则庶羞百二十。酱物者，则酱用百二十瓮。珍物者，诸八珍之类。"（参见《膳夫》）。

②以俟馈：孙诒让曰："谓俟膳夫之馈也。王之膳羞，内饔但主选，不主馈。"

【译文】

事先挑选好各种美味、醋和肉酱以及最高级的食品，以备膳夫馈送给王。

4. 共后及世子之膳羞①。

【注释】

①共后及世子之膳羞：郑《注》曰："膳夫掌之，是乃共之。"贾《疏》曰："后、世子直言共，不言馈者，膳夫馈王，不馈后、世子；此内饔言共，是亲馈。"参见《膳夫》。

【译文】

供给王后及太子膳食所需的牲肉及美味佳肴。

5. 辨腥、臊、膻、香之不可食者①。牛夜鸣则庮②。羊泠毛而毳③，膻。犬赤股而躁④，臊。鸟皫色而沙鸣⑤，貍⑥。豕盲视而交睫⑦，腥⑧。马黑脊而般臂⑨，蝼⑩。

【注释】

①腥、臊、膻、香：按，鸡膏腥，犬膏臊，羊膏膻，牛膏香（参见《庖人》），故此处即用以指代鸡、犬、羊、牛等牲禽。又按，下文牛、羊、犬皆言及，独不见鸡，其实于鸟中该之。

②庮（yǒu）：朽木般的臭味。贾《疏》曰："恶臭也。"

③羊泠（líng）毛而毳（cuì）：泠，通"零"，谓零落、稀疏。毳，毛之间粘连、纠结。贾《疏》曰："泠毛，谓毛长也。而毳，谓毛别聚结者。"

④赤股而躁：赤股，后腿内侧无毛。躁，行进时浮躁而急疾。贾《疏》曰："股里无毛，……而走又躁疾。"

⑤鸟皫（piǎo）色而沙鸣：鸟，孙诒让曰："兼雁鸡二牲而言。"皫色，谓鸟的羽毛暗淡无光泽而颜色不纯。郑《注》曰："失色，不泽美也。"沙鸣，叫声嘶哑。郑《注》曰曰："沙，澌（嘶）也。"

⑥貍：腐烂的臭味。《释文》曰："音郁。"按，《礼记·内则》作"郁"，

郑《注》曰:"腐臭。"

⑦豕盲视而交睫:盲,同"望",远看。盲视,即望视,抬头才能平视。
　杜子春曰:"盲视,当为望视。"《礼记·内则》郑《注》曰:"远视
　也。"交睫,上下睫毛交错。

⑧腥:郑《注》曰:"当为'星',声之误也。肉有如米者,似星。"按,星
　即猪囊虫,生有囊虫的猪肉今俗称"米星肉"。

⑨般臂:前腿有杂色花纹。般,通"斑"。郑《注》曰:"般臂,臂毛有
　文。"按,《礼记·内则》郑《注》曰:"般臂,前胫般般然也。

⑩蝼:郑司农曰:"蝼蛄臭也。"

【译文】

　　辨别鸡、犬、羊、牛等牲中有腥臊膻香等怪味而不可食用的食品。
牛如果在夜里鸣叫,它的肉就一定有烂木头的恶臭。羊如果毛稀少而
且又结成疙瘩,它的肉就一定膻味很重。狗如果后腿内侧无毛而又奔
跑急躁,它的肉就一定有臊味。鸟的毛色暗淡无光泽而又鸣叫声沙哑,
它的肉就一定有股腐烂的臭味。猪的两眼如果作远视貌而且上下睫毛
粘连,它的肉就一定生囊虫。马是黑色脊背而且前腿毛色杂乱的,它的
肉就一定有股蝼蛄般的臭味。

　　6. 凡宗庙之祭祀,掌割亨之事,凡燕饮、食亦如之①。凡
掌共羞、脩、刑、膴、胖、骨、鱐②,以待共膳。

【注释】

①燕饮、食亦如之:贾《疏》曰:"谓王及后、世子自燕饮、食,皆须割亨,
　故云'亦如之'。"孙诒让曰:"此食与《膳夫》燕食同,饮亦谓燕居饮
　酒。"按,燕食,谓午餐与晚餐(参见《膳夫》注)。燕饮,参见同上注。

②共羞:郑《注》曰:"共,当为'具'。羞,庶羞也。"按,具,备齐。羞,
　谓庶羞。脩:加入姜桂等佐料捶制而成的干肉脯。郑《注》曰:

"锻脯也。"即胘脩(参见《膳夫》注)。刑：通"铏(xíng)"，古代一种盛羹器。参见《亨人》注。《仪礼·公食大夫礼》郑《注》曰："铏，菜和羹之器。"按，此处谓铏羹，是一种既加佐料又加菜的盛于铏中的肉羹。郑《注》曰："刑，铏羹也。"臅(hū)：一种切成薄片的大片肉，用于食前祭礼。胖：不干的咸生肉片(参见《腊人》注)。胾：谓已剔解好的牲体。郑《注》曰："牲体也。"

【译文】

凡是宗庙祭把，掌管牲体的宰割、烹煮的事，凡是王、王后及太子行燕饮酒礼或进午餐、晚餐时也这样做(掌管牲体的宰割、烹煮)。每顿饭都要提前预备各种美味佳肴、胘脩、铏羹、切成薄片的大肉片、不干的生咸肉、剔解好的牲体、干鱼，等等，以备供王、王后和太子膳食所需。

7. 凡王之好赐肉脩①，则饔人共之②。

【注释】

①好赐肉脩：好赐，对王所喜欢者的赐予。贾《疏》曰："谓群臣王所爱好，则赐之肉脩。"

②饔人：即内饔。本书凡通举某官府各类人员，即改称"人"，如《射人》称大仆为仆人，《大祝》称甸师为甸人。孙诒让曰："称人者，通举其长官徒属之言。凡此经总举官属者皆称人。"

【译文】

凡是王喜欢某臣而赐予牲肉和干肉脯，就由内饔负责供给他。

九 外饔

1. 外饔掌外祭祀之割亨①，共其脯、脩、刑、臅，陈其鼎俎，实之牲体、鱼、腊②。凡宾客之飧、饔、飨、食之事③，亦如之④。

【注释】

①外祭祀：谓凡宗庙之外，天地、四望、山川、社稷、五祀等外神的祭祀，皆外祭祀。按，宗庙之祭谓内祭祀。参见《春官·大宗伯》。

②腊（xī）：干肉。

③凡宾客之飧、饔、饩、食之事：飧，参见《宰夫》第7节注。饔，此谓馈饔饩。客人行过朝聘礼后，主人要把已杀的牲（称饔）与尚未杀的活牲（称饩）和其他食品及牲畜草料等送到客人下榻处，称馈饔饩。《仪礼·聘礼》"馈饔饩"郑《注》曰："杀曰饔，生曰饩。"彼处胡培翚《正义》曰："饔兼饪与腥言，皆是已杀者，饩是生牲。"此谓凡已杀的牲称饔，杀而煮熟的牲肉称饪，杀而未煮的生肉称腥，未杀的活牲称饩。宾客初到，主人为之举行的便宴谓之飧。食（sì），谓食礼，也是一种款待宾客之礼，《仪礼·公食大夫礼》记载诸侯国君用食礼款待来行小聘礼的大夫，可参看。飨、食，二者皆是主人为客人举行的正式宴会。飨的规格高于食。参见上文《宰夫》注。

④亦如之：谓亦如外祭祀时那样掌割亨、陈鼎俎，并实之。

【译文】

外饔掌管外祭祀所用牲的宰割和烹煮，供给外祭祀所需的肉脯、加入姜桂后制成的肉干、加佐料又加菜的肉汤、切成薄片的大肉片，陈列外祭祀所用的鼎、俎，并把牲体、鲜鱼、干兽肉等装进鼎中和放到俎上。凡是为来朝聘的宾客设接风便宴、为他们馈赠饔饩，举行飨礼和食礼的事，也要这样做。

2. 邦飨耆老、孤子①，则掌其割亨之事。飨士、庶子②，亦如之。

【注释】

①耆老、孤子：耆老，即六十岁以上的老人，《礼记·曲礼上》说："六

十曰耆,七十曰老。"《说文》曰:"耆,老也。"孤子,烈士之子。郑《注》曰:"死王事者之子也。"

②士、庶子:指公卿大夫子弟中宿卫王宫者。(参见上文《官伯》注)。郑《注》曰:"士、庶子,卫王宫者。"

【译文】

王国用飨礼慰劳老人和烈士子女,就要掌管宴会所需牲肉的宰割、烹煮的事。用飨礼招待士、庶子等王宫卫士时,也要这样做。

3. 师役①,则掌共其献、赐脯肉之事②。

【注释】

①师役:贾《疏》曰:"谓出师征伐,及巡守、田猎。"

②献、赐脯肉:贾《疏》曰:"谓献其将帅并赐酒肉之事。"

【译文】

遇到出师征伐、巡守、田猎,就要掌管供给王向有功将帅献酒或赏赐他们时所需肉脯和鲜牲肉的事。

4. 凡小丧纪①,陈其鼎、俎而实之。

【注释】

①小丧:按,小丧所涉及范围,贾《疏》曰:"夫人已下之丧。"孙诒让说,或包括王子弟、同姓诸侯之丧。

【译文】

凡是小丧事的奠祭,就负责陈列鼎、俎,并且把祭品盛装入鼎中、俎上。

一〇　亨人

1. 亨人掌共鼎、镬^①，以给水火之齐^②。

【注释】

①亨：同"烹"，烧煮烹调。共鼎、镬（huò）：镬，煮生肉、干肉和鱼的大锅，形似无足的鼎。肉煮熟后捞出盛进鼎内再加调味。郝敬曰："镬以煮牲，牲各一镬，各一鼎，熟于各镬，升于各鼎。"

②齐（jì）：同"剂"，剂量，分量。郑《注》曰："多少之量。"水火之齐，指加水的多少和掌握火候大小。

【译文】

亨人掌管供给煮肉用的鼎、镬，掌握煮肉时加水的多少和火候大小。

2. 职外、内饔之爨亨煮^①，辨膳羞之物^②。

【注释】

①职外、内饔之爨（cuàn）亨煮：职，掌管。郑《注》曰："主也。"爨，即灶。按，"煮"字，王念孙说是衍字，《注》文释"亨"字而窜入经文者。可从。

②辨膳羞之物：孙诒让曰："谓辨别《膳夫》膳用六牲，羞用百二十品之物，皆亨而共之。"

【译文】

负责将外饔和内饔所供食物在灶上烹煮，辨别用以制作肴馔的各种牲肉、美味。

3. 祭祀共大羹、铏羹^①。宾客亦如之。

【注释】

①大羹、铏羹：大羹，是一种不加盐、菜和佐料的肉羹，故贾《疏》曰："谓大古之羹，不调以盐菜及五味。"铏羹，既加佐料又加菜的肉羹。参见《内饔》注。

【译文】

祭祀时供给大羹、铏羹。招待宾客时也要像这样做。

一一　甸师

1. 甸师掌帅其属而耕耨王藉①，以时入之，以共粢盛②。

【注释】

①帅其属而耕耨（nòu）王藉：其属，郑《注》曰："府、史、胥、徒也。"耨，除草。藉，谓王的藉田，名义为王亲耕而实则借民力耕种的田地，其收获物主要用于祭祀。藉，借也，谓借民力。

②粢盛（zīchéng）：郑《注》曰："祭祀所用谷也。"阮校曰："《疏》云'六谷曰粢，在器曰盛，以共祭祀，故云粢盛'。"粢盛：装在容器里供祭祀用的谷物。

【译文】

甸师掌管率领他的下属耕种王的藉田，按时交纳农产品，以保证供给王祭祀所需的谷物。

2. 祭祀，共萧、茅①，共野果蓏之荐②。

【注释】

①萧、茅：萧，即香蒿，祭祀时用以烧取香气。据《礼记·郊特牲》说，周人崇尚用气味祭祀，故烧"萧合黍稷"，使"臭（气味）阳达于

墙屋。"茅,菁茅。据王应电说,此为白茅。香蒿、白茅皆祭祀用品。郑《注》曰:"以共祭之苴,亦以缩酒。苴以藉祭。缩酒,沛(jǐ,过滤)酒也。"则祭祀中茅的作用有二:一、用以缩酒,即祭祀时将一束菁茅立起置于神位前,浇酒茅上使顺茅渗入地中,如同神饮;二、作祭品的衬垫物,即把茅铺在神位前地上,再把祭品放在茅上以祭,即"藉祭"。

②果蓏(luǒ):果、瓜。树上结的称果,地上结的称瓜。王应电《周礼传》曰:"木实曰果,草实曰蓏。"

【译文】

凡有祭祀,负责供给所需的香蒿和白茅,还负责供给野生的瓜果以备祭献。

3. 丧事①,代王受眚灾②。

【注释】

①丧事:谓王丧。

②代王受眚(shěng)灾:眚,灾祸。据郑《注》、贾《疏》说,王祭祀所用谷物,是甸师率属下耕种藉田而提供的。王去世是因神对王所用谷物不满而降下灾祸;甸师要向藉田之神祈祷,表示引咎自责,愿意代替新王承受灾祸,以使继位的新王免于灾祸。其做法为,死王殡后,大祝做移祸于甸师的祷辞,甸师用此祷辞向藉田之神祝祷,表示愿意代王承受灾祸(参见《春官·大祝》注)。

【译文】

王丧,就向藉田之神祈祷,表示引咎自责,愿意代替新王承受灾祸。

4. 王之同姓有罪,则死、刑焉①。

【注释】

①"王之同姓"二句：同姓，谓与王同宗族的兄弟。按，上博简（四）
逸诗《多薪》："兄及弟斯，鲜我二人。……多人多人，莫奴（如）
兄弟。……莫奴（如）同生（姓）。……多人多人，莫奴（如）同父
母。"可供参考。据贾《疏》，谓王的同姓如犯罪，不在市朝行刑，
而到郊野外较隐僻的甸师官府去行刑，以免国人议论其罪行。

【译文】

王的同姓若犯了罪，判决后不在市井热闹处公开执行，而就到甸师
的官府去处死或执行刑罚。

5. 帅其徒以薪蒸①，役外、内饔之事②。

【注释】

①帅其徒以薪蒸：徒，指甸师之徒三百人（参见本篇《叙官》第 10
节）。薪蒸，即木柴。木柴粗者称薪，细者称蒸。郑《注》曰："木
大曰薪，小曰蒸。"
②役外、内饔之事：郑《注》曰："役，为给役也。"按，外、内饔皆掌割
烹，故需用薪柴，而役使甸师之徒以供之，甸师与外、内饔为
官联。

【译文】

率领徒众用木柴供外饔、内饔使用，作为外饔、内饔役使的事情。

一二　兽人

1. 兽人掌罟田兽①，辨其名物。冬献狼，夏献麋②，春秋
献兽物③。时田，则守罟。及弊田④，令禽注于虞中⑤。

【注释】

①罟(gǔ)田兽:罟,网。田,打猎。今作"畋"。

②"冬献狼"二句:郑玄说:"狼膏聚,麋膏散,聚则温,散则凉,以救时之苦也。"意谓冬天食用狼膏可让人暖和,夏天食用麋膏可让人凉快,故"冬献狼,夏献麋"。

③献兽物:泛指猎获的野兽。郑《注》曰:"凡兽皆可献也,及狐狸。"

④弊田:谓田猎停止。郑玄说:"弊,仆也,仆而田止。"详《地官·大司马》。按,仆,此处停止义。贾《疏》曰:"谓田止。"

⑤令禽注于虞中:禽,兽也。注,聚也。虞中,谓四角树有虞旗的田猎处平地的中央,众人所获禽兽皆集中于此。据贾《疏》说,虞旗谓田猎停止时,虞人在田猎处中央所树的旗帜。

【译文】

兽人掌管用网来捕获野兽,辨别捕获物的名称、毛色。冬季适宜进献捕获的狼,夏季适宜进献捕获的麋鹿,春秋适宜进献各种捕获的野兽。春夏秋冬四季举行田猎活动时,就负责看守着捕兽的网以免猎物破网逃掉。等到田猎停止时,就命令参加田猎的人都把所捕获野兽聚集到四角树有虞旗的田猎处平地的中央。

2. 凡祭祀、丧纪、宾客①,共其死兽、生兽。凡兽入于腊人②,皮毛筋角入于玉府③。

【注释】

①丧纪:谓居丧期间虞、祔以后的祭祀。

②腊人:官名。负责制作干肉。

③玉府:官名。负责保存王的珍贵物品。

【译文】

凡是遇到祭祀、丧祭、招待宾客等事情,就供给所需要的死兽和活兽。凡是所捕获的兽都交给腊人,而兽皮、兽毛、兽筋、兽角等物则送交玉府。

3. 凡田兽者^①,掌其政令^②。

【注释】

①凡田兽者:田兽,此谓四时大规模田猎之外的小型田猎活动。李钟伦《周礼纂训》曰:“谓卿大夫常田,及百姓田猎是也。”

②政令:据李钟伦说,是指关于田猎的地点、时间、出现争执的处理方法以及征收皮角筋骨等的规定。

【译文】

凡是小规模捕猎野兽的活动,由兽人掌管一切相关政令。

一三　渔人

1. 渔人掌以时渔,为梁^①。春献王鲔^②。辨鱼物,为鲜薧^③,以共王膳羞。

【注释】

①梁:鱼梁,河中截流以捕鱼的低坝。其法为:在河水中筑低坝,坝上开口以流水,放置筍(竹篓形捕鱼器,口部有倒刺形竹片,鱼类能进不能出)承接开口处水流,鱼随水流入筍中则被捕捞。

②王鲔(wěi):王,大。鲔,一种似鲤而略大的鱼。王鲔,大鲔鱼。

③鲜薧(kǎo):鲜鱼、干鱼。

【译文】

渔人掌管根据捕鱼的季节捕鱼,在河中修筑鱼梁。春季进献大鲔鱼。鱼类繁多,渔人就负责辨别各种鱼的名称、特点,提供鲜鱼或制作干鱼,以供给王膳食美味的所需。

2. 凡祭祀、宾客、丧纪,共其鱼之鲜薧。

【译文】

凡是祭祀、招待宾客、丧祭等事,供给所需的鲜鱼、干鱼。

3. 凡渔者,掌其政令①。

【注释】

①政令:谓捕鱼的时间、地点等相关规定。

【译文】

凡是捕鱼的活动,都由渔人掌管相关政令。

4. 凡渔征①,入于玉府。

【注释】

①渔征:谓渔业税。郑司农曰:"渔者之租税,渔人主收之,入于玉府。"

【译文】

凡是所征收上来的渔业税,要全部交入玉府。

一四　鳖人

1. 鳖人掌取互物①,以时籍鱼鳖龟蜃②,凡狸物③。春献鳖蜃,秋献龟鱼。

【注释】

①互物:甲壳类动物如龟鳖蛤蚌的总称。此类动物躯体由两片对

称的甲壳包裹,故称。郝敬曰:"有甲者。互,合也。蚌蛤之属甲皆合。"

②籍鱼鳖龟蜃:籍(cè),据郑司农说,谓用叉刺取。蜃(shèn),郑《注》曰:"大蛤。"

③貍物:貍,"埋"的假借字。貍物,埋藏潜伏在泥中的水生动物。郑司农曰:"貍物,龟鳖之属,自貍藏伏于泥中者。"

【译文】

鳖人掌管捕取龟鳖蛤蚌等甲壳类动物,按照季节用叉刺取鱼鳖龟蜃等,凡一切埋藏在泥中的水生动物。春季进献鳖、蜃,秋季进献龟、鱼。

2. 祭祀共蠯、蠃、蚳^①,以授醢人^②。

【注释】

①蠯、蠃、蚳:蠯(pí),古同"蠯"。一种形状狭长的蚌。郑司农曰:"蛤也。"蠃(luǒ),蜗牛。郑《注》曰:"蝓蜏。"按,蝓蜏(yíyú),蜗牛。一说是一种似蜗牛的软体动物,《尔雅·释鱼》郭《注》曰:"即蜗牛也。"蚳(chí),蚁卵。《尔雅·释虫》:"蚍蜉,……其子蚳",是蚳即蚁卵,古人取以做酱为食。

②授醢人:醢人,官名。负责供给祭祀、宴飨所需之肉酱。按,蠯、蠃、蚳皆可做酱,故将其授予醢人,由后者制作成肉酱(即醢)供祭祀之用。

【译文】

遇到祭祀时供给蚌、蜗牛、蚁卵,将此三者交给醢人以便制作肉酱。

3. 掌凡邦之籍事。

【译文】

掌管凡是王国中关于用叉刺取鱼鳖龟蜃等物的事务。

一五　腊人

1. 腊人掌干肉①，凡田兽之脯、腊、膴、胖之事②。

【注释】

①干肉：将大的牲畜、野兽剔解后晒干，谓之干肉。

②脯、腊、膴、胖之事：脯，谓咸干肉。郑《注》曰："薄析曰脯。"此指切成片状的咸干肉。按，脯有两种：条状；薄片状。《齐民要术》卷八《脯腊》第七十五记作脯之法云："用牛、羊、獐、鹿、野猪、猪肉，或作条，或作片。"腊，郑《注》曰："小物全干。"即将小兽（如兔）整个风干，称腊。广义上讲，凡干肉（包括经解割的大牲，以及脯、腊、股脩等）皆可称腊，故干肉、脯、腊等并由腊人掌之。膴（hū），薄切的大肉片。胖（pàn），不干的咸肉片（参见下节注）。按，阮元《周礼注疏校勘记》认为"膴胖之事"四字为衍文。按，阮氏说是，然译文姑按经文字面翻译。

【译文】

腊人掌管制作干肉，凡是将所猎获的禽兽加工成肉脯，或者整个风干，或薄切成大肉片、或做成不干的咸肉片的事都由腊人负责。

2. 凡祭祀，共豆脯、荐脯、膴、胖①，凡腊物②。

【注释】

①豆脯：郑《注》曰："脯非豆实（即谓脯不是盛在豆中的），'豆'当为'羞'，声之误也。"按，脯乃笾实，全书皆然。又"羞"与下文"荐"，

皆进义,但经文中用法不同:荐(正馔之荐)是祭祀时尸尚未享用祭品前向尸进献的脯醢;羞(进加馔)是尸享用过祭品(象征神已享用)后再向其献酒并进献的脯醢。荐脯:谓朝事、馈食所用的干肉片。参见《笾人》注。胖:郑《注》曰:"宜为脯而腥。胖之言片也,析肉意也。"按,所谓"宜为脯而腥",是说已用盐腌渍,宜用之于风干而为脯,然尚未风干,仍是鲜湿的肉,故曰腥。所谓"胖之言片,析肉意也",是说将肉切成片状。可知胖为不干的咸肉片。又按,腊人所掌既有干肉,还有鲜肉,故经文记腊人所掌有膴、胖。

②腊物:泛指各种干肉。

【译文】

凡是遇到祭祀,供给加馔的干肉片、朝事与馈食所用的干肉片、切成薄片的大肉片、不干的咸肉片等,以及供给凡是所需的干肉。

3. 宾客、丧纪,共其脯腊①,凡干肉之事。

【注释】

①脯腊:即脯。泛言之脯亦称腊(参见第1节),故连称脯腊。

【译文】

遇到招待宾客、丧事的祭祀,负责供给肉脯、风干的整个小兽,以及凡是所需的干肉。

一六　医师

1. 医师掌医之政令,聚毒药以共医事①。凡邦之有疾病者②,疕疡者造焉③,则使医分而治之④。

【注释】

①毒药:此处泛指各种药物。因凡药皆有某种毒性,故称。毒,味苦性烈义。郑《注》曰:"毒药,药之辛苦者,药之物恒多毒。"

②疾病:此指内科疾病。

③疕(bǐ)疡者造焉:疕,据贾《疏》,谓头上长疮生脓。疡,谓身上生疮受伤。郑《注》曰:"身伤曰疡。"详见《疡医》。造,到,去。

④则使医分而治之:谓使疾医(内科医生)治疗内科疾病,使疡医(外科医生)治疗疕疡。

【译文】

医师掌管医药方面的政令,收集种种味苦性烈的药物以供医疗之用。凡是王国中有患疾病的,有头上长疮、身上有创伤的,都到医师的官府去看病,医师就根据患者的病情指派专科医生分别为他们治疗。

2. 岁终,则稽其医事,以制其食①:十全为上②,十失一次之,十失二次之,十失三次之,十失四为下。

【注释】

①食:稍食。即不命之士及庶人在官者的月俸。孙诒让认为此针对散医而言。

②十全:全,通"痊",痊愈。孔广林《周官臆测》曰:"十全,非必治之皆愈也,能识其疾可为与否,言必有中,即为十全。"

【译文】

每到夏历年终,考核专科医生医疗的成绩,以制订给予他们下一年薪俸的标准:凡病都能准确诊断的为上等,有十分之一诊断失误的为次等,有十分之二诊断失误的又次一等,有十分之三诊断失误的又次一等,有十分之四诊断失误的为下等。

一七　食医

1. 食医掌和王之六食、六饮、六膳、百羞、百酱、八珍之齐①。

【注释】

①"六食"至"之齐"：和，调和各种食物的比例以利养身。六食，即《膳夫》"食用六谷"。六饮，即《膳夫》"饮用六清"。六膳，即《膳夫》"膳用六牲"。百羞，即《膳夫》"羞用百有二十品"。此言百羞，举其成数，实际当不止此数。百酱，即《膳夫》"酱用百有二十瓮"。八珍，即《膳夫》"珍用八物"。齐，通"剂"，剂量。

【译文】

食医掌管调和王的六种饭食、六种饮料，六种肉食、各种美味佳肴、各种酱类、八种最珍贵食品等。

2. 凡食齐视春时，羹齐视夏时，酱齐视秋时，饮齐视冬时①。凡和，春多酸，夏多苦，秋多辛，冬多咸，调以滑甘②。

【注释】

①"凡食"至"冬时"：食，谓饭食。齐，谓调和，调配。郑《注》曰："饭宜温，羹宜热，酱宜凉，饮宜寒。"

②"凡和"至"调以滑甘"：郑《注》、贾《疏》据五行学说进行解释，认为：春天、东方属木，木味酸，故春天要酸味略重些；夏天、南方属火，火味苦，故夏天要苦味略重些；秋天，西方属金，金味辛，故秋天要辛味略重些；冬天，北方属水、水味咸，故冬天咸味要略重些；季夏、中央属土，金木水火，非土不载，土在五行中最尊，而甘

在五味中最尊,故一年四季皆需用甘调和。滑甘,据《礼记·内则》,是调配食品时,加进枣子、栗子、糖稀、蜂蜜等物使其甘甜,加进粉芡汁、菜蔬等物使其柔滑。

【译文】

凡是食品的温热凉寒,都要依照不同种类来调配:饭类食品应参照春天以温为好,羹汤食品应参照夏天以热为好,酱类食品应参照秋天以凉为好,饮料之类应参照冬天以寒为好。凡是调和食物的滋味,春天应酸味略重些,夏天应苦味略重些,秋天应辛味略重些,冬天应咸味略重些,与此同时,各个季节都要加些粉芡汁、菜蔬及枣栗蜂蜜等使食品调和得柔滑、甘甜些。

3. 凡会膳食之宜①,牛宜稌,羊宜黍,豕宜稷,犬宜粱,雁宜麦,鱼宜苽②。凡君子之食恒放焉③。

【注释】

①凡会膳食之宜:会,此处为调配、搭配义。孙诒让曰:"此论六膳、六食,牲与谷配合之宜也。"

②"牛宜"至"宜苽":按,稌、黍、稷、粱、苽,参见《天官·膳夫》注。

③君子之食恒放:君子,此处泛指各级贵族。放,同"仿",仿照。郑《注》曰:"犹依也。"

【译文】

凡是调配牲肉和饭食使它们味道彼此适宜,牛肉适宜和稻饭搭配,羊肉适宜和黍饭搭配,猪肉适宜和稷饭搭配,狗肉适宜和粱饭搭配,鹅肉适宜和麦饭搭配,鱼肉适宜和菰米饭搭配。凡是君子的膳食都要仿照上述方法调配。

一八 疾医

1. 疾医掌养万民之疾病①。四时皆有疠疾②：春时有痟首疾③，夏时有痒疥疾④，秋时有疟寒疾⑤，冬时有嗽上气疾⑥。

【注释】

①养：此犹谓治疗。贾《疏》曰："此主治疗疾病而云养者，但是疗治，必须将养，故以养言之。"

②疠疾：郑《注》曰："气不和之疾。"

③痟（xiāo）首疾：痟，是一种头痛病，酸痛剧烈。《说文》曰："痟，酸痟，头痛。"

④痒疥：《释名·释疾病》曰："痒，扬也，其气在皮中，欲得发扬，使人搔发之而扬出也。"则痒疥即皮肤上长痒疮。

⑤疟寒：即寒疟。《素问·疟论》曰："先寒而后热也，病以时作，名曰寒疟。"

⑥嗽上气：郑《注》曰："嗽，欬（咳）也。上气，逆喘也。"

【译文】

疾医掌管治疗万民的内科疾病。一年四季都有因气不调和而引起的疾病：春季有头痛病，夏季有皮肤生疥长疮的病，秋季有时冷时热的疟疾病，冬季有咳嗽气喘病。

2. 以五味、五谷、五药养其病①，以五气、五声、五色视其死生②。两之以九窍之变③，参之以九藏之动④。

【注释】

①以五味、五谷、五药养其病：五味，郑《注》曰："病由气胜负而生，

攻其赢，养其不足者。"又据《注》、《疏》，指酸、苦、甘、辛、咸五种
味道的食品。五谷，郑《注》曰："麻、黍、稷、麦、豆也。"五药，指
草、木、虫、石、谷五种药材。

②五气、五声、五色：五气，五脏所出之气。郑《注》曰："五藏所出气
也。肺气热，心气次之，肝气凉，脾气温，肾气寒。"曾钊曰："盖因
五气以审五脏：伤则病，绝则死。"五声，病人说话声音的宫商角
徵羽等变化。郑《注》曰："言语宫、商、角、徵、羽也。"按，正常人
说话有高低强弱的变化，如同有宫、商、角、徵、羽五声。若说话
声音异常，则为患病的征兆，故可根据病人说话声音的高低强弱
来判断其病情。按，五色，病人脸上的青、赤、黄、白、黑等五种颜
色。郑《注》曰："面貌青、赤、黄、白、黑也。"

③两之以九窍之变：两，贾《疏》曰："谓九窍与所视为两。"此谓"以
五气、五声、五色视其生死"为第一步；观察"九窍之变"为第二
步，故曰"两之"。下文"参之"则谓第三步。九窍，郑《注》曰："阳
窍七，阴窍二。"按，九窍包括：耳、目、鼻各二窍，口一窍（此为阳
窍七），尿道一窍，肛门一窍（此为阴窍二）。九窍之变，郑《注》
曰："谓开闭非常。"

④九藏之动：藏，同"脏"。九藏，即九脏，据郑《注》，指肺、心、肝、
脾、肾（此五者为"正脏"），再加上胃、膀胱、大肠、小肠，共九脏。
藏之动，此指脉的动与不动。郑《注》曰："谓脉至与不至。"贾
《疏》曰："谓九藏在内，其病难知，但诊脉至与不至，即知九藏之
动，故云'藏之动，谓脉至与不至'也。"

【译文】

用五味、五谷、五药为患者治疗疾病。第一步要根据患者的五气、
五声和五色，来判断所患疾病是必死还是可治好，第二步要观察患者九
窍开闭的变化是否正常，第三步还要通过切脉诊断患者九脏活动的情
况，以此来判断病情。

3. 凡民之有疾病者,分而治之,死终则各书其所以,而入于医师。

【译文】

凡是民众有疾病的,疾医们就分别为他们治疗,未能治愈而死亡的,就分别记载他们死亡的原因,而呈报给医师。

一九　疡医

1. 疡医掌肿疡、溃疡、金疡、折疡之祝药①,劀、杀之齐②。

【注释】

①“疡医”至“祝药”:据孙诒让说,红肿而未聚成脓血的疮称肿疡,已聚成脓血且溃破的称溃疡,由刀箭所致的创伤称金疡,因跌倒致伤称折疡。祝,附着。郑《注》曰:“读如‘注病’之‘注’,声之误也。注谓附着药。”

②劀、杀之齐:劀,同“刮”,刮削,刮去。郑《注》曰:“劀,刮去脓血。杀,谓以药食其恶肉。”齐,通“剂”,谓剂量,分寸。

【译文】

疡医掌管把握适当的剂量和分寸,来为肿疡、溃疡、金疡和折疡患者敷药,以及刮去脓血、销蚀腐肉等。

2. 凡疗疡,以五毒攻之①,以五气养之②,以五药疗之③,以五味节之④。

【注释】

①以五毒攻之:五毒,指五种气性酷烈的药石合成的外敷用药,据

郑《注》,指石胆、丹砂、雄黄、礜(yù,玉石)石、磁石。按,此五种药中丹砂、磁石并无毒,孙诒让说,盖因这几种药"咸气性酷烈,故谓之五毒,不必皆有毒也"。攻,治也。

②以五气养之:郑《注》曰:"五气,当为'五谷',字之误也。"按,五谷,参见《疾医》注。养之,据郑《注》,指刮去患处的腐肉,保养调理之使新肉生长。下文"疗之"义同。

③五药:参见同上。

④以五味节之:五味,参见同上。节,据郑《注》,谓以五味来调节以发挥其药力。

【译文】

凡是治疗疡疮,用五种药性酷烈的药来外敷治疗,然后用五谷加以保养调理,用五种药材加以治疗,用五种味道的食品来调节药力增加药效。

3. 凡药,以酸养骨,以辛养筋,以咸养脉,以苦养气,以甘养肉,以滑养窍①。

【注释】

①"凡药"至"养窍":滑,滑石,药名,味甘寒。郑《注》曰:"以类相养也。酸,木味,木(树)根立地中,似骨。辛,金味,金之缠合异物,似筋。咸,水味,水之流行地中,似脉。苦,火味,火出入无形,似气。甘,土味,土含载四者(四者,指金木水火),似肉。滑,滑石也。凡诸滑物,通利往来,似窍。"按,窍即孔,指人体的各种孔道(如耳鼻喉腔肠等)。通利往来,即畅通无阻义。参见《疾医》注。

【译文】

凡是用药,要以酸味的药补养骨骼,以辛味的药补养筋腱,以咸味的药补养血脉,以苦味的药补养脏气,以甘味的药补养肌肉,以滑石畅通通利孔窍。

4. 凡有疡者,受其药焉。

【译文】

凡是患有疡疮的病人,都可以从疡医那里领受药物。

二〇　兽医

1. 兽医掌疗兽病[1],疗兽疡。

【注释】

①兽医:贾《疏》曰:"此医唯疗家畜,不疗野兽,但畜兽义通,今以畜解兽,故畜兽连言之也。"

【译文】

兽医掌管治疗牛马等家畜的内部疾病,治疗家畜的外部疡疮。

2. 凡疗兽病,灌而行之[1],以节之[2],以动其气[3],观其所发而养之。

【注释】

①灌而行之:郑《注》曰:"疗畜兽必灌行之者,为其病状难知,灌以缓之,且强其气也。"此谓通过灌药以缓解病畜的病情,增强气力,使其能够行走,以便观察病情。

②以节之:郑《注》曰:"节,趋聚之节也。"按,趋谓缓行。聚,孙诒让说,是"骤"的省文,谓疾行。

③动其气:郑《注》曰:"气谓脉气。既行之,乃以脉视之,以知所

病。"按,所谓脉气,谓血脉之气发于外者,视之则可判断畜病。

【译文】

凡是治疗家畜的内部疾病,要先灌饮汤药而率着它行走,调节它的步幅大小,以发动它的脉气,再观察脉气以判断病灶位置,而后加以疗治调养。

3. 凡疗兽疡,灌而剂之,以发其恶①,然后药之,养之,食之。

【注释】

①恶:谓病畜患病部位的病变毒性。

【译文】

凡是治疗家畜的外部疡疮,先灌饮汤药,而后刮去脓血、坏死组织,以去除患病部位的病变毒性,然后在疮口敷上药,加以疗治调养,喂给饲料。

4. 凡兽之有病者,有疡者,使疗之,死则计其数,以进退之①。

【注释】

①进退之:贾《疏》曰:"谓据功过进退其禄也。"

【译文】

凡是家畜患有内部疾病的,患有外部疡疮的,医师就派兽医前去治疗,治疗不愈而死掉的,就要统计死畜数目,依据治愈情况决定对兽医俸禄的进退升降。

二一　酒正

1. 酒正掌酒之政令,以式法授酒材①。凡为公酒者②,

亦如之。

【注释】

①式法：谓作酒之法式。授酒材：郑司农说："授酒材，授酒人以
　　其材。"

②公酒：为公事而酿的酒。

【译文】

酒正掌管有关酿酒的政令，按照法式把造酒的材料发给酒人。凡
是为公事而酿酒的，也按照造酒法式把造酒材料发给他们。

　　2. 辨五齐之名①：一曰泛齐②，二曰醴齐③，三曰盎齐④，
四曰缇齐⑤，五曰沉齐⑥。辨三酒之物⑦：一曰事酒⑧，二曰昔
酒⑨，三曰清酒⑩。辨四饮之物：一曰清⑪，二曰醫⑫，三曰
浆⑬，四曰酏⑭。掌其厚薄之齐⑮，以共王之四饮、三酒之
馔⑯，及后、世子之饮与其酒。

【注释】

①五齐(jì)：指五种未经滤去酒糟的浊酒。齐，未经滤去酒糟的酒。
　　贾《疏》曰："通而言之，五齐亦曰酒。"

②泛齐：酒糟漂浮酒表面的浊酒。郑《注》曰："泛者，成而滓浮泛
　　泛然。"

③醴齐：仅酿一宿、比泛齐略清、酒糟和酒汁混在一起的甜酒。《说
　　文》曰："醴，酒一宿孰（熟）也。"郑《注》曰："醴犹体也，成而汁滓
　　相将，如今恬（甜）酒矣。"

④盎齐：比醴齐略清的葱白色浊酒。郑《注》曰："盎犹翁也，成而翁
　　翁然，葱白色。"翁翁然，酒色浊貌。

⑤缇（tí）齐：比盎齐略清的红色酒。郑《注》曰："缇者，成而红赤。"

⑥沉齐：酒糟沉淀于底部的酒。郑《注》曰："沉者，成而滓沉。"

⑦三酒：三种滤去酒糟的清酒。孙诒让曰："三酒，已沛去滓之酒也。"

⑧事酒：因事临时新酿的浊酒。俞樾曰："事酒者，谓临事而酿者也。"

⑨昔酒：冬酿春成、酿期较长久的酒，较清。贾《疏》曰："昔酒者，久酿乃熟，故以昔酒为名。"

⑩清酒：冬酿夏成的酿造时间更久的酒，最清而味厚。贾《疏》曰："清酒者，此酒更久于昔（酒），故以清酒为号。"

⑪清：将醴齐滤去酒糟而成的饮品。郑《注》曰："清，谓醴之沛者。"

⑫醫（yī）：稀粥中加酒曲而成的饮品。郑《注》曰："醫，《内则》所谓'或以酏为醴'。"酏，一种稀粥。

⑬浆：用酒糟酿造的略酸的饮品。按，《礼记·内则》言及诸"饮"有"浆"，陈澔《礼记集说》释云："醋水也。"

⑭酏（yí）：稀粥。郑《注》曰："今之粥。"且曰："酏饮，粥稀者之清也。"

⑮掌其厚薄之齐：上述五齐、三酒、四饮，皆由酒人、浆人所造，而酒正负责辨别其味道厚薄。贾《疏》曰："从五齐以下，非酒正所造，并是酒人、浆人所作，故云直辨其厚薄之齐。"

⑯馈：陈设。贾《疏》曰："谓馈陈具设之也。"

【译文】

辨别五齐的名称与清浊：一是泛齐，二是醴齐，三是盎齐，四是缇齐，五是沉齐。辨别三种酒的名称及其酿造时间长短：一是事酒，二是昔酒，三是清酒。辨别四种饮品的名称：一是清，二是醫，三是浆，四是酏。掌管品尝五齐、三酒、四饮成分味道的厚薄，来供应王所饮用的四种饮料、三种酒的陈设，以及供应王后、太子所需的饮料与酒。

3. 凡祭祀，以法共五齐、三酒①，以实八尊②。大祭三贰③，中祭再贰,小祭壹贰,皆有酌数④。唯齐酒不贰⑤,皆有器量。

【注释】

①法:指在不同祭祀时,需要使用五齐、三酒不同量的固定方法。

②八尊:尊,盛酒器,后写作"樽"。尊有六种,详见《春官・司尊彝》。此处为宗庙大祫(xiá)之祭,规格高,使用五齐三酒,故共用八尊。贾《疏》曰:"五齐五尊,三酒三尊。"

③大祭:也叫大祀,指祭天地,是最隆重的祭祀。此外规格低一等的为中祭,也叫中祀。规格更低一等的叫小祭,也叫小祀。三贰:指添酒三次。郑司农曰:"三贰,三益副之也。"益副即添加。下文"再贰"、"壹贰"义仿此。

④酌数:酌就是勺。孙诒让曰:"勺以酌酒,则亦通谓之酌。"

⑤唯齐酒不贰:齐酒即五齐,用来祭祀,乃尸所饮,因尊神而注重质朴,故不再添。杜子春曰:"谓五齐以祭,不益也。"

【译文】

凡是祭祀,按照常法需供给五齐、三酒,来盛满八个酒樽。大祭祀需要添酒三次,中祭祀需要添酒两次,小祭祀需要添酒一次,需要添加的勺数都有规定。齐酒酒樽不添酒,但也有规定的勺数。

4. 共宾客之礼酒①,共后之致饮于宾客之礼医、酏糟②,皆使其士奉之③。

【注释】

①共宾客之礼酒:宾客,指前来朝、聘的诸侯、卿大夫等。礼酒,王依礼应设宴招待前来朝聘的宾客,若因故不能设宴,则王需派人带酒送至客人馆舍,以示合礼。郑《注》曰:"(礼酒)王所致酒也。"

②醴、酏糟：未经过滤的醴、酏。凡醴、酏刚酿成时汁滓混合，统称糟；滤滓后之汁，单称清。郑《注》曰："王致酒，后致饮，夫妇之义。糟，醴、酏不沛者。沛曰清，不沛曰糟。"

③士：据本篇《叙官》，酒正，中士四人为长官，下士八人为佐，此士即指下士。

【译文】

供给王致送宾客的礼酒，供应王后致送宾客的饮品醴、酏等，礼酒和饮品，都由酒正属下的下士送往。

5. 凡王之燕饮酒①，共其计，酒正奉之。

【注释】

①燕饮酒：指王闲暇时与群臣饮酒欢好。

【译文】

凡是王闲暇时举行燕饮酒会，供给预计所需的酒量，并由酒正亲自奉送。

6. 凡飨士、庶子，飨耆老、孤子，皆共其酒，无酌数①。

【注释】

①无酌数：郑《注》曰："要以醉为度。"但亦非大醉。酌数即勺数。

【译文】

凡是王赐宴宴请士、庶子、故老和烈士遗孤，酒正都要供给所需的酒，没有勺数的限量。

7. 掌酒之赐颁，皆有法以行之。凡有秩酒者①，以书契授之。

【注释】

①秩酒：秩，常。秩酒即经常供应年长臣属的酒，以示王敬老。

【译文】

王向群臣特赐、颁赏的酒，都由酒正按规定执行。凡是享受秩酒待遇的老臣，酒正发给他们酒票，让其凭票领取。

8. 酒正之出①，日入其成②，月入其要③，小宰听之，岁终则会④。唯王及后之饮酒不会。以酒式诛赏⑤。

【注释】

①出：指酒正分发出的造酒原料及用酒数量。

②日入其成：指酒人逐日计算造酒原料及用酒数量。成，即日成，以十日为期一结算的会计文书。入，指上报给酒正。孙诒让曰："盖酒人每日计用酒之多少，著之薄书，至浃旬，则总计十日之成，言之酒正，正受而听之也。"

③要：指酒正据酒人所呈报材料，于每月月终结算的会计文书。贾《疏》曰："以月计文书入于小宰。"

④会：年终总结算的会计文书。

⑤以酒式诛赏：式，即"式法"。贾《疏》曰："作酒有旧法式。"

【译文】

酒正分发出的造酒原料及用酒数量，酒人每天要记账，每十天要将当旬会计文书报给酒正，月底酒正要把该月数量汇总呈报小宰审核。到年底，就要把全年数量汇总报请大宰审计。只有王及王后所饮用的酒量不结算。依据造酒法式考核酒人造酒质量，对酒人进行诛责与奖赏。

二二　酒人

1. 酒人掌为五齐、三酒，祭祀则共奉之，以役世妇①。

【注释】

①世妇：官名。掌管宫中祭祀之事，属于春官、天官。

【译文】

酒人掌管酿造五齐、三酒，遇到祭祀就带领女奴供奉所需要的酒，并命女奴留下供世妇役使。

2. 共宾客之礼酒、饮酒而奉之①。

【注释】

①礼酒：指王若因故不能设宴招待前来朝聘的宾客，则需派人带酒送至客人馆舍以示合礼。见前《酒正》注。饮酒：食礼所用饭后漱口的酒，即四饮中的清。

【译文】

负责供给招待宾客所用的礼酒、饮酒，并把两种酒送到酒正那里，再由酒正派人送往行礼处。

3. 凡事共酒而入于酒府①。凡祭祀共酒以往。宾客之陈酒亦如之②。

【注释】

①酒府：酒正之府。据《叙官》，酒正下属有府二人。凡是王有燕饮之事需要用酒，酒人送酒到酒正之府，然后酒正供给王用。

②陈酒：王向宾客馈赠饔饩时陈列在宾馆的酒。

【译文】

凡有事需要用酒，就把所需供应的酒送交酒正所属的府。凡是小祭祀就派人把酒送去。致送给宾客而陈列在宾馆的酒，也派人跟送去。

二三　浆人

1. 浆人掌共王之六饮：水、浆、醴、凉、醫、酏①，入于酒府。

【注释】

①六饮：《膳夫》谓之六清，因为六饮除水以外，其余五饮，据是否过滤分清、糟两种，清者尤佳，故称六清。下文浆、醫、酏，已见于《酒正》；醴，郑《注》曰："醴清也。"醴清即经过过滤的醴，亦即《酒正》"四饮之物"中的清。凉：郑司农曰："以水和酒也。"是一种用水混合酒做成的饮品。

【译文】

浆人掌管供给王的六种饮料：水、浆、醴、凉、醫、酏，把它们送往酒正所属的府。

2. 共宾客之稍礼①。

【注释】

①稍礼：朝聘之礼以十日为限。宾客初至，主人为设飧；行朝聘礼后，主人馈赠饔飧，并举行正式宴会；十日后宾客因故未归，主人供给食物有米谷酒浆而无牲牢，其数少于饔飧，称为稍礼。郑《注》曰："所给，亦六饮而已。"此处指客人逾期未归期间浆人供给之六饮。

【译文】

宾客留居期间,浆人供给其所需饮料。

3. 共夫人致饮于宾客之礼①:清醴、医、酏糟②,而奉之③。

【注释】

①共夫人致饮于宾客之礼:夫人,据贾《疏》,王的三个夫人,位在王后之下,九嫔之上。致饮于宾客之礼,指配合着王向宾客致酒和王后向宾客致饮,夫人亦当向宾客行致饮之礼。

②清醴、医、酏糟:郑玄说:"三物有清有糟。"指醴、医、酏有经过过滤与未经过滤即有清糟之别。

③奉之:指奉之酒正,即先送至酒正处,再由后者奉之于夫人。

【译文】

供给夫人向宾客致饮礼所需的饮料:经过过滤或未经过滤的醴、医、酏,而送到酒正处。

3. 凡饮共之①。

【注释】

①凡饮共之:饮,指凡不再吃饭时所饮用的饮料。郑《注》曰:"谓非食时。"又王志长《周礼注疏删翼》引庄渠魏氏曰:"古者饮,皆煮米为之,以养生。"则此处"饮"指米汤。

【译文】

凡是平日需要的饮料,都由浆人供给。

二四　凌人

1. 凌人掌冰正①。岁十有二月②,令斩冰③,三其凌④。

【注释】

①正：通"政"，政令。郑《注》曰："故书'正'为'政'。"郑司农曰："掌冰政，主藏冰之政也。"按据下文，凌人既主藏冰又主出冰。

②岁十有二月：段玉裁《汉读考》："考《周礼》全书，……凡言岁者，皆谓夏正也。"

③令斩冰：斩，敲取。

④三其凌：凌，藏冰的窖。郑《注》曰："三其凌，三倍其冰。"即所斩之冰当为所需量的三倍，因入春会逐渐融化。

【译文】

凌人掌管藏冰出冰的政令。每年夏历十二月，就命令属员敲取采伐冰块，储藏的冰块应是实际需要量的三倍。

2. 春始治鉴①。凡外、内饔之膳羞鉴焉②。凡酒、浆之酒、醴亦如之③。祭祀共冰鉴。宾客共冰④。大丧共夷槃冰⑤。

【注释】

①鉴：《说文》曰："大盆也。"徐灏《说文解字注笺》曰："鉴，古祇作坚，从皿以盛水也。其后范铜为之，而用以照形者，亦谓之鉴，声转为镜。"鉴为古代盛冰与食物的瓦罐，可保新鲜。

②膳羞：牲肉与各种美味食物。

③凡酒、浆之酒、醴亦如之：前酒、浆，指酒人、浆人；后酒、醴，据贾《疏》，指酒人之三酒、五齐及浆人之六饮。

④宾客共冰：供给宾客冰而不供鉴，以便其趁鲜食用。

⑤夷槃：放于尸床之下盛冰寒尸的大木盘。郑《注》曰："夷之言尸也。实冰于夷槃中，置之尸床之下，所以寒尸。尸之槃曰夷槃。"

【译文】

春天开始准备好用以冰镇食物的大盆。凡是外饔、内饔制作的牲肉、美味，都放入冰鉴冷藏。凡是酒人、浆人制作的三酒、五齐、六饮，也都放入冰鉴冷藏。祭祀时供给冰鉴。招待宾客时则只供给冰块。王去世，供给冰尸大盘所需的冰块。

3. 夏颁冰^①，掌事^②。秋，刷^③。

【注释】

①夏颁冰：郑《注》曰："暑气盛，王以冰颁赐。"

②掌事：贾《疏》曰："谓主此赐冰多少，合得不合得。"

③刷：打扫。《尔雅·释诂》："刷，清也。"《注》曰："扫刷皆所以为洁清。"郑《注》曰："秋凉，冰不用，可以清除其室。"郑司农曰："刷除冰室，当更内（纳）新冰。"

【译文】

夏天暑热王向群臣颁赐冰块时，凌人掌管相关事宜。秋天，打扫冰室以备冬天藏冰。

二五　笾人

1. 笾人掌四笾之实^①。朝事之笾^②，其实麷、蕡、白、黑、形盐、膴、鲍鱼、鱐^③。馈食之笾^④，其实枣、栗、桃、干䕩、榛实^⑤。加笾之实^⑥，菱、芡、栗、脯^⑦。羞笾之实^⑧，糗饵、粉糍^⑨。

【注释】

①四笾之实：笾，竹编容器，有腿和底座，用来盛无汁的食品，可容四升。郑《注》曰："笾，竹器如豆者，其容实皆四升。"四笾，宗庙祭祀时分四次进献的笾，即下文朝事之笾、馈食之笾、加笾、羞笾。

②朝事之笾：朝事，郑《注》曰："谓祭宗庙荐血腥之事。"孙诒让曰："此于祭宗庙九献，当三献之前，故郑据以为说。"王宗庙之祭有九献之礼，即向尸（代替死者受祭的活人）献酒九次之礼（其中，王献四次，王后献四次，助祭的诸侯献一次）。吕友仁解释其过程是：祭礼当天，尸入室，王向尸进献郁鬯（一种香酒），此谓一献；王后随后向尸进献郁鬯，此谓二献；王迎牲入庙，杀牲，将牲血、肉进献于尸，此时王后首次向尸献八豆八笾，王以玉爵酌泛齐献尸，此谓三献；王后又以玉爵酌醴齐献尸，此谓四献；王向尸进献熟食，王后首次向尸进献豆笾，王乃以玉爵酌盎齐献尸，此谓五献；王后又以玉爵酌缇齐献尸，此谓六献；尸食十五饭讫，王乃以玉爵酌盎齐以酳尸（让尸漱口），此谓七献；尸酌酒回敬主人，主人受嘏，于是王后又以瑶爵酌缇齐以酳尸，此谓八献；助祭的诸侯以瑶爵酌缇齐献尸，此谓九献。九献是正献。九献之后，还有其他人向尸献酒，谓之加爵（近乎额外敬酒）。故所谓朝事，是早晨在三献之前举行的、宗庙之祭向尸进献牲血、牲肉的祭祀行为。（参见吕友仁《周礼译注》）杨天宇更明确指出，王后向尸所进八笾就是朝事之笾，朝事（礼文中又称朝践）是祭礼的正式开始。（参见杨天宇《周礼译注》）

③鞷（fēng）、蕡（fén）、白、黑、形盐、膴、鲍鱼、鱐：鞷，炒熟的麦。郑司农曰："熬麦曰鞷。"蕡，炒熟的麻籽。白，炒熟的稻。郑司农曰："熬……稻曰白。"黑，炒熟的黍（小米）。郑司农曰："熬……黍曰黑。"形盐，一种刻成虎形的质地坚密的盐块。膴，薄切的大块肉，此指生鱼片。鲍鱼，烘干的整鱼。鱐，风干的鱼块。

④馈食之笾：馈食，进献熟食。郑《注》曰："馈食，荐熟也。"九献的五献之前进行的祭祀。

⑤干䕯（lǎo）：干䕯，即干梅。

⑥加笾：加爵时进献的笾。九献之后向尸继续敬酒，称加爵。

⑦蓤(líng)：同"菱"，菱角。芡(qiàn)：一年生水草，茎端开花结果实，俗称鸡头米。郑《注》曰："重言之者，以四物为八笾。"此处每物盛二笾，四物盛八笾。

⑧羞笾：据孙诒让说，此为九献之后，加笾之前向尸进献的笾。

⑨糗(qiǔ)饵：糗，炒熟的大豆所捣成的粉；饵，指用稻米粉和黍米粉混合蒸的饼。饵有黏性，再将豆粉撒到饵上防粘，称糗饵。粉糍，用糯米粉制成的饼，为了防粘，也要撒上豆粉，故称粉糍。

【译文】

笾人掌管宗庙祭祀时四次进献的笾。行朝事进献的八笾，所盛的食物是炒熟的麦、麻籽、炒熟的稻、黍米、虎形的盐块、大块的生鱼肉、焙干的整鱼、干鱼块。行馈食礼的八笾所盛的食品是：鲜枣、栗子、桃、干梅、榛实。进献加笾，所盛的食品是菱角、鸡头、栗子、肉脯每样两笾。进献羞笾，所盛的食品是糗饵和粉糍。

2. 凡祭祀，共其笾荐羞之实①。丧事及宾客之事②，共其荐笾羞笾。

【注释】

①荐羞：郑《注》曰："皆进也。未食未饮曰荐，既食既饮曰羞。"荐、羞，皆进献义。

②丧事：指丧事中的殷奠。郑《注》曰："丧事之笾，谓殷奠时。"

【译文】

凡是举行祭祀，就供给用笾进献的食品。遇到丧事祭奠及燕享宾客时，就供给用笾进献的食品。

3. 为王及后、世子,共其内羞^①。

【注释】

①内羞:指以笾盛着预先陈放在房中的食物。郑《注》曰:"于其饮食,以供房中之羞。"

【译文】

掌管为王、王后及太子供给陈放在房中的食物。

4. 凡笾事掌之。

【译文】

凡是有关笾的事情,都由笾人掌管。

二六　醢人

1. 醢人掌四豆之实^①。朝事之豆,其实韭菹、醓醢、昌本、麋臡、菁菹、鹿臡、茆菹、麋臡^②。馈食之豆,其实葵菹、蠃醢、脾析、蜃醢、蚳醢、豚拍、鱼醢^③。加豆之实,芹菹、兔醢、深蒲、醓醢、箈菹、雁醢、笋菹、鱼醢^④。羞豆之实,酏食、糁食^⑤。

【注释】

①醢人掌四豆之实:豆,与笾形状相似的食器,多为木制,用以盛带汁的食品。四豆:宗庙祭祀分四次进献的豆。进献时间与上文笾相同。贾《疏》曰:"豆与笾并设,节数与四笾同时,亦谓朝事、馈食、加豆、羞豆之食是也。"

②其实韭菹、醓醢、昌本、麋臡,菁菹、鹿臡、茆菹、麋臡:菹(zū),用

酱醋腌制的菜蔬。韭菹即用酱醋腌制的韭菜。醓(tǎn)即肉汁。醓即肉酱。醓醢,多汁的肉酱。昌本,菖蒲根,此指用菖蒲根淹制的酸菜。麑(ní),和醢都是肉酱,有骨为麑,无骨为醢。二者做法相同。麋麑即带骨的麋鹿肉制成的酱。茆(mǎo),凫葵。水生,嫩叶可食。茆菹指用茆做成的菹。

③葵:秋葵,苗嫩时可食。蠃,蜗牛。脾析,郑司农曰:“牛百叶也。”即牛胃,俗称牛肚。蠯,即蛤。蜃,大蛤。蚳,蚁卵。豚拍(bó):小猪肋条肉。郑《注》曰:“郑大夫、杜子春皆读拍为膊,谓‘胁’也。”

④芹,水芹。深蒲,水生之蒲,嫩叶未出水面时可食。箈(tái):箭竹笋。下文笋指大竹笋。

⑤酏(yí):一种粥。糁(sǎn)食,一种用碎肉、米粉混合煎制的糕。

【译文】

醢人掌管宗庙祭祀时分四次用豆进献的食物。行朝事礼时八豆盛的食品是酱韭菜段和汁多的肉酱、酱菖蒲根和带骨的麋鹿肉酱、酱蔓菁和带骨的鹿肉酱、酱凫葵和带骨的麋肉酱。行馈食礼时八豆盛的食品是酱秋葵和螺蛳肉酱、牛百叶和蚌肉酱、大蛤蜊和蚁卵酱、猪肋条和鱼肉酱。进献加豆时八豆盛的食品是酱水芹和兔肉酱、酱蒲叶和汁多的肉酱、酱箭竹笋和鹅肉酱、酱大竹笋和鱼肉酱。羞豆二豆盛的食品是稀肉粥和煎肉米糕。

2. 凡祭祀,共荐羞之豆实。宾客、丧纪亦如之。

【译文】

凡是遇到祭祀,就供给荐豆、羞豆中盛的食品。遇到款待宾客、丧事,也这样做。

3. 为王及后、世子，共其内羞。王举则共醢六十瓮^①，以五齐、七醢、七菹、三臡实之^②。

【注释】

①举：杀牲盛馔。

②以五齐、七醢、七菹、三臡实之：齐，通"齑"，即将肉或菜切成细丝状腌制。五齐指昌本、脾析、蜃、豚拍、深蒲。郑《注》曰："齐，当为齑。五齑，昌本、脾析、蜃、豚拍、深蒲也。"七醢、七菹，郑《注》曰："七醢，醓、蠃、蜱、蚳、鱼、兔、雁醢。七菹，韭、菁、茆、葵、芹、箈、笋菹。三臡，麋、鹿、麇臡也。"

【译文】

为王及王后、太子供给所需的房内食物。王杀牲盛馔，就供给六十瓮醢，把五齑、七菹、三臡装在里面。

4. 宾客之礼，共醢五十瓮^①。

【注释】

①"宾客之礼"二句：贾《疏》曰："宾客，谓五等诸侯来朝也。天子致饔饩。"致饔饩，指王派人到宾客的宾馆赠送牲肉、活牲。

【译文】

王向宾客送饔饩时，就供应五十瓮醢。

5. 凡事，共醢。

【译文】

凡是有事要用醢，就负责供给。

二七　醢人

1. 醢人掌共五齐、七菹^①，凡醢物，以共祭祀之齐、菹^②。凡醢酱之物^③。宾客亦如之。

【注释】

①五齐、七菹：齐，亦当作"齑"。依郑《注》，五齑、七菹皆需醢调和成味，故醢人掌管。

②齐、菹：腌制的酸菜。切成细丝状腌制的叫齑，整棵不切腌制的叫菹。

③醢酱：醢谓掺醋的酸菜（齑、菹），酱谓未掺醋的醢。贾《疏》曰："醢人连言酱者，并豆酱亦掌。"

【译文】

醢人掌管供应醢人腌制五齑、七菹。凡是调和食物时所需的醋与祭祀所需的齑、菹都负责供给。招待宾客时也这样。

2. 王举，则共齐、菹醢物六十瓮，共后及世子之酱、齐、菹。

【译文】

王杀牲盛馔，就供给六十瓮用醢调和的齑、菹。还要供给王后和太子所需的酱类，以及用醢调和的齑、菹。

3. 宾客之礼，共醢五十瓮。

【译文】

王向宾客行馈赠饔饩之礼时,醯人负责供应五十瓮醯物。

4. 凡事共醯。

【译文】

凡有事要用醯,都由醯人负责供给。

二八　盐人

1. 盐人掌盐之政令,以共百事之盐。

【译文】

盐人掌管有关盐的政令,来供给任何事务所需要的盐类。

2. 祭祀共其苦盐、散盐①。宾客共其形盐、散盐②。王之膳羞共饴盐③。后及世子亦如之。凡齐事④,煮鹽以待戒令⑤。

【注释】

①苦盐:从盐池中取出后未经煎煮的盐,味特咸苦,称苦盐;因呈颗粒状,又称颗盐。散盐:煮炼海水而成的盐。味道较苦盐稍淡。郑《注》曰:"煮水为盐。"孙诒让认为"散"为次一等之意。

②形盐:形状似虎的盐块。

③饴盐:咸而微甜之盐,即今岩盐。郑《注》曰:"盐之恬(甜)者。"官献瑶《石谿读周官》曰:"饴盐出于池,以风成者,味甘,今河西一带有之。"

④齐(jì)事:齐,和。郑《注》曰:"齐事,和五味之事。"

⑤煮盬(gǔ)：泛指出盐地，又引申指未经煎煮的粗盐。吕飞鹏《周
　礼补注》曰："盬为盐池，凡出盐之所皆得称盬，故未煎之盐亦称
　盬。"煮盬，郑《注》曰："涷治之。"

【译文】

　祭祀时负责供给所需的苦盐、散盐。招待宾客时，负责供给所需的
形盐、散盐。为王烹制膳食佳肴供给饴盐，为王后和太子烹制食品也这
样。凡是调和五味需要盐的事情，盐人都要事先煮好盐以待命。

二九　幂人

1. 幂人掌共巾幂①。

【注释】

①巾幂：幂，谓以巾覆物。巾幂即古代覆盖酒器或食器的布巾或
　葛巾。

【译文】

幂人掌管供给覆盖食器、酒器等器物所需的布巾。

2. 祭祀以疏布巾幂八尊①，以画布巾幂六彝②。

【注释】

①祭祀以疏布巾幂八尊：此指祭祀天地时。郑《注》曰："以疏布者，
　天地之神尚质。"八尊：贾《疏》曰："祭天无灌，唯有五齐、三酒，实
　于八尊。"五齐三酒各盛一尊。
②以画布巾幂六彝：此指祭祀宗庙时。据郑《注》，宗庙尚文饰，故
　用画有云气之类图案的布。彝，盛酒器。贾《疏》曰："言六彝者，
　鸡彝、鸟彝、斝彝、黄彝、虎彝、蜼彝。此六彝皆盛郁鬯。"

【译文】

祭祀时用粗布巾覆盖装有五齐、三酒的八尊,用画有云气花纹的布巾覆盖六彝。

3. 凡王巾皆黼①。

【注释】

①黼:半白半黑的斧形图案。

【译文】

凡是覆盖王所用食器、酒器的布巾,都画有斧形图案。

三〇　宫人

1. 宫人掌王之六寝之修①,为其井匽②,除其不蠲③,去其恶臭。

【注释】

①六寝:郑《注》曰:“路寝一,小寝五。”路寝又叫正寝、大寝,是处理政事、斋戒、患病时居住的宫室。小寝又叫燕寝,是平日闲暇休息时的宫室。

②井匽:惠士奇、王念孙、孙诒让皆以为“井”为“并”字之误,而“并”通“屏”,指宫中路旁隐蔽处所设的厕所。

③蠲(juān):同“涓”,清洁义。郑《注》曰:“犹洁也。”

【译文】

宫人掌管王六寝的清扫整理,在宫中路旁隐蔽处修设厕所,清除厕所污秽,消除它的恶臭难闻的气味。

2. 共王之沐浴。

【译文】

供给王洗头洗澡所需物品。

3. 凡寝中之事，埽除、执烛、共炉炭①，凡劳事②。四方之舍事亦如之③。

【注释】

①埽（sào）除：打扫，去除。执烛：夜间举火照明。

②劳事：郑《注》曰："劳亵之事。"

③四方之舍：郑《注》曰："从王适四方及会同所舍。"

【译文】

凡是六寝中的杂事，如打扫卫生、夜间手执火炬照明、供应炉炭等劳累的重活粗活，都由宫人负责。王有事外出时，宫人随行，负责打扫整理行宫，如同打扫六寝一样。

三一　掌舍

1. 掌舍掌王之会、同之舍①。设梐枑再重②。设车宫、辕门③。为坛壝宫、棘门④。为帷宫，设旌门。无宫则共人门⑤。

【注释】

①会、同：皆谓在外与诸侯相会。

②梐（bì）枑（hù）：古代官府门前阻拦人马通行的木栅栏，又叫行马、名闲。

③车宫、辕门：住处四周以兵车连接的围墙形屏障，称为车宫，王宿营险阻处时使用；在车宫进出口处竖立车辕相对上仰的兵车作为宫门，称为辕门。

④壝（wěi）宫、棘门：四周筑起矮土墙以象宫，作为屏障，称为壝宫。棘，通"戟"。戟门，入口处竖立两戟呈门形。郑司农曰："以戟为门。"

⑤无宫则共人门：据郑《注》，指王行途中、遇见诸侯，或暂驻游观，来不及做车宫、帷宫，就在四周站满卫士作为屏卫，而在当门处站立身躯高大者以象门，称为人门。

【译文】

掌舍负责王外出与诸侯会同时所住的宫舍。设置两重临时栅栏作为防禁拦截闲人。王若在险阻处停宿，就用兵车连接围圈形成营地，进出口处用两车车辕相对仰起构成宫门。王若在平地停宿，就筑土为坛，四周堆土修筑矮墙作为屏障，进出口处树立双戟为门。王若白天在中途休息，就在四周用帷帐围成墙，进出入口处竖起两面旌旗作门。王若在行进途中临时停留观赏，不设宫为屏障，就选择王四周站满卫士作为屏卫，并在当门处站立身躯高大者象征门。

2. 凡舍事则掌之。

【译文】

凡是王外出时有关居住宫舍的事，都由掌舍掌管。

三二　幕人

1. 幕人掌帷、幕、幄、帟、绶之事①。

【注释】

①帷、幕、幄、帟、绶：张在四周如同墙壁的称为帷，张在帷上如同顶棚的布称为幕，帷幕相合若今帐篷。据郑《注》，帷幕是用布做的。幄（wò），张于帷幕中的帐状布。帟（yì），郑司农谓之"平帐也"，盖平张于王座上以防灰尘，又名承尘。郑《注》曰："幄、帟皆以缯为之。"则幄、帟都用缯做成。绶，用来连系帷、幕，幄、帟的丝带。按，以上帷、幕、幄、帟、绶诸物，郑《注》曰："王出宫则有是事。"则皆是王外出时行宫所用物品。

【译文】

幕人掌管供给帷、幕、幄、帟、绶等事情。

2. 凡朝觐、会同、军旅、田役、祭祀①，共其帷、幕、幄、帟、绶。大丧共帷、幕、帟、绶②。三公及卿大夫之丧，共其帟③。

【注释】

①祭祀：指在郊外举行的对天地、山川等的祭祀。

②大丧：王、王后、太子去世等丧事。帷、幕：此指为吊丧宾客休息而设置的幄幕。

③帟：指张在柩上以承尘土的布。

【译文】

凡是诸侯朝见王、王出外与诸侯会同、征伐、田猎、祭祀等事情，就供给所需的帷、幕、幄、帟、绶带。遇到王、王后、太子去世等丧事，供给所需的帷、幕、帟、绶带。遇到三公、卿大夫的丧事，供给所需张在柩上以承尘土的帟。

三三　掌次

1. 掌次掌王次之法①,以待张事。

①王次之法:次,即舍,谓王外出时用帷幕搭成的临时休息处所。
法,王应电曰:"大小丈尺,及张时节度。"

【译文】

掌次掌管王次舍的规则法式,以等待王外出时张设搭建幕幄等事情。

2. 王大旅上帝①,则张毡案②,设皇邸③。朝日④,祀五帝⑤,则张大次、小次⑥,设重帟、重案⑦。合诸侯亦如之⑧。师、田则张幕⑨,设重帟、重案。

【注释】

①大旅:旅,本指有灾害而祷祀神灵,此指祭祀。郑《注》曰:"国有故而祭曰旅。"孙诒让曰:"凡言旅者,并指非常之祭而言。"大旅,旅祭中隆重的那些祭祀。上帝:孙诒让曰:"凡云上帝者,并指南郊所祭受命帝。"周代的受命帝是苍帝。

②毡案:此指铺有毛毡的床。郑《注》曰:"以毡为床于幄中。"

③皇邸:邸,郑司农释为后版,郑《注》疑后版即置于毡案后的屏风。皇,谓染凤凰羽毛色彩羽毛用来装饰于邸上。皇邸即放在毡案后的用五彩羽毛作文饰的屏风。

④朝日:王春分时在国都东门外朝拜日。郑《注》曰:"春分拜日于东门之外。"

⑤五帝:即五方帝,又称五色帝。孙诒让曰:"此经通例:有天,有上帝,有五帝。天即昊天,祀北辰;上帝为受命者,在周则祀苍帝,五帝为五色之帝。……五帝内含有苍帝。以受命虽尊,然亦五帝之一,言五帝可以赅上帝也。……五帝之名,依《月令》即太皞、炎帝、黄帝、少皞、颛顼。"

⑥大次、小次:大次是王祭祀前的休息处,小次是王在祭祀中的休息处。郑《注》曰:"次谓幄也。大幄,初往所止居也。小幄,既接祭退俟之处。"郑《注》又解释退俟之义说,周人祭祀,从早晨祭到晚上,王与诸臣交替行祭礼,王休息时即退俟小幄中。

⑦重帟、重案:重,两重。郑《注》曰:"重帟,复帟。重案,床重席也。"

⑧亦如之:亦如朝日、祀五帝那样,为王张大次、小次,设重帟、重案。

⑨师、田则张幕:据贾《疏》,师指军旅,率兵征伐,田指四季田猎。张幕,张设幄幕。贾《疏》曰:"不言帷者,亦有可知。"

【译文】

若王举行大旅祭祀上帝,就要为王张设铺有毛毡的床,竖起五彩羽毛屏风。若王朝拜太阳,祭祀五帝,就为王张设祭祀前休息的大幄、祭祀中间休息的小幄,席位上张设两重帟,铺两重毡的几案。若王与诸侯在野外会同,也为王这样张设。若王率兵征伐、四时田猎,就为王张设帷幕,帐幕中也张设两重帟和铺两重毡的几案。

3. 诸侯朝觐,会同,则张大次、小次①。师、田则张幕,设案。

【注释】

①大次、小次:此处大次不诸侯初至时在外朝的休息处,小次为诸

侯在庙门外等待行礼的休息处。郑《注》曰："大次,亦初往所止居。小次,即官待事之处。"

【译文】

若诸侯朝见王,或与王会同,就为他们张设大幄、小幄。诸侯跟随王征伐、田猎,就为诸侯张设帷幕,铺设几案。

4. 孤、卿有邦事①,则张幕,设案。

【注释】

①孤、卿有邦事:孤,王有孤三人,即少师、少傅、少保,协助三公谋划国家大计。郑玄曰:"孤,王之孤三人,副三公论道者。"有邦事,据郑《注》说,是指有事随王外出,如祭祀、征伐、田猎、会同等。

【译文】

孤、卿随王外出有事,或奉王命出使,就为他们张设帷幕,铺设几案。

5. 凡丧,王则张帟三重①,诸侯再重,孤、卿、大夫不重。凡祭祀,张其旅幕②,张尸次③。射则张耦次④。

【注释】

①张帟:据郑《注》,是为遮蔽尘土而在棺柩上张设帟用。

②旅幕:据郑《注》,旅,众也,指参加祭祀的公卿以下群臣,为之张设大幕以容之。

③尸次:次亦谓幄。郑《注》曰:"尸则有幄。"据郑司农说,这是为尸(代替死者受祭的人)设立的小型更衣帐。

④张耦次:耦,射耦。参加射箭比赛者两人组成一对作为比赛对

手,称为耦。众耦射前待于次中,需为之张次。

【译文】

凡是遇到丧事,是王的棺柩就张设三重帟,诸侯的就张设两重帟,孤、卿、大夫的就张设一重帟。凡祭祀,为群臣张设大幕,为尸张设幄。遇到射箭比赛,就为每对参赛射手众耦张设次。

6. 掌凡邦之张事。

【译文】

掌管凡是王国中需要张设帷、幕、幄、帟等的事情。

三四　大府

1. 大府掌九贡、九赋、九功之贰①,以受其货贿之入②,颁其货于受藏之府,颁其贿于受用之府③。

【注释】

①九贡、九赋、九功之贰:九贡,是诸侯国进奉王的贡献物。九赋,是王畿内的地税。九功,即《大宰》中的"九职"。授其事则为职,献其成则为功,其实一也。郑《注》曰:"谓九职也。"据孙诒让说,九功在此指"万民职事之征",即从业税。按,以上三者皆由大宰掌管,而大府为其副手,故言"贰"。

②货贿:泛指财物。贾《疏》曰:"金玉曰货,布帛曰贿。"

③颁其货于受藏之府,颁其贿于受用之府:此两句互文,郑《注》曰:"凡货贿皆藏以给用耳。良者以给王之用,其余以给国之用。或言受藏,或言受用,又杂言货贿,皆互文。"藏:收藏。用:支用。

【译文】

大府担任大宰副手协助掌管九贡、九赋、九功,来接受交纳的赋税财物,分别交给负责收藏以待支用的各官府。

2. 凡官府、都鄙之吏^①,及执事者^②,受财用焉。

【注释】

①官府、都鄙:官府,贾《疏》曰:"谓王朝三百六十官。"都鄙,王畿内的采邑。孙诒让曰:"此内举官府,外举都鄙,以通赅郊野县等,明畿内之官吏通掌之,文不具也。"

②执事者:孙诒让曰:"非其专职,暂来治事者。"

【译文】

凡是王朝各官府和王畿内采邑的官吏、暂时管事的官吏,都可按照规定来大府接受分发的财物。

3. 凡颁财,以式法授之。关市之赋^①,以待王之膳服。邦中之赋,以待宾客。四郊之赋,以待稍秣。家削之赋,以待匪颁。邦甸之赋,以待工事。邦县之赋,以待币帛。邦都之赋,以待祭祀。山泽之赋,以待丧纪。币余之赋,以待赐予。凡邦国之贡,以待吊用^②。凡万民之贡^③,以充府库。凡式贡之余财^④,以共玩好之用。凡邦之赋用^⑤,取具焉。

【注释】

①"关市之赋"以下十八句:此十八句与《大宰》"九式"基本对照,可参看。膳服,即羞服。待,稍秣,即刍秣,喂养牛马的禾谷。郑《注》曰:"待,犹给也。"丧纪,郑《注》曰:"即丧荒也。"

②"凡邦国之贡"二句：此邦国之贡即《大宰》"九贡"所得财物。以
待吊用：以备用于救济诸侯国遭遇的不幸，如国君去世、遭遇凶
年或疫病、水火灾、战败、外寇内乱等等。

③凡万民之贡：万民之贡即《大宰》九职之民所贡财物，即九功。

④式贡之余财：式贡，式即上文九赋之财，贡即上文邦国、万民之
贡。式、贡互文，泛指各种赋税收入。贾《疏》曰："式谓九式，贡
谓九贡及万民之贡。"余财，孙诒让曰："此亦即币余之财，"

⑤赋用：郑《注》曰："用赋。"孙诒让曰："用赋犹言用财。"

【译文】

　　凡颁发财物，都按照制度授予。从关卡市场征收的赋税，用以供给
王的膳食和衣服的开支。王都中的赋税，用以供给接待宾客所需。距
王都一百里的四郊的赋税，用以供给饲养牛马草料的开支。距王都二
百里至三百里的家削的赋税，用以供给王按时赏赐群臣的开支。距王
都一百里至二百里的邦甸的赋税，用以供给王匠制作的开支。距王都
三百里至四百里的邦县的赋税，用以供给行聘问礼所需。距王都四百
里至五百里的邦都的赋税，用以供给祭祀的支出。山泽的赋税，用以供
给死丧、灾荒的开支。支出公用的结余财物，用以供给王平时赐予诸
侯、臣下的开支。凡诸侯国贡献的财物，供给吊祭诸侯丧事的开支。凡
是向万民征收的赋税，用来充实国库。凡赋税收入开支后的余财，用来
供王搜集玩好的开支。凡王国所需用的一切财物，都可向大府领取。

4. 岁终，则以货贿之入出会之。

【译文】

　　每到年终，就总计全年各种财物的收支情况，并把帐目呈报给
大宰。

三五　玉府

1. 玉府掌王之金玉、玩好、兵器，凡良货贿之藏。

【注释】

①兵器：兵指武器，器指车辆和旌旗等礼乐器。

【译文】

玉府掌管王的金玉、玩好、武器、车辆、旌旗等礼乐之器，以及一切珍贵物品的收藏。

2. 共王之服玉、佩玉、珠玉①。王齐，则共食玉②。大丧，共含玉、复衣裳、角枕、角柶③。

【注释】

①服玉、佩玉、珠玉：服玉，谓凡衣服冠冕的装饰用玉及簪发、填耳所用的玉。佩玉，身上佩带的玉。《礼记·玉藻》："古之君子必佩玉。"珠玉，孙诒让曰："小玉圆好如珠者。"

②王齐，则共食玉：齐，通"斋"。食玉，郑众、郑玄认为是可食的玉屑，曾钊认为二郑之说荒诞不可信，而认为食玉是饰有玉的食器，如玉簋、玉豆等。今从曾说。

③含玉、复衣裳、角枕、角柶：含玉，放入死者口中的玉。贾《疏》曰："璧形而小，以为口实。"复衣裳，为死者招魂所用的衣裳。角枕，用兽角作装饰的枕头，用以枕尸。角柶，角质的调羹小勺，办丧事时用来楔齿，即以柶楔入死者齿间，以便向死者行饭含礼。柶形略似马蹄铁。

【译文】

平时供给王所需的服玉、佩玉、珠玉。王若斋戒，就供给食玉。若遇王、王后及太子的丧事，供给含玉、招魂衣、角枕、角柶。

3. 掌王之燕衣服、衽席、床第①，凡亵器②。

【注释】

①燕衣服、衽席、床第：燕衣服，据郑《注》，燕衣服指王在燕寝所穿用的巾、被、睡衣、内衣等。衽席，床上的竹席。床，床上的竹垫。贾《疏》曰："衽席者，亦燕寝中卧席。床第(zǐ)者，谓燕寝中床簀也。"按，床簀通指床。《方言》卷五曰："床，齐鲁之间谓之簀，陈楚之间或谓之第。"

②亵器：即马桶、夜壶等便溺器。

【译文】

掌管王燕寝中所用的衣被、卧席、床铺，以及便溺器。

4. 若合诸侯，则共珠槃、玉敦①。

【注释】

①珠槃、玉敦：以珠玉为饰的盘、敦。会盟时用珠盘盛放牛耳，用玉敦盛放牲血。敦，一种球形食器，上半为盖，下半为器身，下有三足。郑《注》曰："合诸侯者，必割牛耳，取其血，歃之以盟，珠盘以盛牛耳。"王昭禹曰："玉敦以盛血。"

【译文】

若会合诸侯，就供给珠盘、玉敦。

5. 凡王之献金玉、兵器、文织、良货贿之物①，受而藏之。

【注释】

①文织：郑《注》曰："画及绣锦。"孙诒让曰："盖大夫以上服皆染丝
织之，织成文则为锦，织成缦缯而画之则为文，刺之则为绣。"按，
缦缯，是无文采的帛。

【译文】

凡是臣民献给王的金玉、兵器和车辆、旌旗等礼乐器、绘画的布帛
和绣有图案刺绣的锦缎，以及其他珍贵的物品，都负责接受而收藏。

6. 凡王之好赐，共其货贿。

【译文】

凡是王想把物品赐予喜欢的人，就由玉府负责供给所需财物品。

三六　内府

1. 内府掌受九贡、九赋、九功之货贿、良兵、良器①，以待
邦之大用②。凡四方之币献之金玉、齿革、兵器③，凡良货贿
入焉④。

【注释】

①"内府"至"良器"：九贡、九赋：见《大宰》注。九功：即九职。见
《大府》注。按，《大府》云掌九贡以下"货贿之入，颁其货于受藏
之府"，而此云"受九贡"以下，则内府正所谓"受藏之府"。可见
此内府所受以待用者，正是从大府分拨来的。良兵良器，兵，指
弓矢、殳、矛、戈、戟等五种武器。器，指车辆、礼乐器。贾《疏》

曰:"良兵,谓弓矢、殳、矛、戈、戟五兵之良者。良器,谓车乘及礼乐器之善者。"

②大用:郑《注》曰:"朝觐之班赐。"即王颁赐来朝诸侯所用的物品。

③币献:诸侯朝见王时所献见面礼谓之币,所献本国珍宝谓之献,即《大宰》所谓"玉币"、"玉献"等币帛、金玉珍物。齿革:齿谓象牙,革谓犀牛革。

④良货贿:郑《注》曰:"诸侯朝聘所献国珍。"

【译文】

内府掌管接受来自九贡、九赋、九功的财物、优质兵器、优良车辆礼乐器等,以供给王祭祀、宾客、丧纪、会同、军旅等大事所需。凡是四方诸侯朝见王所献的金玉、象牙皮革、兵器和车乘礼乐器等,以及一切珍贵物品,都藏入内府。

2. 凡适四方使者,共其所受之物而奉之。

【译文】

凡是奉命出使四方诸侯国的使者,内府供给王赐赠诸侯的财物而呈送给他们。

3. 凡王及冢宰之好赐予,则共之①。

【注释】

①"凡王及冢宰"二句:郑玄注:"冢宰待四方宾客之小治,或有所善,亦赐予之。"

【译文】

凡王和冢宰喜欢某人而加赏赐,就供给赏赐的物品。

三七　外府

1. 外府掌邦布之入出^①，以共百物，而待邦之用凡有法者^②。

【注释】

①布：郑《注》曰："泉也。"泉即钱币。上古布制货币，有一定长度、宽度，盖有印章。

②邦之用：据郑《注》，谓百官之公用。有法：谓符合国家财政开支制度。此制度即《大宰》"九式"。

【译文】

外府掌管王国法定钱币的收支，用以供给采购各种物品，并供给王国各部门法定的办公开支。

2. 共王及后、世子之衣服之用。凡祭祀、宾客、丧纪、会同、军旅，共其财用之币赍^①，赐予之财用。

【注释】

①币赍(jī)：币谓礼币，赍谓旅途中的花销。郑《注》曰："行道之财用也。"

【译文】

负责供给王、王后、王子置办衣服的费用。凡是遇到祭祀、招待宾客、丧事、会同、出兵征伐之事，负责供给所需赍带的礼币和旅途费用，提供王赐予臣下物品的费用。

3. 凡邦之小用^①，皆受焉。

【注释】

①小用：指王、王后、王子等置办衣物费用以及《大宰》"九式"之小者，若《小司马》云：小祭祀、会同、飨食、师田、丧纪等诸事之用。"

【译文】

凡是办理王国小事所需的费用，都到外府来领取。

4. 岁终则会。唯王及后之服不会①。

【注释】

①不会（kuài）：不统计。按，不统计以示优待尊者。

【译文】

每年夏历年底将已发放钱币作收支总计。只有王和王后的置办服装费用可不统计。

三八　司会

1. 司会掌邦之六典、八法、八则之贰①，以逆邦国、都鄙官府之治②。

【注释】

①六典、八法、八则之贰：六典、八法，八则，参见《大宰》。贰，谓副本。

②以逆邦国、都鄙、官府之治：逆：迎接，接受（以比对考核）。郑《注》曰："逆（迎）受而钩考之。"邦国、都鄙、官府，见《小宰》。

【译文】

司会掌管持有王国六典、八法、八则的副本，以接受天下各国和畿内各采地公邑、各宫府呈报的政绩而据以考核。

2. 以九贡之法，致邦国之财用①。以九赋之法，令田野之财用②。以九功之法，令民职之财用③。以九式之法，均节邦之财用④。

【注释】

①"以九贡之法"二句：参见《大宰》注。邦国，指各诸侯国。

②"以九赋之法"二句：参见《大宰》注。

③"以九功之法"二句：九功，即九职。

④"以九式之法"二句：参见《大宰》注。

【译文】

按照九种贡法，收取畿外各诸侯国进献的财物。按照九种赋税法，命令征收出于畿内各地的地税。按照九种职业的征税法，命令征收各种职业民众的从业税。用九种法则，平衡调节王国的财政支出。

3. 掌国之官府、郊、野、县、都之百物财用凡在书契版图者之贰①，以逆群吏之治，而听其会计。以参互考日成②，以月要考月成③，以岁会考岁成。以周知四国之治④，以诏王及冢宰废置。

【注释】

①"掌国"至"之贰"：郊、野、县、都，实指王畿千里的地域。据郑《注》，郊谓距国都百里的四郊。野，包括甸和稍，甸即距国都二百里的邦甸。稍即距国都三百里的家削。县即距国都四百里的邦县。都即国都五百里的邦都。参《大宰》注。书契，指统计簿册。郑《注》曰："书谓薄书。契，其最凡也。"按，最凡即要目、提要，是薄书的一部分。薄书即账册。版图：版指载官禄民赋之

数的户籍。图指载田地地形、长度、宽度的地图。郑《注》曰：
"版，户籍也。图，土地形象，田地广狭。"据孙诒让说，书契版图
由官府之长及郊、野、县、都之吏各分执正本，司会掌副本，以备
考核。

②以参互考日成：参互，交互参考，其具体内容，据郑《注》曰："谓司
书之要贰，与职内之入，职岁之出。"按，司书掌管官吏征收赋税
记录的副本，即所谓"要贰"（参见《司书》）；职内掌管王邦的赋税
收入（参见《职内》），职岁掌管王邦的财物支出（参见《职岁》），也
各有记录，司会则参照此三官的记录用于考核。日成，日谓十
日；成谓旬日之成，即官府办事的文书记录，贾《疏》谓之"成事文
书"。

③月要：与下文"岁会"，分别指月结算和年终总结算之会计文书。

④四国：孙诒让曰："云'四国'者，举外以包内。此官总掌邦计，凡
邦国、官府、都鄙、乡遂、公邑之治，皆其所通掌也。"则此处"四
国"指天下。

【译文】

掌管王国各官府及郊、野、县、都记载财物开支的统计簿册和户籍
地图的副本，据以接受众官吏呈报的政绩而加考核，审核评断其会计文
书。与司书、职内和职岁三官的记录交互参考，据以考核每十日的成事
文书，用月结算的会计文书考核当月的成事文书，也用同样交互参考的
办法来考查各官府年度的成事文书。据以周详了解天下各地的治理情
况，以呈报王和冢宰，作为决定官员升降的依据。

三九　司书

1. 司书掌邦之六典、八法、八则、九职、九正、九事①，邦
中之版，土地之图，以周知入出百物，以叙其财②，受其币，使
入于职币③。凡上之用财用，必考于司会④。

【注释】

①"司书"至"九事"：六典、八法、八则、九职，参见《大宰》。据郑《注》，九正，谓九赋、九贡。正，通"征"。九事，谓九式。参见《大宰》。按，司书所掌，乃以上六事之文书，以备考核。

②"邦中"四句：国中，王城之内。叙其财：郑《注》曰："叙犹比次也，谓钩考其财币所给，及其余见（按，即今节余），为之薄书，"此谓考核各官府财物开支情况及节余的财物，依次载之薄书。按，司会负责考核，司书则提供考核文书并记录考核结果。

③"受其币"二句：币：通"散"，余，谓结余的经费。职币，掌管结余经费的官员，见《职币》。贾《疏》曰："百官所用余财，送来与司书，司书受其币，使入于职币之官，不入本府，"

④"凡上之用财用"二句：王引之认为下"用"衍字，可从。《膳夫》、《庖人》、《外府》均言"王之用财，年终不会"，因表示尊敬而不加限制，但司会亦应知其总数，故需司书考核统计。刘沅曰："上谓王、后、世子、冢宰。王及后、世子不会矣，而兹又必考于司会者，盖至尊用财不斥计其多寡，而其数则亦必书以计之，无滥与也。"

【译文】

司书掌管有关王国的六典、八法、八则、九职、九赋、九贡、九式的正本，以及王国中的户籍和土地的地图，以周详了解各种财物的收支状况，依次记载各种财物的使用情况，接受各官府的结余经费，拨交职币掌管。凡是王和冢宰所用财物，也一定要经司会考核并登记在册。

2. 三岁，则大计群吏之治①，以知民之财、器械之数②，以知田野、夫家、六畜之数③，以知山林、川泽之数④，以逆群吏之征令⑤。

【注释】

①大计群吏之治：孙诒让曰："亦赞大宰治官计也。"官计，参见《大宰》注。

②财：王引之《经义述闻》认为"财"下脱"用"字。

③夫家：指有生产能力的男女。

④以知山林、川泽之数：此处了解山林川泽状况，以便征税。

⑤以逆群吏之征令：逆，考核。贾《疏》曰："逆谓钩考也。"征令，谓征赋、征役之令。

【译文】

每隔三年，就要协助大宰对各级官吏政绩进行总的考核，据以知晓百姓的财物、农具、兵器数量，据以知晓现有土地、劳动力、牲畜等的数目，据以了解山林、川泽的情况，以考核各级官员的征调劳役、征收赋税是否合理。

3. 凡税敛，掌事者受法焉①，及事成，则入要贰焉②。

【注释】

①法：郑玄注："法，犹数也，应当税者之数。"

②入要焉：要贰，统计簿册的副本。贾《疏》曰："写一通副贰文书，名为要，入司书。"

【译文】

凡是遇征收赋税，掌管征收事务的官员都要从司书处接受所当征收的数额，等到征收完毕，就要将征税记录的副本交给司书。

4. 凡邦治，考焉。

【译文】

凡是对王国治理有关事宜有疑问，都可到司书处考核判断。

四〇　职内

1. 职内掌邦之赋入，辨其财用之物①，而执其总②。以贰官府、都鄙之财入之数③，以逆邦国之赋用④。

【注释】

①"职内"二句：赋，赋税，指九职、九贡、九赋收入。辨其财用之物：郑《注》曰："处之，使种类相从。"

②总：郑《注》曰："总谓薄书之种别与大凡。"按，薄书之种别即分类明细账目，大凡即总账。

③财入：赋税收入。

④以逆邦国之赋用：此处"邦国"只谓王国，而非同于泛指天下各诸侯国的"邦国"。

【译文】

职内掌管王国赋税收入，分辨所征收财物的种类，掌握财物的分类明细账目与总账。凭借掌握的王朝官府、王畿官吏财税收入数目的副本，以考核王国的赋税征收及其用途。

2. 凡受财者，受其贰令而书之①。及会，以逆职岁与官府财用之出，而叙其财，以待邦之移用②。

【注释】

①"凡受财者"二句：据孙诒让说，受财者，是奉命向官府领受财物，而将命令副本交给职内保存备查。

②移用：移作他用。郑《注》曰："谓转运给他。"

【译文】

凡是各官府领取财物的，就接受其领取财物命令的副本而记录在册。等到年终结算时，就协助司会用以考核职岁与各官府财物的支出状况，而依次记载考核结果，若有结余，就登记造册，以备王国移作他用。

四一　职岁

1. 职岁掌邦之赋出①，以贰官府、都鄙之财出赐之数，以待会计而考之。

【注释】

①赋：赋税。指九职、九贡、九赋的收入。

【译文】

职岁掌管王国的赋税支出，用所掌握的王朝各官府和王畿都鄙、公邑、乡遂官吏赋税支出账目及王、大宰赏赐账目的副本，以备年终结算时考核之用。

2. 凡官府、都鄙群吏之出财用，受式法于职岁①。

【注释】

①式法：使用经费的九种法规。孙诒让曰："即《大宰》九式之法。"（参见《大宰》）。

【译文】

凡是王朝官府及王畿各级官吏需支出财物，都要从职岁这里接受有关财物支出的条例。

3. 凡上之赐予,以叙与职币授之①。

【注释】

①"凡上"二句:赐予,赐予的开支,因所用为官府结余,故需会同职币来授予(参见《大府》第 3 节)。叙,同"序",排列(尊卑)等次。郑《注》曰:"受赐者之尊卑。"

【译文】

凡是王、冢宰有所赐予,就按照受赐者尊卑等次会同职币授给所赐财物。

4. 及会,以式法赞逆会①。

【注释】

①赞逆会:郑《注》曰:"助司会钩考群吏之计。"

【译文】

等到年终结算时,则按照所掌财物支出法令协助司会考核百官的会计文书。

四二　职币

1. 职币掌式法以敛官府、都鄙与凡用邦财者之币①,振掌事者之余财②,皆辨其物而奠其录③,以书楬之④,以诏上之小用、赐予。

【注释】

①币:指币余,即各类开支后的剩余财物。郑《注》曰:"谓给公用之余。"

②振掌事者之余财:振,敛,收缴。王引之以为义同"敛","皆收取

也"。掌事,谓奉王命专门办理某事的人,郑《注》曰:"谓以王命
有所作为。"

③辨其物而奠其录:奠,确定。郑《注》曰:"奠,定也。"孙诒让曰:
"谓次第财币名物,善恶多少,记录定著于簿籍也。"

④楬(jié)贾《疏》曰:"谓府别各为一牌,书知善恶价数多少,谓之
楬。"按,楬本是起标志作用的小木桩,此处意为标签。

【译文】

职币掌管有关支出的法令,并据以收缴王朝各官府和王畿各都鄙、
公邑、乡遂等群吏与其他凡是使用王国财物者结余的财物,收缴奉王命
办事者所用财物的剩余财物,都要按照剩余财物的名称、种类、数量和
品质优劣归类,录定其应登录的簿册,书写小木牌作为标签,以呈报王、
冢宰,以备小事的开支和赏赐之用。

2. 岁终,则会其出。凡邦之会事,以式法赞之①。

【注释】

①赞:帮助,辅佐。

【译文】

每到夏历年终,就要统计所掌剩余财物的支出情况。凡是王国每
年年终结算的事情,就依据法令协助司会来办理。

四三　司裘

1. 司裘掌为大裘①,以共王祀天之服。

【注释】

①大裘:用黑色羊羔皮缝制的裘。郑司农曰:"大裘,黑羔裘,服以

祀天,示质。"贾《疏》曰:"裘言大者,以其祭天地之服,故以大言之,非谓裘体侈大。"

【译文】

司裘掌管制作大裘,以供给王祭天时所穿的祭服服装。

2. 中秋献良裘①,王乃行羽物②。季秋献功裘③,以待颁赐。

【注释】

①良裘:孙诒让说,因系王所服,用毛物纯缛且制作精细,故称良裘。

②行羽物:颁赐飞鸟。郑司农曰:"以羽物飞鸟赐群吏。"按,此羽物由掌裘献给王,王颁赐给群吏。

③功裘:据郑《注》,是做工较粗糙的皮衣。郑司农曰:"功裘,卿大夫所服。"

【译文】

每到中秋向王进献良裘,王于是乃向群臣赏赐飞鸟。每到季秋时向王进献功裘,以待王向群臣赏赐。

3. 王大射①,则共虎侯、熊侯、豹侯②,设其鹄③。诸侯,则共熊侯、豹侯。卿大夫,则共麋侯。皆设其鹄。

【注释】

①大射:王举行大祭祀前为选择参加祭祀的人,而召集群臣举行的射箭比赛。(参见《夏官·司马》注)

②虎侯:侯,是用布张设的箭靶,侯之中的正方形谓之侯中。侯中

边侧饰以虎皮就称虎侯。以下熊侯、豹侯仿此。

③鹄：即靶心。在侯中之中，亦为正方形，以兽皮为之。虎侯以虎
　皮为鹄。熊侯、豹侯仿此。

【译文】

王举行大射，就供给虎侯、熊侯、豹侯，并在侯的中央设置鹄。诸侯
举行大射，就供给熊侯、豹侯。卿大夫举行大射，就供给麋鹿侯。也都
要在侯的中央设置鹄。

4. 大丧①，廞裘②，饰皮车③。

【注释】

①大丧：此谓王丧。

②廞(xīn)：凡器物陈而不用者谓之廞。郑司农曰："淫裘，陈裘也。"

③饰皮车：以皮革装饰的车，即革路，是王的五路(五种车)之一(参
　见《春官·巾车》)。此处皮车也是明器。

【译文】

遇到王的丧事，就陈设作为明器的皮裘，用皮革装饰运载殉葬品的
皮车。

5. 凡邦之皮事掌之。岁终则会，唯王之裘与其皮事不会。

【译文】

凡是王国中有关皮革方面的事务都掌管。每到夏历年终就对用过
的皮革做结算，只有王所用的皮衣和皮革不结算。

四四　掌皮

1. 掌皮掌秋敛皮,冬敛革[1],春献之[2],遂以式法颁皮革于百工[3]。

【注释】

①秋敛皮,冬敛革:有毛曰皮,无毛曰革。宋无名氏《集说》引吕氏曰:"全毛者谓之皮,去其毛者谓之革。"

②献之:郑《注》曰:"献其良者于王,以入司裘,给王用。"

③式法:郑《注》曰:"作物所用多少故事。"即制造皮革用品所需材料数量的旧例。

【译文】

掌皮掌管每年秋天收取兽皮,冬天时收取革,来年春天献给王,接着便依照式法分拨皮革给各种制皮工匠。

2. 共其毳毛为毡[1],以待邦事。

【注释】

①毳(cuì)毛:毳,细软的毛。郑《注》曰:"毳毛,毛细缛者。"

【译文】

供给细缛的兽毛让工匠制作毡,以待王国有事时使用。

3. 岁终,则会其财赍[1]。

【注释】

①财赍(jī):财指所收皮革及库存皮革数量。赍,把东西送给别人。

此谓颁给工匠的皮革数量。郑《注》曰:"财,敛财本数及余见者。
赍,所给予人以物曰赍。"

【译文】

每到夏历年终,就结算全年所收取皮革和库存以及分拨工匠的皮
革数量。

四五　内宰

1. 内宰掌书版图之法①,以治王内之政令②,均其稍
食③,分其人民以居之④。

【注释】

①版图:郑《注》曰:"版,谓宫中阍寺之属及其子弟录籍也。图,王
　及后、世子之宫中吏官府之形象也。"按,阍寺之属,谓内小臣、阍
　人、寺人、内竖等宫中执事者。吏官府之形象,即宫中官吏所在
　官府的地图。

②王内:指王宫五门最里的路门以内,至于北宫,凡是王、王后及夫
　人所居之舍。孙诒让曰:"路门以内通为王内。"

③稍食:为无爵位而在官府服务者提供作报酬的食粮。(参见《宫
　正》注)

④分其人民以居之:人民,此谓王宫后宫的宿卫吏士。郑《注》曰:
　"人民,吏子弟。分之,使众者就寡,均宿卫。"

【译文】

内宰掌管登记宫中服务官吏及其子弟的名册,以及绘制宫中官吏
所在官府平面图的法则,以实施有关王内宫的政令,调整均衡分发内宫
官吏子弟宿卫王宫者的食粮,合理分派官吏子弟宿卫王宫者的住处。

2. 以阴礼教六宫①，以阴礼教九嫔②，以妇职之法教九御③，使各有属④，以作二事⑤，正其服，禁其奇邪，展其功绪⑥。

【注释】

①以阴礼教六宫：阴礼，凡礼之涉及妇人者，统谓之阴礼。郑司农曰："妇人之礼。"六宫，郑《注》说，此指王后。妇人称寝曰宫。六宫实即六寝，王后六寝之制与王同，亦正寝一，燕寝五（参见《宫人》注）。因王后之尊与王同，内宰主教，不敢直说教王后，而以六宫指代。

②九嫔：妇官，位次于夫人，而尊于世妇。郑《注》曰："不言教夫人、世妇者，举中，省文。"

③以妇职之法教九御：妇职，据郑《注》，是指织缯帛、丝绕、绶带，以及针线活。九御，即女御，亦即御妻，据说满员八十一人。每九人一组到王的燕寝值宿一夕。

④使各有属：据郑《注》，九嫔九人，女御八十一人，每九嫔一人统领女御九人，即所谓使各有属。

⑤二事：杜子春曰："谓之丝、枲之事。"

⑥展其功绪：展，陈列，此指记录下来。郑《注》曰："展犹录也。绪，业也。"

【译文】

用妇人之礼教导王后。用妇人之礼教导九嫔。用有关纺织、缝纫等妇人职事的法规教导九御，使她们九人一组分属于九嫔，以从事缫丝、绩麻方面的工作职事，端正她们的服装穿着，严禁做奢侈奇邪之事，记录她们的工作成绩。

3. 大祭祀,后裸献^①,则赞。瑶爵^②,亦如之。正后之服位,而诏其礼乐之仪。赞九嫔之礼事^③。

【注释】

①后裸(guàn)献:裸,即行裸礼,亦即所谓裸将礼(参见《小宰》注)。按,后裸在王之后,即所谓亚裸。王宗庙有九献之礼。第一次是王向尸进献郁鬯香酒。第二次是王后向尸进献郁鬯香酒,称后献。献,郑《注》曰:"谓王荐腥、荐孰,后亦从后献也。"按,荐腥指向尸进牲血和生牲肉,在行朝事礼时进行;荐孰指向尸进熟牲肉,在行馈食礼时进行(参见《笾人》注)。

②瑶爵:指王后的八献。谓王后用瑶爵向尸进酳(yìn)酒。按,向尸行馈食礼,尸饭毕,向尸献酒供其洁口,此酒即酳酒。王先酳尸,王后继而酳之。瑶是一种美玉,一说似玉的美石。

③赞九嫔之礼事:祭祀时九嫔协助王后做些工作。郑《注》曰:"助九嫔赞后之事。"

【译文】

王举行宗庙大祭祀,王后向尸行裸礼和进献牲肉时,就协助王后进行。王后用瑶爵向尸进酳酒时,也这样做。端正王后的礼服和行礼时所处位置,提醒王后配合礼乐所应有的适当仪态。内宰要帮助九嫔协助王后举行祭礼。

4. 凡宾客之裸^①献,瑶爵^②,皆赞。致后之宾客之礼^③。

【注释】

①凡宾客之裸献:据郑《注》,此宾客谓王之同姓诸侯及夏、殷二王之后裔来朝觐王的人。裸,指朝觐礼毕,王后继王之后向宾客进

郁鬯香酒,此谓礼宾。献,谓王用飨礼、燕礼招待宾客时,王后继王之后向宾献酒。

②瑶爵:王后向宾客进酬酒所用的爵。按,主人先向宾客敬酒称献,宾客回敬主人酒称酢,主人再向宾客劝酒称酬,

③致后之宾客之礼:孙诒让曰:"谓为后致礼于来朝觐之诸侯也。"按,此所谓致礼,谓赠送牲以及用壶、豆、笾等所盛的饮食给宾客。

【译文】

凡招待宾客,王后继王之后向宾客进献郁鬯香酒、在飨礼和燕礼上向宾客献酒,以及用瑶爵向宾客进酬酒,内宰都要从旁协助王后。王后向宾客馈赠的牢礼,由内宰送达。

5. 凡丧事,佐后使治外、内命妇①,正其服位。

【注释】

①佐后使治外、内命妇:使,派遣下属。据郑《注》,谓内宰使上士佐后。外命妇,谓卿大夫士之妻;内命妇,谓九嫔、世妇、女御。

【译文】

凡遇到丧事,要命令上士辅佐王后管理外命妇和内命妇,端正她们应穿的丧服和应处的位置。

6. 凡建国,佐后立市①,设其次②,置其叙③,正其肆④,陈其货贿,出其度、量、淳、制⑤。祭之以阴礼⑥。

【注释】

①"凡建国"二句:立市,谓在王宫之后(即王宫之北)建立市场,所

建凡三市。郑《注》曰:"建国者必面朝后市(即宫室前面是朝,后面是市),王立朝而后立市,阴阳相成(朝属阳,市属阴)。"

②次:管理市场的官吏办公处,有总次、分次之别:思次是总次,介次是分次。每二十肆(店铺或货摊的二十列)设一介次(参见《地官·司市》注)。

③叙:数肆排成一巷,在巷门处设立市官办事的处所。

④正其肆:肆,摆放货物的摊点。孙诒让曰:"谓内宰令市官,使列肆各以类相从。"

⑤度、量、淳、制:淳、制,是布帛长宽不同的两种标准。郑《注》曰:"度,丈尺也。量,豆区之属。"又曰:"故书'淳',为'敦',杜子春读'敦'为'纯',纯谓幅广也,制谓匹长。"

⑥祭之以阴礼:阴礼,妇人之礼。立市之前,其地或立社,故立市后以阴礼祭之。

【译文】

凡是建立国都,就要协助王后设立交易市场,设置管理市场工作的办公处所之次和叙,合理安排市场内的店铺,分类陈列货物,出示长度单位标准、容量单位标准、布帛宽度、布匹长度的标准。用妇人之礼祭祀市中的社神。

7. 中春,诏后帅外、内命妇始蚕于北郊①,以为祭服。

【注释】

①北郊:北郊是纯阴之地,设有桑园、蚕室。

【译文】

每到仲春时节,告知王后率领外、内命妇开始到北郊采桑养蚕,以便日后制作祭服。

8. 岁终,则会内人之稍食①,稽其功事。佐后而受献功者②,比其小大与其粗良,而赏罚之。会内宫之财用③。

【注释】

①内人:郑《注》曰:"主谓九御。"按,据孙诒让说,内人还当包括女府、女史、女酒、女笾及宫中诸女工等。

②献功:贾《疏》曰:"献丝枲之功布帛等。"

③会内宫之财用:谓统计夫人以下的开支。王后开支不统计。

【译文】

每到夏历年终,就总计九御等宫中内人的俸禄,考察其工作成绩。辅佐王后接受她们所呈献的布帛等,评比其数量多少和质量优劣,而对她们进行赏罚。年终还要结算内宫的财用开支。

9. 正岁①,均其稍食,施其功事。宪禁令于王之北宫②,而纠其守。

【注释】

①正岁:夏历正月。贾《疏》曰:"谓建寅之月。"

②北宫:谓王后所住六宫。据郑《注》,王所住六寝在南,谓之南宫;王后所住六寝在王六寝后北方,故谓北宫。

【译文】

每年夏历正月,合理分配内人的食粮,分配给她们应完成的工作。将禁令悬挂在王的北宫门口,纠察宿卫人员使不懈怠。

10. 上春,诏王后帅六宫之人①,而生穜稑之种②,而献之于王③。

【注释】

①六官之人：此指夫人、九嫔、世妇、女御等妃嫔。郑《注》曰："夫人
　　以下分居后之六官者。"

②生稑(tóng)稑(lù)之种：稑指先种后熟的谷物，稑是后种先熟的谷
　　物。此处泛指各种谷种。郑司农曰："先种后孰谓之稑，后种先孰
　　谓之稑。"生，活的，有活力的。谓挑选可种植、能发芽的谷种。

③献之于王：此为供王播种藉田之用。

【译文】

孟春，要告知王后率领六宫妃嫔，挑选各种谷物的优良种子而进献
给王以供王播种藉田之用。

四六　内小臣

1. 内小臣掌王后之命，正其服位。后出入，则前驱。

【译文】

内小臣掌管发布王后的命令，端正王后各种场合应穿的服装和行
礼应处的位置。王后乘车出入，内小臣就在前面开道。

**2. 若有祭祀、宾客、丧纪，则摈①，诏后之礼事，相九嫔之
礼事，正内人之礼事。彻后之俎。**

【注释】

①摈：通"傧"，傧相，为主人传达旨意、接引宾客的人。按，宾之相
　　为介，主人之相为傧。郑《注》曰："为后传辞，有所求为。"

【译文】

如果有祭祀、接待宾客、丧事等，就作为傧相，为王后传达辞命，告

知王后应行之礼,协助九嫔行礼事,端正女御应行之礼。行礼之后撤除祭祀时尸酢王后的牲俎。

3. 后有好事于四方^①,则使往。有好令于卿大夫^②,则亦如之。

【注释】

①好事:赐赠之事。

②好令:赐赠之命。与"好事"互文。

【译文】

若王后有对四方诸侯施恩惠赐赠之事,就派内小臣前往。若王后有对卿大夫施恩惠赐赠的命令,就也这样做。

4. 掌王之阴事、阴令^①。

【注释】

①阴事、阴令:阴事即群妃与王通房事。阴令即王对北宫所提的要求。郑《注》曰:"阴事,群妃御见之事。……阴令,王所求为于北宫。"按,求为于北宫,贾《疏》曰:"谓若缝人、女御为王裁缝衣裳及丝枲织纴之等。"

【译文】

掌管为王安排群妃御见之事、传达王对王后六宫关于裁缝织纴的命令。

四七　阍人

1. 阍人掌守王宫之中门之禁^①,丧服、凶器不入宫^②,潜服、贼器不入宫③,奇服、怪民不入宫④。凡内人、公器、宾客无帅⑤,则几其出入⑥。

【注释】

①中门:中门:指王宫五门中间的库门、雉门、应门。孙诒让说,王宫五门:一曰皋门,二曰库门,三曰雉门,四曰应门,五曰路门。其中路门是内门,皋门是外门,"余三门(即库、雉、应三门)处内外门之间,故通谓之中门。"金鹗《求古录礼说》曰:"《阍人》王宫每门四人,是外门亦有守也。但中门之禁较严,故特言中门,非谓外门无禁也。"

②凶器:随葬器物。郑《注》曰:"明器也。"

③潜服、贼器:潜服,据郑《注》,谓内穿甲衣;贼器,谓盗贼以之伤人的器械。

④怪民:谓精神病患者。

⑤内人、公器:内人,九御等宫中人。参见《内宰》注。公器,郑司农曰:"将持公家器出入者。"帅:谓领路者。

⑥几:通"讥",查问,察问。郑司农曰:"几谓无将帅引之者,则苛其出入。"

【译文】

阍人掌管王宫中门的守卫纠禁。穿丧服、拿随葬明器的不准入宫门,衣内暗穿铠甲、拿着伤人器械的不准入宫门,穿奇装异服的、精神失常的不准入宫门。凡是内人、携带公物的人以及宾客,若无引导人,就要严厉盘查他们的出入。

2. 以时启闭。凡外、内命夫、命妇出入①,则为之辟②。掌埽门庭。

【注释】

①外、内命夫、命妇：命夫，谓朝内、宫中受有爵命的卿大夫。内命
　夫，郑《注》曰："卿大夫之在宫中者。"命妇，谓受有爵命的妇女，
　地位低于九御。参见《内宰》注。

②辟：同"避"，避开，让行人避让。郑《注》曰："辟行人，使无干也。"

【译文】

每天按时开闭宫门。凡是外内命夫、命妇、内命妇出入宫门，就为
他们开道。负责扫除王宫五门内外和庭院的卫生。

3. 大祭祀、丧纪之事，设门燎^①，跸宫门、庙门^②。凡宾
客亦如之。

【注释】

①燎：用柴木扎的火炬。郑《注》曰："地烛也。"

②跸(bì)：清道，禁止闲杂人等通行。

【译文】

遇到大祭祀或王、王后、太子去世的大丧事，要在宫门外地上设立
火炬，禁止闲杂人等出入宫门、庙门。王设宴招待宾客时也这样做。

四八　寺人

1. 寺人掌王之内人，及女宫之戒令^①，相道其出入之事
而纠之^②。

【注释】

①女宫：犯罪者家中没入宫中为奴的女子。郑《注》曰："刑女之在
　宫中者。"即女罪犯而没为宫奴者。

②相道：道，同"导"。指点、带领。孙诒让曰："谓诏相帅导之。"

【译文】

寺人掌管有关王的内人，以及宫中女奴的戒令，指点、引导她们出入宫廷的事，并对违反者加以纠举。

2. 若有丧纪、宾客、祭祀之事，则帅女宫而致于有司。

【译文】

若有丧事、招待宾客、祭祀的事，就率领宫中女奴到掌事的官吏那里听候差遣。

3. 佐世妇治礼事。

【译文】

辅佐世妇操办祭祀、宾客，丧纪等有关礼的事情。

4. 掌内人之禁令。凡内人吊临于外①，则帅而往，立于其前，而诏相之。

【注释】

①凡内人吊临于外：此指内人随世妇吊临于外。《世妇职》云："掌吊临于卿大夫之丧。"

【译文】

掌管有关内人的禁令。凡是内人随世妇外出吊唁，就率领她们前往，站在她们前面，指点并协助她们行吊礼。

四九　内竖

1. 内竖掌内外之通令①,凡小事。

【注释】

①内竖掌内外之通令:竖,指未成年人,故郑《注》称为"童竖"。内外之通令,内指王后六宫,外指卿大夫。据郑《注》,指王有小事通令于王后六宫和在外的卿大夫。

【译文】

内竖掌管传达王就小事对宫内外的命令,凡是小事供役使。

2. 若有祭祀、宾客、丧纪之事,则为内人跸①。王后之丧迁于宫中②,则前跸。及葬,执亵器以从遣车③。

【注释】

①内人:此指女御,据郑《注》,是指"从世妇有事于庙者"。按,祭祀,飨食宾客须在庙,丧事葬前须朝庙(见下注),皆此所谓"有事于庙"。

②王后之丧迁于宫中:丧,谓棺柩。宫,庙。迁于宫中,谓葬前将灵柩从宫中迁往宗庙祖庙行朝庙礼,犹如生人出远门要先告庙(即到宗庙向祖先的神灵报告)。

③亵器:据郑《注》,谓明器中的洗沐之器。遣车:遣,送。灵柩朝祖庙后设遣奠,以示送别。遣奠后取所用牲体胫骨车载以送死者,是谓遣车。

【译文】

若有祭祀、招待宾客和丧事,就为跟随世妇的内人清道,禁止闲杂人等通行。王后棺枢出葬前将迁到宗庙行朝庙礼，就在前边清道禁人通行。等到出葬时，就手持洗沐器具跟在遣车后面送葬。

五〇　九嫔

1. 九嫔掌妇学之法^①，以教九御妇德、妇言、妇容、妇功^②，各帅其属，而以时御叙于王所^③。

【注释】

①妇学之法：教育妇女的法规。内容即下文"四德"。

②妇德、妇言、妇容、妇功：郑《注》曰："妇德谓贞顺，妇言谓辞令，妇容谓婉娩（wǎn），妇功谓丝枲。"按，贞顺，谓安分顺从；辞令，谓说话应对；婉娩，谓梳妆打扮；丝枲，谓女红。东汉曹昭《女诫》曰："清闲贞静，守节整齐，行己有耻，动静有法，是为妇德。择辞而说，不道恶语，时然后言，不厌于人，是谓妇言。盥浣尘秽，服饰鲜洁，沐浴以时，身不垢辱，是谓妇容。专心纺绩，不好嬉笑，洁齐酒食，以奉宾客，是谓妇功。"

③"各帅其属"二句：属，指女御。王所，郑《注》曰："王所息之燕寝。"按，王之群妃侍寝之法，郑《注》曰："女御八十一人当九夕，世妇二十七人当三夕，九嫔九人当一夕，三夫人当一夕，王后当一夕。"此为前半月的顺序，后半个月与此相反，尊者在前，卑者在后。

【译文】

九嫔掌管妇人学习的法规，以妇德、妇言、妇容、妇功教导九御，各自率领所属九个女御，按照规定的时间顺序依次到王的燕寝侍候歇息。

2. 凡祭祀，赞玉粢^①，赞后荐、彻豆笾^②。若有宾客，则从后③。大丧,帅叙哭者亦如之④。

【注释】

①玉粢:一种盛有祭祀所用谷物的玉敦,参见《玉府》注。郑《注》曰:"玉敦,受黍稷器。"孙诒让曰:"盖当四献之后,设阴厌时,后则以玉粢荐黍稷。"

②赞后荐、彻豆笾:宗庙之祭,王后两次向尸进献豆笾,一次在三献前,一次在五献前。两次进献,九嫔皆协助王后。参见《笾人》注。

③则从后:郑《注》曰:"当赞后事。"

④帅叙哭者:帅,此谓引导。贾《疏》曰:"谓若外内命妇哭时,皆依尊卑命数,在后后为前后列位哭之,故须帅导使有次叙也。"

【译文】

凡是举行祭祀宗庙,协助王后进献盛有黍稷的玉敦,协助王后进献和撤下豆、笾。若王有宾客,九嫔就要跟从王后前往帮忙。遇到王去世,也跟从并协助王后率领内外命妇依身份尊卑次序列位而哭。

五一　世妇

1. 世妇掌祭祀、宾客、丧纪之事,帅女宫而濯摡①,为粢盛②。及祭之日,莅陈女宫之具,凡内羞之物③。

【注释】

①帅女宫而濯摡(gài):女宫,宫中女奴。摡,通"溉",洗涤。郑《注》曰:"拭也。"

②为粢盛:为,挑选。郑《注》曰:"犹差择。"粢盛,粢为祭祀所用黍稷等谷物,盛于器则曰盛。

③内羞：郑《注》曰："房中之羞。"孙诒让曰："即《笾人》'羞笾之食，
糗饵、粉糍'，《醢人》'羞豆之食，酏食、糁食'也。内羞皆谷物。"

【译文】

世妇掌管有关宗庙祭祀、飨食宾客和丧事等事情，率领宫中女奴洗
涤、擦拭礼器食具，精选用于祭祀的谷物。等到祭祀那天，要亲临现场
督察女奴陈列祭祀用具，以及种种所有当预先陈放的房中食物。

2. 掌吊临于卿大夫之丧①。

【注释】

①掌吊临于卿大夫之丧：孙诒让曰："此（王）后使吊临，临谓哭也。"

【译文】

掌管奉王后之命前往哭吊卿大夫的丧事。

五二　女御

1. 女御掌御叙于王之燕寝①。

【注释】

①御叙："叙御"倒文。叙，次。燕寝：王六寝，正寝乃王办公之处；
其他五寝为燕寝，乃王居住之处。王后、夫人等分居后之六宫，
当侍寝者则就于燕寝。

【译文】

女御掌管安排后妃们按照尊卑次序到燕寝陪侍王过夜。

2. 以岁时献功事①。

【注释】

①以岁时献功事：岁时，此指秋季，即下文《典妇功》"及秋献功"。功事，郑《注》曰："丝枲成功之事。"

【译文】

按每年的一定季节（秋季）呈献本年完成的女功。

3. 凡祭祀赞世妇。大丧，掌沐浴。后之丧持翣①。从世妇而吊于卿大夫之丧。

【注释】

①翣（shà）：一种饰有羽毛的木制长柄扇形器具，布面画有图案，出葬时持以遮蔽柩车，下葬时放棺椁间。

【译文】

凡遇宗庙祭祀，要协助世妇督察女奴做事。王或王后去世，女御执掌为尸体沐浴。王、王后去世出殡时，负责持翣遮蔽柩车。跟随世妇前往卿大夫家吊丧。

五三　女祝

1. 女祝掌王后之内祭祀①，凡内祷祠之事②。

【注释】

①内祭祀：据郑《注》，谓祭祀王后六宫中的灶神、门神、户（单扇门）神。

②祷祠：祷，生病求神保佑康复。祠，得到神保佑后还愿。郑《注》曰："祷，疾病求瘳。祠，报福。"

【译文】

女祝负责主持王后六宫内的祭祀，以及所有向神祈祷获福、报福还愿的事情。

2. 掌以时招、梗、禬、禳之事①，以除疾殃。

【注释】

①以时招、梗、禬（ɡuì）、禳之事：贾《疏》曰："云'以时'者，谓随其事时，不必要在四时也。"招是吉祥未至，祭而招之使至；梗是灾祸未至，祭之使不至；禬是灾害已至，祭之使消除；禳是发生奇怪现象，祭之使消退。四者皆小祭祀名。贾《疏》又曰："云招者，招取善祥；梗者，预捍恶之未至；禬者，除去见（现）在之灾；禳者，推却见（现）在之变异。"

【译文】

掌管根据需要随时举行招祭、梗祭、禬祭、禳祭的祭祀事，以消除疾病、灾殃。

五四　女史

1. 女史掌王后之礼职①，掌内治之贰②，以诏后治内政。

【注释】

①礼职：主管礼典之职。

②内治之贰：内治，治理王后六宫的种种法令。由内宰执掌正本，女史执掌副本。按，《内宰》曰："掌书版图之法，以治王内之政令。"郑《注》曰："内治之法，本在内宰，书而贰之。"

【译文】

女史掌管有关王后参加典礼的有关职事，掌管治理王后六宫内政法令的副本，以禀告王后据以治理内政。

2. 逆内宫①**,书内令**②**。凡后之事,以礼从。**

【注释】

①逆内宫:内宫,谓王后六官。郑《注》曰:"钩考六宫之计。"贾《疏》
　　曰:"谓六宫所有费用财物及米粟,皆当钩考之也。"

②内令:郑《注》曰:"后之令。"

【译文】

核计内宫所有财用、米粟的开支,书写王后的命令。凡是王后有参
加典礼的事,都拿着礼书跟从王后,给以必要提醒。

五五　典妇功

1. 典妇功掌妇式之法①**,以授嫔、妇及内人女功之
事赍**②**。**

【注释】

①妇式之法:法,成规,此指完成某件女功需用材料的多少。郑
　　《注》曰:"妇人事之模范。法,其用财旧数。"

②以授嫔、妇及内人女功之事赍:嫔妇,此指国都中的巧手妇女。
　　内人,孙诒让曰:"即《典丝》之内工。"(参见下《典丝》)。赍,通
　　"资",此指分发给嫔妇等的原料。《广雅·释诂一》:"资,取也。"
　　郑《注》曰:"事赍,谓以女功之事来取丝枲。"

【译文】

典妇功掌管妇女所做女功用材数量的法式标准,并据以分发国都
内巧手妇女和九嫔、世妇及女御从事妇功所需取用的材料。

2. 凡授嫔妇功,及秋献功,辨其苦良①**,比其小大,而贾**

之,物书而楬之^②。以共王及后之用,颁之于内府^③。

【注释】

①苦(gǔ):通"盬",粗劣。

②楬:标签。参见《天官·职币》注。

③颁之于内府:贾《疏》曰:"藏之于内府也。"

【译文】

凡是分发给嫔妇的任务,到了秋季呈献成绩时,辨别所做活计质量优劣,评比数量多少,而估定价值,并在每种物品上书写标签标明。用来供给王、王后使用,并交给内府收藏。

五六　典丝

1. 典丝掌丝入^①,而辨其物,以其贾楬之。掌其藏与其出,以待兴功之时^②,颁丝于外、内工^③,皆以物授之^④。凡上之赐予亦如之。

【注释】

①丝入:郑《注》曰:"谓九职之嫔妇所贡丝。"按,此处嫔妇指外嫔妇(即国中嫔妇)。

②时:季节。郑《注》曰:"时者,若温暖宜缣帛,清凉宜文绣。"

③外、内工:外工指外嫔妇,即王城内的巧手妇女;内工指女御及女工。郑《注》曰:"外工,外嫔妇也。内工,女御。"

④皆以物授之:如要织素绢素帛,就发素丝;如要织有图案的绢帛,就发彩丝。贾《疏》曰:"若缣帛则授之以素丝,若文绣则授之以彩丝,故以物而言也。"

【译文】

典丝掌管入贡蚕丝的收进,而辨别其种类成色,依据其价值题写标签。掌管丝的收藏及拨支,以等待制作季节使用。将蚕丝颁发给外、内女工,都按照成品的要求发给所需原料。凡是王用丝物赏赐宠臣,也由典丝按照赐品种类供给。

2. 及献功,则受良功而藏之①,辨其物而书其数,以待有司之政令,上之赐予。

【注释】

①良功:指用丝织成的绢帛。郑司农曰:“良功,丝功,缣帛。”孙诒让曰:“经自以丝功为良功,对枲功为苦功。”按,丝比麻贵,枲功谓麻制品,苦谓工艺较粗,参见《典枲》。

【译文】

到秋季外女工和宫中女御们呈献成绩时,就接受所献丝织品加以收藏,辨别丝的种类成色,登记其数目,以待有关官吏下令调用,以及供王赏赐之用。

3. 凡祭祀,共黼画、组就之物①。丧纪,共其丝、纩、组、文之物②。凡饰邦器者,受文、织、丝、组焉③。

【注释】

①黼画、组就:黼,本指黑白相间的斧形图案。此指绣有图案的祭服下裳。画,此指画有图案的祭服上衣。黼画,指丝制祭服。按,王祭服有所谓衮服,分为十二章、九章两种,饰有十二种或九种花纹图案。组就:组是丝带,就是五彩丝绳,郑《注》曰:“采色

一成(完备义)曰就。"凡所应具备的色彩皆具备,称就。二者用
于祭服的冕旒。故组就指冕旒。冕是首服,前沿悬挂串串玉珠,
称旒(参见同上注)。旒的玉珠用丝绳穿成,称组。王的冕旒之
组兼备五彩,故曰"组就"。

②丝、纩(kuàng)、组、文:纩,丝棉。文,有彩色花纹的帛。孙诒让
曰:"为缯帛有文采者之通名。"

③邦器:指茵席、屏风等物。茵席四边有装饰,屏风用有彩色图案
的缯帛制成。文、织:参见《天官·玉府》注。

【译文】

凡是遇到祭祀,供给制作祭服和冕旒等所用的色丝。丧事,供给所
需用的丝线、丝绵、丝绳、有彩色图案的缯帛等物品。凡有修饰国家器
物任务的部门,可前来典丝处领受有彩色图案的缯帛,刺绣的锦、丝线、
丝绳等物品。

4. 岁终,则各以其物会之。

【译文】

每到夏历年终,就将所收支的丝制品分类加以结算。

五七　典枲

1. 典枲掌布、缌、缕、纻之麻草之物①,以待时颁功而
授赍②。

【注释】

①布、缌、缕、纻之麻草之物:布,谓麻布。缌,谓细麻布。缕,谓麻
线。纻,用纻麻织的夏布。郑《注》曰:"白而细疏曰纻。"草,葛属

麻类植物。郑《注》曰：“葛蒉(qǐng)之属。”按，蒉，一种麻类植物。
②赍：通“资”，取也。贾《疏》曰：“以女工事来取。”

【译文】

典枲掌管制作麻布、细而疏的麻布、麻线、白而细的麻布等的材料麻和葛、蒉等，以等待按季节分配女工们工作任务时，授予她们所当取用的原料。

2. 及献功，受苦功①，以其贾楬而藏之，以待时颁。颁衣服，授之。赐予亦如之。

【注释】

①苦(gǔ)功：苦，通“盬”，粗劣，不坚固。麻贱丝贵，麻织品称苦功，丝织品称指麻织品(参见《典丝》)。

【译文】

到秋季外女工们呈献成品的时候，就接受所献的麻织品，依照价值题写标签而加以收藏，以待随时颁发备用。到颁发衣服时，就如数授给领取者。王赏赐臣下麻织品也这样由典枲授给。

3. 岁终，则各以其物会之。

【译文】

每到夏历年终，就将各种麻织品收支情况分类结算。

五八　内司服

1. 内司服掌王后之六服：袆衣、揄狄、阙狄、鞠衣、展衣、缘衣①，素沙②。辨外、内命妇之服，鞠衣、展衣、缘衣③，素沙。

【注释】

①袆衣、揄狄、阙狄、鞠衣、展衣、缘衣：袆（huī）衣，郑《注》说，袆是“翚”的借字。先把玄色缯剪成雉（野鸡）形并染成五彩之色，即成翚雉（五彩野鸡），然后缀于衣服上以为饰，即袆衣，是王后跟随王祭祀先王所服。揄狄，揄，《说文》作“褕”，羽饰衣。狄，通“翟”，一种野鸡。揄狄形制和袆衣类似，是王后跟随王祭先公时所服。郑《注》说，“揄”是“摇”的借字，“狄”当为“翟（dí）”，野鸡。摇翟，是用青色缯剪成雉（翟）形并染成五彩之色，缀于衣上制成祭服，是王后跟随王祭祀先公所服。阙狄（翟），把赤色缯剪成野鸡形不染色就缀在衣上制成的祭服，是王后跟随王祭群小祀（即小神）时所服。袆衣玄色，揄狄青色，阙狄赤色。鞠衣，据郑《注》，是颜色如初生嫩黄桑叶的衣服，是王后在春三月向天神祈福、亲自采桑养蚕时所服。展衣，郑《注》说，“展”当为“襢”。《释名·释衣服》曰：“襢衣，襢，坦也，坦然正白无文采也。”则展衣是素白色。郑《注》说，此为王后“以礼见王及宾客之服”。缘衣，郑《注》说，“缘”当作“褖”（tuàn），褖衣是边缘有装饰的黑色衣服，王后燕居或到王燕寝侍寝时所服。

②素沙：即素纱，据郑《注》，以上六服皆为袍，衬里皆用白纱做成。

③“辨外”至“缘衣”：郑《注》说，内命妇之九嫔服鞠衣，世妇服展衣，女御服缘衣。外命妇，孤之妻服鞠衣，卿大夫之妻服展衣，士妻服缘衣。

【译文】

内司服掌管王后所穿六种服装，即袆衣、揄狄、阙狄、鞠衣、展衣、缘衣，衬里皆是白纱。辨别外、内命妇所当穿的服装，即鞠衣、展衣、缘衣，也是白纱衬里。

2. 凡祭祀、宾客，共后之衣服，及九嫔、世妇，凡命妇，共其衣服。共丧衰亦如之①。

【注释】

①丧衰(cuī)：衰，本指丧服上衣，此泛指丧服。据贾《疏》，王去世，
　外命妇要穿齐衰，于后无服；内命妇九嫔以下，王去世服齐衰。

【译文】

凡王后主持祭祀、招待宾客，则供给王后应穿的衣服，以及九嫔、世
妇，凡内、外命妇，都供给其应穿的衣服。供给丧服也照此办理。

3. 后之丧，共其衣服，凡内具之物①。

【注释】

①内具之物：据郑《注》，指女性日常必用的佩巾、针线、丝绵、布袋
　儿等器具，均需随葬。

【译文】

王后的丧事，供给装殓、陪葬所需的衣服，以及凡是妇人平日常用
的小物件。

五九　缝人

1. 缝人掌王宫之缝线之事①，以役女御②，以缝王及后
之衣服。

【注释】

①缝线：谓以针线缝衣，缝纫。

②以役女御：此女御是内官而兼领缝人之事者（参见本篇《叙官》
　注）。

【译文】

缝人掌管王宫中裁缝纫之事,在女御指挥下,以缝制王及王后的衣服。

2. 丧,缝棺饰焉①,衣翣柳之材②。

【注释】

①棺饰:出葬时遮护载棺枢车的装饰物,如棺罩、帷荒等。

②衣翣(shà)柳之材:衣,此指缠绕。贾《疏》曰:"(翣柳)二者皆有材,缝人以采缯衣缠之,乃后张饰于其上。"翣,棺饰之一。参见《女御》注。按,翣上有木框下有木柄,皆应事先用彩缯缠饰,谓之衣翣。柳,即出殡枢车上棺枢周围支撑棺罩的木制框架,柳上事先用彩缯缠饰,谓之衣柳。

【译文】

遇到王、王后、太子等人的丧事,就缝制棺饰,把彩缯缠饰到翣、柳的木框上。

3. 掌凡内之缝事。

【译文】

掌管宫内凡是衣服缝制的事。

六〇 染人

1. 染人掌染丝帛。凡染,春暴练①,夏纁玄②,秋染夏③,冬献功。

【注释】

①暴练：暴，晒也。练，通"㶛"，谓将丝帛煮熟后暴晒，使柔软洁白易染上色。

②繶玄：据孙诒让说，繶为黄赤色，像地色；玄为青黑色，像天色。祭服上衣用玄色，下裳用繶色。

③染夏：据郑《注》，谓染五色。此处夏指夏狄（翟），是一种羽毛兼具五色的野鸡，故以"夏"代五色。

【译文】

染人掌管染丝和染帛。凡是染丝染帛，春季煮熟暴晒丝帛，夏季将丝帛染成繶色和玄色，秋季将丝帛染成五色，冬季呈献染好的丝帛成品。

2. 掌凡染事。

【译文】

掌管所有染色的事。

六一　追师

1. 追师掌王后之首服，为副、编、次①，追衡、笄②。为九嫔及外内命妇之首服，以待祭祀、宾客。

【注释】

①副、编、次：妇人的三种假髻，据《广雅·释器》王念孙疏证说，三者皆是取他人头发合己发编成的髻。副，覆也，覆盖头上作装饰；编，制作时需编缠假发；次，制作时依长短次第整理假发。副最高贵，其上插有六种玉制动物形饰物，编上玉制首饰较少，次

上无玉饰。郑《注》曰："编，编列发为之"；"次，次第发长短为之。""为之"谓为髲。又据郑《注》说，副，王后跟随王祭祀戴；编，采桑养蚕时戴；次，燕居或见王时戴。

②追(duī)衡、笄：追，雕琢。郑《注》曰："追，犹治也。"衡、笄，据孙诒让说，古代笄有两种：一是固发之笄，即用纚(黑缯)裹发作髻，加笄固定；二是固冠或固首饰之笄，即加冠或首饰(如副、编、次)后，再加笄固定。此处衡指后者，即固定副、编、次假髻的玉簪；笄指前者，即用裹发巾裹发成髻后插入使不散的簪笄。

【译文】

追师掌管王后头部需要戴的头饰，为她制作副、编、次等发式，雕琢衡和笄。制作九嫔以及外、内命妇需要戴的头饰，以备其跟随王后参加祭祀和招待宾客时使用。

2. 丧纪，共笄、绖亦如之①。

【注释】

①笄：丧笄，用竹或木制成。绖(dié)：丧服上的麻制带子，缠在头上为首绖，缠在腰间为腰绖。

【译文】

遇到有丧事，供给王后以下内、外命妇所需丧笄和绖带时，也是这样。

六二　屦人

1. 屦人掌王及后之服屦①。为赤舄、黑舄，赤繶、黄繶②，青句③，素屦、葛屦④。

【注释】

①服屦(jù)：与衣服配用的各类鞋子。屦，鞋子，包括屦与舄，屦为禅(单层)底鞋，下文舄(xì)是复底鞋(上层皮底，下层木底)。任大椿曰："禅者但以革为底，不重以木。"又曰："舄以革为底，而以木为重底，置在屦下。"此处单言屦，包括复底的舄。郑《注》曰："屦自明矣，必连言服者，著服各有屦也。"又曰："凡屦舄，各象其裳之色。"如爵弁服，其裳为缥色，故配缥屦。

②赤舄：赤色双层底鞋子。黑舄：黑色双层底鞋子。赤繶：繶(yì)，鞋帮、鞋底相接处的装饰性丝绦。据郑《注》说，赤繶是王的黑舄之饰。黄繶，王后的玄舄之饰。此经未言玄舄。

③青句：郑《注》曰："句，当为'絇'，声之误也。"絇(qú)，鞋头丝带编成的孔状装饰物，可穿鞋带。青絇，据郑《注》说，是王的白舄之饰。按，古人屦舄皆有絇、繶、纯之饰。纯(zhǔn)，缘也，鞋口的镶边。此经未言纯。又据郑《注》说，王的吉服有九种，与之相配合的舄有赤舄、白舄、黑舄三等；王后的吉服有六种，其舄有玄舄、青舄、赤舄三等。

④素屦：王、王后燕居时穿的鞋。葛屦：夏天穿的葛制鞋。冬天则改穿皮屦。

【译文】

屦人掌管王和王后与服装配合应穿的各种鞋子。制作赤舄、黑舄，制作装饰屦舄的赤繶、黄繶、青絇等，并负责制作白色屦和葛屦。

2. 辨外内命夫、命妇之命屦、功屦、散屦①。凡四时之祭祀，以宜服之。

【注释】

①外内命夫、命妇：包括外命夫、内命夫和外命妇、内命妇。命屦、

功屦、散屦：命，犹等级，谓王所命贵族之等级。命屦，是与各种等级命服配套应穿的屦。功屦，郑《注》曰："次命屦。"即做工较粗，次于命屦的鞋子。散屦做工又次于功屦，是日常闲居所穿的鞋子。按，此经未言舄，孙诒让曰："经举屦以见舄，互文见义。"

【译文】

辨别外、内命夫和命妇所应穿的命屦、功屦和散屦。凡是参加春夏秋冬四季的祭祀，使他们依照尊卑等级穿上各自合宜的鞋子。

六三　夏采

1. 夏采掌大丧以冕服复于大祖[1]，以乘车建绥复于四郊[2]。

【注释】

①以冕服复：冕服，王有六种冕服，即大裘、衮冕、鷩冕、毳冕、希冕、玄冕，其冕皆同，而不同在于衣裳上绘刺花纹图案的章数（详《春官·司服》注）。复，招魂。郝敬曰："人初死气绝时，持死者衣升屋，西北面呼其名，招使返也。"据孙诒让说，招魂时只用衮冕以下的五服，而不用祭天所服的大裘。大祖，即太祖，谓太祖庙（始祖庙）。

②乘车建绥：乘车，即《春官·司常》所谓道车，亦即象路。按，象路是一种饰有象牙的车。王所乘车有五，称五路。绥，通"緌"，此指大常，旗名，缀饰着五彩鸟羽，是王的五旗之一。

【译文】

夏采掌管王去世时拿着王所穿冕服到太祖庙去为王招魂，驾着插有缀饰五彩鸟羽大常旗的车子，到城外四郊为王招魂。

地官

司徒第二

【题解】

地官系统掌管"邦教"即教育，又谓之"教官"，但教育非其主要职责，其主要职责是掌土地和人民。其所属编制，总共七十八种职官（实际提及七十九种），所属官府五十八种。其长为大司徒，其副为小司徒，协助大司徒工作。大司徒之职"掌建邦之土地之图与其人民之数"等。大、小司徒之下的属官职掌繁杂，大体可分以下几类。第一类是掌基层各级政教的官，包括掌都郊六乡政教的乡师、乡老、乡大夫、州长、党正、族师、闾胥、比长等，掌郊外野地六遂政教的遂人、遂师、遂大夫、县正、鄙师、酂长、里宰、邻长等。第二类是掌征赋税、力役的官，包括载师、闾师、县师、遗人、均人、旅师、稍人、委人、土均、角人、羽人、掌葛、掌染草、掌炭、掌荼、掌蜃等。第三类是掌管山川、场矿等的官，包括山虞、林衡、川衡、泽虞、迹人、矿人、囿人、场人等。第四类是指导农业生产的官，包括草人、稻人、司稼。第五类是掌管粮食及仓储的官，包括廪人、舍人、仓人、司禄（职文缺）、舂人、馆人、槁人等。第六类是掌管市场管理、门关的官，包括司市、质人、廛人、胥师、贾师、司暴、司稽、胥、肆长、泉府、司门、司关、掌节等。第七类是掌管教育的官，包括师氏、保氏、土训、诵训、司谏、司救等。第七类是服务于祭祀的官，包括封人、鼓人、舞师、牧人、牛人、充人等。还有独立成类的调人（调解仇怨）、媒氏（掌婚姻）。

可见地官所掌,关乎国计民生,最为重要。还有些职掌,可能当属他官而混入此官,如大司徒所掌"乡八刑"及听断民之"不服教而有狱讼者",似当属秋官之职。杨天宇先生推测,大概作者思之未密,或因《周礼》尚属未成之书所致。

据孙诒让统计,地官共设职七十九个。其人员编制数目,属于地官直属系统的,有卿一人,中大夫五人,下大夫十五人,上士四十八人,中士一百四十八人,下士三百二十人,府一百零三人,史二百一十九人,胥二百零二人,徒二千六百二十八人,贾八人;属于乡官系统的,有公三人,卿六人,中大夫三十人,下大夫一百五十人,上士七百五十人,中士三千人,下士一万五千人;属于遂官系统的,有中大夫六人,下大夫三十人,上士一百五十人,中士七百五十人,下士三千人,无爵者一万五千人。凡正官自卿至庶人,共计四万一千五百七十二人。又有奄十二人,奚八十五人,女奴二十六人。此外,山虞、林衡、川衡、泽虞、场人、胥师、贾师、司暴、司稽、胥、肆长等职,其编制皆有员数而无总数,不可计。大凡可计者四万一千六百九十五人。(《周礼正义》,中华书局 1987 年版,第 686、687 页)

叙官

1. 惟王建国,辨方正位,体国经野,设官分职,以为民极①。乃立地官司徒②,使帅其属,而掌邦教,以佐王安扰邦国③。

【注释】

①"惟王建国"五句:见《天官·冢宰》注。按,《地官·叙官》许多前文已出注之词未注释,可参见《天官·叙官》注。

②地官司徒:亦称"大司徒"。此官象地而立,故称地官。司,主管。

徒,民众。司徒在六官中分工是主管国家土地、人民、教化、产
殖、赋税等事。

③"使帅其属"三句:按,此即大宰所掌六典之二,"二曰教典,以安邦
　国,以教官府,以扰万民"。邦教,天下的教化。具体指《大司徒》
　中的"十有二教"。扰,郑《注》曰:"亦安也。"安扰,安抚,安定。

【译文】

　　王建立国都,辨别国都所在地的方向,确定宗庙、朝廷所在的位置,
主次有别地划分国都、郊野的界限,进行建设经营。分设百官职位,作
为天下民众取法的榜样。为了达到此目的,于是设立地官司徒这一官
职,让他率领部属,来掌管天下的教化,以辅佐王安抚天下各国。

　　2. 教官之属①:大司徒,卿一人;小司徒,中大夫二人;乡
师,下大夫四人②;上士八人,中士十有六人,旅下士三十有
二人,府六人,史十有二人,胥十有二人,徒百有二十人。

【注释】

①教官:主管教化之官。因地官司徒"掌邦教",故本系统的官称
　"教官"。

②"大司徒"至"下大夫四人":大司徒,官名。地官的最高首长,掌
　管天下土地之舆图和记载人民数目的户籍,以辅佐天子安定天
　下。小司徒,官名。大司徒的副职。乡师,官名。教官中的第三
　把手。乡是王城四郊(百里之内)的行政组织,乡师各掌其所治
　乡之教。按,王城周围凡六乡(左三乡,右三乡),由四位乡师掌
　之,每二人分掌三乡。乡辖一万二千五百家。郑《注》曰:"司徒
　掌六乡,乡师分而治之,二人者共三乡之事,相左右也。"

【译文】

　　地官的属官有:大司徒,由卿一人担任;小司徒,由中大夫二人担

任；乡师，由下大夫四人担任；此外还有上士八人，中士十六人，众下士三十二人递相辅佐，下辖府六人，史十二人，胥十二人，徒一百二十人。

3. 乡老①，二乡则公一人②。乡大夫③，每乡卿一人。州长④，每州中大夫一人。党正⑤，每党下大夫一人。族师⑥，每族上士一人。闾胥⑦，每闾中士一人。比长⑧，五家下士一人。

【注释】

①乡老：据郑《注》说，是一种荣誉官名。由三公（太师、太傅、太保）兼任，无固定职掌。老，尊称。沈彤说，乡老主要参与乡中礼宾贤能者的工作。

②二乡则公一人：公，是王之下最高的爵等，凡三公，而有六乡，故公一人而兼二乡之事。刘青芝曰："三公无专职，在朝则称公，在乡则称老，上与天子相坐而论道，参六官之事，以进退百官而不畏其偪（bī，同"逼"）；在乡则下与百姓相亲而言教，行六乡之事，以搜贤举能而不嫌于亵。"按，乡老并非司徒的属官，只因职掌与教官相近，故附属于地官。

③乡大夫：官名。乡的行政长官。按，四郊之内设六乡，每乡辖一万二千五百家。

④州长：官名。州的行政长官。按，州是乡的下属行政区划单位，辖两千五百家。州与下文党、族、闾、比，是乡以下依次递降的基层组织（参见《大司徒》第15节）。

⑤党正：官名。党的行政长官。按，党是州的下属行政区划单位，辖五百家。正与下文师、胥，郑《注》曰："皆长也。"即皆为行政长官之称。

⑥族师:官名。族的行政长官。按,族是党的下属行政区划单位,
　　辖一百家。

⑦闾胥:官名。闾的行政长官。按,闾是族的下属行政区划单位,
　　辖二十五家。

⑧比长:官名。比的行政长官。按,比是闾的下属行政区划单位,
　　辖五家,五比为闾。

【译文】

乡老,每两乡由公一人兼任。乡大夫,每乡由卿一人担任。州长,每州
由中大夫一人担任。党正,每党由下大夫一人担任。族师,每族由上士一
人担任。闾胥,每闾由中士一人担任。比长,每五家由下士一人担任。

4. 封人①,中士四人,下士八人,府二人,史四人,胥六
人,徒六十人。

【注释】

①封人:据郑《注》,官名。是主管修筑、守护王祭祀社稷的神坛及
　　其周边墙垣,以及为王畿边界、诸侯国界设置边界标志等事的
　　官。郑《注》曰:"聚土曰封。"

【译文】

封人,由中士四人任长官,下士八人任副职,下辖府二人,史四人,
胥六人,徒六十人。

5. 鼓人①,中士六人,府二人,史二人,徒二十人。

【注释】

①鼓人:官名。掌管教导击鼓、用于祭祀、军旅等。贾《疏》曰:"主

教六鼓、四金。"

【译文】

鼓人,由中士六人任长官,下辖府二人,史二人,徒二十人。

6. 舞师①,下士二人,胥四人,舞徒四十人②。

【注释】

①舞师:官名,掌管教导舞蹈之事。贾《疏》曰:"主教野人之舞。"野
　　人即庶人(参见《舞师》第2节注)。

②舞徒:徒中善于跳舞者。按,徒即平民中征调来服役的人员。贾
　　《疏》曰:"徒是给繇役之人,今兼云舞,即徒中使能舞者以充徒
　　数也。"

【译文】

舞师,由下士二人任长官,下辖胥四人,舞徒四十人。

7. 牧人①,下士六人,府一人,史二人,徒六十人。

【注释】

①牧人:官名。掌管牧养牛、羊、豕、犬、雁(鹅)、鱼等六牲,以供祭
　　祀之用。郑《注》曰:"养牲于野田者。"

【译文】

牧人,由下士六人任长官,下辖府一人,史二人,徒六十人。

8. 牛人①,中士二人,下士四人,府二人,史四人,胥二十
人,徒二百人。

【注释】

①牛人：官名。掌管饲养公家的牛。郑《注》曰："主牧公家之
　　牛者。"

【译文】

牛人，由中士二人任长官，下士四人任副职，下辖府二人，史四人，胥二十人，徒二百人。

9. 充人①，下士二人，史二人，胥四人，徒四十人。

【注释】

①充人：据郑《注》、贾《疏》，官名。掌管养肥作祭祀用的六牲。充，
　　此为肥壮义。郑《注》曰："充犹肥也，养系牲而肥之。"按，祭祀所
　　用牲，本归牧人喂养，祭前三月，选毛色纯好者，交充人喂养使
　　肥壮。

【译文】

充人，由下士二人任长官，下辖史二人，胥四人，徒四十人。

10. 载师①，上士二人，中士四人，府二人，史四人，胥六人，徒六十人。

【注释】

①载师：官名。掌管确定土地肥瘠程度，据以确定应交赋税数量。
　　郑《注》曰："载之言事也，事民而税之。"事民，谓让民众在土地上
　　劳动。

【译文】

载师，由上士二人任长官，中士四人任副职，下辖府二人，史四人，

胥六人,徒六十人。

11. 闾师^①,中士二人,史二人,徒二十人。

【注释】

①闾师:官名。负责掌握王城及其四郊人民、六畜的数目,督促各
尽其职,按时征收赋贡。郑《注》曰:"主征六乡赋贡之税者。"

【译文】

闾师,由中士二人任长官,下辖史二人,徒二十人。

12. 县师^①,上士二人,中士四人,府二人,史四人,胥八
人,徒八十人。

【注释】

①县师:官名。掌管王的直辖领地即公邑的地界、人口、土地等事。
县,公邑。按,公邑是设于王城郊外的甸、稍、县、都四地的行政
组织(参见《载师》第2节及注)。

【译文】

县师,由上士二人任长官,中士四人任副职,下辖府二人,史四人,
胥八人,徒八十人。

13. 遗人^①,中士二人,下士四人,府二人,史四人,胥四
人,徒四十人。

【注释】

①遗(wèi)人:遗,官名。掌管王畿米粟薪刍的储备,以备施惠。郑

《注》曰："以物有所馈遗。"

【译文】

遗人，由中士二人任长官，下士四人任副职，下辖府二人，史四人，胥四人，徒四十人。

14. 均人①，中士二人，下士四人，府二人，史四人，胥四人，徒四十人。

【注释】

①均人：官名。掌管平均乡遂、公邑土地赋税及征役。郑《注》曰："均犹平也。主平土地之力政者。"

【译文】

均人，由中士二人任长官，下士四人任副职，下辖府二人，史四人，胥四人，徒四十人。

15. 师氏①，中大夫一人，上士二人，府二人，史二人，胥十有二人，徒百有二十人。

【注释】

①氏：官名。掌管小学并以三德教育贵族子弟。下文保氏、司谏、司救皆其属官。

【译文】

师氏，由中大夫一人任长官，上士二人任副职，下辖府二人，史二人，胥十二人，徒一百二十人。

16. 保氏①，下大夫一人，中士二人，府二人，史二人，胥六人,徒六十人。

【注释】

①保氏:官名。掌管以六艺教育贵族子弟,兼谏诤王的缺点。郑
《注》曰:"保。安也。以道安人者也。"

【译文】

保氏,由下大夫一人任长官,中士二人任副职,下辖府二人,史二
人,胥六人,徒六十人。

17. 司谏①,中士二人,史二人,徒二十人。

【注释】

①司谏:官名。掌管纠察、劝励万民的德行等事。郑《注》曰:"谏犹
正也,以道正人行。"

【译文】

司谏,由中士二人任长官,下辖史二人,徒二十人。

18. 司救①,中士二人,史二人,徒二十人。

【注释】

①司救:官名。掌管用礼法来防止民众的邪恶、过失。郑《注》曰:
"救,犹禁也,以礼防禁人之过者也。"

【译文】

司救,由中士二人任长官,下辖史二人,徒二十人。

19. 调人①,下士二人,史二人,徒十人。

【注释】

①调人：官名。掌管纠察民众中结仇怨者，并调解矛盾纠纷。调（tiáo），调解。郑《注》曰："调，犹和合也。"

【译文】

调人，由下士二人任长官，下辖史二人，徒十人。

20. 媒氏①，下士二人，史二人，徒十人。

【注释】

①媒氏：官名。掌管谋合民众的婚姻之事。郑《注》曰："媒之言谋也，谋合异类，使和成者。"

【译文】

媒氏，由下士二人任长官，下辖史二人，徒十人。

21. 司市①，下大夫二人，上士四人，中士八人，下士十有六人，府四人，史八人，胥十有二人，徒百有二十人。

【注释】

①司市：官名。市官之长，掌管市场买卖交易的各项政务及其禁令。下文质人至泉府九官，皆其属官。

【译文】

司市，由下大夫二人任长官，上士四人任副职，此外还配有中士八人，下士十六人协理众事，下辖府四人，史八人，胥十二人，徒一百二十人。

22. 质人①，中士二人，下士四人，府二人，史四人，胥二人，徒二十人。

【注释】

①质人:官名。司市之属官,掌管评估物价、签订契约。郑《注》曰:"质,平也。主平定物贾(价)者。"

【译文】

质人,由中士二人任长官,下士四人任副职,下辖府二人,史四人,胥二人,徒二十人。

23. 廛人①,中士二人,下士四人,府二人,史四人,胥二人,徒二十人。

【注释】

①廛(chán)人:官名。掌管征收市场税收及罚金。廛,古代平民一家在城邑中所占的房地。后泛指民居。郑《注》曰:"廛,民居区域之称。"据孙诒让说,廛即宅基地,廛人掌市宅(经商者之宅),不掌民宅。

【译文】

廛人,由中士二人任长官,下士四人任副职,下辖府二人,史四人,胥二人,徒二十人。

24. 胥师①,二十肆则一人②,皆二史③。贾师④,二十肆则一人,皆二史。司虣⑤,十肆则一人。司稽⑥,五肆则一人。胥⑦,二肆则一人。肆长⑧,每肆则一人。

【注释】

①胥师:官名。掌管市场(一介次,即二十肆)的物价,公布禁罚、禁令,为介次之长,并掌领群胥(参见《司市》注)。按,胥师并非正

式官员,而由司市推举担任。下文贾师、司虣、司稽同。

②肆:市场中的店铺行列。贾《疏》曰:"谓行列。"

③皆二史:贾《疏》曰:"皆有二史副之,助作文书。"

④贾(gǔ)师:官名。别称贾正,据郑《注》,是掌管核定市场物价之吏。

⑤司虣(bào):官名。掌管市肆的治安纠察之吏。

⑥司稽:官名。掌管市场巡查、察举不法、捉拿盗贼之吏。

⑦胥:官府中给役者之什长。职责为根据事务轻重缓急,安排办理顺序,使所辖二肆正常营业。下文肆长同。所掌与司暴同,司暴掌十肆。

⑧肆长:官名。掌管市场中一肆之政令。按,自胥师至肆长六职,皆非正式官员,而是在市场服徭役的平民。孙诒让曰:"经不言爵,则皆庶人在官者。"

【译文】

胥师,每二十肆设一人,每人都下辖史二人。贾师,每二十肆设一人,每人都下辖史二人。司虣,每十肆设一人。司稽,每五肆设一人。胥,每二肆设一人。肆长,每肆设一人。

25. 泉府①,上士四人,中士八人,下士十有六人,府四人,史八人,贾八人②,徒八十人。

【注释】

①泉府:官名。掌管市场税收,收购滞销货物以调节市场供求。泉,古代钱币的名称。郑司农曰:"故书'泉'或作'钱'。"

②贾:吏名,掌知物价者。

【译文】

泉府,由上士四人任长官,中士八人任副职,此外还配有下士十六人协理众事,下辖府四人,史八人,贾八人,徒八十人。

26. 司门^①,下大夫二人,上士四人,中士八人,下士十有六人^②,府二人,史四人,胥四人,徒四十人。每门下士二人,府一人,史二人,徒四人。

【注释】

①司门:官名。掌管把守王城城门。按,王城一面三门,四面十二门。郑《注》曰:"主王城十二门。"

②下士十有六人:据王引之《经义述闻》,此六字是衍文,是。然因尊重经文,译文姑按字面翻译。

【译文】

司门,由下大夫二人任长官,此外还配有上士四人、中士八人、下士十六人协理众事,下辖府二人,史四人,胥四人,徒四十人。每一城门由下士二人负责,下辖府一人,史二人,徒四人。

27. 司关^①,上士二人,中士四人,府二人,史四人,胥八人,徒八十人。每关下士二人,府一人,史二人,徒四人。

【注释】

①司关:官名。掌管关门货物出入的符节,查验并征收关税。

【译文】

司关,由上士二人任长官,中士四人任副职,下辖府二人,史四人,胥八人,徒八十人。每一关门由下士二人负责,下辖府一人,史二人,徒四人。

28. 掌节①，上士二人，中士四人，府二人，史四人，胥二人，徒二十人。

【注释】

①掌节：官名。掌管查验行使之符节。郑《注》曰："节犹信也，行者所执之信。"按，信即信物、凭证，使者受命出使的凭证，古称节或符节。

【译文】

掌节，由上士二人任长官，中士四人任副职，下辖府二人，史四人，胥二人，徒二十人。

29. 遂人①，中大夫二人。遂师②，下大夫四人，上士八人，中士十有六人。旅下士三十有二人，府四人，史十有二人，胥十有二人，徒百有二十人。

【注释】

①遂人：官名。掌管六遂及四等公邑、采地土地政教之事。郑《注》曰："主六遂，若司徒之于六乡也。"按，王都四郊百里之内设六乡，百里之外至二百里曰甸，甸的行政组织为遂。

②遂师：官名。掌管一遂之政令、戒禁。为遂人之副职，二人掌三遂。孙诒让曰："此官亦二人共三遂之事。"

【译文】

遂人，由中大夫二人任长官。遂师，由下大夫四人任长官，上士八人任副职，此外还配有中士十六人，众下士三十二人协理众事，下辖府四人，史十二人，胥十二人，徒一百二十人。

30.遂大夫①,每遂中大夫一人。县正②,每县下大夫一人。鄙师③,每鄙上士一人。酂长④,每酂中士一人。里宰⑤,每里下士一人。邻长⑥,五家则一人。

【注释】

①遂大夫:官名。一遂之长,掌管一遂之政令。按,此处大夫是官名。非爵名。

②县正:官名。一县之长。县是遂的下属行政单位,辖二千五百家。按,县及下文鄙、酂、里、邻,是遂之下依次递降的基层行政组织(参见《遂人》),其长官分别为:县正、鄙师、酂长、里宰、邻长。

③鄙师:官名。一鄙之长,掌管一鄙五百家之政令、祭祀。鄙是县的下属行政单位,辖五百家。

④酂(zàn)长:一酂之长,掌管一酂之政令。酂是鄙的下属行政单位,辖一百家。

⑤里宰:官名。一里之长。里是酂的下属行政单位,辖二十五家。

⑥邻长:一邻之长,掌管一邻之事,辅助邑之政事。邻是里的下属行政单位,辖五家。沈彤曰:"邻长无爵无禄,受田如农民而免其役赋,如庶人在官者也。"

【译文】

遂大夫,每遂由中大夫一人担任。县正,每县由下大夫一人担任。鄙师,每鄙由上士一人担任。酂长,每酂由中士一人担任。里宰,每里由下士一人担任。邻长,每五家则设一人。

31.旅师①,中士四人,下士八人,府二人,史四人,胥八人,徒八十人。

【注释】

①旅师：官名。掌管收聚、储备六遂公邑粮食、税收。江永曰："旅，
　众也。主众氓（méng，农民）合输之粟也。"

【译文】

旅师，由中士四人任长官，下士八人任副职，下辖府二人，史四人，
胥八人，徒八十人。

32. 稍人①，下士四人，史二人，徒十有二人。

【注释】

①稍人：官名。负责公邑出车徒的政令。距王城二百里至三百里
　的区域称稍。孙诒让曰："主公邑军赋之官。"

【译文】

稍人，由下士四人任长官，下辖史二人，徒十二人。

33. 委人①，中士二人，下士四人，府二人，史四人，徒四
十人。

【注释】

①委人：官名。掌管征收远郊薪柴、果蔬、木材等贡赋，储藏备用。
　委，储备。

【译文】

委人，由中士二人任长官，下士四人任副职，下辖府二人，史四人，
徒四十人。

34. 土均①，上士二人，中士四人，下士八人，府二人，史

四人,胥四人,徒四十人。

【注释】

①土均:官名。掌管平均邦国、都鄙土地的政令,将土质分类以
　决定征税等级。郑《注》曰:"均,犹平也。主平土地之政令
　者也。"

【译文】

土均,由上士二人任长官;中士四人任副职,此外还配有下士八人
协理众事,下辖府二人,史四人,胥四人,徒四十人。

35. 草人①,下士四人,史二人,徒十有二人。

【注释】

①草人:官名。掌管改良土壤,分辨土质,确定种植种类与耕作之
　法。郑《注》曰:"草,除草。"

【译文】

草人,由下士四人任长官,下辖史二人,徒十二人。

36. 稻人①,上士二人,中士四人,下士八人,府二人,史
四人,胥十人,徒百人。

【注释】

①稻人:官名。掌管泽地治理、稻麦种植指导。

【译文】

稻人,由上士二人任长官,中士四人任副职,此外还配有下士八人
协理众事,下辖府二人,史四人,胥十人,徒一百人。

37. 土训①，中士二人，下士四人，史二人，徒八人。

【注释】

①土训：官名。掌管向王陈告山川形势、所生物产。郑《注》："能训说土地善恶之势。"

【译文】

土训，由中士二人任长官，下士四人任副职，下辖史二人，徒八人。

38. 诵训①，中士二人，下士四人，史二人，徒八人。

【注释】

①诵训：官名。掌管向王讲述各地风俗、传说及禁忌之事。郑《注》："能训说四方所诵习及人所作为久时事。"

【译文】

诵训，由中士二人任长官，下士四人任副职，下辖史二人，徒八人。

39. 山虞①，每大山中士四人，下士八人，府二人，史四人，胥八人，徒八十人；中山下士六人，史二人，胥六人，徒六十人；小山下士二人，史一人，徒二十人。

【注释】

①山虞：官名。掌管山林之各种政令：设置藩篱，划分地界，使人按时伐取木材，禁止盗伐等。虞，度量，测量。郑《注》曰："虞，度也，度知山之大小及所生者。"

【译文】

山虞，每座大山由中士四人任长官，下士八人任副职，下辖府二人，史四人,胥八人,徒八十人;每座中等的山由下士六人任长官,下辖史二人,胥六人,徒六十人;每座小山由下士二人任长官,下辖史一人,徒二十人。

40. 林衡①,每大林麓下士十有二人②,史四人,胥十有二人,徒百有二十人;中林麓如中山之虞,小林麓如小山之虞。

【注释】

①林衡:官名。掌管巡视川林、执行禁令。衡,平衡。郑《注》曰:"平林麓之大小及所生者。"

②麓:山脚。郑《注》曰:"山足曰麓。"

【译文】

林衡,每片大的山林由下士十二人任长官,下辖史四人,胥十二人,徒一百二十人。每片中等山林林衡的编制如同中等山的山虞,小山林林衡的编制如同小山的山虞。

41. 川衡①,每大川下士十有二人,史四人,胥十有二人,徒百有二十人;中川下士六人,史二人,胥六人,徒六十人;小川下士二人,史一人,徒二十人。

【注释】

①川衡:官名。掌管某一河流及附近小泽的源流、出产与守禁。郑《注》曰:"川,流水也。"

【译文】

川衡,每条大河由下士十二人任长官,下辖史四人,胥十二人,徒一百二十人;每条中等河流由下士六人任长官,下辖史二人,胥六人,徒六十人;每条小河由下士二人任长官,下辖史一人,徒二十人。

42. 泽虞①,每大泽、大薮中士四人,下士八人,府二人,史四人,胥八人,徒八十人;中泽、中薮如中川之衡,小泽、小薮如小川之衡。

【注释】

①泽虞:官名。掌管国有泽薮政令。郑《注》曰:"泽,水所钟也。水希曰薮。"希,"晞"的假借字,《说文》曰:"晞,干也,"按,泽,有水的湖泊;薮,水少的沼泽地。

【译文】

泽虞,每个大泽、大薮由中士四人任长官,下士八人任副职,下辖府二人,史四人,胥八人,徒八十人。每个中等的泽、中等的薮的泽虞的编制,如同中等河流的川衡一样,每个小泽、小薮的泽虞的编制,如同小河的川衡一样。

43. 迹人①,中士四人,下士八人,史二人,徒四十人。

【注释】

①迹人:官名。掌管田猎之政令。此官探寻禽兽的踪迹,故称。郑《注》曰:"知禽兽处。"

【译文】

迹人,由中士四人任长官,下士八人任副职,下辖史二人,徒四十人。

44. 矿人①,中士二人,下士四人,府二人,史二人,胥四人,徒四十人。

【注释】

①矿人:官名。掌管矿藏之政令。郑《注》曰:"金玉未成器曰矿。"

【译文】

矿人,由中士二人任长官,下士四人任副职,下辖府二人,史二人,胥四人,徒四十人。

45. 角人①,下士二人,府一人,徒八人。

【注释】

①角人:官名。掌管向山泽之农征收兽角齿骨。

【译文】

角人,由下士二人任长官,下辖府一人,徒八人。

46. 羽人①,下士二人,府一人,徒八人。

【注释】

①羽人:官名。掌管按时征集羽翮羽毛。翮(hé),《说文》曰:"羽茎也。"即鸟翎的茎,翎管,羽管。

【译文】

羽人,由下士二人任长官,下辖府一人,徒八人。

47. 掌葛①,下士二人,府一人,史一人,胥二人,徒二十人。

【注释】

①掌葛：官名。掌管按时向山农征收葛草、麻类等原料。

【译文】

掌葛，由下士二人任长官，下辖府一人，史一人，胥二人，徒二十人。

48. 掌染草①，下士二人，府一人，史二人，徒八人。

【注释】

①掌染草：官名。掌管征收可作染料的草木。郑《注》曰：“染草，蓝、蒨（qiàn，同“茜”）、象斗之属。”按，蓝草可染青，蒨（同茜）草可染绛，象斗可染黑，三者皆为染料原料。

【译文】

掌染草，由下士二人任长官，下辖府一人，史二人，徒八人。

49. 掌炭①，下士二人，史二人，徒二十人。

【注释】

①掌炭：官名。掌管征收炭、灰。炭可取暖，灰即草木灰，可洗衣。

【译文】

掌炭，由下士二人任长官，下辖史二人，徒二十人。

50. 掌荼①，下士二人，府一人，史一人，徒二十人。

【注释】

①掌荼（tú）：官名。掌管按时征收荼秀。荼，茅草所开的絮状白花，可采以供丧时填充衣被等用。郑《注》曰：“荼，茅莠。”按，“莠”是

"秀"的假借字,茅秀指茅草花。

【译文】

掌荼,由下士二人任长官,下辖府一人,史一人,徒二十人。

51. 掌蜃①,下士二人,府一人,史一人,徒八人。

【注释】

①掌蜃:官名。掌管征收蚌蛤之物。

【译文】

掌蜃,由下士二人担任,下辖府一人,史一人,徒八人。

52. 囿人①,中士四人,下士八人,府二人,胥八人,徒八十人。

【注释】

①囿人:官名。掌管防禁野兽、牧养囿中野兽。囿,养禽兽植林木的地方。郑《注》曰:"囿,今之苑。"

【译文】

囿人,由中士四人任长官,下士八人任副职,下辖府二人,胥八人,徒八十人。

53. 场人①,每场下士二人,府一人,史一人,徒二十人。

【注释】

①场人:官名。掌管王国场圃,负责种植、收藏和供给王、王国之用。孙诒让曰:"此场即园地,专种蔬果。"

【译文】

场人，每场皆由下士二人任长官，下辖府一人，史一人，徒二十人。

54. 廪人^①，下大夫二人，上士四人，中士八人，下士十有六人，府八人，史十有六人，胥三十人，徒三百人。

【注释】

①廪(lǐn)人：官名。掌管统计仓廪所藏米粮谷物总量，以备发放俸禄、周济和赏赐之用。下文舍人、仓人、司禄，是其属官。廪，米仓。郑《注》曰："盛米曰廪。"

【译文】

廪人，由下大夫二人任长官，上士四人任副职，此外还配有中士八人、下士十六人协理众事，下辖府八人，史十六人，胥三十人，徒三百人。

55. 舍人^①，上士二人，中士四人，府二人，史四人，胥四人，徒四十人。

【注释】

①舍人：官名。掌管宫中米谷收支。郑《注》曰："舍犹宫也。"

【译文】

舍人，由上士二人任长官，中士四人任副职，下辖府二人，史四人，胥四人，徒四十人。

56. 仓人^①，中士四人，下士八人，府二人，史四人，胥四人，徒四十人。

【注释】

①仓人：官名。掌管储藏谷物。

【译文】

仓人，由中士四人任长官，下士八人任副职，下辖府二人，史四人，胥四人，徒四十人。

57. 司禄①，中士四人，下士八人，府二人，史四人，徒四十人。

【注释】

①司禄：官名。掌管颁发禄谷。按，其职文亡阙。郑《注》曰："主班（颁）禄。"

【译文】

司禄，由中士四人任长官，下士八人任副职，下辖府二人，史四人，徒四十人。

58. 司稼①，下士八人，史四人，徒四十人。

【注释】

①司稼：官名。掌管巡视邦野民众的耕作，区分谷物种类及适宜的土地，根据年成制定赋税之法。郑《注》曰："种谷曰稼，如嫁女以有所生。"

【译文】

司稼，由下士八人任长官，下辖史四人，徒四十人。

59. 舂人①，奄二人②，女舂抗二人③，奚五人④。

【注释】

①舂人:官名。掌管舂谷成米、供给米谷。

②奄:即宦者。

③女舂抍(yǎo):能舂能舀的女奴。抍,将舂好的米从臼中舀出。郑《注》曰:"女奴能舂与抍者。抍,抒臼也。"抒臼即从臼中舀取舂好的谷米。按,有版本"抍"作"扰",杨天宇先生以为,"扰"盖"抍"之讹。《说文》扰训"深击",与上下文语境不符。抍则同"舀",《说文》"舀"下重文"抍",曰:"舀或从手抍。"

④奚:女奴。

【译文】

舂人,由奄二人负责,下辖女舂二人,奚五人。

60. 饎人①,奄二人,女饎八人②,奚四十人。

【注释】

①饎(chì)人:官名。掌管生火做饭等炊事。饎,炊,做饭。

②女饎:负责炊事的女奴。

【译文】

饎人,由奄二人负责,下辖女饎八人,奚四十人。

61. 槁人①,奄八人,女槁每奄二人,奚五人②。

【注释】

①槁人:官名。掌管为内外朝当值官吏供应膳食。槁,通"犒",犒劳。郑司农曰:"主冗食者。"按此指因当值在朝而不能回家吃饭者。

②"女槁"二句：女槁，女奴而役于槁人者。沈彤曰："女槁每奄二人，八奄则女槁十六人；每奄奚五人，则四十人。"

【译文】

槁人，由奄八人负责，每奄下辖女槁二人，奚五人。

一　大司徒

1. 大司徒之职，掌建邦之土地之图与其人民之数，以佐王安扰邦国。

【译文】

大司徒的职责是：掌管编制天下各国土地的地图与记载人民数的户籍，以辅助王安定天下各国。

2. 以天下土地之图，周知九州之地域广轮之数①，辨其山、林、川、泽、丘、陵、坟、衍、原、隰之名物②，而辨其邦国都鄙之数③，制其畿疆而沟封之④，设其社稷之壝而树之田主⑤，各以其野之所宜木⑥，遂以名其社与其野⑦。

【注释】

①九州之地域广轮：郑《注》曰："九州，扬、荆、豫、青、兖、雍、幽、冀、并也。"（参见《夏官·职方氏》）广，指东西的宽度。轮，指南北的长度。贾《疏》引马融曰："东西为广，南北为轮。"

②山、林、川、泽、丘、陵、坟、衍、原、隰之名物：坟，水边高起的涯地。衍，低下平坦的土地。坟，水边，水涯。原隰（xí），高地之广而平者谓之原，低湿的土地谓之隰。名物，指上文十种土地的名称及所生之物。郑《注》曰："积石曰山，竹木曰林，注渎曰川，水钟曰

泽,土高曰丘,大阜曰陵,水崖曰坟,下平曰衍,高平曰原,下湿曰
隰。名物者,十等之名与所生之物。"

③而辨其邦国都鄙之数:邦国,指诸侯国。都鄙,即王畿内的采邑。

④制其畿疆而沟封之:畿疆,王国的边界和诸侯国的边界。王直辖
领土方千里,谓之王畿,简称畿。封,修筑低矮土墙以为边墙。
郑《注》曰:"起土界也。"

⑤设其社稷之壝而树之田主:社稷,社神和田神(谷神)。田主,社
稷之主。主,指神所凭依之树。古人认为,神喜欢凭依茂密的树
木,故有社稷处一定种大树。据郑《注》,社神名后土,稷神名田
正。壝(wěi),本指社稷坛周围土筑的矮墙;此为坛及矮墙的总
称。即郑《注》所谓"堳埒(méiliè)"。贾《疏》曰:"以壝在坛之四
面为之,明中有坛可知。"田主,即后土、田正二神所依之树。《朱
子语类》卷二十五《哀公问宰我章》曰:"看古人意思,只是以树为
社主,使神依焉,如今人说神树之类。"惠士奇曰:"盖木之茂者神
所凭,故古之社稷恒依树木。"

⑥野:土地。

⑦遂以名其社与其野:指社、野的名称,由田主所树之木的名称而
定。郑《注》曰:"若以松为社,则名松社之野。"按,《庄子·人间
世》说齐国有栎社,亦以木名社之例。

【译文】

根据天下土地的地图,可以周遍地知晓九州地域位置、面积数目;
可以辨别各地的山、林、川、泽、丘、陵、坟、衍、原、隰的名称,以及这些地
方所出产的物品;根据天下土地的地图,还可以清楚辨别天下的诸侯国
和王畿内的采邑数,进而划定各国的畿疆而挖沟筑墙以为界;根据天下
土地的地图,设立各国社稷的壝坛,而以树作为田主,各自种上当地田
野土质适宜生长的树木作为田主,于是就用某种树木的名称,称呼相应
的社和田野的名称。

3. 以土会之法,辨五地之物生①。一曰山林,其动物宜毛物②,其植物宜早物③,其民毛而方。二曰川泽,其动物宜鳞物,其植物宜膏物④,其民黑而津。三曰丘陵,其动物宜羽物,其植物宜核物⑤,其民专而长⑥。四曰坟衍,其动物宜介物,其植物宜荚物⑦,其民晳而瘠。五曰原隰,其动物宜裸物⑧,其植物宜丛物⑨,其民丰肉而庳⑩。

【注释】

①“以土会之法”二句:会,(kuài),计也。郑《注》曰:“以土计贡税之法,因别此五者也。”按,五者,即指下文五种不同地形及其所生物。物生,即生物,亦即下文所说的动植物和人民等。

②毛物:郑《注》曰:“貂狐貒貉之属,缛毛者也。”

③早物:早,阮校说,是“皂”的假借字。俞樾以为皂即栎,亦名柞。按,栎树之实为皂斗,以其荚为汁,可以染皂色。

④膏:郑《注》曰:“‘膏’当为‘橐’字之误也。莲芡之实有橐韬”。指果实的外层包皮。按,莲是荷花之实,芡是鸡头米,皆水生植物。

⑤核物:郑《注》曰:“李梅之属。”按,李梅皆有果核的植物。

⑥专(tuán):通“团”,圆也。丁晏曰:“即‘团’之省文,《说文·口部》曰:‘团,圜也,从口,专声。’”

⑦荚:孙诒让认为荚是“萊”字之误。萊,谓草木之芒刺。萊物,谓草木之有芒刺者,例如蒺藜、棘。

⑧裸物:郑《注》曰:“虎豹貔貙之属,浅毛者。”

⑨丛物:郑《注》曰:“萑苇之属。”

⑩其民丰肉而庳:丰肉,肉厚,肉多。庳(bì),低矮。郑《注》曰:“犹短也。”

【译文】

根据以土地计算贡税的法则,辨别五种不同土地上所宜生长的动物、植物、居民等。一是山林,那里适宜生长貂狐类毛细密的动物,适宜种植栎栗类可作染料的植物,那里的居民多毛而体方。二是川泽,那里适宜生长鱼龙等鳞甲类的动物,适宜于种植莲芡类所结果实有皮的植物,那里的居民皮肤黑而润泽。三是丘陵,那里适宜生长翟雉类有羽毛的动物,适宜生长梅李类所结果实有核的树木,那里的居民体型圆而身长。四是坟衍,那里适宜生长龟鳖类体表有甲壳的动物,适宜生长棘、蒺藜类有芒刺的植物,那里的居民肤色白而体瘦。五是原隰,那里适宜生长虎豹类少毛的动物,适宜生长萑苇类丛生的植物,那里的居民肥胖而矮小。

4. 因此五物者民之常①,而施十有二教焉。一曰以祀礼教敬②,则民不苟。二曰以阳礼教让③,则民不争。三曰以阴礼教亲④,则民不怨。四曰以乐礼教和⑤,则民不乖。五曰以仪辨等⑥,则民不越。六曰以俗教安,则民不偷⑦。七曰以刑教中⑧,则民不暴。八曰以誓教恤⑨,则民不怠。九曰以度教节⑩,则民知足。十曰以世事教能⑪,则民不失职。十有一曰以贤制爵⑫,则民慎德。十有二曰以庸制禄⑬,则民兴功。

【注释】

①常:谓常听安习,亦即习惯。

②祀礼:祭祀之礼。贾公彦说:"凡祭祀者,所以追养继孝,事死如事生。……死者尚敬,则生事其亲不苟且也。"

③阳礼:谓乡射礼、乡饮酒礼。此两礼纯是男子参加,故称。按,《礼记·乡饮酒义》:"乡饮酒之礼,六十者坐,五十者立侍,所以

明尊长也。"表现年幼小者对长者的礼让。

④阴礼:谓男女之礼,此指婚姻之礼。郑《注》曰:"谓男女之礼。婚姻以时,则男不旷,女不怨。"

⑤乐礼:"礼"是衍字。古代乐包括诗歌、音乐、舞蹈。王引之曰:"'乐'下不当有'礼'字,盖涉上祀礼、阳礼、阴礼而衍。"

⑥以仪辨等:仪,礼仪。以仪辨等,谓因尊卑不同而享受不同的礼仪规格。朱申曰:"宫室,车旗、衣服之仪,有上下之等。"

⑦偷:通"愉",苟且,怠惰。阮校说,是"愉"的俗字。郑《注》引此字即作"愉",曰:"谓朝不谋夕。"按,阮校说,此处也应遵循经用古字、注用今字之例,经文当作"愉",而注文当作"偷"。

⑧以刑教中:中(zhòng),符合,应合。刘青芝曰:"中字应作去声读,以刑教之中乎礼、中乎法耳。"

⑨以誓教恤:誓,戒也。《师士》有所谓五戒,其一即为"誓戒"。恤,慎。俞樾曰:"慎也。……国有大事,先誓戒之,以役上命。"

⑩度:制度。此谓衣服、宫室的制度。

⑪世事:世代相传的技艺。柯尚迁曰:"世间才艺之事。"

⑫以贤制爵:贾《疏》曰:"人有贤行,制与之爵。"

⑬庸:庸,功劳,功绩。郑《注》曰:"功也。"

【译文】

根据上述五种土地的生长物所形成居民的生活习惯,而对他们进行十二个方面的教育。一是通过祭祀之礼来教民恭敬,人民就不会马虎随便。二是通过乡射礼、乡饮酒礼等阳礼教民谦让,人民就不会彼此相争。三是通过婚礼那样的阴礼来教民相亲,人民就不会有失时之怨。四是通过音乐教民和同,人民就不会行为乖戾。五是用礼仪来教民分辨上下尊卑等级差别,人民就不会举止僭越。六是通过习俗教民安居乐业,人民就不会苟且马虎。七是通过刑罚教民遵守礼法合乎正道,人民就不会凶暴作乱。八是通过誓戒教民敬慎,人民就不会做事懈怠。

九是通过制度教民节制，人民就懂得知足。十是通过世代相传的技艺教民掌握谋生技能，人民就不会失业。十一是根据贤德高低颁授不同的爵位，人民就会谨慎地修养德行。十二是根据功劳的大小颁授不同的俸禄，人民就会致力于建功立业。

　　5. 以土宜之法，辨十有二土之名物①，以相民宅，而知其利害，以阜人民，以蕃鸟兽，以毓草木，以任土事②。辨十有二壤之物③，而知其种，以教稼穑树蓺④。

【注释】

①十有二土：谓十二分野。据郑《注》，是指根据天上的十二次所划分的地上十二个国家或区域。按，古人为了量度日、月、行星的位置和运动，把黄道（太阳周年视运动的轨迹）附近的一周天按照由西向东的方向，分为十二个等分，即十二次，每一次皆有名称，如第一次叫星纪，第二次叫玄枵，等等。

②以任土事：任，据孙诒让说，在此义同"傅（zì）"，树立、建立义，"谓就地之力势所生，民之材力所能，傅立之以成其事功也"。

③十有二壤：即"十有二土"。郑《注》曰："壤亦土也，变言耳。"贾《疏》曰："此十二壤即上十二土。上经论居人物之事，此经辨其种殖所宜，故变其文。"

④稼穑树蓺（yì）：蓺，种植（果木）。孙诒让曰："稼穑为种谷，树蓺为种果木。"

【译文】

依据不同的土地同所生长不同的人民、动植物相适宜的法则，辨别十二分野土地所适宜的出产物及其名称，从而来观察、测定人民的居处，而了解它们的利、害所在，从而使人民繁盛、使鸟兽繁殖、使草木生长，努力建立土地上的生产事业。辨别十二种土壤所适宜种植的作物，而知道所适宜种植的品种，来教导民众种植五谷、蔬菜、果木。

6. 以土均之法①，辨五物九等②，制天下之地征③，以作民职④，以令地贡⑤，以敛财赋⑥，以均齐天下之政⑦。

【注释】

①均：谓公平合理。郑《注》曰："平也。"

②五物九等：五物，指上文山林、川泽等五种土地所产之物。九等，九种土质。参见《地官·草人》。郑《注》曰："五物，五地之物也。九等，骍刚、赤缇之属。"

③制天下之地征：征，租税、赋贡、徭役。

④作民职：作，使……兴起，孙诒让曰："凡经云'作'者，并使令、兴起之谓。"参见《大宰》"九职"。民职，人民的九种职业。郑《注》曰："民九职也。"（参见《天官·大宰》）

⑤地贡：郑《注》曰："贡地所生，谓九谷。"按，九谷，参见同上注。

⑥以敛财赋：赋，即九赋，参见《大宰》注。郑《注》曰："财谓泉（钱）谷，赋谓九赋及军赋。"

⑦以均齐天下之政：政，通"征"，赋税。

【译文】

根据以土地合理征收贡赋的法则，辨别五种土地所产的物品和九等土质，制订天下的地税额度，而以此鼓励人民做好各自的职业，以使人民贡献土地生产的各种农作物，以征收钱谷和各种赋税，以使天下赋税的征收负担均平划一。

7. 以土圭之法测土深①，正日景，以求地中②。日南则景短③，多暑。日北则景长，多寒。日东则景夕④，多风。日西则景朝,多阴。日至之景,尺有五寸,谓之地中,天地之所合也⑤,四时之所交也,风雨之所会也⑥,阴阳之所和也。然则百物阜安,乃建王国焉。制其畿方千里,而封树之。

【注释】

①以土圭之法测土深:土圭,一种一尺五寸长的圭形玉器,是古代用以测日影以定四时、土地方位远近的工具。测量时当于正午时分在地上树立一根八尺长的表竿,而以土圭测日光于表竿投影的长短,以确定该地方位、远近。土圭之法,即以土圭所测日影长短以定四时、测土地方位远近的方法。土深,郑司农曰:"谓南北东西之深也。"戴震曰:"测土深,以南北言。圣人南面而听天下,古者宫室皆南向,故南北为深,东西为广。"

②"正日景"二句:景(yǐng),同"影",即日影。地中,谓天下的中央,为东西南北之中。若某地设立表竿的投影(在表北)长一尺五寸,与土圭等长,此日即为夏至,此地即为地中。即下文"日至(即夏至)之景尺有五寸,谓之地中"。周时,以洛阳为天下之中即地中。《史记·周本纪》记成王营洛邑曰:"此天下之中,四方入贡道里均。"

③日南则景短:日南,标杆影子短于土圭长度谓之日南。古人以为愈南则距日愈近,日影愈短,夏至中午短于一尺五寸。郑司农曰:"谓立表(竿)处大(太)南。"。反之则日影长。郑《注》曰:"凡日景于地千里而差一寸。"以为日影差一寸,地面距离则相差一千里。钱玄曰:"据后人精确推测,差一寸,则地偏南或偏北为一百三四十里。郑说不确。"(《三礼通论》页250)日北:标杆的影子长于土圭的长度谓之日北。其地偏北,距太阳远。

④日东则景夕:是说地中之日方中,而此处日已偏西,反之则日偏东。钱玄曰:"凡差一时辰,于地大致差六千里。"(同上)

⑤天地之所合：按，古人的观念，天地皆圆，而地包于天中，是地之
中，即天之中，故天中之气与地中之气于此处相和合。

⑥风雨之所会：贾《疏》曰："风雨所至，会合（符合）人心。"即风调雨
顺之意。

【译文】

用土圭测日影之法测量南北的远近，校正日影，根据日影的长短，以便求得大地的中央位置所在。若在测影处位置偏南，离太阳近，日影就短，气候就炎热。若在测影处位置偏北，离太阳远，日影就长，气候就寒冷。若在测影处位置偏东，看到日较早，当地中之日正午时，则此处日已偏西是傍晚，气候干燥多风。若在测影处位置偏西，看到日较晚，当地中之日正中时则此处日还偏东是早晨，气候潮湿常常阴雨。若其地夏至时测得中午的日影长一尺五寸，此地就叫地中，是天、地中和之气相汇合的地方，是四季时间均衡交替的地方，是风雨适时会聚风调雨顺的地方，是阴阳二气和谐的地方。此处四季调和寒暖适宜，自然物产丰盛而人民安康，于是在此建立王国的都城，划定王畿千里见方的区域，而在王畿边界挖界沟、筑界墙、植树，作为险阻。

8. 凡建邦国①，以土圭土其地而制其域②。诸公之地，封疆方五百里，其食者半③。诸侯之地，封疆方四百里，其食者参之一。诸伯之地，封疆方三百里，其食者参之一④。诸子之地，封疆方二百里，其食者四之一。诸男之地，封疆方百里，其食者四之一。

【注释】

①邦国：谓公侯伯子男五等侯国。

②土其地：即度其地。土，通"度"，测度，计算。此从俞樾说。

③其食者半：食者半，谓公可收取租税的土地占五百里的一半，其余一半土地的租税则归天子。下文"参之一"、"四之一"之义放此。

④参：通"三"。

【译文】

凡是建立诸侯，用土圭测日影的方法测量该国的土地而划定其疆域。公爵的封地，疆界是五百里见方，公爵可收取租税的土地占一半；侯爵的封地，疆界是四百里见方，侯爵可收取租税的土地占三分之一；伯爵的封地，疆界是三百里见方，伯爵可收取租税的土地占三分之一。子爵的封地，疆界是二百里见方，子爵可收取租税的土地占四分之一。男爵的封地，疆界是一百里见方，男爵可收取租税的土地占四分之一。

9. 凡造都鄙①，制其地域②，而封沟之，以其室数制之③。不易之地④，家百晦⑤。一易之地，家二百晦。再易之地，家三百晦。

【注释】

①都鄙：谓王畿内王子弟和公卿大夫的采邑。郑《注》曰："其界曰都；鄙，所居也。"即谓采邑的界域所包之地叫做都，而治所所在之邑叫做鄙。按，采邑分三等，即家邑、小都、大都。家邑最小，是大夫的采邑；小都是卿的采邑；大都则是公及王子弟的采邑（参见《地官·载师》注）。

②制其地域：都鄙分三等。贾《疏》曰："家邑二十五里，小都五十里，大都百里，是造都鄙制其地域也。"

③以其室数制之：室，即户。制之，谓制其井田之数。按照户数多少设立井、邑、丘、甸、县、都等行政单位。郑《注》曰："谓制丘、甸之属。"丘、甸，皆井田单位名称（参见《地官·小司徒》）。

④不易之地：即年年可耕种、不需休耕的上等好地。易，变易。郑
　司农曰："不易之地，岁种之，地美。"按，下文"一易之地"，则是次
　一等的地，种一年即需休耕一年以恢复地力。隔两年耕种的，谓
　之再易之地。

⑤畮（mǔ）：同"亩"。

【译文】

　　凡是建造采邑，划定其地域，而挖沟起土种树以为界，按照采邑的
户数来设立井、邑、丘、甸、县、都等行政单位加以管理。年年可种不需
休耕的土地，每家发给一百亩；耕种一年就需休耕一年的土地，每家发
给二百亩，耕种一年就需休耕二年的土地，每家发给三百亩。

　　10. 乃分地职①，奠地守②，制地贡③，而颁职事焉④，以为
地法，而待政令。

【注释】

①分地职：郑《注》曰："分其九职所宜。"九职，参见《天官·大宰》。
　孙诒让曰："九职所宜，当是农圃在平地，薮牧在山泽，各随所宜
　授之。"参见《大宰》"九职"。按，"分地职"以下数句，是承上文邦
　国、都鄙而言，非仅对都鄙而言。

②奠地守：奠，定，确定。郑《注》曰："谓衡麓、虞候之属。"按，衡麓
　是守山林的官，虞候是守草野薪柴的官，举此二官，以包各种地
　守之官。

③制地贡：郑《注》曰："谓九职所税也。"亦即地职所当税。

④颁职事：郑《注》曰："分命使各为其所职之事。"

【译文】

　　于是因地制宜分派土地生产的各自职务，规定各类土地官员的
职守，制订土地生产应纳地税的额度，而分别命令百姓各自恪尽职

责,以上述各项规定作为国家地政的法律,呈报天子而准备施行政令。

11. 以荒政十有二聚万民:一曰散利①,二曰薄征,三曰缓刑,四曰弛力,五曰舍禁,六曰去几②,七曰眚礼③,八曰杀哀④,九曰蕃乐⑤,十曰多昏⑥,十有一曰索鬼神⑦,十有二曰除盗贼⑧。

【注释】

①散利:郑司农曰:"贷种食也。"

②去几:郑《注》曰:"去其税耳。"按,谓免除关市之税。

③眚礼:通"省",削减,减省。郑《注》曰:"眚礼,谓杀吉礼也。"

④杀哀:杀,减损,减少。哀,谓丧礼。郑《注》曰:"谓省凶礼。"

⑤蕃乐:蕃,通"藩",屏蔽,闭藏。杜子春读"蕃乐"为"藩乐",谓闭藏乐器而不作。

⑥多昏:谓简化婚礼而使民多婚。郑司农曰:"不备礼而娶,昏者多也。"据贾《疏》说,荒年简化婚礼,可使有女之家减轻人口负担,而有男之家易得娶妻。

⑦索鬼神:索,求也。郑司农曰:"求废祀而修之。"

⑧除盗贼:郑司农曰:"饥馑则盗贼多,不可不除也。"

【译文】

遇到荒年,用十二项救荒的政策聚集万民不使流离失所:一是借贷给灾民种子、粮食,二是减轻赋税,三是减缓刑罚,四是减免征调徭役,五是放松关市山泽的禁令,六是免除关市之税,七是简化简省吉礼、嘉礼,八是简省丧礼、葬礼,九是把乐器收藏起来而不演奏,十是减省婚礼花费促使男女嫁娶增多,十一是求索应祭祀未祭祀的鬼神而重新进行祭祀,十二是惩除盗贼。

12. 以保息六养万民①:一曰慈幼②,二曰养老③,三曰振穷④,四曰恤贫⑤,五曰宽疾⑥,六曰安富⑦。

【注释】

①保息:安居蕃息。郑《注》曰:"谓安之使蕃息也。"

②慈幼:慈爱幼儿。郑《注》曰:"谓爱幼少也。产子三人,与之母(保姆),二人与之饩。"

③养老:《礼记·王制》所载养老措施甚详:"五十异粻(zhāng,粮食)。六十宿肉。七十贰膳(谓备零食)。八十常珍。九十饮食不离寝,膳饮从于游可也。"

④振穷:振,同"赈",救济。振穷,救济贫困。此处贾《疏》引《礼记·王制》曰:"老而无妻者谓之矜,老而无夫者谓之寡,少而无父者谓之孤,老而无子者谓之独。此四者,天民之穷而无告者也,皆有常饩(谓固定生活补贴)。"

⑤恤贫:郑《注》曰:"贫无财业禀贷之。"

⑥宽疾:《礼记·王制》曰:"瘖(yīn,哑)、聋、跛、躄(bì,跛脚)、断者、侏儒、百工,各以其器食之。"

⑦安富:贾《疏》曰:"言繇役均平,又不专取,则富者安。"

【译文】

用六项安定民心的政策养育万民、使其繁衍生息:一是慈爱幼儿,二是赡养老年人,三是救济鳏寡孤独等穷困的人,四是周济救助贫穷的人,五是对残疾人优待、宽免其赋役,六是平等对待、不苛刻索取,使富人安心。

13. 以本俗六安万民①:一曰媺宫室②,二曰族坟墓,三曰联兄弟③,四曰联师儒④,五曰联朋友⑤,六曰同衣服⑥。

【注释】

①本:郑《注》曰:"犹旧也。"

②媺宫室:使房屋坚固。媺,同"美"。

③联兄弟:联合兄弟亲戚。兄弟,据郑《注》,此指因婚姻关系结成的异姓兄弟。《尔雅·释亲》云:"父之党为宗族,母与妻之党为兄弟。""妇之党为婚兄弟,婿之党为姻兄弟。"

④联师儒:师儒,郑《注》曰:"乡里教以道艺者。"联师儒,贾《疏》曰:"乡间子弟皆相连合同就师儒。"

⑤朋友:郑《注》曰:"同师曰朋,同志曰友。"

⑥同衣服:据郑《注》、贾《疏》,民不分贫富,衣服当齐一,即都穿深衣(一种上衣与下裳相连的衣服),只有士以上才穿有彩章的衣服。

【译文】

推行六种传统风俗使万民安居乐业:一是建造房屋求其坚固实用,二是使坟墓按族分布,先祖居中、子孙按昭穆居左右埋葬,三是团结异姓兄弟,与其和睦相处,四是使乡里子弟相连合而从师学习,五是团结朋友彼此相互信任,六是使民众衣服规格式样相同。

14. 正月之吉,始和布教于邦国都鄙,乃县教象之法于象魏,使万民观教象,挟日而敛之①。乃施教法于邦国都鄙,使之各以教其所治民。

【注释】

①"正月"五句:参见《天官·大宰》。布教,教谓教法,即教育民众

的法则,亦即《大宰》所谓教典。

【译文】

每年周历正月初一,开始向各诸侯国、各王畿内采邑的臣民宣布教令,把法令布告悬挂在象魏之上,让万民观看,十天以后再把它收藏起来。于是在各诸侯国、各王畿内采邑施行教法,让诸侯、公卿大夫、百官各自按照教令来教育其所治理的人民。

15. 令五家为比,使之相保①。五比为闾,使之相受②。四闾为族,使之相葬。五族为党,使之相救。五党为州,使之相赒③。五州为乡,使之相宾④。

【注释】

①相保:互相连保。刘绩《三礼图》曰:"谓比舍而保其行,不为非也。"

②受:郑《注》曰:"宅舍有故,相受寄托也。"

③赒(zhōu):救助,救济。

④相宾:宾,敬也。相宾,像宾客般相互敬重。郑《注》曰:"宾客其贤者。"

【译文】

在六乡之中,命令五家编成一比,使他们互相连保。五比编成一闾,使他们遇到事情可以互相托付。四闾编成一族,使他们有了丧葬之事可以互相帮助。五族编成一党,使他们遇到灾祸时可以互相救助。五党编成一州,使他们遇到经济困难时可以互相接济。五州编成一乡,使他们以宾客之礼尊敬乡中的贤能之人。

16. 颁职事十有二于邦国都鄙,使以登万民①:一曰稼稿,二曰树蓺,三曰作材,四曰阜蕃,五曰饬材,六曰通财,七曰化材,八曰敛材,九曰生材,十曰学艺,十有一曰世事,十有二曰服事^②。

【注释】

①"颁职事"二句:颁,分也。职事十有二,十二种职业。邦国都鄙,畿外的诸侯国和畿内的采邑。贾《疏》曰:"大司徒……颁下民之职事十有二条于天下邦国及畿内都鄙,使以登成万民。此经不言乡遂及公邑者,举外以包内,司徒亲主乡遂公邑,颁之可知。"登,成,使成,指让万民各从其业。

②"一曰"至"服事":郑司农曰:"稼穑谓'三农生九谷'也,树蓺谓'园圃毓草木',作材谓'虞衡作山泽之材',阜蕃谓'薮牧养蕃鸟兽',饬材谓'百工饬化八材',通财谓'商贾阜通财贿',化材谓'嫔妇化治丝枲',敛材谓'臣妾聚敛疏材',生材谓'闲民无常职,转移执事',学艺谓道艺,世事谓以世事教能则民不失职,服事谓为公家服事者。"按,自"生材谓'闲民无常职,转移执事'"以上,皆见《天官·大宰》第6节。蒋载康释"世事"曰:"累世专业相传,凡巫医卜筮诸艺事。"又贾《疏》释"服事"曰:"谓若府史胥徒,庶人在官者,是公家服事者。"

【译文】

在各诸侯国和王畿内采邑分配十二种职业,以使万民各从其业:一是种植谷物,二是种植瓜果菜蔬,三是开发山林川泽的物资,四是畜牧养殖业,五是加工珍珠、象牙、玉料、石料、木料、金属、兽革、鸟羽的手工业,六是商业流通,七是女性从事的丝麻纺织业,八是采集业,九是做自由就业者为人雇佣,十是做文士学习道德、技艺,十一是世代相传的营生,十二是到官府做府、史、胥、徒等杂役服务。

17. 以乡三物教万民，而宾兴之^①。一曰六德：知、仁、圣、义、忠、和^②。二曰六行：孝、友、睦、姻、任、恤^③。三曰六艺：礼、乐、射、御、书、数^④。

【注释】

①"以乡三物"二句：郝敬曰："三物，犹言德、行、艺也。"宾兴，即兴宾，以宾客之礼敬待贤者。兴，举荐。郑《注》曰："犹举也。民三事教成，乡大夫举其贤者、能者，以饮酒之礼宾客之。"

②知、仁、圣、义、忠、和：知，通"智"，明达事理。圣，博通先识。义，处事恰当合宜。忠，发自内心的恭敬。和，刚柔适宜，和谐中度。郑《注》曰："知，明于事。仁，爱人以及物。圣，通而先识。义，能断时宜。忠，言以中心。和，不刚不柔。"

③孝、友、睦、姻、任、恤：孝，善事父母。友，善事兄弟。睦，与九族和睦。姻，与母党、妻党亲善友爱。任，对朋友讲信用。恤，救济贫穷者。郑《注》曰："善于父母为孝。善于兄弟为友。睦，亲于九族。姻，亲于外亲。任，信于友道。恤，振忧贫者。"贾《疏》曰："九族，上至高祖，下至玄孙，旁及缌麻之内也。"又曰："外亲者，则妻族、母族是也。"

④礼、乐、射、御、书、数：御，孙诒让认为当作"驭"，谓五驭。郑《注》曰："礼，五礼之义。乐，六乐之歌舞。射，五射之法。御，五御之节。书，六书之品。数，九数之计。"按，参见《保氏》。

【译文】

用乡学中三方面内容来教育万民，而举荐优异的贤能者，并举行乡饮酒礼表达敬意。一是六种道德：明白事理、爱人及物、通达明鉴、适时决断、言谈发自内心、刚柔适宜。二是六种善行：孝敬父母、友爱兄弟、和睦九族、亲爱姻戚、信任朋友、救济贫穷。三是六种技艺：五类礼义、六种歌舞、五种射法、五种驾驭车马法、六种书写方法、九种计算方法。

18. 以乡八刑纠万民①：一曰不孝之刑，二曰不睦之刑，三曰不姻之刑，四曰不弟之刑②，五曰不任之刑，六曰不恤之刑，七曰造言之刑，八曰乱民之刑。

【注释】

①乡八刑：据孙诒让说，是行于乡中之刑，因司徒掌六乡，故亦兼掌其刑。

②弟：通"悌"，敬爱兄长。

【译文】

用适用于乡中的八种刑罚纠察万民：一是针对不孝顺父母者的刑罚，二是针对不和睦同族人者的刑罚，三是针对与亲戚不友好者的刑罚，四是针对不友爱兄长者的刑罚，五是针对与朋友相处不讲信用者的刑罚，六是针对不救助贫穷者的刑罚，七是针对造谣惑众者的刑罚，八是针对用邪道扰乱民心者的刑罚。

19. 以五礼防万民之伪而教之中①，以六乐防万民之情而教之和②。

【注释】

①五礼：谓吉、凶、宾、军、嘉等五种礼。郑《注》曰："礼所以节正民之侈伪。"

②六乐：六代之乐，谓黄帝之《云门》、唐尧之《咸池》，虞舜之《大韶》，夏禹之《大夏》，商汤之《大濩》，周武王之《大武》等六种音乐。

【译文】

用五礼防止万民的侈靡诈伪而教导他们事事中度，符合礼节的标准,用六乐防控万民的情欲,而教导他们性情平和。

20. 凡万民之不服教而有狱讼者,与有地治者听而断之①,其附于刑者,归于士②。

【注释】

①有地治者:据郑《注》,谓治理乡、州及采邑者。

②"其附于刑者"二句:附,符合。此谓触犯。士,此指掌管狱讼的司法官。包括《秋官·司寇》士师、乡士、遂士、县士等。

【译文】

凡万民中有不服从教化而发生争讼的,就要会同地方官一道审理、判决,如果其中有触犯刑律的,那就要移交司法官员审理。

21. 祀五帝①,奉牛牲,羞其肆②。享先王亦如之。

【注释】

①五帝:谓五方帝(即五色帝)。

②羞其肆:羞,进献。郑司农曰:"进也。"肆(tì),通"剔",剔解,此指剔解过的骨体。郑《注》曰:"进所肆解骨体。"按,凡解牲体皆谓之肆。据孙诒让说,此指豚解,即解割牲体为七体(左肱、左胁、左股、右肱、右胁、右股、脊等)。

【译文】

王祭祀五帝,就进奉牛牲,进献剔解过的牲体。祭祀先王时,也这样做。

22. 大宾客①,令野修道、委积②。

【注释】

①大宾客：指来朝诸侯。

②令野修道、委积：野，谓自四郊以至于畿，即距国都百里至五百里
之处。修道，整修道路。委积，储备粮米柴草等。黄度曰："司徒
令遂人，遂人令遂师，使各于其遂行之。遗人掌委积之政，守在
遂师。"

【译文】

接待大宾客，就命令相关部门修整郊野的道路、储备粮米柴草，以
备宾客使用。

23. 大丧，帅六乡之众庶①，属其六引②，而治其政令。

【注释】

①众庶：郑《注》曰："所致役也。"贾《疏》曰："使为挽柩（拉柩车）
之役。"

②引：谓牵拉柩车的大绳索。郑司农曰："丧车索也。"属（zhǔ），联
接，拴系。孙诒让《正义》曰："属其六引，谓葬行时，属引索于柩
车之轴，以便挽引。"

【译文】

遇到王、王后去世，就率领从六乡征调来服役的徒众，拴系六条大
绳在柩车上以便拖拉，而负责调度、指挥。

24. 大军旅，大田役，以旗致万民①，而治其徒庶之政令。

【注释】

①以旗致万民：此谓在规定日期树立旗帜，万民按时来旗下集合。

旗,画有熊虎的旗子。按,此万民即下文之徒庶,具体指从六乡中征集来的正卒和羡卒(参见《小司徒》注)。

【译文】

遇到王亲自参加的大征伐、大田猎,用旗帜招致万民,并负责对徒众的调度、指挥。

25. 若国有大故^①,则致万民于王门^②,令无节者不行于天下^③。

【注释】

①大故:王驾崩和敌寇入侵。郑《注》曰:"谓王崩及寇兵也。"

②致万民于王门:致万民,孙诒让曰:"万民,亦专指六乡之正卒,非通国中四郊之民尽致之也。"王门,孙诒让曰:"即三宫之皋门、库门。""致万民,盖于皋门内外属众而待事。"

③节:符节。指《小行人》之"六节",即六种通行凭据。

【译文】

如果国家有大的事故,就召集六乡的军卒到王宫门前集合待命,以备非常,并命令全国凡是没有符节的人不得在各地任意通行,以防坏人捣乱。

26. 大荒、大札^①,则令邦国移民、通财、舍禁、弛力、薄征、缓刑^②。

【注释】

①大札:发生大疫病。

②移民:郑《注》曰:"避灾就贱。"按,就贱,谓就谷多而价贱处。通

财：财，此指米谷。贾《疏》曰："财是米谷也。其有留守不得去者
（即不得迁移者），则贱处通谷米与之。"

【译文】

遇到大灾荒或发生大疫病，就命令天下各诸侯国迁移灾民到粮价
便宜的地方，把粮食运往灾区、解除关市、山泽的禁令、停止征调徭役、
减轻租税、宽缓对犯罪者的刑罚。

27. 岁终，则令教官正治而致事①。正岁②，令于教官
曰："各共尔职③，修乃事，以听王命。其有不正，则国有
常刑。"

【注释】

①令教官正治而致事：教官，即谓地官系统大司徒以外所有教官。
　郑《注》曰："正治，明处其文书。致事，上其计簿。"

②正岁：郑《注》曰："夏正月朔日。"

③各共尔职：共，通"供"，担任。

【译文】

夏历每年年终，就要命令属下所有官员明白审慎地整理文书资料
而上报总结。夏历每年正月初一，命令属下教官们说："各自都要恪尽
你们的职守，努力做好你们的工作，而听从王的命令。如有玩忽职守而
出现失误，国家自有有关刑罚来处置。"

二　小司徒

1. 小司徒之职，掌建邦之教法①，以稽国中及四郊都鄙
之夫家九比之数②，以辨其贵贱、老幼、废疾，凡征役之施
舍③，与其祭祀、饮食、丧纪之禁令④。

【注释】

①掌建邦之教法：孙诒让曰："谓建立教官之官法。"

②"以稽国中"句：国中，谓王城之中。四郊都鄙，此为畿内的代名
　词。孙诒让曰："不言六遂及公邑者，以内举国中、四郊，外举都
　鄙采地，则六遂公邑已包于其中，故文不具也。"夫家，指男女。
　郑注曰："犹言男女也。"贾《疏》曰："夫是丈夫，则男也。《春秋
　传》曰：男有室，女有家。妇人称家，故以家为女。"九比，据王引
　之校，乃"人民"之误。孙诒让曰："九者，谓井田之制，九家为一
　井也；比者，谓比闾之法，五家为一比也。都鄙公邑之家数，以九
　计之；四郊乡遂之家数，以比计之。"

③凡征役之施舍：免除。施，通"弛"。郑《注》以为当为"弛"。
　据贾《疏》，征谓征税，役谓繇役。贵与老幼、废疾不科役，故
　言弛。

④与其祭祀、饮食、丧纪之禁令：饮食，指乡饮酒礼和族人会餐等饮
　食。丧纪，丧事。

【译文】

　　小司徒的职责，掌管建立王国有关教官的为官法规，用来考察王城
中以及四郊、畿内采邑载于户籍的男女人民的数目，据以辨别其中的贵
贱、老幼和残疾者，凡是赋税徭役予以免除，并掌管他们在祭祀、饮食、
丧事活动方面的禁令，使遵循礼法。

　　2. 乃颁比法于六乡之大夫①，使各登其乡之众寡、六畜、
车辇②，辨其物，以岁时入其数，以施政教，行征令③。及三年
则大比。大比则受邦国之比要④。

【注释】

①"乃颁比法"句：比法，即校比法，核定人口、财产数目的方法。

孙诒让曰：“谓校数户口财物之法。对三年大比则为小比。”六乡之大夫：《周礼》之制，四郊之内设六乡，每乡的长官叫乡大夫。

②登：郝敬曰：“登簿籍。”车辇：辇，靠人力牵拉行进的车子。贾《疏》曰：“车谓革车及大车。辇，人挽行。”

③征令：孙诒让曰：“征令亦谓宣布法令，通晐征役、征赋二义。”

④大比则受邦国之比要：大比，全国性的人口和财产调查统计。郑《注》曰：“谓使天下更简阅民数及其财物也。”邦国，郑《注》曰：“受邦国之比要，则亦受乡遂矣。”

【译文】

向六乡的大夫颁布校比法，使每个乡大夫各自登记本乡人口的总数、六畜和各种车辆的总数，弄清楚各家的财物，每年按季度向小司徒呈报数字，小司徒据以施行政治教化，据以宣布执行征收赋役的法令。等到三年就举行大校比。大校比时就要接受各诸侯国呈报上来的登记校比结果的调查统计簿册。

3. 乃会万民之卒伍而用之①。五人为伍，五伍为两，四两为卒，五卒为旅，五旅为师，五师为军②，以起军旅，以作田役，以比追胥③，以令贡赋。

【注释】

①乃会万民之卒伍而用之：卒和伍，皆军队基层组织名，在此指代各级军事组织。用之，即用之于下文所说的军旅、田役、追胥等。孙诒让曰：“此皆六乡治军之制也。六遂军制亦同。”

②“五人”至“为军”：伍、两、卒、旅、师、军，是与乡的行政组织比、间、族、党、州、乡——相对应的军队组织名称。一伍五人，一两二十五人，一卒百人，一旅五百人，一师二千五百人，一军一万二

千五百人。

③追胥：追逐敌寇、伺捕盗贼。郑《注》曰："追，逐寇也。……胥，伺
　捕盗贼也。"

【译文】

　　于是协助大司徒编制万民的军事组织而备使用。五人为一伍，五
伍为一两，四两为一卒，五卒为一旅，五旅为一师，五师为一军，以起兵
作战，以进行田猎和从事劳役，以相配合追逐敌寇和伺捕盗贼，以实施
有关交贡纳税的政令。

　　4. 乃均土地，以稽其人民，而周知其数①。上地家七
人②，可任也者家三人③；中地家六人，可任也者二家五人；下
地家五人，可任也者家二人。凡起徒役，毋过家一人，以其
余为羡④，唯田与追胥竭作⑤。凡用众庶，则掌其政教，与其
戒禁，听其辞讼，施其赏罚，诛其犯命者。凡国之大事致
民⑥，大故致余子⑦。

【注释】

①"乃均"三句：贾《疏》说，这是"佐大司徒掌其土地人民之数"。

②上地家七人：此句及以下五句，谓根据一家养活人口数量不同分
　别授予上地、中地、下地。郑《注》曰："一家男女七人以上，则授
　以上地，所养者众也。"

③可任：郑《注》曰："谓丁强任力役之事者。"

④羡：谓羡卒，候补兵卒。贾《疏》曰："一家兄弟虽多，除一人为正
　卒，正卒之外，其余皆为羡卒。"

⑤追胥竭作：郑司农曰："追，追寇贼也。竭作，尽行。"

⑥大事致民：民，此谓正卒。贾《疏》曰："谓有兵戎大事，于六乡之

内发起民徒。"

⑦大故致余子:余子,谓羡卒。郑《注》曰:"大故谓灾寇也。"郑司农曰:"余子谓羡也。"王引之曰:"大故则不惟致正卒,又并羡卒而致之。"

【译文】

于是协助大司徒合理平均分配土地,核查这方土地上的人口,而精确周遍地知晓他们的数目。上等土地授给七口以上的家室,这样的家室可以胜任兵役、劳役的强壮劳力一家有三人;中等土地授给六口的家室,这样的家室可以胜任兵役、劳役的强壮劳力二家有五人;下等上地授给五口以下的家室,这样的家室可以胜任兵役、劳役的强壮劳力一家有二人。凡是征调兵役和劳役,每家不能超过一人,把剩余的劳力作为羡卒,只有当王举行田猎和追逐敌寇、伺捕盗贼时正卒和羡卒一齐出动。凡征调民夫服役,就掌管有关的调度管理和对被征用者的警戒禁令,听断他们的争讼之辞,实施对他们的赏罚,惩罚他们当中的触犯禁令者。凡是遇到国家有出兵征伐诸侯的事就召集正卒,遇到国家有外敌侵犯、乱民造反等事还要征集羡卒。

5. 乃经土地,而井牧其田野①。九夫为井②,四井为邑,四邑为丘,四丘为甸,四甸为县,四县为都,以任地事③,而令贡赋④,凡税敛之事⑤。

【注释】

①"乃经土地"二句:经,划分界限。土地即田野。据郑《注》,此指在都鄙(即王畿内的采邑)划分土地的方法。井、牧,皆土地划分法。井法指在上等土地实行的土地划分法:一夫(即一家)百亩,九夫为井,井方一里。牧法指次地(即中等土质的土地)的划分法:九夫为牧,二牧则当上地一井。然除次地外还有下地。夫,

此谓土地面积单位。一夫即百亩,因一个农夫授地百亩。贾《疏》曰:"授民田之时,上地不易,家百亩;中地一易,家二百亩,下地再易,家三百亩。通率(即按三等土地平均计算)三家受六夫之地,一家受二夫之地,与牧地(即中等土地的受地数)同,故云'井牧其田野'。"按,井、牧之法皆属井田制,只地质不同而异名。又据孙诒让说采邑、公邑皆实行井田制,而乡、遂则实行沟洫制(参见《遂人》注)。

②井:井田的最基本单位名。下文邑、丘、甸、县、都,皆井田单位名称。据郑《注》,井方一里;四井为邑,四邑为丘,四丘为甸,四甸为县,四县为都。

③任地事:贾《疏》曰:"谓任役万民使营地事。"

④贡赋:据孙诒让说,贡赋即《闾师》之八贡(从业税)和《大宰》之九赋(地税)。

⑤税敛:孙诒让曰:"一井九家,各受田百亩,而敛其什一之税。"甸(shèng),古代征赋划分田地、区域的单位。《释名·释州国》:"四丘为甸。甸,乘也,出兵车一乘。"

【译文】

划分土地的界限,而用井法、牧法等井田制划分田野。一夫授田百亩,九夫所受土地为一井,四井为一邑,四邑为一丘,四丘为一甸,四甸为一县,四县为一都,以使人民因地制宜地从事土地生产,而命令他们交纳贡赋,以及凡是田税等应当收取的租税。

6. 乃分地域而辨其守①,施其职而平其政②。

【注释】

①分地域而辨其守:分地域。按,此职责是佐大司徒为之。郑《注》曰:"谓建邦国,造都鄙,制乡遂也。"贾《疏》曰:"分地域之中,有

畿外邦国、畿内都鄙及六乡六遂,郑虽不言公邑,地域之中亦含有四等公邑可知。"辨其守,义同《大司徒》所谓"奠地守"。贾《疏》曰:"谓邦国都鄙之内所有山川,使虞衡守之。"

②施其职而平其政:职,郑《注》曰:"职谓九职也。"即《天官·大宰》之九职。政,通"征",税。郑《注》曰:"政,税也。'政'当作'征'。"据孙诒让说,即《大司徒》所谓"地征"。

【译文】

于是协助大司徒将全国划分为邦国、都鄙、乡遂、公邑等不同行政区域,而确定政区内各类官员的职守,使人民都有各自的职业而公平合理地征收其税收。

7. 凡小祭祀奉牛牲①,羞其肆②。小宾客③,令野修道、委积,大军旅,帅其众庶④。小军旅⑤,巡役⑥,治其政令。大丧⑦,帅邦役,治其政教⑧。

【注释】

①小祭祀:又称小祀。据贾《疏》,指对山林、川泽、坟衍、四方百物之神,以及风师、雨师等神的祭祀。

②羞其肆:参见《大司徒》第21节注。

③小宾客:郑《注》曰:"诸侯之使臣。"

④"大军旅"二句:大军旅,大规模的军事行动,王亲自征伐。帅其众庶,众庶谓正卒。郑《注》曰:"帅而致于大司徒。"

⑤小军旅:据贾《疏》,谓使臣率军征伐。

⑥巡役:俞樾曰:"巡行其徒役。"徒役,谓军中从事杂役的民众。

⑦大丧:孙诒让说,此处兼指王、后及世子之丧。

⑧"帅邦役"二句:方苞曰:"所谓'治其政教'者,即《遂人》之六绋,《遂师》之'抱磨、共丘笼及蜃车之役'。以遂与公邑之役并致焉,

故统之曰‘邦役’。”

【译文】

凡有王举行小祭祀就奉进牛牲,并进献经别解的牲体。接待诸侯的使臣,就命令有关部门在野外整治道路,并在沿途储聚粮米柴草以备招待使臣。遇到王亲自率师征伐,就率领从六乡征召来的徒众交给大司徒备用。遇到王派臣下率师小征伐,就负责巡视管理徒役,掌管有关他们的政令。遇到王、王后、太子去世,就率领王国中征调上来服役的民众,执行有关他们的政令教化。

8. 凡建邦国,立其社稷①,正其畿疆之封②。

【注释】

①立其社稷:贾《疏》曰:“谓以文书法度与之,不可国国身往也。”

②畿疆:九畿的疆界。

【译文】

凡是建立畿外的诸侯国,指导他们建立社稷坛壝,明确规正诸侯国疆域九畿的疆界,并派人挖沟筑墙种树以为险阻。

9. 凡民讼,以地比正之①;地讼,以图正之②。

【注释】

①“凡民讼”二句:地比,住地紧挨的人家,邻居。易祓曰:“即《大宰》八成比居之法。”按,八成比居之法见《大宰》(见其第7节),易说不确。民讼,指赋税、徭役方面的争讼。地比,谓校比当地居民,在此指代记载校比结果的簿册。

②“地讼”二句:易祓曰:“即《大宰》八成版图之法。”按,八成版图之

法亦见《小宰》第 7 节。

【译文】

凡是遇到民众为赋税、徭役而争讼，就根据当地清查邻居民众的簿册来判决是非；遇到地界的争讼，就根据官府所藏的地图来判决是非。

10. 岁终，则考其属官之治成而诛赏^①，令群吏正要会而致事^②。正岁则帅其属而观教法之象^③，徇以木铎^④，曰："不用法者，国有常刑。"令群吏宪禁令^⑤，修法，纠职，以待邦治。

【注释】

①治成：成，谓官府办事一日的记录文书。贾《疏》曰："成谓计薄。"

②要会：要，月度工作记录文书，会，年度工作记录文书。贾《疏》曰："谓是月计、岁计总为簿书。"孙诒让曰："成、要、会，通言不别。"

③教法之象：即《大司徒》所谓"教象之法"（见其第 14 节）。

④徇以木铎：参见《天官·小宰》第 14 节注。

⑤宪：悬挂。

【译文】

每年夏历年终，就考察教官的属官们办事的文书记录而进行处罚和奖赏，命令教官各部门官吏们明白审慎地整理全年的会计文书而呈报上来。每年夏历正月初一，就率领教官的属官们前去观看悬挂在象魏上的教法，边走边手摇木铎，大声警告说："如果不执行法令的，国家自有常刑加以惩罚。"命令属官们各自在办公处悬挂禁令，整顿法制，纠察职事，以待满足国家的治理要求。

11. 及大比,六乡四郊之吏①,平教治,正政事,考夫屋及其众寡、六畜、兵器②,以待政令。

【注释】

①四郊:即郊里。孙诒让曰:"其地同在远郊之内,而非六乡七万五千家所居者,则别谓之郊里。"按,此四郊即在广义四郊内减去六乡。

②夫屋:皆为计算田地面积的单位,此处指代田地数。井田制下一井内九夫,三夫为一屋,三屋为一井。前文郑《注》引《司马法》曰:"亩百为夫,夫三为屋。"兵器:孙诒让曰:"凡经云'兵器'者,兵与器为二。兵谓五兵,器谓车辇任器等。"

【译文】

每逢大校比时,对六乡四郊、六遂公邑的所有官吏进行考校,评断他们的教化、治理,规正他们的政事,考察田地的数目,以及人口的多少、六畜、武器、器械的数目,登记造册,以待国家制订有关政令时参考。

三　乡师

1. 乡师之职,各掌其所治乡之教①,而听其治。

【注释】

①所治乡:六乡,乡师四人,二人共治三乡。

【译文】

乡师的职责是,各自掌管其分工所治理之乡的教育,并且评断乡中各级官吏的治理情况。

2. 以国比之法①,以时稽其夫家众寡,辨其老幼、贵贱、废疾、马牛之物,辨其可任者②,与其施舍者③,掌其戒令纠禁④,听其狱讼。

【注释】

①国比之法:此谓四时之小比。即《小司徒》“乃颁比法于六官之大夫”中的比法。孙诒让曰:“此官掌受比法,而以四时计当乡之民数也。”

②辨其可任者:贾《疏》曰:“谓‘上地家七人,可任者家三人’之等。”（参见《小司徒》）。

③与其施舍者:施舍,免除。施,通“弛”,宽免。

④纠禁:戒令,以防犯罪。参见《士师》“五禁”、五戒”。

【译文】

按照国家制订的校比法,按时核查各家人口的多少,分辨其中的老幼、贵贱、残疾者,以及牛马的多少等情况详加登记,分辨清楚他们当中可以充任兵役、劳役的和应该免除兵役、劳役的,掌管有关他们的戒令、纠察和禁令,评断他们的争讼之辞。

3. 大役①,则帅民徒而至②,治其政令③。既役,则受州里之役要④,以考司空之辟⑤,以逆其役事⑥。

【注释】

①大役:贾《疏》曰:“谓筑作堤防、城郭等。”

②帅:通“率”,率领。

③治:此谓监督。

③则受州里之役要:州里,亦称乡里,即六乡七万五千家所居之里。

④役要:谓州里所送民徒之簿书。郑《注》曰:“所遣民徒之数。”贾

《疏》曰：“役人簿要。”

⑤以考司空之辟：司空，官名。六官之一，掌管百工兴修土木工程

等事。郑《注》曰：“辟，功作章程。逆，犹钩考也。”贾《疏》曰：“司

空主役作，故将此役要以钩考司空之功程。”

⑥以逆其役事：逆，钩求考校，察其是非。郑《注》曰：“逆犹钩考

也。”贾《疏》曰：“功作之事，日日录其程限，谓之章程。”按，功作，

即工程。

【译文】

国家有大的工程劳役，就率领征召的民夫来到施工地，监督他们执

行政令的情况。工程劳役开工后，就接受各乡里呈报的民夫花名册，依

照司空制订的施工章程，来考查他们服役的情况有无不当之处。

4. 凡邦事，令作秩叙。

【译文】

凡是王国有征调民力进行建筑工程的事，命令官吏安排协调征调

民夫使井然有序。

5. 大祭祀，羞牛牲①，共茅菹②。

【注释】

①羞牛牲：据孙诒让说，此处言“羞”而不言“奉”，说明乡师只辅佐

大司徒进献骨体，而不辅佐其将牛牲牵入。

②茅菹(zū)：菹，“苴”的假借字，草垫，用五寸长的茅草做成，祭祀

时用于衬垫祭品。郝敬曰：“菹、苴同，藉也。”茅菹，即放在神位

前作为衬垫物以便放置黍稷等祭品的茅草垫。

【译文】

遇到大的祭祀,协助大司徒进献牛的牲体,供给衬垫祭品用的茅草垫。

6. 大军旅、会同,正治其徒役①,与其輂辇②,戮其犯命者。

【注释】

①正治其徒役:贾《疏》曰:"谓六军之外,别有民徒使役,皆出于乡,故乡师治其徒役。"

②輂(jú)辇:輂,马拉的直辕大车,用来载物。郑《注》曰:"輂,驾马;辇,人挽。行所以载任器也,止以为蕃营。"刘沅曰:"马驾以载辎重为輂。人挽之行以载任器为辇。"

【译文】

遇到王亲自率师征伐、与诸侯在国外会见,管理监督随行的役徒和运载辎重的车辆,惩罚那些违犯禁令的人。

7. 大丧用役,则帅其民而至,遂治之①。及葬,执纛以与匠师御柩②,而治役。及窆③,执斧以莅匠师④。

【注释】

①治之:郑《注》曰:"谓监督其事。"

②执纛以与匠师御柩:纛,阮校以为当作"翿"。按,翿(dào),即羽葆幢,用于下葬时指挥柩车前进。孙诒让曰:"盖注鸟羽于幢首,其形下垂若盖然,谓之羽葆幢。葆即盖斗。"《礼记·杂记下》孔《疏》释"羽葆"曰:"以鸟羽注于柄头,如盖,谓之羽葆。葆谓盖

也。"幢,孙诒让说当作"左木右童",即羽葆的柄。匠师,官名。属司空,匠人之长,负责工程、制造等事。郑《注》曰:"乡师主役(徒),匠师主众匠,共主葬引(即拉枢车)。"御枢,《礼记·杂记下》郑《注》曰:"居前道正之。"

③窆(biǎn):下棺入墓穴。

④执斧以莅匠师:郑《注》曰:"匠师主丰碑之事,执斧以莅之,使戒其事。"按,丰碑,为天子下葬所设用大木头削成的石碑形器物,竖立在墓穴前后左右。碑上部打孔,中安辘轳,下棺时,绳子绕着辘轳,役工按匠师指挥的鼓点将棺缒入墓穴。

【译文】

遇到王、王后、太子去世需用役徒,就率领乡民而来服役地点,于是就监督乡民的服役。到下葬时,持羽葆幢与匠师指挥枢车前进,而监督拉枢车的役徒。等到下棺入墓穴时,就手持斧头在匠师身旁察看,以便予以帮助。

8. 凡四时之田,前期出田法于州里,简其鼓铎、旗物、兵器①,修其卒伍②。及期,以司徒之大旗致众庶③,而陈之以旗物,辨乡邑而治其政令刑禁,巡其前后之屯④,而戮其犯命者,断其争禽之讼。

【注释】

①简其鼓铎、旗物、兵器:铎,一种大铃。孙诒让以为此处"鼓铎"是包本篇《鼓人》之"六鼓、五金"而言(按,"五"当作"四")。旗物,即《司常》的九旗。兵器,包括各种武器、各种车辆和辎重。

②修其卒伍:贾《疏》曰:"谓百人为卒,五人为伍,皆须修治,预为配当。"

③大旗：是一种画有熊虎的旗。

④巡其前后之屯：郑《注》曰："车徒异部"。李调元曰："屯，聚也。
阵前后各为屯聚，巡视其不用命者戮之。"孙诒让曰："谓车徒各
自屯聚，分为前后两部。"

【译文】

凡是四季的田猎活动，事前先向各基层宣布田猎的法令，检查他们
携带的鼓铎、旗帜、兵器和器械是否带齐，整顿他们的军事编制。到畋
猎那天，以司徒的大旗召集民众，用代表乡邑的不同旗帜为标志排列阵
势，辨别乡邑而掌管监督吏卒执行政令、刑法和禁令，巡查前后驻扎的
吏卒车辆，而惩罚违命令的人，裁决他们因争夺猎物产生的争讼。

9. 凡四时之征令有常者①，以木铎徇于市朝②。

【注释】

①征令有常者：每年当月例行发布的法令。征令，宣布法令（参见
《小司徒》注）。郑《注》曰："征令有常者，谓田狩及正月命修封
疆，二月命'雷且发声'。"按，田狩即四时田猎活动；"正月命修封
疆"、"二月命'雷将发声'"，皆见《礼记·月令》。

②市朝：据孙诒让说，市谓集市，包括王城和郊野之市；朝谓乡师办
公之所；凡众人聚集处亦通谓之市朝。

【译文】

凡四季中各月例行宣布的法令，就在人们平常聚集的地方边走边
摇动木铎予以提醒。

10. 以岁时巡国及野①，而赒万民之艰厄②，以王命施惠。

【注释】

①岁时：郑《注》曰："随其事之时，不必四时也。"

②赒万民之艰厄：赒，同"周"，周济。艰厄，郑《注》曰："饥乏也。"

【译文】

要准备随时巡视国都和城外六乡四郊的人民，而周济民众的饥饿和困乏，以王的名义向他们施加恩惠。

11. 岁终，则考六乡之治①，以诏废置②。正岁，稽其乡器③，比共吉凶二服④，闾共祭器，族共丧器，党共射器，州共宾器⑤，乡共吉凶礼乐之器⑥。

【注释】

①六乡：据王引之校，"六"是"亓（其）"字之误。

②以诏废置：贾《疏》曰："诏，告也。"刘沅曰："告于司徒，达于王与冢宰废置之。"

③器：贾《疏》释之为"器服"。孙诒让曰："通言之，服亦谓之器也。"又曰："以下乡吏所共器服，并率民出私钱，而以官钱辅助之为器服，藏于乡吏所治处，民有事须用，则就吏取之，用毕复归而藏之，吏皆司其典守出入之事。"

④比共吉凶二服：比，谓五家为比之比。郑《注》曰："吉服者，祭服也。凶服者，吊服也。比长主集为之。"即由比长集中保管，待用时供给之。比、闾、族置备的公用器物，由比、闾、族居民集资置备，不用时储藏在比长、闾胥、族师办公处，用时往取，用毕归还。下文义仿此。

⑤"党共射器"二句：党和州置备的公用器物，因为是用于公家的事，所以是用公家的钱购置的。

⑥乡共吉凶礼乐之器：郑《注》曰："吉器，若闾祭器者。凶器，若族

丧器者。礼乐之器,若州党宾射之器者。乡大夫备集此四者,为州党族间有故而不共也。"谓乡所置备的公用器物,是间、族、党、州所置备公用器物的总和。

【译文】

夏历年终,就考核乡各级官员的治理情况,并将结果呈报上级以决定对乡中官吏的罢免或提升。每年夏历正月,要核查乡中储藏的公共器物、衣服是否完备。一比比长供给的公用器物是祭服和吊服,一间间胥供给的公用器物是祭祀用具,一族族师供给的公用器物是丧葬用具,一党党正供给的公用器物是举行乡射礼所需的器具,一州州长供给的公用器物是举行乡饮酒礼所需的器具,一乡乡大夫供给吉凶二礼所需的祭器、丧器和乡射礼、乡饮酒礼等一切礼器、乐器。

12. 若国大比,则考教,察辞①,稽器②,展事③,以诏诛赏。

【注释】

①察辞:郑《注》曰:"视吏言事,知其情实不。"

②器:即上节"稽其乡器"之器。

③展事:展,省视、审查完备与否。贾《疏》曰:"谓行事展省视之,知其善恶。"

【译文】

如果遇到国家大校比之年,就要考核乡中推举的官吏教育成绩如何,考察各级乡吏汇报的情况有无虚假,核查乡吏所掌管的公用衣服器物是否保存完好,审查所办事情的优劣,以报告上级以便决定赏罚。

四　乡大夫

1. 乡大夫之职,各掌其乡之政教禁令。

【译文】

乡大夫的职责是,各自掌管本乡的政教、禁令。

2. 正月之吉①,受教法于司徒②,退而颁之于其乡吏③,使各以教其所治,以考其德行④,察其道艺⑤。

【注释】

①正月之吉:谓周历正月初一:

②教法:贾《疏》曰:"谓若《大司徒》职十二教已下。"

③乡吏:谓州长、党正、族师、闾胥和比长。

④德行:指六德、六行。

⑤道艺:指六艺和六仪。

【译文】

每年周历正月初一,先从大司徒那里接受当年的教育法规,下来再颁布给属下的乡吏们,让他们用以教育各自所治理的民众,并据以考查被教民众的德行,考查他们的道艺。

3. 以岁时登其夫家之众寡,辨其可任者。国中自七尺以及六十①,野自六尺以及六十有五②,皆征之③。其舍者,国中贵者、贤者、能者、服公事者、老者、疾者皆舍。以岁时入其书④。

【注释】

①七尺:贾《疏》曰:"谓年二十。"

②六尺:贾《疏》曰:"谓年十五。"

③征之:郑司农曰:"给公上事也。"

④"以岁时"句：贾《疏》曰："此上所云，皆岁之四时，具作文书，入于
　　大司徒。"

【译文】

　　每年按季登记本乡中男女人口的多少，分辨其中有多少可以胜任
役事的人。都城之内，从二十岁到六十岁的人，都城外郊野从十五岁到
六十五岁的人，都要服公事徭役。其中有资格可豁免役事的，是都城内
地位尊贵的人官吏、德行优异的人、才能突出的人，在官府当差服役的
平民、年老的人、有残疾病患的人，上述这些人都免除徭役。每年要按
季把情况登记造册，簿册上报给大司徒。

　　4. 三年则大比①，考其德行、道艺，而兴贤者、能者②。
乡老及乡大夫帅其吏与其众寡③，以礼礼宾之④。厥明，乡老
及乡大夫群吏献贤能之书于王，王再拜受之⑤，登于天府⑥，
内史贰之。退而以乡射之礼五物询众庶⑦：一曰和，二曰容，
三曰主皮⑧，四曰和容⑨，五曰兴舞⑩。此谓使民兴贤，出使
长之；使民兴能，入使治之。

【注释】

①大比：此谓选士。

②兴：举荐。

③乡者及乡大夫帅其吏与其众寡：乡老，即《仪礼・士冠礼》之"乡
　　先生"，彼郑《注》曰："乡先生，乡中老人，为卿大夫致仕者。"即指
　　退休在乡的卿大夫。众寡，郑《注》曰："谓乡人之善者无多少
　　也。"即谓善者其数不限制。

④以礼礼宾之：郑《注》曰："以乡饮酒之礼，礼而宾之。"按，乡饮酒
　　礼，是由乡大夫主持举行的饮酒礼，目的是宾贤，即选出乡中的

贤者作为宾客来礼敬，以示尚贤，然后进献于诸侯国君或天子。其详可参阅《仪礼·乡饮酒礼》。

⑤王再拜受之：据郑《注》，王为表示重视得贤人，故再拜而受。

⑥登于天府：登，上也。按，天府，官名。负责王祖庙、国家珍宝的守藏。孙诒让曰："王致其书于天府言'登'者，亦重得贤。"

⑦以乡射之礼五物询众庶：按，此谓通过举行乡射礼，从五方面观察参加射箭比赛者，并征询众人的意见，看是否还有贤能者，即郑司农所谓"射，所以观士也"。乡射礼，乡学中举行的由乡大夫主持的射箭比赛。详《仪礼·乡射礼》。

⑧"二曰容"二句：容，即《射义》"进退周还（旋）必中礼"。主皮，谓重在射中靶心。据孙诒让说，"主皮"名起于大射。大射张皮侯，皮侯侯中侧边饰以皮，而侯中正中心又用正方的兽皮为鹄（即靶心），故后以射中为主皮。此处乡射礼所张的是兽侯，即在侯中侧边饰兽皮而非以皮为鹄，然亦以"主皮"为射中之名。

⑨四曰和容：和容，谓乡射礼中的第三轮射箭，如不和音乐节奏相合，就不计成绩。《论语·八佾》"射不主皮"下何晏《集解》引马融曰："四曰和颂，合《雅》、《颂》。"《雅》、《颂》指代音乐。按，乡射礼配有音乐，参射者的动作容体都当符合音乐的节奏。

⑩兴舞：起舞。王引之曰："兴者，作也，起也。"

【译文】

每隔三年进行一次大校比，考查百姓的德行、道艺，而从中选拔荐举德行优异和才能卓越的人。然后由乡老和乡大夫率领所辖官吏以及善良的乡民而不论人数多少，用乡饮酒之礼像对待宾客一样礼敬被荐举出来的德行优异和才能卓越的人。举行乡饮酒礼的第二天，乡老和乡大夫率领乡吏们，呈献荐举贤能的文书给王，王行再拜礼表示郑重地接受文书，再把文书原本送到天府妥为收藏，再由内史收藏文书的副本，以备日后王授予爵位俸禄时参考。回来后乡大夫在乡学举行乡射礼,而用有关乡射礼的五个标准询问众人的意见:一是看射箭时比赛者是否做到了内心沉着身体挺直身心和谐,二是看仪容动作是否符合礼的要求,三是看射箭的命中率如何,四是看射箭节奏是否与音乐合拍,五是看手持弓矢起舞的舞姿如何。这就叫做使乡人民自己推选出德行优异的人,使他们做人民的长官;让乡民自己推举才能卓越的人,使他们在本乡任职管理百姓。

5. 岁终,则令六乡之吏皆会政致事①。正岁,令群吏考法于司徒,以退,各宪之于其所治之②。

【注释】

①六:王引之说,六是"亓"(其)字之误,译文从之。

②各宪之于其所治之:宪,悬挂。所治之,阮校说,"之"字是衍文。

【译文】

每到夏历年终,就命令本乡的各级官吏总结政绩并将写出的文书上报。每年正月,命令乡吏到司徒衙门那里考察教法,而后回来,则各自把教法悬挂在自己的办公处。

6. 国大询于众庶①,则各帅其乡之众寡而致于朝②。国有大故③,则令民各守其闾,以待政令。以旌节辅令,则达之④。

【注释】

①大询:据郑《注》,谓国家遇有外敌入侵等危难、需要迁都、立新君等类大事,就需大询众庶。

②朝:指外朝,在王宫的库门外。孙诒让曰:"此朝谓外朝,在皋门

内、库门外者。"

③大故：贾《疏》曰："谓灾变、寇戎之等。"

④"以旌节辅令"二句：旌节，即符节，用作道路通行的证明、凭信。据郑《注》，虽奉命往某地，如果不持旌节以为信，则禁之不得通行，故需"以旌节辅令"。

【译文】

遇到国家有大事要征询广大百姓的意见时，就各自率领本乡民众来到王宫的外朝。如果国家发生重大事故，就命令百姓以间为单位各自聚守在间门，以等待命令。在此情况下，需要稽查来往行人，如有用旌节帮助说明是奉命而行的，才准予通行。

五　州长

1. 州长各掌其州之教、治、政、令之法。

【译文】

州长各自掌管本州的教育、治理、行政和禁令等法规。

2. 正月之吉①，各属其州之民而读法②，以考其德行、道艺而劝之，以纠其过恶而戒之。若以岁时祭祀州社①，则属其民而读法，亦如之。

【注释】

①正月之吉：周历正月初一。

②各属其州之民而读法：属（zhǔ）：连缀，联结。此谓集合。州，乡下面的行政区划单位。二千五百家为州。

③岁时祭祀州社：每年仲春、仲秋祭祀州社。贾《疏》曰："此云岁

时,唯有岁之二时春、秋耳。春祭社所以祈膏雨,望五谷丰熟;秋祭社者,以百谷丰稔,所以报功。"

【译文】

每年周历正月初一,就各自聚集本州的民众而宣读一年政令及十二教之法,用以考察州民的德行、道艺,而加以鼓励劝勉,用以纠正他们的过失邪恶而加以告诫。如果是在春秋二季祭祀州的社神的时候,就聚集本州州民而向他们宣读政令、教法,也像正月那样对州民进行劝勉和告诫。

3. 春、秋以礼会民①,而射于州序②。

【注释】

①礼:谓乡射之礼。

②序:是州、党的学校名。乡射礼在州序中举行(详《仪礼·乡射礼》)。

【译文】

春、秋两季依乡射之礼会聚州民,而在州序中举行乡射礼。

4. 凡州之大祭祀、大丧①,皆莅其事。

【注释】

①大祭祀、大丧:据郑《注》,大祭祀,谓祭祀州的社稷之神;大丧,谓本州中有乡老、乡大夫去世。

【译文】

凡是州中的重大祭祀活动、重要人物去世,都要亲临其事。

5. 若国作民而师、田、行、役之事,则帅而致之①,掌其戒令与其赏罚②。

【注释】

①致之:贾《疏》曰:"谓州长致与小司徒,小司徒乃帅而致与大司徒。"

②掌其戒令与其赏罚:郑《注》曰:"则是于军因为师帅。"州长平时在乡为州长,管理一州民政,战时则在军为师帅(犹言师长),管理一师的军政。

【译文】

如果国家征召本州民众参加征伐、田猎、巡狩、劳役的事,就率领本州的民众到司徒那里报到,并掌管对于他们的戒令、赏罚。

6. 岁终①,则会其州之政令。正岁②,则读教法如初③。

【注释】

①岁终:指夏历岁终,即夏历十二月。

②正岁:指夏历正月。

③如初:李钟伦曰:"指上文'正月之吉'言也。"

【译文】

每到夏历年终,就总结本州执行政策法令的情况。到夏历正月,像当初那样集合民众宣读教法。

7. 三年大比,则大考州里,以赞乡大夫废兴①。

【注释】

①以赞乡大夫废兴:孙诒让曰:"此亦兼兴民、察吏二者言之。乡大

夫于大比之时,有宾兴贤能之事,又因以察吏治。"

【译文】

每逢三年大校比时,就对本州各级官吏、民众进行全面考核,以协助乡大夫做好对州里官吏的罢免或从民众中选拔贤者能者的工作。

六　党正

1. 党正各掌其党之政、令、教、治①。

【注释】

①党:州下面的行政区划单位。五百家为党。

【译文】

党正各自掌管本党的行政、禁令、教化和治理。

2. 及四时之孟月吉日①,则属民而读邦法②,以纠戒之。春秋祭禜③,亦如之。

【注释】

①吉日:谓朔日,即农历每月初一。

②读邦法:宣读国家法令。

③禜(yíng):为禳除水旱灾害等而祭祀掌管水旱之神。

【译文】

每逢四季的第一个月的初一,就要会聚本党民众宣读国家的法令,用以纠察、告诫民众。每逢仲春、仲秋春秋举行禜祭时,也这样做。

3. 国索鬼神而祭祀①,则以礼属民而饮酒于序②,以正齿位③:壹命齿于乡里,再命齿于父族,三命而不齿④。

【注释】

①国索鬼神而祭祀：指周历年终的蜡祭，王黄衣黄冠以祭祀百物之神，兼息田夫。郑《注》曰："谓岁十二月大蜡之时，建亥之月也。"按，蜡(zhà)，祭名，每年周历年终十二月(夏历十月，即建亥之月)举行。《礼记·郊特牲》曰："蜡者，索也，岁十二月，合聚万物而索飨之。"即求索而聚合万物之神而加以祭祀。但以八种神为主，即《郊特牲》所谓先啬(指神农等始教民稼穑者)、司啬(指后稷等掌管农事者)、百种(掌管各种谷物之神)、农(指农官田畯)、邮表畷(指田畯在田间居以督促农民耕作的房舍)、禽兽(如猫、虎等)、坊(堤防)、水庸(即水沟)等八种神，故名蜡八。因其是天子之祭，较诸侯蜡祭为大，故又称为"大蜡八"。

②以礼属民而饮酒于序：礼，谓党的饮酒礼，今不存。郑《注》曰："党正饮酒礼亡。"序，州、党的学校皆称序。

③正齿位：按年龄大小排定座位先后。齿，年龄。

④"壹命齿于乡里"三句：壹命，得到王的壹命封爵，即最低的下士爵位。再命即中士爵位，三命即上士爵位。贾《疏》曰："壹命谓下士，再命谓中士，三命谓上士。"父族：即指本族。

【译文】

　　每到年终当王国举行大蜡之祭、搜寻各种鬼神加以祭祀时，就用乡饮酒礼在党序中会聚民众，而根据年龄长幼排列座位次序，以此教育人们尊重长者。一命爵为下士的官要与乡里众宾按年龄大小排定座次，二命爵为中士的官要与本族族人按年龄大小排定座次，三命爵为上士的官就不与众宾按照年龄排定座次了，而可直接坐在上位以示尊崇。

　　4. 凡其党之祭祀、丧纪、昏、冠、饮酒，教其礼事，掌其戒禁。

【译文】

凡本党中居民有祭祀、丧事、婚礼、加冠礼、饮酒礼等事,就教给民众有关礼节的事情,并掌管有关戒令而加以纠禁以防越礼。

5. 凡作民而师、田、行、役,则以其法治其政事①。

【注释】

①其法:孙诒让曰:"即大司徒之役法,大司马之战法、田法。此官受彼法以治之也。"

【译文】

凡是国家征调本党民众去参加征伐、田猎、巡守、劳役等事,就根据相应的战法、田法、役法去治理有关政事。

6. 岁终,则会其党政,帅其吏而致事①。正岁,属民读法②,而书其德行道艺。

【注释】

①致事:贾《疏》曰:"致其所掌之事于州长,州长又致与乡大夫,乡大夫致与大司徒而行赏罚。"

②属民读法:孙诒让曰:"前孟春朔日已读法,此月之内择日重复读之。"

【译文】

每到夏历年终,就总结本党的政事,率领本党的官吏向州长汇报施政业绩。到了夏历正月,还要会聚民众宣读法令,并记录人们的德行、道艺表现。

7. 以岁时莅校比。及大比,亦如之。

【译文】

按照一年的四季亲临监督族师对于民众的校比。当每三年族师进行大校比时,也这样做。

七　族师

1. 族师各掌其族之戒令、政事①。

【注释】

①族:党之下的行政区划单位。百家为族。一族辖四闾。

【译文】

族师各自掌管本族的戒令、政事。

2. 月吉①,则属民而读邦法,书其孝、弟、睦、姻、有学者。春秋祭酺②,亦如之。

【注释】

①月吉:郑《注》曰:“每月朔日也。”

②祭酺(pú):酺,神名,据郑《注》,是一种对人、农作物会造成灾害的神。祭之以祈其毋为害。

【译文】

每月的初一,就要会聚民众而宣读国家法令,并且记录民众中那些孝顺父母、敬爱兄长、与族人和睦、与亲戚友好以及学有所成的人。每逢仲春、仲秋祭酺时,也这样做。

3. 以邦比之法,帅四闾之吏,以时属民而校登其族之夫家众寡,辨其贵贱、老幼、废疾、可任者,及其六畜、车辇。

【译文】

根据王国调查统计户口财产的校比法,率领所属四闾的官吏,按时会聚民众进行考校,登记本族男女人数的多少,辨别清楚其中的贵贱、老幼、残废疾病以及能够胜任劳役的人,以及民众的各种牲畜、车辆的数目。

4. 五家为比,十家为联①;五人为伍,十人为联;四闾为族,八闾为联②:使之相保相受,刑罚庆赏相及相共,以受邦职,以役国事,以相葬埋。

【注释】

①联:户口编制即地方行政区域名称。即把住地相近的居民组织起来的形式。

②"四闾为族"二句:按,一闾二十五家,四闾百家为一族,八闾为联,则二族之人。孙诒让曰:"八闾,二百家也。若然,在军盖亦百人为卒,二卒为联,经文不具也。"故"八闾为联"当为"二卒为联",方与上文文义相合。

【译文】

在家五家是一比,十家编为一联;在军五人是一伍,十人编为一联;在家四闾是一族,在军八闾所出之二卒编为一联:把居民这样编制,目的是要让他们相互连保相互托付,刑罚、喜庆、赏赐等的事情,祸福相连,相互共受共享,这样来承担王国的职事,以服役于国事,以互相帮助料理丧葬事宜。

5. 若作民而师、田、行、役,则合其卒伍^①,简其兵器,以
鼓铎旗物帅而至^②,掌其治令、戒禁、刑罚。

【注释】

①卒伍:指代军事编制。按,把一族战士编为一卒。一族家出一
　　人,一卒百人。卒的长官即卒长由族师担任。贾《疏》曰:"族师
　　主百家,家出一人,即为一卒,卒长还使族师为之。"

②帅而至:贾《疏》曰:"帅至于乡师,以致司徒也。"

【译文】

如果国家征调本族民众去从事征伐、田猎、巡守、劳役,就要把他们
按军事编制加以组合起来,检查他们应携带的武器、器械,带着鼓铎、旗
帜,率领徒众而到乡师那里报到,并且掌管对他们的治理指挥、禁戒和
刑罚。

6. 岁终,则会政致事。

【译文】

每到夏历年终,就总结政事而向上级汇报政绩。

八　闾胥

1. 闾胥各掌其闾之征令^①。

【注释】

①闾胥各掌其闾之征令:闾,族之下的行政区划单位。一闾二十五
　　家。征令:孙诒让以为,征包括征役和征税。贾《疏》曰:"即下文
　　'岁时以下之事'。"

【译文】

闾胥各自掌管本闾有关征收赋税、徭役的命令。

2. 以岁时各数其闾之众寡，辨其施舍①。凡春秋之祭祀、役、政、丧纪之数聚众庶②，既比则读法，书其敬、敏、任、恤者③。

【注释】

①辨其施舍：施舍，免除，豁免。孙诒让曰："即《乡师》云'辨其可任者与其施（弛）舍者'，此处不云'可任者'，文不具，亦辨之可知。"

②凡春秋之祭祀、役、政、丧纪之数：春秋之祭祀，指州的祭社、党的祭禜、族的祭酺。役、政，王引之谓即"征役"。郑《注》曰："祭祀，谓州社、党禜、族酺也。役，田役也。政，若州射、党饮酒也。丧纪，大丧之事也。"数，据王引之校，乃"事"字之误，是。

③敬、敏、任、恤：敬，即《大司徒》所谓"以祀礼教敬"之"敬"。敏，即《师氏》所谓"敏德"，彼郑《注》曰："仁义顺时者也。"任、恤，即《大司徒》"六行"所谓"任，恤"。

【译文】

每年四季按时统计本闾人数的多少，辨别清楚其中可以胜任役事者和应当免除役事者。凡是春秋两季因为举行祭祀活动，以及征调力役、乡射礼或饮酒礼、丧事等事集合民众，调查户口财产等事宜结束后，以上场合，就要向民众宣读国家法令，并且将民众中那些具有祭祀祖宗敬慎、做事敏捷及时行义、对朋友讲信用、体恤贫困者等德行的人记录在案。

3. 凡事①，掌其比、觵、挞罚之事②。

【注释】

①凡事：指举行乡饮酒礼、乡射礼等饮酒场合。

②比、觥、挞罚：比，校比，考核，考校。按，清查人数，分别尊卑贵贱，皆属校比之事。觥（gōng），同"觥"，古代饮酒器，用兕牛角做成。此处用为动词，谓对乡射礼或乡饮酒礼上失礼者以觥罚饮。挞，亦惩罚失礼者，《说文》曰："挞，乡饮酒罚不敬，挞其背。"

【译文】

凡是聚众行礼饮酒的事情，掌管对众人的监督、处罚失礼者饮酒或鞭挞失礼者的事情。

九　比长

1. 比长各掌其比之治①。五家相受、相和亲，有罪奇邪②，则相及。

【注释】

①比：闾之下的行政区划单位。五家为一比。

②奇邪：庄存与曰："奇邪，谓造谣乱民之类也。"

【译文】

比长各自掌管对本比的治理。要使五家互相托付、和睦相亲，如果一家有犯罪或造谣惑众作乱滋事的，其他四家知情不报，就要连带受到惩罚。

2. 徙于国中及郊①，则从而授之②。若徙于他③，则为之旌节而行之。若无授无节，则唯圜土内之④。

【注释】

①郊：谓郊里，亦在四郊之内，但已出乡，是郊民所居的土地。

②从而授之:郑《注》曰:"皆从而付所处之吏,明无罪恶。"即谓比长要将迁徙者交付所迁处当地官吏,并负责说明迁徙者清白无罪恶。

③徙于他:刘绩《三礼图》卷一曰:"谓出居异乡也。"

④圜土:郑《注》曰:"狱城也。"按,凡有过失而未构成犯罪者,即所谓罢民,则收入周围筑有圆形围墙的圜土,冀其悔改。故圜土与监狱、图圄不同,犹今劳教所。内,同"纳"。收入,收进。

【译文】

如果比内居民迁徙到都城中或郊里的,比长就要随从迁徙者一道前往而亲手把他们交付给当地的官吏。如果迁徙到郊以外其他地方,那就不仅要比长亲自护送,还要授给他们符节作为通行证让他前往。如果迁徙者没有比长亲自前往交付或没有符节,路上遇到盘查,就要被收进圜土。

一○　封人

1. 封人掌设王之社壝①,为畿封而树之②。凡封国,设其社稷之壝,封其四疆。造都邑之封域者③,亦如之。

【注释】

①掌设王之社壝:"设",《注疏》本原文误刻作"诏"。社壝(wěi),祭祀社稷之神的祭坛及其四周矮土墙的总称。郑《注》曰:"壝谓坛及埒埒。"按,此处言社而未言稷(谷神),是省文。刘阮曰:"社稷有坛,外有壝,言社以该稷,壝以该坛也。"

②为畿封而树之:畿封,王畿的边界,即距都城五百里的四周边界。贾《疏》曰:"谓王之国(都)外四面五百里,各置畿限,畿上皆为沟堑,其土在外而为封,又树木而为阻固。"

③造都邑之封域:都邑,谓大都、小都、家邑三等采地。三者各有边

界。据《注疏》，即王畿内的采邑。按，都邑亦有社稷，此处是
省文。

【译文】

封人掌管为王的社稷设置祭坛以及坛外四周的矮墙，在王畿周围
挖沟筑墙修建疆界并在界上种树。凡分封诸侯国，也要为该诸侯国的
社稷设置祭坛及坛外四周的矮墙，并在该诸侯国的四周挖沟筑墙种树
修建疆界。建造都邑的社稷墙坛和疆界，也要这样做。

2. 令社稷之职①。

【注释】

①令社稷之职：郑《注》曰："将祭之时，令诸有职事于社稷者也。"

【译文】

将要祭祀社稷时，要命令对于祭祀社稷负有职责的各部门各尽
其职。

3. 凡祭祀，饰其牛牲①，设其楅衡②，置其绁③，共其水
稾④。歌舞牲及毛炮之豚⑤。

【注释】

①饰其牛牲：饰，刷洗。郑《注》曰："谓刷治洁清之也。"牛牲，作牺
　牲用的牛。

②楅（bī）衡：楅，拴在牛角上以防牛顶人的横木。衡，即鼻栓，系于
　牛鼻便于穿绳牵牛。

③绁（zhèn）：穿在牛鼻栓（即衡）上以备牵牛的绳子。

④共其水稾：共，同"供"。稾，阮校及孙诒让《校记》皆以为当作槀，

当误。按,稾是"稿"的异体字,稻、麦的秆子。水稾,水用以洗净杀过的牲体,稾即麦秆,用以垫杀过的牲体。郑《注》曰:"水稾,给杀时洗荐(衬垫)牲也。"

⑤歌舞牲及毛炮之豚:歌舞牲,郑《注》曰:"谓君牵牲入时,随歌舞之言其肥香以歆神也。"按,此指行朝事礼时,王出室迎牲,封人则要跟在牲后歌舞,歌词赞美牲肥香可口,希望神来歆享。毛炮之豚,毛谓去毛,炮谓裹涂而烧之。其法,即《礼记·内则》所记八珍之一的炮豚之法:先用苇席裹豚,再用泥涂封,而后用火烧熟,再剥去泥和席(参见《天官·膳夫》注)。

【译文】

凡是将举行祭祀,洗刷干净用于祭祀的牛牲,给牛设置楅衡,栓上牵牛绳,供给杀牲时所需用的水和禾秆。当王牵着牛牲将牲进入庭中时,要跟在牛牲后面载歌载舞,以及负责煺掉猪毛,并将猪整体裹起来加以烧烤加以炮制。

4. 凡丧纪、宾客、军旅、大盟①,则饰其牛牲。

【注释】

①大盟:王与诸侯会盟。

【译文】

凡是举行丧事祭奠、款待宾客、军队出征、大的会盟,就要洗刷干净所用的牛牲。

一一　鼓人

1. 鼓人掌教六鼓、四金之音声①,以节声乐,以和军旅,以正田役。

【注释】

①六鼓：即下节所记雷鼓、灵鼓、路鼓、鼖鼓、鼛鼓、晋鼓六种鼓。四
　金之音声：四金，即下节所记金镎、金镯、金铙、金铎四种铜制乐
　器。音声，郑《注》曰："五声合和者。"按，五声指宫、商、角、徵、
　羽，构成我国古代音乐的五声音阶。五声单发为声，按一定规律
　排列则成音，即所谓"五声和合"。贾《疏》曰："五声须鼓乃和。"

【译文】

鼓人掌管教会人们敲击六种鼓和四种金属乐器，以使五声和合发
出乐音，用以节制音乐，用以协调军队，用以指挥田猎、力役。

2. 教为鼓而辨其声用。以雷鼓鼓神祀①，以灵鼓鼓社
祭②，以路鼓鼓鬼享③，以鼖鼓鼓军事④，以鼛鼓鼓役事⑤，以
晋鼓鼓金奏⑥。以金镎和鼓⑦，以金镯节鼓⑧，以金铙止鼓⑨，
以金铎通鼓⑩。

【注释】

①雷鼓鼓神祀：郑《注》说，雷鼓是一种八面鼓，神祀谓祭祀天神。

②灵鼓鼓社祭：郑《注》说，灵鼓是一种六面鼓，社祭谓祭祀地祇。
　社，谓地祇。

③路鼓鼓鬼享：郑《注》说，路鼓是一种四面鼓，鬼享谓祭祀宗庙。

④鼖（fén）鼓：鼖，一种两面鼓，长八尺，直径四尺，用于军事。郑
　《注》曰："大鼓谓之鼖，鼖鼓长八尺。"贾《疏》说，鼖鼓是两面鼓。

⑤鼛（gāo）鼓：鼛，郑《注》说，是一种长一丈二尺的大鼓，有事情时
　用来召集人。按，鼛鼓《韗人》作皋鼓。

⑥晋鼓：郑《注》说，是一种长六尺六寸的两面鼓。

⑦以金镎（chún）和鼓：镎，即镎于，一种铜制军乐器，形如圆筒，上圆

下虚,上大下小,顶上多有虎形钮,可悬挂,以物击之而鸣,常与鼓相配合。郑《注》曰:"镎,镎于也。圜如碓头(即舂杵),大上小下。乐作,鸣之与鼓相和。"马承源说,从出土情况看,镎于"始于春秋时期,盛行于战国至西汉前期",可用于军阵,亦可用于祭祀集会。

⑧以金镯(zhuó)节鼓:镯,军中乐器。形似小钟,柄中空。军中鸣之以为鼓节。郑《注》以为即钲(zhēng),曰:"镯,钲也,形如小钟,军行鸣之,以为鼓节。"钱玄说:"《周礼》无'钲'字,即用'镯'字。"(《三礼通论》262页)

⑨以金铙(náo)止鼓:铙,军中铜制乐器,形如铃铛,但无舌,有柄,以物击之而鸣。郑《注》曰:"铙如铃,无舌,有秉,执而鸣之,以止击鼓。"按,止击鼓,即为退军。贾《疏》曰:"进军之时击鼓,退军之时鸣铙。"马承源说,铙是我国最早使用的青铜打击乐器之一,流行于商代晚期,周初沿用,可用于军中、祭祀和宴乐。

⑩以金铎通鼓:铎,大铃,铜制乐器,有舌,摇动使其发声。金属舌者称金铎,用于军事田猎。木舌者则称木铎,用于警戒。郑《注》曰:"铎,大铃也,振之以通鼓。"钱玄说:"在军击鼓,必先振铎,而后诸鼓齐鸣,故曰通鼓。"(《三礼通论》266页)马承源说,铎盛行于春秋战国时期,多用于军旅和田猎。

【译文】

教人敲鼓击金而分辨鼓、金的声音和用途。祭祀天神时要敲击雷鼓,祭祀地神时要敲击灵鼓,祭祀宗庙祖宗时要敲击路鼓,在军事行动中要敲击鼖鼓,兴起劳作役事时要敲击鼖鼓,敲击钟、镈等乐器以后要敲击晋鼓。用金镎调和演奏音乐时的鼓声,用金镯节制进军时的鼓声,用金铙停止进军时的鼓声并指挥撤军,用金铎传达命令然后众人敲击军鼓一齐响应。

3. 凡祭祀百物之神①,鼓兵舞、帗舞者②。凡军旅,夜鼓鼜③。军动,则鼓其众④。田役亦如之。

【注释】

①百物之神:据贾《疏》,上文说了祭天、祭地、祭宗庙,此则说祭诸小神之事。

②兵舞、帗舞:据郑《注》,兵舞,谓以干(盾牌)戚(玉斧)等兵器为舞具,执之以舞。帗(fú),一种舞具,剪裂五彩帛制成,有柄可执;帗舞即执帗而舞,用于祭祀社稷。

③鼜(qì):巡夜警戒所敲的鼓。郑《注》曰:"鼜,夜戒守鼓也。"

④则鼓其众:贾《疏》曰:"据将临陈(阵)时,军旅始动,则击鼓以作士众之气。故曹刿云'一鼓作气'。"

【译文】

凡是祭祀各种各样的小神,就要击鼓作为兵舞、帗舞的节奏。凡军旅之中,巡夜戒备要敲击鼜鼓。军队将冲锋陷阵,就要击鼓鼓舞士气。征召徒役举行田猎时,也要这样做以鼓舞士气。

3. 救日月,则诏王鼓。大丧,则诏大仆鼓①。

【注释】

①"大丧"二句:据郑《注》,在人始死时和下葬时,要击鼓警众。按,大仆在大丧时有击鼓的职责(详其职文)。

【译文】

遇到解救日食、月食,就要禀告王击鼓抢救。有大丧,就通知大仆击鼓。

一二　舞师

1. 舞师掌教兵舞,帅而舞山川之祭祀。教帗舞,帅而舞社稷之祭祀。教羽舞①,帅而舞四方之祭祀②。教皇舞③,帅而舞旱暵之事④。

【注释】

①羽舞:羽,舞具,据郑《注》,用白色羽毛做成,形如帗,有柄可执。执羽而舞,故名。

②四方之祭祀:郑《注》曰:"谓四望也。"孙诒让曰:"四方、四望可通称。"按,望为祭名,四望即望祀四方的名山大川如五岳、四渎等及海。

③皇舞:皇,舞具,用五彩羽毛制成。据郑《注》,是用五彩羽毛做成,亦形如帗,有柄可执。执皇而舞,故名。

④旱暵(hàn)之事:郑《注》曰:"谓雩也。"雩(yú),祭名,临时举行的祈雨祭祀。暵,干旱。《说文》曰:"干也。"

【译文】

舞师掌管教练兵舞,遇到祭祀山川之神时率舞队前往而跳兵舞。教习帗舞,遇到祭祀社稷之神时率舞队前往而跳帗舞。教习羽舞,遇到祭祀四方名山大川时率舞队前往而跳羽舞。教习皇舞,遇到为解除干旱而举行雩祭时率舞队前往而跳皇舞。

2. 凡野舞①,则皆教之。

【注释】

①野舞:郑《注》曰:"谓野人欲学舞者。"按,野人,即庶人。

【译文】

凡平民想学习舞蹈的,就都要教给他们。

3. 凡小祭祀①,则不兴舞。

【注释】

①小祭祀:指祭祀官中的门神、灶神之类。

【译文】

凡是小祭祀,就不需要起舞了。

一三　牧人

1. 牧人掌牧六牲①,而阜蕃其物,以共祭祀之牲牷②。

【注释】

①六牲:郑《注》曰:"谓牛、马、羊、豕、犬、鸡。"

②牲牷(quán):牲,谓供祭祀及膳食的家畜,角体完具无损。牷,用作
　祭品的色纯而体全的牲畜。曾钊曰:"牷,色之纯;牲,体之具也。"

【译文】

牧人掌管牧养六牲,而且使六牲种类繁殖,以供给祭祀所用的角体
完具毛色纯一的牺牲。

2. 凡阳祀①,用骍牲毛之②;阴祀③,用黝牲毛之④;望
祀⑤,各以其方之色牲毛之⑥。

【注释】

①阳祀:郑《注》以为是指祭祀天和宗庙。

②骍牲毛之:骍,谓赤色。毛之,谓选择毛色纯一之牲。郑《注》曰:
　"骍牲,赤色。毛之,取纯毛也。"

③阴祀:郑《注》以为是指祭祀地和社稷。

④黝:通"幽",黑色也。段玉裁、孙诒让皆以为当作"幽"。按,上博
　楚简《颜渊问于孔子》简11:"老老而(慈)黝,所以凥(居)仁也。"
　读为"幼"。

⑤望祀:遥望祭祀四方的五岳、四镇、四渎。即《舞师》所谓"四方之
　祭"。四镇,四座大山,参见《职方氏》。四渎,谓江、河、淮、济四
　条流入海的河。

⑥各以其方之色牲:按照五行观念,东西南北中五方分别与青(苍)
　白赤黑黄五色相配,故如祭祀东岳泰山和济水,就选用青色之
　牲。余类推,即所谓"各以其方之色牲"。

【译文】

　　凡是祭祀天或宗庙之类的阳祀,要选用毛色纯赤的牲;祭祀地和社
稷之类的阴祀,要选用毛色纯黑的牲;凡是祭祀名山大川,各要选用与
其方土色完全一致的纯毛的牲。

　　3. 凡时祀之牲①,必用牷物。凡外祭、毁事②,用尨
可也③。

【注释】

①时祀:据《注疏》,谓"四时所常祀",即谓列在祭祀之常典、四时按
　惯例定期举行的、对山川、川泽、四方、百物的祭祀。

②外祭、毁事:外祭,郑《注》曰:"谓表貉及王行所过山川用事者。"
　按,表貉,谓田猎时在立表处举行貉祭(参见《春官·肆师》注);
　所过山川用事,谓王外出时对所过山川进行祭祀:是皆所谓外
　祭。毁事,谓毁折牲体而祭,是一种为禳除殃咎、祈求吉祥而临

时举行的祭祀,如《春官·大宗伯》所谓"貍薶",《小祝》所谓"侯、禳",皆属此类。

③尨(máng):杂色的牲畜。杜子春曰:"尨谓杂色不纯。"

【译文】

凡是四季定期举行的祭祀所用的牺牲,一定要用毛色纯一的。凡是举行外祭或毁折牲体对途经山川的临时祭祀,用杂色的牺牲是可以的。

4. 凡祭祀共其牺牲[①],以授充人系之[②]。凡牲不系者[③],共奉之。

【注释】

①牺:孙诒让曰:"牺为祭牲之专名。"

②以授充人系之:充人,官名。负责饲养祭祀所需牲牷。郑《注》曰:"授充人者,当殊养之。"殊养,谓殊别于牧群、另加拴系饲养。按,充人有于祭前系养祭牲的职责,参见《充人》。

③凡牲不系者:系,饲养。郑《注》曰:"谓非时而祭祀者。"此谓如果有不在常典之祀,是临时有事而祭祀,则所用牲不授充人系养。

【译文】

凡是祭祀,供应所需的牺牲,交给充人另加饲养。凡临时性的祭祀所用的牲不需要交给充人饲养的,也供应并直接交给负责祭祀的部门。

一四　牛人

1. 牛人掌养国之公牛[①],以待国之政令。

【注释】

①公牛:公家的牛。

【译文】

牛人掌管为国家饲养公家的牛,以待国家的命令而供给。

2. 凡祭祀共其享牛、求牛①,以授职人而刍之②。凡宾客之事③,共其牢礼、积、膳之牛④。飨、食、宾射⑤,共其膳羞之牛⑥。军事,共其槁牛⑦。丧事,共其奠牛⑧。凡会同、军旅、行役⑨,共其兵车之牛,与其牵傍⑩,以载公任器⑪。

【注释】

①享牛、求牛:享牛,挑选出来用于正祭以献给神灵的牛。求牛,祭祀前三天,王将符合祭祀要求的牛挑选出来,并占卜此牛用于祭祀是否吉利,谓之求牛。郑《注》曰:"享,献也。献神之牛,谓所以祭者也。求,终也。终事之牛,谓所以绎者也。"此言求牛为用于绎祭以终事的牛。绎,祭名,祭之明日又祭,谓之绎祭。祭祀至绎祭而终,故称求牛为"终事之牛"。

②授职人而刍之:职,通"樴",即木桩。郑《注》曰:"职读为樴。樴谓之杙(木桩),可以系牛。"是职人即系养牛的人。刍,本指喂牲口的草,此指用草喂养牲口。

③宾客:据贾《疏》,指来朝的诸侯,或来聘之臣。

④牢礼、积、膳:牢礼,郑《注》曰:"飨饔也。"(参见《天官·外饔》注)。积,即委积,是供宾客道路所用之牢米薪刍,包括牲。膳,郑《注》曰:"所以间礼宾客。"即在宾客留住期间宴飨宾客。

⑤飨、食、宾射:飨,谓飨礼,是一种用酒食款待宾客之礼。食,谓食礼,亦是一种款待宾客之礼,《仪礼·公食大夫礼》记诸侯食礼,可参阅。宾射,是天子与来朝诸侯,或诸侯相朝聘所举行的射礼,据贾《疏》,天子、诸侯行射礼前皆先行燕礼,故需用牛牲。

按,《仪礼·燕礼》记诸侯燕礼之仪节,可参阅。

⑥膳羞:即羞膳。膳指正馔所上的牲肉。郑《注》曰:"羞,进也,所进宾之膳。"

⑦犒牛:犒,通"犒",犒劳。郑司农曰:"犒师之牛。"

⑧奠牛:奠,丧事中未葬前的祭祀叫奠。方苞《集注》曰:"丧所荐馈曰奠。"

⑨行役:此指王巡守。贾《疏》曰:"会同、军旅兼言行役,谓王行巡守皆六军从也。"

⑩"共其兵车之牛"二句:车,《注疏》本原误刻作"军"。兵车,据贾《疏》,此指牛拉的运载辎重的大车,牛人当供其牛。牵傍,郑《注》曰:"在辕外挽牛也。"

⑪任:郑《注》曰:"犹用也。"

【译文】

凡是祭祀供给所需的享牛和求牛,然后把它们交给职人饲养。凡有招待宾客的事,供给为宾客设便宴或馈饔饩、赠送道路之资以及宴请宾客所用的牛。王举行飨礼、食礼或宾射礼,都供给进献宴席上膳食所需的牛。遇到军事行动,供给犒劳将士所需的牛。遇到丧事,供给殷奠、遣奠所需的牛。凡是王与诸侯会同、出兵征伐、巡守,供给为兵车驾辕的牛,并在辕外协助牵牛,用以运载公用的器物。

3. 凡祭祀,共其牛牲之互①,与其盆簝②,以待事。

【注释】

①互:郑《注》曰:"若今屠家县(悬)肉格。"格,木架子。

②盆簝(liáo):簝,古代宗庙祭祀盛肉的竹器。郑司农曰:"盆、簝皆器名。盆,所以盛血。簝,受肉笼也。"

【译文】

凡有祭祀,供给悬挂牛牲所需的肉架子,以及盛<u>牲</u>血的盆和盛牲肉的竹笾,以待祭事。

一五　充人

1. 充人掌系祭祀之牲牷。祀五帝,则系于牢,刍之三月。享先王亦如之。凡散祭祀之牲①,系于国门②,使养之③。

【注释】

①散祭祀:据郑《注》说,即小祭祀,祭祀司中、司命、山川诸小神,

②系于国门:郑《注》曰:"谓城门司门之官。"(参见《司门》)

③使养之:郑司农曰:"使守门者养之。"

【译文】

充人掌管系养祭祀所用的角体完具、毛色纯一的牲。祭祀五帝的牲,就单独拴系在牛圈中,饲养三个月,祭祀先王的牲也这样做。凡散祭祀所需用的牲,只需拴系到国都城门的司门官那里,让守门人负责喂养。

2. 展牲①,则告牷。硕牲,则赞②。

【注释】

①展牲:郑《注》曰:"若今夕牲也。"按,夕牲,谓祭祀前一天之夕检视牲,看牲体的体肤、毛色是否符合要求。又称视牲、省牲。

②硕牲,则赞:据贾《疏》,是指祭祀当天,王和王后先后向尸行裸将礼后,王迎牲入庙时,群臣要向神稟告说:牲体很肥硕。赞,帮助。方苞《集注》曰:"防其奔骇,故助持之。"

【译文】

祭祀前夕省视牲,就向省视者报告说:牲角体完具毛色纯一。祭祀当天,当天子牵牲入庙,群臣向神禀告牲体肥硕时,就要抓紧牛鼻绳帮助王牵牲。

一六　载师

1. 载师掌任土之法^①。以物地事^②,授地职^③,而待其政令^④。

【注释】

①任土:利用土地。郑《注》曰:"任其力势(指土地肥力、高下形势)所能生育,且以制贡赋也。"

②以物地事:郑《注》曰:"物,物色之,以知其所宜之事。"按,所宜之事,谓不同土地所宜从事的各类生产。

③授地职:郑《注》曰:"授农牧衡虞,使职之。"谓适宜于农业的土地就授给农民,适宜于放牧的土地就授给牧人,山林川泽则授给虞衡。

④以待其政令:政,通"征",税也。贾《疏》曰:"谓因其职事,使出赋贡,即下经'园廛二十而一'以下是也。"黄度曰:"待政令,待税敛之政令也。"

【译文】

载师掌管利用土地、制订相应税率的法规,以分辨不同土地的不同功用,授给不同职业的人,以待完成国家征税的命令。

2. 以廛里任国中之地^①,以场圃任园地^②,以宅田、士田、贾田任近郊之地^③,以官田、牛田、赏田、牧田任远郊之

地④,以公邑之田任甸地⑤,以家邑之田任稍地⑥,以小都之
田任县地⑦,以大都之田任畺地⑧。凡任地,国宅无征⑨,园
廛二十而一⑩,近郊十一,远郊二十而三,甸、稍、县、都皆无
过十二,唯其漆林之征二十而五。

【注释】

①廛里:居宅,住宅。官献瑶曰:"廛,民居之通称。许行曰:'愿受
　一廛而为民。'市肆亦民居也,故同谓之廛。里,居也。《孟子》
　曰:'收其田里。'合而言之,皆宅也。"

②以场圃任园地:江永曰:"谓城外有可为园圃之地,授九职中艺园
　圃者,使贡草木果蓏之属,场人掌之。"故场圃,即场人所掌之园
　圃;园地,即可为园圃之地。孙诒让说,这种园地在国都的城郭
　之间。按,古代城外有郭(即外城),城外郭内有大片空地,可作
　场圃。

③宅田、士田、贾田:据郑《注》,宅田是退休官吏之家所领受的养家
　之田;士(当读为"仕")田,是做官者(包括卿、大夫、士及其子弟)
　所领受的田地,亦称圭田(《孟子·滕文公上》赵岐《注》曰:"古者
　卿以下至于士,皆受圭田五十亩,所以供祭祀。");贾田是商贾之
　家所领受的田地。孙诒让曰:"贾人身在市,不得为农,其家有子
　弟任农者,则授以田。"近郊:距都城五十里以内之地。

④官田、牛田、赏田、牧田:据郑《注》,官田是庶人在官府服务者之
　家所领受的田地;牛田、牧田,是为公家畜牧者之家所领受的田
　地。赏田,对有功者赏赐的田地,地在远郊。惠士奇曰:"禄田之
　外,有功而赏曰赏田。"按,以上自宅田至牧田七类田,江永说皆
　为近郊、远郊农田以外的闲田。

⑤以公邑之田任甸地:郑《注》曰:"公邑,谓六遂余地,天子使大夫
　治之,自此以外皆然。"按,甸即郊外之地,距都城百里至二百里

之间,亦称邦甸(参见《天官·大宰》),甸地设六遂,六遂总领七
万五千家(参见《遂人》),而六遂之外所余民户、土地,则设公邑,
由天子委派大夫治理。又甸以外至畿疆,还有稍、县、都(见下
文),这些地方除采邑亦皆属公邑,故曰"自此(指甸)以外皆然"。

⑥以家邑之田任稍地:据郑《注》,家邑是大夫的采地,下文小都是
卿的采地,大都是公(包括王子弟)的采地。据贾《疏》,家邑最
小,二十五里,小都五十里,大都百里。稍地,即家削之地,即王
都外二百里与三百里的土地,通常做大夫的采地(按,此及下文
县地、畺地,皆参见《大宰》)。

⑦县地:即邦县之地,在距王都三百里至四百里之间。县地有卿之
采邑,称小都。

⑧畺地:孙诒让曰:"畺,或作'疆'。此经畿畺字并作'疆',惟此作
'畺'。"畺地,王畿边界之地,即邦都之地,亦即下文所谓都,在距
王都四百里至五百里之间。

⑨国宅:即官宅,为官者的住宅。征:税也。

⑩园廛二十而一:按,园廛不种谷物,园则税其瓜果草木,廛则税其
宅地所种树,郑《注》曰"古之宅必树"。

【译文】

用国都中的土地来作普通百姓和官员的住宅,用城外郭内的空地
来作种植瓜果蔬菜的场圃,用近郊的土地来作宅田、士田、贾田,用远郊
的土地来作官田、牛田、赏田、牧田,用邦甸中六遂以外的土地作公邑,
用稍地来作家邑之田,用县地来作小都之田,用畺地来作大都之田。凡
是使用土地的征税办法,都城内的官宅免征税,种植瓜果蔬菜的园圃和
民宅,税率是二十分之一,近郊的税率十分之一,远郊的税率二十分之
三,甸、稍、县、都的税率均不超过十分之二,只有对那漆树林的征税率
是二十之五。

3. 凡宅不毛者,有里布①;凡田不耕者,出屋粟②;凡民无职事者,出夫、家之征③。

【注释】

①"凡宅不毛者"二句:宅不毛,郑司农曰:"谓不树桑麻也。"里,江永曰:"里居之里,……即谓所居之宅也。"里布,对宅地不树桑麻者所征收的罚款。布,郑《注》释为"泉(钱)"。

②屋粟:税名,计亩征收的罚粮。数量不详。江永曰:"屋粟又见《旅师》,自是当时征税之名,不知其多少。田不耕有多少,当量田而出粟。"

③夫、家之征:据郑《注》,谓出夫税、家税。夫税,指一夫百亩所当缴纳的田税;家税,谓出军赋,服徭役。

【译文】

凡是宅地旁边不种植桑麻的,要按其宅地面积处以罚款;凡是让田地荒芜不耕种的,根据所荒废田地亩数罚出屋粟;凡民众无职业而又无所事事的,就要罚他交出夫税、家税。

4. 以时征其赋①。

【注释】

①以时征其赋:据孙诒让说,载师为闾师、县师、遗人、均人之长,则"征其赋",当是令四官依法征之,而载师监督之,并非亲临其事。

【译文】

按时征收各种赋税。

一七　闾师

1. 闾师掌国中及四郊之人民、六畜之数,以任其力,以待其政令,以时征其赋。

【译文】

闾师掌管国都之中及四郊之内的人民、六畜的数目,以任用他们的劳动力从事生产,以等待国家的政事命令,而按时向他们征收赋贡。

2. 凡任民:任农以耕事,贡九谷;任圃以树事,贡草木①;任工以饬材事②,贡器物;任商以市事,贡货贿;任牧以畜事,贡鸟兽;任嫔以女事③,贡布帛;任衡以山事④,贡其物;任虞以泽事⑤,贡其物。

【注释】

①草木:郑《注》曰:"谓葵韭果蓏之属。"

②饬材:整治各种原材料以成器物。为十二职事之一,即百工之事。参见《天官·大宰》。

③任嫔以女事:嫔,即妇女。女事,谓"化治丝枲"。

④衡:本指掌山林的官,此指利用山林从事生产之民。

⑤虞:本指掌川泽之官,此指利用川泽从事生产之民。

【译文】

凡任用民众:任用农民从事耕种的事,贡纳各种谷物;任用圃人从事种植的事,贡纳瓜果蔬菜;任用工匠从事制造的事,贡纳各种器物;任用商贾从事贸易的事,贡纳财物;任用牧民从事畜牧的事,贡纳鸟兽;任用妇女从事女工的事,贡纳布帛;任用山民从事山林生产的事,贡纳山林的各种山货物产;任用川泽之民从事川泽生产的事,贡纳川泽的各种水产。

3. 凡无职者①,出夫布②。

【注释】

①无职者:谓无固定职业而四出打工的人。即《天官·大宰》所谓"九日闲民,无常职,转移执事"者。

②出夫布:夫布,丁钱。夫谓劳力,布谓钱。因按夫出钱,故称。贾《疏》曰:"使出一夫口税之泉(钱)也。"

【译文】

凡是没有固定职业的人,可不交纳实物,但要出一人的人头税。

4. 凡庶民不畜者,祭无牲;不耕者,祭无盛①;不树者,无椁;不蚕者,不帛;不绩者,不衰②。

【注释】

①盛:指盛于器而用于祭祀的黍稷等谷物。郑《注》曰:"黍稷也。"

②不衰:衰,本指服斩衰、齐衰丧的人缀于丧服前当心处的麻布。《仪礼·丧服·记》曰:"衰长六寸,博四寸。"江永曰:"不绩之人遇有斩、齐之丧,其丧服不设此布以耻之,非不服丧服。"

【译文】

凡是民众不畜养牲畜的,祭祀时就不许用牲;不耕种田地的,祭祀时就不许用黍稷等谷物;不种树的,丧葬时就只可用棺而不许用外椁;不养蚕的,就不许身穿丝绸;不纺织的,办丧事的孝服前就不许缀衰。

一八　县师

1. 县师掌邦国、都鄙、稍、甸、郊里之地域①,而辨其夫家人民、田莱之数②,及其六畜车辇之稽。三年大比,则以考群吏而以诏废置。

【注释】

①"县师"句：邦国，指各诸侯国，都鄙，是指分布于王畿内稍、甸、都地区的采邑。郊里，据孙诒让说，都郊地区分布有六乡，但此外还有《载师》所言宅田、士田以至牧田等七种田，在六乡和七种田之外，其余有民居住的土地，就称为郊里。郊里之地在四郊，各为小城邑，为郊民所居，按什伍编制，与乡遂之民同，而与公邑井田之制异。县师是掌公邑的官，而公邑分布在甸、稍、县、都四地区（参见《载师》注）。四地区以内有郊里，以外有邦国，中间杂有都鄙（采邑）。

②夫家：江永曰："犹云'男女'。无妻者为夫，有妻者为家。"田莱：田指当年可耕之田，莱，郑《注》曰："休不耕者。"指当年休耕之田。

【译文】

县师掌管外连诸侯国、内自郊里，其中除采邑以外的都、县、稍、甸地区等公邑，而负责查明其间可作劳力使用的男女民众、耕地与休耕地，以及其六畜、各种车辆的数目。每逢三年大校比，就据以考察公邑所属官吏们的政绩而报告上级，来加以罢免或提升。

2. 若将有军旅、会同、田、役之戒①，则受法于司马，以作其众庶及马牛车辇，会其车人之卒伍②，使皆备旗鼓、兵器，以帅而至③。

【注释】

①军旅：谓征伐之事。

②会其车人之卒伍：与《族师》"合其卒伍"同义。

③以帅而至：据江永说，由公邑之长帅之，县师不帅。

【译文】

如果有将要出征讨伐、会同、田猎或劳役的戒令，就从大司马那里接受征兵的法令,据以征调民众和马牛车辆,并且把车和人按军事编制组织起来,让他们都备足战旗、战鼓、武器和用器,而由各公邑的长官率领他们到达县师那里报到。

3. 凡造都邑①,量其地,辨其物②,而制其域。

【注释】

①都邑:周代王子弟、大夫的采邑,指大都、小都和采邑。贾《疏》曰:"都谓大都、小都,邑谓家邑也。"

②辨其物:物,指山林、川泽、物产和人民等。郑《注》曰:"物谓地所有也。"

【译文】

凡是建造都邑,测量它的土地,辨别该地所有的人民和物产,而划定它的疆界地域。

4. 以岁时征野之赋贡①。

【注释】

①野之赋贡:野,据郑《注》,谓甸、稍、县、都。江永曰:"此谓征公邑之民赋也。"

【译文】

每年按季征收公邑的赋贡并送入大府。

一九　遗人

1. 遗人掌邦之委积①,以待施惠。乡里之委积②,以恤民之艰厄;门关之委积③,以养老孤④;郊里之委积,以待宾客。野鄙之委积^⑤，以待羁旅^⑥；县都之委积^⑦，以待凶荒。

【注释】

①委积：指储备的粮草等生活资料。供给救灾济贫、往来行人使用。孙诒让云："凡储聚禾米薪刍之属，通谓之委积。"

②乡里：里，居也。乡里谓六乡中七万五千家所居之里，即郑《注》所谓"乡所居也"。

③门关之委积：贾《疏》曰："门谓十二国门，关谓十二关门，出入皆有税。所税得者，亦送账多少（即报账），足国用外，留之以养老孤。"王志长引"或曰"云："门关之委积，谓门关之税入所余。"

④老孤：谓为国捐躯者的父母及其未成年子弟。

⑤野鄙：据孙诒让说，此指甸地（距王都一百里到二百里间）和稍地（距王都二百里到三百里间）。

⑥羁旅：寄居在外的旅客。贾《疏》曰："旅，客也。谓客有羁縶在此未得去者。"

⑦县都：指距王都三百里到四百里间之县地和四百里到五百里间之都地。委积：储聚米粟薪刍等生活必需品。

【译文】

遗人掌管王国的委积，以待向需要者施恩惠。乡里的委积，用以救济乡民中饥饿困乏的人；城门、关门的委积，用以抚恤为国事捐躯者的父母及子女；郊里的委积，用以供给过往都城的宾客；野鄙的委积，用以救助寄居他乡的旅客；县都的委积，用以防备灾荒。

2. 凡宾客、会同、师、役，掌其道路之委积^①。凡国野之道，十里有庐^②，庐有饮食；三十里有宿^③，宿有路室^④，路室有委^⑤；五十里有市，市有候馆^⑥，候馆有积。

【注释】

①道路之委积：贾《疏》曰："上经委积随其所须之处而委积，此经所
　陈委积，据会同、师、役行道所须，故分布于道路。"

②庐：谓四面透风的棚子。只可白天歇脚，不能过夜。孙诒让曰：
　"庐制最疏略，惟为长广之周屋，以便昼息，……无房室，不可野
　宿也。"

③宿：设于道旁的住宿馆舍。国中郊野之道每三十里社一宿，宿有
　路室及粟米薪刍。孙诒让曰："其制视庐加详，具有房室，可以
　夜宿。"

④路室：宿处的房室，即客舍。

⑤路室有委：委，及下文"候馆有积"的"积"，皆委积义。委、积本同
　义。《说文》曰："积，聚也。"《广雅·释诂》曰："委，积也。"故委、
　积皆积聚粮草义。析言之，郑《注》曰："(集聚)少曰委，多曰积。"

⑥候馆：路旁宾馆。可住宿、洗澡、登高候望。郑《注》曰："楼可以
　观望者。"

【译文】

　　凡有接待宾客、会同、征伐、劳役等事，掌管沿途所需的委积。凡是
国都中和野外的道路，每隔十里就设有庐，庐中备有饮食；每隔三十里
就设有宿，宿处有路室，路室有委；每隔五十里就有集市，集市有候馆，
候馆有积。

　　3. 凡委积之事，巡而比之，以时颁之。

【译文】

　　凡是有关委积的事，要经常加以巡视考校，如发现储备不足，要及
时给予补充。

二〇　均人

1. 均人掌均地政^①，**均地守**^②，**均地职**^③，**均人民、牛马、车辇之力政**^④**。**

【注释】

①掌均地政：均，均平调整。地政，土地之赋税。政，通"征"，税也。阜阳汉简《周易·颐》："六二，奠（颠）颐，弗（拂）经，于丘颐，政（征）（凶）。"（白于蓝《战国秦汉简帛古书通假字汇纂》756页）郑《注》曰："政，读为'征'。地征，谓地守、地职之税也。地守，衡虞之属。地职，农圃之属。"贾《疏》曰："均地政者，谓均地守、地职二者之税，使皆十一而出税。"按，均人所掌，指据国家税法和税率，按征税对象的情况制定具体征收细则，以使赋税征收合理均平，故曰"均"，并非实地征收赋税。

②地守：地政官员的职守。山虞、林衡、川衡、泽虞等各有所守，据其所守之山林川泽，缴纳特产以为赋税。

③地职：根据所领受土地不同而分派的各种职业。贾《疏》曰："此即《大宰》九职云'一曰三农，二曰园圃'之属，以九职任之，因使出税也。"

④力政：力役的征调。谓征人力以营造宫室、城郭、道路等。政，通"征"，征调、征用。

【译文】

均人掌管均平调整乡遂公邑的地税，均平调整山林川泽之税，均平调整各种从业税，均平调整对于人民、牛马、车辇的力役征调。

2. 凡均力政，以岁上下：丰年则公旬用三日焉^①**，中年则**

公旬用二日焉②，无年则公旬用一日焉③。凶札则无力政，无财赋，不收地守、地职，不均地政。

【注释】

①丰年则公旬用三日焉：丰年，丰收之年。据《廪人》，谓一人一月配给四鬴食粮。公旬用三：公旬，郑《注》曰："公，事也。旬，均也。"王引之曰："谓年丰则力役之事于一旬中用三日。以丰年计之，一月用九日，三冬（谓冬季三个月，其他季节不征调力役）亦只二十七日耳。"

②中年：中等收成的年景。据《廪人》，一人一月配给三鬴食粮称中年。

③无年：收成不好的年景。据《廪人》，一人一月配给二鬴食粮称无年。

【译文】

凡是均平调整力役的征调，依照年成的好坏进行：丰年公事平均每人一旬中征用三天，中等年成公事平均每人一旬中征用二天，歉收年成平均每人一旬中只能征用一天。遇到发生饥馑疫病就免除力役，免除赋税，既不征收山林川泽之税和各种从业税，因而也无须均平调整地税。

3. 三年大比，则大均。

【译文】

每逢三年大校比时，就对地税、力役等各种赋役作一次大的均平调整。

二一　师氏

1. 师氏掌以媺诏王①。

【注释】

①媺：同“美”。美善之德。“美”与“㠯”字系（㪃、媺、媺等）多可通假。典籍如，《春官·天府》：“以贞来岁之媺恶。”《初学记·岁时部》引作“美”。《玉篇·羊部》：“美，甘也，善美。或作媺。”（高亨、董治安《古字通假会典》页606。）近期出土简帛多有“美”与“㪃”字系相通假者。如上博楚简《孔子诗论》：“见（其）㠯（美），必谷（欲）反（返）（其）本。”《紂衣》：“孚（好）（美）女（如）女（好）（缁）衣。”《季庚子问于孔子》：“言（则）媺（美）矣，然异于丘之所闻。”（参见白于蓝《战国秦汉简帛古书通假字汇纂》页356、357，其列出3组。）

【译文】

师氏掌管把美善的嘉言懿行告诉给王。

2. 以三德教国子①：一曰至德②，以为道本；二曰敏德③，以为行本；三曰孝德，以知逆恶④。教三行：一曰孝行，以亲父母；二曰友行⑤，以尊贤良；三曰顺行，以事师长⑥。

【注释】

①国子：谓王、公卿大夫士等贵族子弟。

②至德：郑《注》曰：“中和之德。”按，即谓中庸之德。

③敏德：郑《注》曰：“仁义顺时者也。”贾《疏》曰：“人君施政，春夏行赏为仁，秋冬行罚为义，是仁义顺时敏疾为德。”

④知逆恶：俞樾以为此处“知”假借为“折”，而“折”与“制”义通，故

此句意谓"孝德以制逆恶"。

⑤友行：孙诒让曰："《通典》引马（融）《注》曰：'教以朋友之行，使择益友。'"

⑥师长：师谓道德高尚学问渊博的人，长谓长官、上司。

【译文】

用三德教育国子：一是中庸之德，把它作为道德的根本；二是及时行仁义之德，把它作为行为的根本；三是孝德，用来制止悖逆犯上等邪恶的事。用三行教国子：一是孝行，用来亲爱父母；二是善于交友之行，用来尊敬道德高尚且善良的人；三是敬顺之行，用来侍奉师长。

3. 居虎门之左①，司王朝②。

【注释】

①虎门之左：郑《注》曰："虎门，路寝门也。"路寝门即路门，其内即谓王寝息之地。据郑《注》说，因路门上画有虎以示勇猛，故称。左，东也。师氏上朝时居路门之外、王之后，面朝南，故以东为左。

②司王朝：司，通"伺"，察，探察。郑《注》曰："司犹察也。察王之视朝，若有善道可行者，则当前以诏王。"按，师氏有"以美诏王"的职责，故王临朝时告以可行之善道。

【译文】

王每天临朝时，师氏要站在虎门外的左边，留心观察王处理朝政，并适时进纳善言。

4. 掌国中失之事①，以教国子弟②。凡国之贵游子弟学焉③。

【注释】

①中失：中谓合乎礼法，失谓违背礼法。郑《注》曰："中，中礼者也。失，失礼者也。"

②国子弟：孙诒让说，包括王的太子、诸王子，以及诸侯卿大夫之子弟。

③贵游子弟学焉：即上文国子。其所以曰"游"，郑《注》曰："无官司也。"故贵游子弟泛指未仕的贵族子弟。

【译文】

掌握王国中符合礼和不符合礼的掌故，用以教育国子弟。凡是国中的贵族子弟都要跟随师氏学习。

5. 凡祭祀、宾客、会同、丧纪、军旅，王举则从①。听治亦如之②。

【注释】

①举：通"与"，参与。杜子春曰："当为'与'，谓王与会同、丧纪之事。"出土文献"举""与"相通者习见。如，《战国纵横家书·苏秦自赵献书于齐王章（二）》："寡人已举（与）宋讲矣，乃来诤（争）得，三。"（白于蓝《战国秦汉简帛古书通假字汇纂》页196）一说，释为"出行"。

②听治亦如之：郑《注》曰："谓王举（与），于野外以听朝。"亦如之，贾《疏》曰："亦如上虎门之左同。"

【译文】

凡是有祭祀、接待宾客、会同、丧事、军旅征伐之事，如果王亲自参加，就要随从。如果王在野外处理朝政问题，师氏也是如此。

6. 使其属帅四夷之隶①，各以其兵服守王之门外②，且
跸。朝在野外③，则守内列④。

【注释】

①使其属帅四夷之隶：使其属，据本篇《叙官》，师氏是中大夫，其下
　有上士二人，并有府、史、胥、徒，皆其属。四夷之隶，即《秋官》中
　的蛮隶、闽隶、夷隶、貉隶，是被没为奴的四方少数民族战俘。

②门外：据孙诒让说，是指库门（第二门）之外。王宫五门，自外而
　内，首先是皋门，次为库门，次为雉门，次为应门，次为路门。中
　间的库门、雉门、应门三门叫做中门。

③朝在野外：谓用做临时处理政事之所的野外宫舍。

④内列：列，通“迾”，拦阻。此释为厉禁，警卫。郑《注》曰：“蕃萱之
　在内者也。其属亦帅四夷之隶守之，如守王宫。”

【译文】

命令自己的部属率领四夷的徒隶，各自手持本族兵器、穿着本族服
装，把守在王宫的库门之外，并禁止行人来往靠近王宫。如果王在野外
听朝，就负责内线的警戒守卫。

二二　保氏

1. 保氏掌谏王恶。

【译文】

保氏掌管劝谏王的过失，使弃恶从善。

2. 而养国子以道。乃教之六艺①：一曰五礼②，二曰六
乐③，三曰五射④，四曰五驭⑤，五曰六书⑥，六曰九数⑦。乃教

之六仪：一曰祭祀之容，二曰宾客之容，三曰朝廷之容，四曰丧纪之容，五曰军旅之容，六曰车马之容⑧。

【注释】

①六艺：六种科目、课程。

②五礼：据郑《注》，谓吉礼、凶礼、宾礼、军礼、嘉礼五大类礼。参见《大宗伯》。

③六乐：据郑《注》，指六种乐舞，《云门》、《大咸》、《大韶》、《大夏》、《大濩》、《大武》。参见《大司乐》。

④五射：据郑司农说，指五种射箭技能，即白矢、参连、剡注、襄（让）尺、井仪。据贾《疏》，白矢，指射穿箭靶而露出白色箭头。参连，参，通"三"，泛指多。指"前放一矢，后三矢连续而去也"。惠士奇引《列子·仲尼篇》以申贾义曰："善射者，能令后镞中前括（箭的末端），发发相及，矢矢相属，前矢造准而无绝落，后矢之括犹衔弦，视之若一焉，是为参连。"谓一连射出多支箭，第一箭射中箭靶，而后面箭的箭头依次射中前面箭尾，箭箭相连，形成直线。剡（yǎn）注，指"羽头高镞低而去，剡剡然"。按，羽设于箭的末端，羽头高而镞低，是矢斜向下而射。剡剡，起貌，谓羽头高起的样子。襄尺，襄，通"让"，襄尺是说臣与君射，臣不得与君并排而立，而应当后退让君一尺。井仪，指四支箭都贯通靶心，如"井"字形。

⑤五驭：据郑司农说，指五种赶车技法，即鸣銮和、逐水曲、过君表、舞郊衢、逐禽左。按，鸣銮和，銮、和皆车铃，谓驾车马时能使銮、和发出有节奏的响声。逐水曲，据贾《疏》，谓车马行至有曲折水流的地方，能够"逐水势之屈曲而不坠水"。过君表，据孙诒让说，君表犹言君位，谓赶车经过国君所站的位置时，应有致敬的表示。舞交衢，据贾《疏》，衢，道也。交衢即交叉路口。谓驾车

马行至交叉路口转弯时，要能使驾辕和拉车的马的脚步和谐合拍，"应于舞节"，即要像舞蹈般优美而有节奏。逐禽左，据贾《疏》，谓国君田猎时，能够驾车驱赶禽兽到车的左方，以便于国君自左侧射之（御者居中，国君位在车左）。

⑥六书：旧说是六种造字方法，郑司农曰："象形、会意、转注、处事（即指事）、假借、谐声（即形声）。"

⑦九数：九种数学计算方法。即方田、粟米、差分、少广、商功、均输、方程、赢不足、旁要。按，方田，谓以边线长短求田地面积。粟米，谓古代粮食交易的计算方法。差分（《九章算术》作衰分），分配比例的计算方法。少广，谓由已知长方形面积或长方体体积求其一边之长的计算方法。商功，谓测量体积，计算工程用工的方法。均输，谓求平均数的计算方法。方程，据白尚恕注《九章算术》说："方即方形，程即表达相课的意思，或者是表达式。于某一问题中，如有含若干个相关的数据，将这些相关的数据并肩排列成方形，则称为方程。所谓方程，即现今的增广矩阵。"赢不足，谓计算盈亏的算术方法，藉有馀、不足以求隐杂之数。旁要，《九章算术》作句（勾）股。参见刘徽《九章算术》。

⑧"一曰祭祀之容"六句：据郑《注》，祭祀之容应"齐齐皇皇"，即谨慎诚恳、心系鬼神；宾客之容应"穆穆皇皇"，即语气平和，言简意深；朝廷之容应"济济翔翔"，即端庄整齐，举动合理。丧纪之容应"累累颠颠"，即疲惫不堪，满脸愁容；军旅之容应"暨暨詻詻"，即神态果毅，表情严肃。车马之容应"匪匪翼翼"，即行进整齐。

【译文】

还要以道艺来教养国子。教给国子六艺，内容包括：一是五礼，二是六乐，三是五射，四是五驭，五是六书，六是九数。教给国子六种仪容：一是祭祀时的仪容，二是接待宾客时的仪容，三是在朝廷上的仪容，四是参加丧事时的仪容，五是在军队中时的仪容，六是驾驭车马时的仪容。

3. 凡祭祀、宾客、会同、丧纪、军旅，王举则从。听治亦如之①。使其属守王闱②。

【注释】

①听治亦如之：贾《疏》曰："与师氏从王之事同。"又，当王在国中临朝时，师氏职责是"居虎门之左，司王朝"。（参见《师氏》）保氏亦如之。惠士奇曰："师氏、保氏同居门左，各司王朝。保氏不言者，省文也。"

②使其属守王闱：其属，据本篇《叙官》，保氏为下大夫，其下有中士二人，还有府、史、胥、徒，皆其属。闱（wéi），宫室、宗庙的旁侧小门。内通于巷，亦为巷门。郑《注》曰："宫中之巷门。"据贾《疏》，此句讲王在国中时保氏的职责。

【译文】

凡是有祭祀、接待宾客、会同、丧事、征伐等活动，如果王参加就随从。王在野外处理朝政时，保氏也是如此。命令下属把守王宫的侧门。

二三　司谏

1. 司谏掌纠万民之德而劝之朋友①，正其行而强之道艺②，巡问而观察之③，以时书其德行道艺，辨其能而可任于国事者。

【注释】

①朋友：此谓善于友道，互相帮助。郑《注》曰："相切磋以善道也。"

②强：劝勉。郑《注》曰："犹劝也。"

③巡问：巡，周行视察。郑《注》曰："行问民间也。"

【译文】

　　司谏掌管纠察万民的德行而勉励他们朋友之间互相研讨增进善道，端正他们的品行而劝勉他们学习道艺，并时常到民间巡行访问、观察，按时记录人们的德行、道艺情况，辨别其中的贤人、能人而可担任国事者。

　　2. 以考乡里之治，以诏废置，以行赦宥①。

【注释】

　　①宥：宽恕。

【译文】

　　通过巡行访问、观察以考核乡里的治理情况，以报告王决定对乡里官吏的任免，或判定对有罪的百姓实行赦免。

二四　司救

　　1. 司救掌万民之邪恶、过失①，而诛让之，以礼防禁而救之。凡民之有邪恶者，三让而罚②，三罚而士加明刑③，耻诸嘉石，役诸司空④。其有过失者，三让而罚，三罚而归于圜土⑤。

【注释】

　　①万民之邪恶、过失：据郑《注》，邪恶轻于过失：邪恶，是指不尊敬长者和老人、言语伤人之类而尚未构成犯罪；过失，则指酗酒争讼，或以兵器误伤人等，已构成犯罪。

　　②罚：指体罚。郑《注》曰："谓挞击之也。"

　　③士加明刑：士，谓朝士，大司寇属官，掌管对万民之邪恶、过失者的惩罚。明刑，据郑《注》，即对邪恶者脱冠去饰，将邪恶之状写

于木板,让其背上。

④"耻诸嘉石"二句:嘉石,有纹理的石头。立于外朝门左,惩戒罪
　过较轻之人时,命其坐在石上示众,欲其思其纹理,改过自新。
　郑《注》曰:"嘉石,朝士所掌(参见《秋官·朝士》),在外朝之门左
　(按,外朝在库门外,皋门内),使坐焉而耻辱之;既而役诸司空,
　使事官(指司空)作之也。坐、役之数,存于司寇。"司空,六官之
　一,掌管建造事宜。

⑤三罚而归于圜土:此处亦"加明刑",但不"耻诸嘉石"。

【译文】

　　司救掌管了解民众的邪恶和过失,而对其施行责罚,用礼法来防备
戒禁、挽救他们。凡是民众有邪恶的,三次批评仍不改正,而后就要加
以体罚,三次体罚仍不改正,而后由朝士施加明刑,脱冠去饰,让他坐在
嘉石上羞辱他,再交到司空那里罚他做一段时间劳役。那些有过失的
百姓,三次批评仍不改正,而后加以体罚,三次体罚仍不改正,而后要罚
他白天做劳役,夜晚就关进圜土里。

　　2. 凡岁时有天患民病,则以节巡国中及郊野①,而以王
命施惠。

【注释】

①国中及郊野:实际指整个王畿内。

【译文】

　　凡一年四季之中有天灾人祸而使民困病,就要手持旌节巡视国都
中以及郊野,而以王的名义对灾民施行慰问救济。

二五　调人

　　1. 调人掌司万民之难而谐和之①。凡过而杀伤人者,以

民成之②。鸟兽亦如之③。

【注释】

①难:仇怨,结仇。郑《注》曰:"相与为仇仇。"

②以民成之:成,调解,评断是非。郑《注》曰:"成,平也。"

③鸟兽亦如之:郝敬曰:"鸟兽,谓伤人六畜,亦使人平。"

【译文】

调人掌管对民众间的仇怨加以调解。凡是因过失杀伤人的,就与乡里民众共同调解,先断是非,后释仇怨。对于因过失杀伤他人畜禽的,也这样处理。

2. 凡和难,父之仇辟诸海外①,兄弟之仇辟诸千里之外,从父兄弟之仇不同国②;君之仇视父③,师长之仇视兄弟④,主友之仇视从父兄弟⑤。弗辟,则与之瑞节而以执之⑥。

【注释】

①父之仇辟诸海外:辟,通"避"。江永曰:"此辟仇者,皆是过失杀人,于法不当死,调人为之和难,而仇家必不肯解者,乃使之辟也。"海外,据郑《注》,谓九夷、八蛮、六戎、五狄等周边少数民族聚居地区。又曰:"和之使辟于此,不得就而仇之。"

②从父兄弟:《尔雅·释亲》曰:"兄之子,弟之子,相谓为从父兄弟。"

③君之仇视父:贾《疏》曰:"谓同国人杀君。视犹比,比父亦辟之海外。"按,下文义仿此。

④师长:师谓从学之师,长谓官府长官。

⑤主:侨居他国时下榻处的主人。王引之曰:"主,谓适异国所主之

人也。羁旅相依,有朋友之道,故与友并言之。"

⑥瑞节:据郑《注》,此指玉节中的琰圭,一种两侧内坳成弧形的圭。执之象征除害。戴震曰:"左右剡,坳而下,如规之判(半)。"郑《注》又曰:"和之而不肯辟者,是不从王命也。王以剡圭使调人执之,治其罪。"

【译文】

凡是调解过失杀人的仇怨:如果是杀父仇人,受害方不肯释怨,就让杀人者躲避到海外去,杀害亲兄弟的仇人,就让杀人者躲避到千里之外,杀害从父、从兄弟的仇人,就让杀人者不要与受害方居住在同一国;对于杀害国君的仇人,比照杀父之仇处理,杀害师长的仇人,比照杀害兄弟之仇处理,杀害主子或朋友的仇人,比照杀害从父、从兄弟之仇处理。如果经调解而杀人者坚持不肯躲避,调人就授给受害方象征可除害的瑞节而让其抓捕杀人者,由官府来治罪。

3. 凡杀人有反杀者①,使邦国交仇之②。凡杀人而义者③,不同国,令勿仇,仇之则死。凡有斗怒者,成之;不可成者则书之,先动者诛之。

【注释】

①反杀者:重杀。谓杀人者害怕受害方报仇害己,而又将后者也杀死。

②使邦国交仇之:孙诒让曰:"明其罪大,调人不得复和而解之,所逃至之国,得即诛之,示恶之甚也。"

③杀人而义:杀人而符合义理。如杀盗贼,以及子弟、弟子、僚属等因父母、兄弟、师长无端受大辱愤而报仇杀人。

【译文】

凡是杀了人因担心被害人家属报仇,而又杀死被害人子弟的,调人不得予以调解,而应通告天下,使天下各国都把杀人者当仇人加以捕杀。凡是杀人而符合义理的,就使杀人者与被杀者家属不要同住在一国,劝令被杀人家属不许报仇,硬要报仇就要判处死罪。凡是有吵嘴、斗殴的,就加以评断调解;不可调解的,就把双方姓名、事情本末记录下来,先行动手报复的,要予以批评或惩戒。

二六　媒氏

1. 媒氏掌万民之判①。凡男女自成名以上②,皆书年月日名焉。令男三十而娶,女二十而嫁③。凡娶判妻入子者,皆书之④。

【注释】

①判:一半。此谓婚姻,婚配。郑《注》曰:"半也。得耦为合,主合其半,成夫妇也。"《丧服传》曰:"夫妻判合。"

②成名:谓子生三月,父为之取名。郑司农曰:"谓子生三月,父名之。"

③"令男三十而娶"二句:这是指男女结婚的最大年龄。判妻:失去丈夫的妻子。或者是被丈夫休出,或者是丈夫已死。

④"娶判妻"二句:孙诒让曰:"判妻盖兼夫在而被出与夫亡而再嫁二者而言。"书之,江永曰:"防其争讼也。"

【译文】

媒氏掌管民众的婚姻。凡男女自出生三月父亲为之取名以上的,都要记录婴儿出生的年月日与姓名报给媒氏登记备案。使男子年满三十岁而娶妻,女子年满二十岁而嫁人。凡娶被丈夫休出或夫死而再嫁的妇女为妻和接纳后妻所带子女的,都要加以记录而由媒氏备案。

2. 中春之月，令会男女①。于是时也，奔者不禁②。若无故而不用令者③，罚之。司男女之无夫家者而会之④。凡嫁子娶妻，入币纯帛⑤，无过五两⑥。

【注释】

①"中春之月"二句：据郑《注》，中春时节，阴阳二气交合，此时婚配最合天时。

②奔者：男女私自结合。

③无故：郑《注》曰："谓无丧祸之变也。"

④司：察也。

⑤入币纯帛：入币，即纳币，《仪礼·士昏礼》谓之纳征。征，聘也，男家遣媒人向女家赠送聘礼，标志双方婚姻关系确立。纯，段玉裁《汉读考》以为是"缁"字之误。缁，黑色。

⑥五两：两，计量单位。即匹。用于锦、帛。郑《注》曰："十端也。……每端二丈。"五两即五匹，亦即一束帛（参见《天官·大宰》注）。

【译文】

每年仲春二月，令男女成婚。这个时候，如果有私奔的也不予禁止。如果无缘无故而不遵守上述嫁娶规定者，就要处罚他们。留心男女已超过婚龄而尚未成婚的，而帮助她们成婚。凡嫁女娶妻，男方给女方送聘礼用缁帛，总数不要超过五匹。

3. 禁迁葬者与嫁殇者①。

【注释】

①迁葬者与嫁殇者：郑《注》曰："迁葬，谓生时非夫妇，死既葬，迁之

使相从也。"殇,谓十九岁以下未成年而死。嫁殇者,贾《疏》曰:
"生年十九以下而死,死乃嫁之。不言殇娶者,举女殇,男可知
也。"按,男女已死,通过合葬来行嫁娶。

【译文】

禁止把生前并非夫妻的男女迁葬在一起,禁止对于未成年时死去
的男女再合葬而行嫁娶。

4. 凡男女之阴讼^①,听之于胜国之社^②;其附于刑者,归
之于士^③。

【注释】

①阴讼:郑《注》曰:"争中冓之事以触法者。"按,中冓之事,谓男女
　淫乱之事。

②听之于胜国之社:听,审理,断决。胜国之社,谓亡国之社。郑
　《注》曰:"胜国,亡国也。"按,胜国即被灭亡之国。社,祭祀土神
　之坛。

③士:司寇的属官,掌管刑罚。

【译文】

凡是涉及男女阴私而引起的争讼,要在亡国的社坛审理;其中有触
犯刑律的,移送给司法官处置。

二七　司市

1. 司市掌市之治、教^①、政、刑、量度、禁令。

【注释】

①教:教导。

【译文】

司市掌管听断市场争讼、教导经营、掌管相关政令、刑罚、度量单位以及禁令。

2. 以次、叙分地而经市^①，以陈肆辨物而平市^②，以政令禁物靡而均市^③，以商贾阜货而行布^④，以量度成贾而征儥^⑤，以质剂结信而止讼^⑥，以贾民禁伪而除诈^⑦，以刑罚禁暴而去盗，以泉府同货而敛赊^⑧。

【注释】

①次、叙：皆为管理市场的市吏的办公处。据孙诒让说，凡官吏治事处通谓之次。市官之次有思次、介次之分：思次是市官的总治所；介次是分治之所，凡二十肆（谓店铺、货摊的二十列）设一介次（按，介次之长是胥师）。又每肆行列店铺多少无定数，肆行列的行首处都有巷门，介次以下小吏的治事处即设在巷门处：每十肆（店铺、货摊的十列）有司暴，五肆有司稽，二肆有胥，一肆有长，其中巷首的治事处即叙。

②以陈肆辨物而平市：辨物，郑《注》曰："物异肆也。"即将不同种类、质量的货物分别陈放于不同店铺，便于购买者比较识别货物好坏，故郑《注》曰"肆异则市平"。

③禁物靡而均市：物靡，即奢侈品。奢侈品价贵而不实用，但购买者多，就使得较实用的货物滞销，引起降价，以致造成物价不均，故要禁止奢侈品。郑《注》曰："物靡者易售而无用，禁之则市均。"贾《疏》曰："物货细靡，人买之者多，贵而无用，致令粗物买之者少而贱，使市贾不平，今禁之则市物均平。"

④商贾阜货：阜，盛，充足。郑《注》曰："通物曰商，居卖物曰贾。阜

犹盛也。"

⑤征价(yù)：招徕顾客。郑《注》曰："征，召也。价，买也。物有定贾，则买者来也。"按，郑于价字或训买，或训卖。孙诒让曰："价本训卖，而亦通训买。"

⑥质剂：货物成交的文书、证券。郑《注》曰："谓两书一札而别之。"按，质剂是确定买卖关系的一种凭证(参见《天官·小宰》注)。

⑦贾民：此指胥师至肆长等市场管理者。孙诒让曰："此贾民，即谓胥师至肆长诸市吏。以其辟役在市之贾人为之，别于它官府之府史胥徒等为庶人在官者，故谓之贾民。"

⑧以泉府同货而敛赊：泉府，官名。掌管市场税收、收购滞销货物以待急需者购买。泉，钱的古称。据郑《注》，敛指由泉府收购滞销积压的货物，赊指民急需某货物时由泉府赊予之。泉府敛赊，体现了与民"同货"。王应电曰："或敛或赊，官民相通，故曰同货。"孙诒让曰："其事掌于泉府而司市亦总其成焉。"

【译文】

　　按照次、叙的方位设置来划分地片、划分市场范围；按照货物的类别来分别陈列店铺，从而使买卖公平；按照政令禁止出售华而不实的侈靡物品，从而使市价均平；通过招徕行商坐贾，从而使货物充足、货币流通；通过度量货物的大小、轻重、长短确定其价格，从而招徕购买者前来购买；通过质剂保证买卖双方的信用，从而避免争讼；利用胥师、贾师等市场官吏，来禁止假货而消除欺诈；利用刑罚来禁止暴乱而惩除盗贼；通过泉府的购进或赊出，从而体现与民同财货。

　　3. 大市日昃而市①，百族为主②。朝市朝时而市③，商贾为主。夕市夕时而市④，贩夫贩妇为主。

【注释】

①昃(zè)：指日过正午而略微偏西的时候。贾《疏》曰："中后称昃。"

②百族：郑司农曰："百姓也。"

③朝市：谓早市。时间从清晨到上午九时左右，以商贾营业为主。按，《礼记·郊特牲》云："朝市之于西方，失之矣。"彼郑《注》曰："朝市宜于市之东偏。"据此则大市当居中，朝市在大市东，下文夕市在大市西。市与市之间则有垣相隔。《说文》曰："市，买卖所之也，市有垣。"

④夕时：傍晚时分。夕，日暮，傍晚。《后汉书·五行一》刘昭《注》引《尚书大传》郑玄《注》曰："晡时至黄昏为日之夕。"按，晡时即申时，下午三点到五点。

【译文】

大市在日过正午的时候进行交易，入市的人以百姓为主。朝市在早晨进行交易，入市的人以商贾为主。夕市在傍晚进行交易，入市的人以男女小商贩为主。

4. 凡市入，则胥执鞭度守门①，市之群吏平肆、展成奠贾②，上旌于思次以令市③。市师莅焉④，而听大治、大讼；胥师、贾师莅于介次⑤，而听小治、小讼。

【注释】

①胥执鞭度守门：胥，据郑《注》，是负责"守门察伪诈"者。度，王引之以为即挞罚用的棍杖。门，指肆门。孙诒让曰："三市每市盖各有总门，其内分设各次，次内又分列各肆，肆有一巷。是三市之中，内外分合，其门不一。胥二肆一人，则所守之门，当为肆门。"

②市之群吏平肆、展成奠贾：群吏，郑《注》曰："胥师以下也。"按，胥

师以下还有贾师、司暴、司稽、胥、肆长等。平肆，郑《注》曰："平
肆，平卖物者之行列，使之正也。"黄以周《礼说三》曰："谓辨其物
类，各陈诸肆，所谓'以陈肆辨物而平市'是也。"展成奠贾，展，展
视，审视。奠，郑《注》读为"定"。黄以周曰："展成奠贾，谓展视
所成之物，以定其贾。"奠贾，谓定价。

③旌：插有五彩羽毛及牦牛尾为饰的旗子。思次：市官的总治所。

④市师：即司市，市官之长。师，长也。孙诒让曰："以司市掌治教，
为市官之长，故谓之市师。"

⑤胥师、贾师：皆为司市聘用的市吏。介次：市官的分治所。

【译文】

凡是人们纷纷进入市场开始交易时，胥就要手拿皮鞭木棍守在肆
门，检查有无诈伪，市场上的群吏按照货物分类划分行列、审视将成交
的货物而确定其价格，把旌旗高高悬挂在思次的屋楼上以表示交易开
始。司市就来到思次，而在那里听断大事和大的纠纷；胥师、贾师也各
自来到介次，而在那里听断小事和小的纠纷。

5. 凡万民之期于市者①，辟布者②，量度者③，刑戮者，各
于其地之叙④。凡得货贿、六畜者，亦如之，三日而举之⑤。

【注释】

①凡万民之期于市者：孙诒让曰："谓欲卖与欲买者，两相为期，约
至市决其售否。"又曰："下三者（按，指下文所说辟布者，量度者，
刑戮者），皆期于市者所有事也。"

②辟布者：辟布，谓买卖中的钱币纠纷。郑《注》曰："故书'辟'为
'辞'。"郑司农曰："辟布，辞讼泉物者也。"

③量度者：郑《注》曰："若今处斗斛及丈尺也。"是犹今市场所置公
平尺、公平秤等。

④叙：是胥及肆长的治事处。

⑤举之：郑《注》曰："没入官。"

【译文】

凡民众相约到市场上进行交易的，其中有争讼钱物的，有怀疑缺斤少两而想量度货物的，有要对不法分子施行惩罚的，都要各自在交易地点所在肆的叙中进行处理。凡拾得货物或牲畜的，也要将所拾的货物、牲畜交到叙中以便失主认领，如果过三天没有失主认领，就没收充公。

6. 凡治市之货贿、六畜、珍异①，亡者使有，利者使阜，害者使亡，靡者使微②。

【注释】

①珍异：此指时鲜果实和各种食物（参见《质人》注）。

②"亡者使有"四句：郑《注》曰："使有使阜，起其贾以征之也。使亡使微，抑其贾以却之也。侈靡细好，使富民好奢，微之而矣。"即谓以价格作为调节杠杆，对欲使其有、使其多的商品，抬高售价，鼓励生产；而对欲使其无、使其少的商品，则压低售价，使人民不乐于生产。利者：对百姓有利的（物品）。上博楚简九《史籀问于夫子》："子之事行，百姓得其利，邦家以迟（读为治，治理义）。"可参考。

【译文】

凡是调节市场中的货物、牲畜和四季珍异的食物，应当是这样：市场上没有的应该使之有，对民有利的应该使其增多，对民有害的应该使其消绝，侈靡细巧华而不实的奢侈品应该使其减少。

7. 凡通货贿，以玺节出入之①。

【注释】

①玺节:郑《注》曰:"印章。"

【译文】

凡是商贾运输货物,凭借盖有司市印章的通行证以便进出。

8. 国凶荒、札丧①,则市无征,而作布②。

【注释】

①凶荒、札丧:孙诒让曰:"即《膳夫》之大荒大札也。"(参见《膳夫》)

②作布:郑《注》曰:"金铜无凶年,因物贵,大铸泉(钱)以饶民。"孙
诒让解释说,遇到荒年或疾疫流行,由于不征税,国家收入锐减,
无以保证民用,故大量铸钱以济其乏;而铸钱必须采矿冶金,又
能增加就业。

【译文】

国家发生大灾荒、大瘟疫,市场就不再征收市场税,而要大量铸造
钱币以救济百姓。

9. 凡市伪饰之禁①:在民者十有二,在商者十有二,在贾
者十有二,在工者十有二②。

【注释】

①伪饰之禁:李光坡曰:"此一节乃禁伪而除诈也。"

②"在民者十有二"四句:郑《注》曰:"于四十八则未闻数十二焉。"
四十八,谓民商贾工所禁总为四十八项。未闻,谓不知其具体内
容。据孙诒让说,注文之"数十二焉"四字疑后人妄增。《礼记·
王制》:"用器不中度,不粥于市。兵车不中度,不粥于市。布帛

精粗不中数,幅广狭不中量,不粥于市。奸色乱正色,不粥于市。
锦文珠玉成器,不粥于市。衣服饮食,不粥于市。五谷不时,果
实未孰,不粥于市。木不中伐,不粥于市。禽兽鱼鳖不中杀,不
粥于市。"按,此诸条,或均在四十八项之中。

【译文】

凡是市场上禁止的诈伪巧饰共有四十八项:对于普通民众的有十
二项,对于商人的有十二项,对于贾人的有十二项,对于工人的有十
二项。

10. 市刑:小刑宪罚①,中刑徇罚②,大刑扑罚③。其附于
刑者,归于士。

【注释】

①宪罚:谓将罪状悬于肆门公布的处罚,市刑中最轻的一种。宪,
　公布。贾《疏》曰:"宪是表显之名,……是以文书表示于肆。"即
　以文书书其犯禁之状而公布于肆以示罚。

②徇罚:徇谓游街示众。郑《注》曰:"举以示其地之众也。"徇罚,对
　违法者施以游街示众的处罚。

③扑:鞭笞。郑《注》曰:"挞也。"按,上博楚简五《季庚子问于孔子》
　载孔子语:"救民以辟:大罪则夜(赦)之以型(刑),贼(同"赃")罪
　则夜(赦)之以罚,少(小)罪则訿(同"訾")之。"可参考。

【译文】

市场中的刑罚:小刑是悬罪状于肆门公布以示处罚,中刑是将罪状
写木板上挂在胸前游街以示处罚,大刑鞭打以示处罚。其中有触犯刑
律的,就移交司法官处置。

11. 国君过市,则刑人赦。夫人过市,罚一幕[1]。世子过市,罚一帟。命夫过市[2],罚一盖。命妇过市[3],罚一帷。

【注释】

①罚一幕:及下文罚一帟、一盖、一帷,郑《注》曰:"市者,人之所交利而行刑之处,君子无故不游观焉。若游观则施惠以为说也。国君则赦其刑人,夫人、世子、命夫、命妇,则使之出罚,异尊卑也。所罚谓宪、徇、扑也。必罚幕、帟,盖、帷,市者众也,此四物者,在众之用也。"按,幕、帟、帷,参见《天官·幕人》注。盖,据贾《疏》,是遮阳、避雨之具。江永曰:"幕、帟、盖、帷,皆所障蔽之物,罚之以示不当游市,所以耻之也。"

②命夫:受王赐命之男子。孙诒让曰:"谓有采地,命士以上至三公。"

③命妇:受王后赐命之妇女。孙诒让曰:"卿大夫士妻之通称。"

【译文】

国君到市场去,那么就应赦免本当受刑的人。国君夫人到市场去,就罚本当受刑的人出一幕。太子到市场去,就罚当受刑的人出一个帟。命夫到市场去,就罚当受刑的人出一个盖。命妇到市场去,就罚当受刑的人出一个帷。

12. 凡会同、师、役,市司帅贾师而从[1],治其市政[2],掌其卖償之事[3]。

【注释】

①市司帅贾师:市司,即司市。贾师,详其职文。

②治其市政:孙诒让曰:"以会同、师、役,皆聚大众,食用之物恐有

不给,故司市为招来市物,以备其缺乏也。"

③儥:郑《注》曰:"买也。"

【译文】

凡是王有会同、征伐、劳役等事,司市就要率贾师随从前往,治理临时市场的事务,掌管市场上的买卖事务。

二八　质人

1. 质人掌成市之货贿、人民、牛马、兵器、珍异①。

【注释】

①成:谓评定,确定(物价等)。郑《注》曰:"平也。"人民:此指奴婢。兵器:兵指弓矢、殳、矛、戟戈等武器,器指车辆、旌旗、礼乐器等用器。珍异:此谓四季时新瓜果及高档食物等。郑《注》曰:"四时食物。"贾《疏》曰:"即果实及诸食物依四时成熟者也。"

【译文】

质人掌管评定市场上的货物、奴婢、牛马、武器、用器、珍异食物等的价格。

2. 凡卖儥者质剂焉①:大市以质,小市以剂②。掌稽市之书契③,同其度量,壹其淳制④,巡而考之,犯禁者举而罚之。

【注释】

①凡卖儥者质剂焉:按,即《司市》"以质剂结信而止讼"之义。

②"大市以质"二句:按,质剂,谓买卖的契约。有长短两种,质为长券,用于奴隶、牛马等大宗买卖(即大市)。剂为短券,用于兵器、时令食物等小宗买卖(即小市)。

③书契：契约之类的文书凭证，分薄书、符契两种，与质剂略同而侧有可吻合的齿。郑《注》曰："取予市物之券也。"券即凭证，义与《小宰》"听取予以书契"同。郑《注》又曰："其券之象，书两札，刻其侧。"孙诒让曰："刻其侧者，盖依其取予之数，刻其旁为纪。"又曰："盖书契与傅别、质剂形制略同，惟以两札刻侧为异。"

④淳制：布帛长宽的两种标准。杜子春曰："'淳'当为'纯'。纯谓幅广，制谓匹长也。皆当中度量。"中度量，谓符合标准。

【译文】

凡是从事买卖的授予质剂做成交凭证：大宗买卖用质做成交凭证，小宗买卖用剂做成交凭证。掌管考察市场上取予货物所用的书契，统一市场上的度量衡标准，统一布帛的幅宽、匹长标准，走动巡视并检查，如有违犯禁令的，就没收其货物并要罚款。

3. 凡治质剂者①，国中一旬②，郊二旬③，野三旬④，都三月⑤，邦国期⑥。期内听，期外不听。

【注释】

①治质剂者：据郑《注》，此处质剂泛指券契，包括质剂、书契等。孙诒让曰："谓以抵冒质剂成讼者。"

②一旬：及下文二旬、三旬等，皆质人约定的听讼期限。郑《注》曰："以期内来则治之，后期则不治。"

③郊：郑《注》曰："远郊也。"

④野：指邦甸、家削。郑《注》曰："甸、稍也。"（参见《载师》注）

⑤都：指邦县、邦都。郑《注》曰："小都、大都。"

⑥期（jī）：一周年。

【译文】

凡处理有关券契的纠纷，视持质剂人居住远近而约定各种期限：都城中约定在十天以内,四郊在二十天以内,邦甸、家稍在三十天以内,邦县、邦都在三个月以内,王畿外的诸侯国在一年以内。在约定的期限内来投诉就受理,有效期外则不受理。

二九　廛人

1. 廛人掌敛市絘布、总布、质布、罚布、廛布①,而入于泉府。

【注释】

①掌敛市絘布:王引之曰:"'市'下有之字,而今本脱之。"絘布,市肆所征收的店铺房屋税。《释文》曰:"絘,或本作'次'。"孙诒让以为当以或本作"次"为是。按,次,舍也。既指市吏办公处,也指店铺。布,货币。此指税。故江永释絘布为"市之屋税"。总布:谓货物税。江永曰:"货赇之正税。"王引之曰:"总布,肆长总敛在肆之布也。货入于肆,肆长随其所货之物收其税,总而计之,谓之总布。"质布:质谓质剂。质布,谓签订买卖契约(使用质剂)时要交的税款。王与之曰:"质布,质人所税质剂者之布也。……质人卖儥之质刑,如今田宅、牛马,官给券以收税,谓之质布。"按,《质人》曰:"凡卖儥者质剂焉:大市以质,小市以剂。"罚布:罚款。郑《注》曰:"犯市令者之泉也。"廛布:谓货物存放于市肆仓库及居住房屋之税。江永曰:"廛是停储货物之舍,今时谓之栈房。此廛亦是官物,故当有税。"据孙诒让说,廛指市宅,即在市商贾之民的邸舍(包括住宅、货仓),市宅所纳税即廛布。

【译文】

廛人掌管征收市场的店铺房屋税、货物税、质剂税、罚款、市宅税,而将税款交入泉府。

2. 凡屠者，敛其皮角筋骨，入于玉府①。凡珍异之有滞者，敛而入于膳府。

【注释】

①玉府：官名。掌管收藏保管金玉、珍异、兵器、玩好等物品。膳府：宫廷中贮藏食物的府库。

【译文】

凡是屠宰牲畜的，向他们征收取牲畜的皮角筋骨以此抵税，并交入玉府。凡是四时的珍异食物有滞销的，就收购进来而交入膳夫之府。

三〇　胥师

1. 胥师各掌其次之政令①，而平其货贿，宪刑禁焉。

【注释】

①胥师各掌其次之政令：次，谓辖二十肆之介次（参见《司市》注）。胥师是介次之长，本篇《叙官》曰："胥师二十肆则一人。"故胥师掌其次之政令。

【译文】

胥师各自掌管本次所辖二十肆的政令，而使各肆货物价格合理均平，张榜公布市中有关的刑罚和禁令。

2. 察其诈伪、饰行儥慝者而诛罚之①，听其小治、小讼而断之。

【注释】

①儥慝：郑司农曰："儥，卖也。慝，恶也。"诛：指《司市》中的宪罚、

徇罚、扑罚。

【译文】

审察那些欺诈作伪、巧饰其行以兜售伪劣物品的人，而对其分别加以惩罚，处理小事情、审理小的纠纷而加以裁断。

三一　贾师

1. 贾师各掌其次之货贿之治①，辨其物而均平之，展其成而奠其贾②，然后令市。

【注释】

①各掌其次之货贿之治：次，亦谓二十肆之介次。按，本篇《叙官》曰："贾师，二十肆则一人。"故曰"各掌其次之货贿之治"。

②展其成而奠其贾：奠，确定，规定。官献瑶曰："先视其物之良善，而后定其（价）高下，倘物不成则价不为之定矣。"

【译文】

贾师各自掌管对本次所辖二十肆货物的管理，分辨辖区内货物的种类、等级而使分类合理价格均平，察看将成交的货物而确定价格，然后使他们进行交易。

2. 凡天患，禁贵儥者①，使有恒贾。四时之珍异亦如之。

【注释】

①禁贵儥者：儥，兼有卖、买二义。此指卖。

【译文】

凡是遇到天灾，就禁止哄抬物价高价贵卖，使市场维持正常价格。对于四季珍异食物也是这样禁止贵卖。

3. 凡国之卖儥^①,各帅其属而嗣掌其月^②。凡师、役、会同亦如之^③。

【注释】

①儥:郑《注》曰:"买也。"

②各帅其属而嗣掌其月:属,李钟伦曰:"属,盖即肆长是也。"帅其属,据贾《疏》,贾师的下属有群贾,二肆则一人。嗣,接续,继续。孙诒让曰:"谓帅其属每月相继续更代当直,为官掌卖儥之事也。"

③凡师、役、会同亦如之:王应电曰:"师、役、会同则有军市,贾师亦嗣掌其月也。"(参见本篇《司市》)。

【译文】

凡是国家出卖或购买物资,就各自率领下属肆长而按月轮流相继主持买卖的事。凡是师旅征伐、劳役、会同等,也这样掌管买卖的事。

三二　司暴

司暴掌宪市之禁令^①,禁其斗嚣者与其暴乱者,出入相陵犯者,以属游饮食于市者^②。若不可禁,则搏而戮之^③。

【注释】

①宪:公布。

②属(zhǔ):聚集,会合。

③搏:逮捕,捕捉。王应电曰:"执也。"戮:处罚,责罚。谓处以宪罚、徇罚、扑罚而使其蒙受耻辱。

【译文】

司暴掌管张榜公布市场相关的禁令,禁止那些在市场上斗殴吵闹的人和那些用暴力扰乱市场秩序的人，禁止那些出入市场侵犯欺凌他人的人，禁止那些在市场上聚众闲逛和吃喝的人。如果不能够禁止，就将其抓捕起来而加以处罚。

三三　司稽

司稽掌巡市，而察其犯禁者与其不物者而搏之①。掌执市之盗贼以徇，且刑之。

【注释】

①犯禁：谓违犯司市、质人、胥师、贾师、司暴五官的禁令。不物：指衣服怪异、窥探偷看和所拿物品不合常法。郑《注》曰："衣服、视占不与众同及所操物不如品式。"按，占亦视。孙诒让曰："物犹法也。不物，谓不如常法。"

【译文】

司稽掌管巡查市场，察觉那些违犯禁令的人以及那些奇装异服、窥探偷看和所拿物品反常的人而加以抓捕。还掌管捉拿市场上的盗贼将其游街示众，且处以刑罚。

三四　胥

胥各掌其所治之政①，执鞭度而巡其前②，掌其坐作、出入之禁令③，袭其不正者④。凡有罪者，挞戮而罚之。

【注释】

①所治：谓二肆之地。本篇《叙官》曰："胥，二肆则一人。"
②执鞭度而巡其前：即《司市》"凡市入，则胥执鞭度守门。"
③坐作、出入之禁令：坐作，谓没有店铺摊位的流动商贩。郑《注》

曰:"作,起也。坐起禁令,当市而不得空守之属。"孙诒让曰:"坐
起,盖谓无肆立持者。"出入之禁令,谓禁止买卖不按时的法令,
孙诒让曰:"三市各有定时,当亦兼有不时之禁矣。"

④袭:掩捕,即乘其不备而拘捕之。

【译文】

　　胥各自掌管所治理的二肆的事务,开市时手拿鞭杖在肆门前巡视,
掌管肆中有关流动贩卖、不按时出入交易的禁令,掩捕那些不守禁令的
人。凡是有犯罪的人,就要施加以鞭打而且处以罚金。

三五　肆长

　　1. 肆长各掌其肆之政令①,陈其货贿,名相近者相远也,
实相近者相尔也②,而平正之③。

【注释】

①肆长:贾《疏》曰:"谓一肆立一长,使之检校一肆之事。"

②"名相近者"二句:谓名相近而实质不同的物品价格亦不同,恐其
　相混以蒙骗买主,故相远陈列。实质相近的物品则相近陈列。
　郑司农曰:"谓若珠玉之属,俱名为珠,俱名为玉,而贾或百万,或
　数万,恐农夫愚民见欺,故别异令相远,使贾人不得杂乱以欺
　人。"尔,通"迩",近也。孙诒让曰:"尔即迩之借字。"

③平正:谓调整。按,此即《司市》"以陈肆辨物而平市"之义。

【译文】

　　肆长各自掌管所辖肆的政令,陈列肆中的货物,要使名称相近而质
量、价钱大不相同的相互离得远些摆放,而把质量、价钱相近而名称不
同的相挨着摆放,而使货物分类正确、价格均平。

2. 敛其总布^①,掌其戒禁。

【注释】

①敛其总布:息布,即货物税(参见《廛人》注)。江永曰:"三布(按,
　指絘布、总布、廛布)中总布最多,故使每肆一人之肆长随时敛
　之,以归廛人,而廛人以入泉府也。"

【译文】

征收本肆的货物税,掌管本肆的戒令。

三六　泉府

1. 泉府掌以市之征布,敛市之不售、货之滞于民用者,
以其贾买之^①,物楬而书之^②,以待不时而买者^③。买者各从
其抵^④:都鄙从其主^⑤,国人、郊人从其有司^⑥,然后予之^⑦。

【注释】

①"敛市"至"买之":李调元曰:"谓有不售之货,留滞于市,切于民
　用,如布帛菽粟之类,官以所值价买之。"

②楬(jié):起标志作用的小木桩。此指标签,写有货物名称、价
　格等。

③不时而买者:郑司农曰:"谓急求者也。"

④抵:同"柢",主管官。郑《注》曰:"抵实'柢'字。柢,本也。本谓
　所属吏,主有司是也。"一说,原价义(郑司农说)。

⑤都鄙从其主:都鄙,谓采邑,包括大都、小都、家邑等。主,地方长
　官。江永曰:"自比长、邻长以上,皆可谓之主、有司。"孙诒让说,
　即采宰(按,即邑宰)。

⑥国人:都城内的居民。郊人,郊外六遂及公邑的居民。

⑦然后予之：郑司农曰："为封符信，然后予之。"如此做的原因，据
　孙诒让说，是为防止奸商以贱价贩官物，而贵卖予民。

【译文】

　　泉府掌管利用所征收来的市场税款，收购市场上卖不出、滞销而又
切于民用的货物，按其原价收购，各件都加上标签标明价格，以待急需
使用的人前来购买。购买者前来时，应当各从他们的主管官那里开具
证明：都鄙的人从他们当地邑宰那里，国都的人和四郊的人从他们的各
有关官吏那里开具证明，然后才能以原价卖给他们。

　　2.凡赊者，祭祀无过旬日，丧纪无过三月。凡民之贷
者，与其有司辨而授之①，以国服为之息②。

【注释】

①有司：惠士奇曰："乡遂之吏也。"
②以国服为之息：谓按照国家一般税率来计算利息。国服，即国家
　税法。金榜释"国服"为"国法"，引《秋官·朝士》"凡民同货财
　者，令以国法行之"下郑《注》释"国法"为"以国服之法"为证。此
　处国法，即谓国之税法，一以田税为差。金榜曰："农民受田，计
　所收者纳税。贾人贷泉计所得（谓所获盈利）者出息。其息或以
　泉布，或从货物，轻重皆视田税为差（自注：轻者二十而一，重者
　无过二十而五也），是谓'以国服为之息'。"

【译文】

　　凡是民众因事需赊取钱物的，用于祭祀而赊取的钱物偿还时间不
超过十天，用于丧事而赊取的钱物偿还时间不超过三个月。凡是民众
因事而借贷钱物的，就会同他们的地方官一起辨别钱物而发给他们，并
按照国家规定的税率来征收其利息。

4. 凡国事之财用取具焉。岁终，则会其出入，而纳其余^①。

【注释】

①纳其余：郑《注》曰："纳，入也。入余于职币。"按，职币有收取余财的职责。参见《天官·职币》。

【译文】

凡是国事办事所需钱物都从泉府支取。每到夏历年终，就要总计钱物的收支情况，而向职币缴纳盈余部分。

三七　司门

1. 司门掌授管键^①，以启闭国门^②。几出入不物者^③，正其货贿^④。凡财物犯禁者举之^⑤。

【注释】

①管键：管，钥匙。键，锁簧。

②国门：王城城门。贾《疏》曰："王城十二门者也。"

③几：盘查。不物：参见《司稽》注。

④正：通"征"，谓征税。郑《注》曰："读为'征'。征，税也。"

⑤犯禁者：此谓违反禁令的货物。乾隆十三年《义疏》引陈汲曰："即《司市》'伪饰之禁'，民商工贾各有十二是也。"

【译文】

司门掌管授给属吏钥匙和锁，来按时开关国都城门。盘查那些奇装异服、窥探偷看和所拿物品反常的人，征收进出城门物品的货物税。凡是属于违犯禁令的货物，一经发现都即予以没收。

2. 以其财养死政之老与其孤①。

【注释】

①以其财养死政之老与其孤：郑《注》曰："财，所谓门关之委积也。
　死政之老，死国事者之父母也。孤，其子。"（参见《遗人》注）

【译文】

使用国门的委积，来赡养为国捐躯者的父母及其子女。

3. 祭祀之牛牲系焉①，监门养之②。

【注释】

①祭祀之牛牲：指用于散祭祀（谓小祭祀）的牛牲（参见《充人》）。

②监门：掌守国门之徒卒。郑《注》曰："门徒。"按，据本篇《叙官》，
　包括司门属下"徒四十人"及每门"徒四人"。

【译文】

祭祀用的牛牲拴系在这里，由监门负责饲养。

4. 凡岁时之门①，受其余。

【注释】

①凡岁时之门：此"门"指门祭，即祭门神。一年之中，除固定祭祀
　外，还有临时祭祀。

【译文】

凡是一年四季举行对国门的定期、不定期祭祀，就接受祭祀的余财
并妥为保管。

5. 凡四方之宾客造焉①,则以告。

【注释】

①宾客:指前来朝觐的诸侯或其使者。

【译文】

凡是四方的宾客来到,就要向王报告。

三八　司关

1. 司关掌国货之节①,以联门、市②。司货贿之出入者,掌其治禁与其征、廛③。凡货不出于关者④,举其货,罚其人。

【注释】

①节:玺节,即印章,是司市出具的货物通行玺节(参见《司市》)。

②联门、市:门谓国门,司门所掌;市谓市场,司市所掌。按,据郑《注》,货物来自境外,先由司关按验其玺节,注明货物数量,然后由司门检查无误放行,再由司市检查无误放行;货物出境,先由司市发给玺节,然后由司门按验无误放行,再由司关按验无误放行。此所谓关、门、市"参相联以检猾商"。

③征、廛:廛,即《廛人》之廛布。江永曰:"征者,货贿之税也。廛者,货贿停阁邸舍之税也。若不停阁,则无廛布矣。"

④凡货不出关者:郑《注》曰:"谓从私道出辟(避)税者。"

【译文】

司关掌管检查出入国境的货物的玺节,就与司门、司市发生了公务联系。检查携带货物出关入关的人,掌管有关治理的刑禁,以及征收货物税以及货物存放税。凡是货物不从关门出入而走私出入的,就将其货物没收,并对货主实行杖击的惩处。

2. 凡所达货贿者,则以节、传出之①。

【注释】

①以节、传出之:郑《注》曰:"商或取货于民间,无玺节者至关,关为之玺节及传出之。其有玺节者,亦为之传。传,如今移过所文书。"按,传,即商人所持的通行证,汉时称过所,近代叫通行证或介绍信,写明货物名称、所经过、到达地名,各地关卡验后放行。

【译文】

凡是携带从民间购买的货物到来而未经司市授予玺节的,就发授玺节和传而放行。

3. 国凶札,则无关门之征,犹几。

【译文】

国家发生灾荒、瘟疫,就免除征收关税,但仍然要对人员进行检查。

4. 凡四方之宾客叩关①,则为之告。有外内之送令②,则以节、传出内之③。

【注释】

①叩关:郑《注》曰:"犹谒关人。"

②送令:送指奉送贡物,令指文书。郑《注》曰:"谓奉贡献及文书,以常事往来。"

③节:据孙诒让说,此为旌节,不同于下文所说"达货贿"的玺节。

【译文】

凡四方的诸侯因朝觐而前来见关人,就替他们向王报告。有境外或境内臣民奉命传送贡物、文书等而需要进出的,就发给旌节和传放行。

三九　掌节

1. 掌节掌守邦节而辨其用①,以辅王命。

【注释】

①守邦节而辨其用:节,使者奉王命出使的凭证,有多种。郑《注》曰:"邦节者,珍圭、牙璋、谷圭、琬圭、琰圭也。"

【译文】

掌节负责保管王国的各种玉节而分辨别它们的不同用途,以辅助执行王的命令。

2. 守邦国者用玉节①,守都鄙者用角节②。凡邦国之使节③,山国用虎节④,土国用人节,泽国用龙节,皆金也,以英荡辅之⑤。门关用符节⑥,货贿用玺节,道路用旌节⑦,皆有期以反节。

【注释】

①守邦国者用玉节:守邦国者,谓诸侯。据郑《注》,此指奉诸侯之命出使于其国内而不出国,亦当有节即玉节以辅命。

②守都鄙者用角节:守都鄙者,指采邑之主。采邑主派遣使者于其采邑内,则用犀牛角做的角节。

③使节:郑《注》曰:"使卿大夫聘于天子、诸侯,行道所执之信也。"

④虎节:及下文人节、龙节,据郑《注》,皆用铜制成,呈虎、人、龙形,故名。

⑤以英荡辅之：英荡，一种刻有文书的竹箭，作为节的辅助证件。《后汉书·百官志》刘注引干宝注云：“英，刻书也。荡，竹箭也。刻而书其所使之事，以助三节之信。”惠士奇曰：“干说是。英荡者，传也。凡达节皆有传，传所以辅节。节以金，传以竹。康成谓传若汉之移过所文书。”

⑥符节：竹制的节。庶人出入门关时所持的凭证，上写有姓名等。

⑦道路用旌节：据郑《注》，道路指乡遂。旌节，出使、迁徙所持之节，以为凭信。用竹制成，缀有旄牛尾及羽毛为装饰。

【译文】

镇守邦国的诸侯派遣使者在本国内出使时使用玉节，镇守都鄙的采邑主在采邑内派遣使者出使时使用角节。凡是诸侯国的使者出使时沿途所用的节，山区之国使用虎节，平地之国使用人节，泽地之国使用龙节，均是铜制的，并以英荡作为辅助性的证明。出入国都城门和边境上的关门要使用符节，运输货物要使用玺节，通行道路要使用旌节，上述各种节都规定了使用的有效日期，以便到期归还注销。

3. 凡通达于天下者，必有节，以传辅之①。无节者，有几则不达②。

【注释】

①“必有节”二句：据郑《注》，节是允许通行的凭证，而传则说明所带物品及所经过、到达的地方。

②几：查问，检查。

【译文】

凡是要通行天下的人，就必须持有节，还要以传辅助。没有节的人，一经检查出就不得通行。

四〇　遂人

1. 遂人掌邦之野①。以土地之图经田野②,造县鄙形体之法。五家为邻,五邻为里,四里为酂,五酂为鄙,五鄙为县,五县为遂,皆有地域,沟树之,使各掌其政、令、刑、禁,以岁时稽其人民,而授之田野,简其兵器③,教之稼穑。

【注释】

①野:郑《注》曰:"郊外曰野。此野谓甸、稍、县、都。"此处野指是从远郊百里以外到五百里王畿边界的地域。(参见《地官·载师》注)

②经:划分(边界),郑《注》曰:"皆为制分界也。"

③简:简阅,检查,查验。

【译文】

遂人掌管王国畿内的野地。按照地图划出田野的分界,制定县、鄙等行政区划。五家为一邻,五邻为里,四里为一酂,五酂为一鄙,五鄙为一县,五县为一遂,都有各自一定的地域,其疆界上挖沟种树为界,使各自各级地方长官掌管区域内的政令、刑罚和禁令,按照一年的四季稽核辖区内的人民,以便授给他们田地,简阅他们的武器、车辇器械,教导他们耕种庄稼。

2. 凡治野:以下剂致氓①,以田里安氓②,以乐昏扰氓③,以土宜教氓稼穑④,以兴锄利氓⑤,以时器劝氓⑥,以强予任氓⑦,以土均平政⑧。

【注释】

①以下剂致氓:剂,义同役要,即记录服役者姓名、人数的簿册(参

见《乡师》注）。孙诒让曰："下剂致氓，谓依下等役法征聚遂徒，轻其力役以惠远也。"根据民众所受土地的好坏及家中可服役者人数，可分上、中、下剂三等。据《小司徒》："上地家七人，可任也者家三人；中地家六人，可任也者二家五人；下地家五人，可任也者家二人。"如按下剂则可征以从役的人数就少。此处"以下剂致氓"体现轻役施惠之意。

②以田里安氓：田里，田谓百亩之田，里谓五亩之宅。氓，种田的人。郊内称民，郊外称氓。郑玄注："变民言氓，异外内也。"贾《疏》曰："田则为百亩之田，里则五亩之宅，民得业则安，故云安氓也。"

③以乐昏扰氓：扰，谓顺，和顺。郑《注》曰："乐昏，劝其昏姻，如媒氏之会男女也。扰，顺也。"孙诒让曰："乐、劝义同，谓劝成其婚姻，使之相爱乐也。"

④土宜：谓不同土壤所宜从事的种植不同。

⑤锄：谓锄粟，即农民合出的自救互助粮。杜子春读为"助"，谓起民人令相佐助。

⑥时器：即农具。郑《注》曰："铸作耒耜钱镈之属。"据孙诒让说，所铸田器为供岁时之用，故称。

⑦强予：郑《注》曰："谓民有余力，复予之田，若余夫然。"

⑧以土均平地政：郑《注》曰："政，读为'征'。"土均，为根据土地美恶均平地税的法则。孙诒让以为指《大司徒》之"土均之法"。

【译文】

凡治理野地：用最低限度服役人数的薄册来招致农民服役，用分给田地、宅地使农民安居乐业，用鼓励民众成婚来使农民和顺，用各种土壤所适宜的种植办法来教导农民耕种庄稼，用兴办互助事业来使农民获得利益，用及时铸造四时农具来鼓励农民耕作，用多授给强壮有余力的农民土地来任用民力，用按土地美恶合理征税的法则来平均赋税。

3. 辨其野之土,上地、中地、下地,以颁田里①。上地夫一廛②,田百亩,莱五十亩,余夫亦如之③;中地夫一廛,田百亩,莱百亩,余夫亦如之;下地夫一廛,田百亩,莱二百亩,余夫亦如之。

【注释】

①里:《小尔雅·广言》曰:"居也。"

②夫一廛:夫,谓成家的男子。孙诒让曰:"户以一夫一妇为率,所谓夫家也。其所赋之田百亩,即谓之夫……一家之中,正夫止一人。"廛,据郑《注》,即指《孟子》所说"五亩之宅"。

③余夫亦如之:余夫也按这样的比例授田。余夫,据金鹗说为羡卒、余子,即一家中正夫以外的成丁男子(参见《小司徒》)。亦如之,郑司农曰:"其一户有数口者,余夫亦受此田也。"

【译文】

辨别野地的土地,将其分为上地、中地、下地,用以颁授田地和宅地。上地,一夫授给宅地一处,田一百亩,休耕地五十亩,余夫也按照这样授田;中地,一夫授给宅地一处,田一百亩,休耕地一百亩,余夫也按照这样授田;下地,一夫授给宅地一处,田一百亩,休耕地二百亩,余夫也按照这样授田。

4. 凡治野①,夫间有遂②,遂上有径③;十夫有沟,沟上有畛;百夫有洫,洫上有涂;千夫有浍,浍上有道;万夫有川,川上有路,以达于畿。

【注释】

①凡治野:据王引之说,"野"下脱"田"字。又据孙诒让说,这以下

是"记六遂治沟洫以制地之制也。六乡之制亦同。惟都鄙、公邑制井田,与此异。"

②遂:及下文沟、洫(xù),浍(kuài),皆田野间水渠名,郑《注》曰:"皆所以通水于川也。"又曰:"遂,广深各二尺,沟倍之,洫倍沟。浍,广二寻(按,八尺为寻),深二仞(按,七尺为仞,一说八尺为仞,与寻同)。"按,遂之水流入沟,沟之水流入洫,洫之水流入浍,浍之水流入川。

③径:及下文畛(zhěn)、涂、道、路,皆宽窄不同的道路名。径宽约四尺,畛宽六尺,涂宽八尺,道宽一丈六尺,路宽二丈四尺。郑《注》曰:"径容牛马,畛容大车,涂容乘车一轨,道容二轨,路容三轨。"

【译文】

凡治理野地的田地,夫与夫两家的田地之间有遂,遂上有径;十夫与十夫两邻的田地之间有沟,沟上有畛;百夫与百夫的田地之间有洫,洫上有涂;千夫与千夫的田地之间有浍,浍上有道;万夫与万夫的田地之间有川,川上有路,可以通达畿内各地。

5. 以岁时登其夫家之众寡,及其六畜、车辇,辨其老幼、废疾与其施舍者①,以颁职作事②,以令贡赋,以令师田,以起政役③。若起野役④,则令各帅其所治之民而至⑤,以遂之大旗致之,其不用命者诛之。

【注释】

①施舍:施,通"弛",宽免。舍,免除。郑《注》曰:"施,读为'弛'。"

②以颁职作事:郑《注》曰:"职,谓民九职也。"

③政役:孙诒让曰:"政,亦当为'征',与《小司徒》之'征役'及《均人》'力政'义同。"

④役：郑《注》曰："谓师、田若(或)有功作(谓劳役)也。"

⑤各帅其所治之民：贾《疏》曰："谓令县正已下。"按，县正以下，还有鄙师、酇长、里宰、邻长。

【译文】

按照一年的四季登记男女人口的数目多少，以及六畜、车辆的数目，辨别其中的老幼、残疾和那些应当免除徭役的人，以便分配职事使民众从事，以便使民众缴纳贡赋，以便征调民众参加征伐和田猎，以便起用民众服劳役。如果起用野地的民众服役，就命令县正以下属吏各自率领所治理的民众前来，用遂的大旗召集他们，如有不服从命令的就加以诛罚。

6. 凡国祭祀，共野牲①，令野职②。凡宾客，令修野道而委积。大丧，帅六遂之役而致之③，掌其政令。及葬，帅而属六紼④。及窆，陈役⑤。

【注释】

①共野牲：郑《注》说，是供之于牧人以待事。野牲，贾《疏》曰："谓牛羊豕在六遂者。"

②野职：郑《注》曰："薪炭之属。"

③帅六遂之役而致之：役，劳役、役作之事。郑《注》曰："致役，致于司徒，给墓上事及窆也。"贾《疏》曰："墓上则说(脱)载下棺之等，窆谓穿圹(墓穴)之等。"

④六紼(fú)：紼，同"绋"，牵引棺柩的绳索，王及后丧牵引棺柩用六根大绳，故称六紼。

⑤及窆(biǎn)，陈役：窆，下棺入穴。郑《注》曰："陈役者，主陈列之耳。"贾《疏》曰："窆谓下棺。下棺之时，千人执紼，背碑负引，须陈列其人，故知谓陈列之也。"(参见《乡师》)

【译文】

凡是国家举行祭祀,就命令供给野地所畜养的牲畜,供给野地生产的薪炭。凡是接待宾客,就命令修治郊野的道路并沿途储备粮草。遇到大丧,就率领六遂的役徒而到大司徒那里报到,并掌管有关役徒的政令及日常管理。到了出葬的时候,就率领役徒手执六绋。到了下棺的时候,就让役徒列队而立,背碑负引,以便下棺入穴。

7. 凡事致野役,而师、田作野民,帅而至,掌其政、治、禁令。

【译文】

凡是国家有劳役方面的事情,就招致野地的役徒,而有征伐、田猎等大规模劳作的事,就要调集野地的民众,率领民众前来,并掌管有关他们的政令、治理事宜及禁令。

四一　遂师

1. 遂师各掌其遂之政令、戒禁①,以时登其夫家之众寡,六畜、车辇,辨其施舍与其可任者。经、牧其田野②,辨其可食者③,周知其数而任之,以征财征④。作役事,则听其治讼⑤。巡其稼穑,而移用其民,以救其时事⑥。

【注释】

①遂师各掌其遂之政令、戒禁:贾《疏》曰:"以遂师下大夫四人所掌六遂,亦如乡师主六乡,亦二人共主三遂,故云'各掌其遂之政令、戒禁'。"

②经、牧:经,划界,牧,井牧。郑《注》曰:"制田界与井也。"按,制田

界,是指沟洫法,这是在遂地实行的土地划分法;井,谓井田法,
亦即牧法,这是在采邑和公邑实行的土地划分法(参见《遂人》)。

③可食:可种庄稼、产粮食的土地。郑《注》曰:"谓今年所当耕
者也。"

④财征:郑《注》曰:"赋税之事。"

⑤"作役事"二句:贾《疏》曰:"役事中可兼军役、田猎、功作之等,皆
听其治讼。"

⑥"而移用其民"二句:郑《注》曰:"移用其民,使转相助,救时急事
也。"救时急事,谓农事紧迫人手不够时,则安排互助以救急。

【译文】

遂师各自掌管所治理之遂的政令、戒禁,每年按时登记遂中男女人
数的多少,以及六畜、车辆的准确数目,辨别其中应当免除徭役的人数,
以及可胜任役事的人数。在田野上划分田界、井田的界线,辨别当年可
耕种的土地,周详了解它的确切数字而任用农民耕种,以便征收赋税。
如果征召役徒,就听断有关事情与纠纷。巡视地里的庄稼耕作情况,而
在农忙人手不够时安排互助调配劳动力,以帮助处理农事。

2. 凡国祭祀,审其誓戒,共其野牲①。入野职、野赋于玉
府②。宾客,则巡其道修,庀其委积③。大丧,使帅其属以幄、
帟先④,道野役⑤;及窆,抱磨⑥,共丘笼及蜃车之役⑦。军旅、
田猎,平野民⑧,掌其禁令,比叙其事而赏罚⑨。

【注释】

①共其野牲:按,遂人在祭祀时通过遂师收取而供给所需野牲。

②入野职、野赋于玉府:野职,远郊以外九职之民的贡物(即其从业
税)。贾《疏》曰:"谓民九职之贡。"野赋,远郊以外所征之地税。

即《大宰》之九赋。孙诒让曰："凡九赋皆地税。"入于玉府，孙诒让曰："此官但择中(适宜于)王服御器物之用者入玉府耳。"

③庀(pǐ)：具备，备办。郑司农曰："具也。"

④使帅其属以幄、帟先：使之者，据郑《注》，谓大宰。幄、帟，参见《天官·幕人》注。先，郑《注》曰："所以为葬穸之间(即下葬前)先张神坐也。"按，张神坐，即用幄、帟为死者张设神位。

⑤道野役：郑《注》曰："帅以至墓也。"

⑥抱磿(lì)：抱，持也。磿，惠士奇曰："磿，当作秝。《说文》：秝，稀疏适秝也。从二禾，读若历。秝借为磿。"孔广森《巵言》曰："执绋人名籍。"

⑦丘笼及蜃车：丘，谓取土填圹所起坟；笼，竹制盛土器。蜃车，据曾钊说，即輇(quán)车，下葬途中所用载柩车。《说文》"轮"下曰："有辐曰轮，无辐曰輇。"又据郑《注》，蜃车"四轮迫地而行"，是一种低而无辐条的木轮车。

⑧平：郑《注》曰："谓正其行列部伍也。"

⑨比叙：谓评比排序。比，考校，考核。

【译文】

凡是国家举行祭祀，督察遂民应遵守的誓戒，供给野地所豢养的牲畜。把从野地征收上来的野地民众的从业税、地税挑选适合王用的转交给玉府。遇到将有宾客到来，就要巡视道路的修整情况，具备粮草以备招待之用。有大丧，大宰就使遂师率领下属拿幄、帟先行，并引导野地的役徒前往墓地。等到下棺入圹的时候，就手持执绋人花名册检查役徒人数，供给用笼取土填圹起坟及从蜃车上卸下棺柩等工作所需的役徒。遇到征伐、田猎，要把野地服役民众的队伍整顿整齐，掌管他们的禁令，评比排序役徒的工作表现而进行赏罚。

四二　遂大夫

1. 遂大夫各掌其遂之政令，以岁时稽其夫家之众寡、六畜、田野，辨其可任者与其可施舍者，以教稼穑，以稽功事^①，掌其政令、戒禁，听其治讼。令为邑者^②，岁终则会政致事。

【注释】

①功事：郑《注》曰："九职之事，民所以为功业。"

②为邑者：谓邻长、里宰、酂长、鄙师、县正等遂中属吏。孙诒让曰："即邻、里、酂、鄙、县所治之邑里也。"

【译文】

遂大夫各自掌管本遂的政令，按照一年的四季稽查本遂男女人口的多少，以及六畜、田地的数目，辨别其中可任役事的和可免除徭役的人，以便教导他们耕种庄稼，以便考察他们的劳动成绩，掌管本遂有关的政令、戒禁，听断有关的事务和纠纷。命令治理邑里的属吏，每到夏历年终就总结政事以便上报。

2. 正岁，简稼器，修稼政^①。

【注释】

①稼政：据郑《注》，指修整地界、沟渠，观察不同土质、地形所宜种植的作物种类，以教导农民进行耕种等。

【译文】

夏历正月，简阅查验农具是否需修理、补充，教导农民采取各项备耕措施。

3. 三岁大比，则帅其吏而兴氓^①，明其有功者^②，属其地治者^③。凡为邑者，以四达戒其功事^④，而诛赏废兴之。

【注释】

①兴氓：郑《注》曰："举民贤者、能者，如六乡之为也。"

②明：显明，表彰。

③属其地治者：属，集中，聚集。郑《注》曰："犹聚也。"贾《疏》曰："又聚其地治邻长以上，敕之以职事，使之不慢也。"地治者，有治理责任的官吏。

④四达：指人口多少、六畜车辇、稼穑耕耨、旗鼓兵甲等四方面情况。郑《注》曰："治民之事，大通者有四：夫家众寡也，六畜车辇也，稼穑耕耨也，旗鼓兵革也。"

【译文】

每当三年大校比，就要率领属吏举荐民众中德行优异、才能卓越的人，表彰有功的属吏，聚集起各级属吏教导他们恪尽职守。凡是治理邑里的本遂官吏，诫饬他们要重点做好的四件大事，并据此对他们进行赏赐、诛罚、处分罢免或升迁。

四三　县正

1. 县正各掌其县之政令、征、比①，以颁田里②，以分职事③。掌其治讼，趋其稼事，而赏罚之。

【注释】

①比：谓考校，考核。

②以颁田里：孙诒让曰："亦依遂人上中下地三等之法颁授之也。"

③分职事：贾《疏》曰："即九职之功事也。"

【译文】

县正各自掌管本县的政令、征调劳役和考核，而向百姓颁授田地、宅地，分配各种职事，掌管听断有关的事务和诉讼，督促人们努力耕作，并据其表现进行赏罚。

2. 若将用野民师、田、行、役,移职事①,则帅而至,治其政令。既役,则稽功会事而诛赏。

【注释】

①移职事:王安石曰:"若《遂师》所谓巡其稼穑,而移用其民,以救其时事也。"

【译文】

如果国家将征用野地的民众参与出师征伐、田猎、巡狩、劳役,或调用民众支援人力不足的地方,就率领役徒前往,并掌管有关的政令。上述役事结束后,就稽考、总结他们的功劳及工作情况而进行奖惩。

四四　鄼师

1. 鄼师各掌其鄼之政令、祭祀①。凡作民②,则掌其戒令。

【注释】

①祭祀:指祭禜。即祭祀水旱之神。郑《注》曰:"祭禜也。"按,祭禜即禜祭,是为禳除水旱而举行的祭祀(参见《党正》注)。

②作民:即《党正》"凡作民而师、田、行、役"。李光坡曰:"谓起徒役也。"

【译文】

鄼师各自掌管本鄼的政令和祭祀。凡是国家征调民众去服征伐、田猎、巡狩等劳役,就要掌管相关的戒令。

2. 以时数其众庶,而察其媺恶而诛赏。岁终,则会其鄼之政而致事。

【译文】

按季节调查统计鄙中的民众人数,察访他们表现的好坏而给予赏罚。每年夏历年终,就要总结本鄙的政事而向上级汇报。

四五　酂长

1. 酂长各掌其酂之政令,以时校登其夫家,比其众寡①,以治其丧纪、祭祀之事。

【注释】

①校登其夫家,比其众寡:此两句为互文。郑《注》曰:"校,犹数也。"而《廪人》郑《注》曰:"数犹计也。"故孙诒让曰:"校、数,同训计。凡全经云'校比'者,义并同。"按,校比,清查、统计。

【译文】

酂长各自掌管本酂的政令,每年按季统计登记本酂人口,清查其准确数目,治理酂中的丧事、祭祀等事务。

2. 若作其民而用之①,则以旗鼓兵革帅而至。若岁时简器②,与有司数之③。

【注释】

①若作其民而用之:即《族师》"若作民而师田行役"。

②简器:谓简阅查验农具、兵器。

③有司:据郑《注》,谓遂大夫。

【译文】

如果国家征调酂民从事征伐、田猎、巡狩等劳役,就率领役徒带着旗、鼓、兵器、甲胄等前往。如果每年按季检查农具、武器、器械,就与遂大夫一起统计。

　　3. 凡岁时之戒令,皆听之①,趋其耕耨②,稽其女功③。

【注释】

①听之:郑《注》曰:"受而行之也。"

②趋:同"趣",督促。

③女功:郑《注》曰:"丝枲(麻)之事。"

【译文】

　　凡是一年四季按时颁发的戒令,都要接受而遵照执行,督促鄹民努力耕作,考核妇女们缫丝绩麻纺线织布的工作成绩。

四六　里宰

　　1. 里宰掌比其邑之众寡①,与其六畜、兵器,治其政令。

【注释】

①比其邑:比,孙诒让说,指四时小校比。邑,郑《注》曰:"犹里也。"

【译文】

　　里宰掌管每年按时清查统计本里人口的多少,以及六畜、武器和器械的多少,掌管治理本里的政令。

　　2. 以岁时合耦于锄①,以治稼穑,趋其耕耨,行其秩叙②,以待有司之政令③,而征敛其财赋。

【注释】

①以岁时合耦于锄:岁时,据郑《注》,当指季冬十二月。合耦于锄,

合耦,二耜为耦。此指两两结成的耦耕伙伴。郑《注》曰:"《考工记》曰:'耜广五寸,二耜为耦。'此言两人相助耦而耕也。"按,耦耕是古代的一种耕作方法,据郑《注》,二人各执一耜,并排而耕。郑《注》又曰:"锄者,里宰治处也,⋯⋯于此合耦,使相佐助,因放而为名。"按,锄,里宰办公处。其本义为帮助,因民众合耦互助,故名。

②秩叙:次第,顺序。郑《注》曰:"受耦相佐助之次第。"

③有司之政令:孙诒让曰:"《遂师》云'以征财征',则此官所待者,即遂师之征令,及司稼之敛法是也。"

【译文】

　　按照一年的四季在锄处对农民进行耦耕的伙伴搭配,以进行耕种,督促农民努力耕作,安排农民互助耦耕的的先后次序,以等待执行遂人、司稼征收赋税的命令,而开始征收本里的赋税。

四七　邻长

1. 邻长掌相纠相受①。

【注释】

①受:谓托受、托付。

【译文】

邻长掌管使本邻五家居民相互纠察和有事情时相互托付。

2. 凡邑中之政相赞①。

【注释】

①邑:据贾《疏》,邑谓里(五邻为里)。孙诒让曰:"但邑亦大小通称,凡一邻五家不能成邑,二邻则可为邑,所谓十室之邑,不必积

五邻而后为邑也。"按,孙氏认为不限于里宰之邑,而泛指一切大于邻的邑。姑从贾说。

【译文】

凡是里中的政令都要协助执行。

3. 徙于他邑①,则从而授之。

【注释】

①他邑:孙诒让说,此所谓他邑不出六遂之界,若出六遂而迁到乡郊及公邑、都鄙之地,则当为之旌节而行之。

【译文】

如果邻中住户有迁徙到其他的邑里的,就跟从迁徙者把他交付给当地的官吏。

四八　旅师

1. 旅师掌聚野之锄粟、屋粟、闲粟而用之①。以质剂致民②,平颁其兴积③,施其惠,散其利④,而均其政令⑤。凡用粟,春颁而秋敛之⑥。

【注释】

①聚野之锄粟、屋粟、闲粟而用之:野,指六遂及公邑。郑《注》曰:"谓远郊之外也。"是亦该甸、稍、县、都言。锄粟,农民合出的自救互助粮。江永曰:"锄粟者,农民合出之,因合耦于锄,故名锄粟。"是锄粟即合耦税,因由官为之合耦,故而税之。屋粟,有田不耕者按规定出的罚粮。参见《载师》。闲粟,作为地税向懒惰农民征收的罚粮。郑《注》曰:"闲民无职事者所出一夫之征粟。"

用之,据江永说,谓如常年春耕季节或遇凶年,则皆可用此粟。

②质剂:形制与买卖所用质剂同,而此处是作为征收屋粟的凭证。孙诒让曰:"此锄粟征验时,盖与民为质剂从为信,故颁予时,亦案质剂以授之。"

③平颁其兴积:郑《注》曰:"兴积,所兴之积,谓此三者之粟也。平颁之,不得偏颇有多少,县官(官吏)征聚物曰兴。"

④"施其惠"二句:郑《注》曰:"以赒衣食曰惠,以作事业曰利。"按,此两句互文,故贾《疏》曰:"若通而言之,惠利为一。"

⑤均其政令:曾钊释"均"为平,曰:"窃谓平政令,即平施惠散利之政令。"

⑥"凡用粟"二句:秦蕙田《通考·凶礼二》曰:"春时农事方兴,其无力者,颁粟以贷之,秋则计其所贷而敛之。"

【译文】

旅师掌管储积野地的锄粟、屋粟和闲粟而适当地加以运用。运用它们时凭质剂召集民众,公平地颁授所征收储积的上述三种税粮,以救济民众,使他们得到利益,而要公平实施救灾政令。凡所用的粮粟,春季借贷出去而秋季收获后再收回。

2. 凡新甿之治皆听之①,使无征役,以地之嫩恶为之等②。

【注释】

①治:郑《注》曰:"谓有所乞求也。"

②以地之嫩恶为之等:郑《注》曰:"七人以上授以上地,六口授以中地,五口以下授以下地,与旧民同。"

【译文】

凡是新从外地迁来的民众有所请求都要予以处理答复,在一定时期内免除他们的赋税徭役负担,按照土地的好坏分等级授予他们土地。

四九　稍人

1. 稍人掌令丘乘之政令①。若有会同②、师、田、行、役之事,则以县师之法,作其同徒輂辇③,帅而以至,治其政令,以听于司马。

【注释】

①丘乘之政令:丘乘,即丘甸。甸、乘古音相同,可通假。郑《注》读"乘"为"甸",故以"丘乘"即"四丘为甸"义。丘甸,在此指代井田之制,故孙诒让说"丘乘之政令"即指井田出车徒之法。按,井田出车徒之法,见于《小司徒》郑《注》所引《司马法》,曰:"六尺为步,步百为亩,亩百为夫,夫三为屋,屋三为井,井十为通。通为匹马,三十家,士(谓甲士)一人,徒(谓步卒)二人。通十为成,成百井,三百家,革车一乘,士十人,徒二十人。十成为终,终千井,三千家,革车十乘,士百人,徒二百人。十终为同,同方百里,万井,三万家,革车百乘,士千人,徒二千人。"

②会同:会与同皆诸侯朝见天子,即所谓"时见曰会,殷见曰同"。

③"以县师之法"二句:同,方百里曰同。按,稍人是主公邑之官,县师是公邑官之长,县师受法于大司马,而颁之于稍人。所谓法,即征调车徒的指示。同,即《司马法》所谓"同方百里"之同,一同当出"革车百乘,士千人,徒二千人"。輂(jú)辇,据郑《注》说,輂,马拉的大车,辇,人拉的车。

【译文】

稍人掌管发布有关井田出车徒的政令。如果国家有会同、征伐、田猎、巡狩、劳役这类事情,就依照县师的命令,征调公邑各同的甲士、步卒、徒役和车辆,率领着来到指定地点报到,掌管对于所率徒众的政令,而听从大司马的指挥。

2. 大丧,帅蜃车与其役以至^①,掌其政令,以听于司徒。

【注释】

①帅蜃车与其役:曾钊曰:"车受于巾车,稍人则役其人将之以至遂师,遂师又帅之至司徒也。"蜃车,一种载柩车。参见《遂师》注。

【译文】

遇到有大丧,率领蜃车及其役徒到遂师那里,掌管对于所率役徒的政令,而听从大司徒的指挥。

五〇　委人

1. 委人掌敛野之赋^①,敛薪刍,凡疏材、木材^②,凡畜聚之物^③,以稍聚待宾客,以甸聚待羁旅,凡其余聚以待颁赐^④。

【注释】

①野之赋:谓野地园圃、山泽应交的贡赋。野,亦通甸地之六遂以及甸、稍、县、都之公邑言。赋,据贾《疏》,亦指"九职所出贡",即九职的从业税,与本篇《遂师》之"野赋"指地税异。

②疏材:郑《注》曰:"草木有实者也。"

③畜聚之物:郑《注》曰:"瓜、瓠、葵、芋,御冬之具也。"

④余聚以待颁赐:余,郑《注》曰:"当为'余',声之误也。余,谓县、都畜聚之物。"按,县地距都城四百里,都地距都城五百里。颁,常规赐予。赐,临时性赐予。孙诒让曰:"颁为常赐,即《遗人》恤艰厄、养孤老之等";"赐为好赐"(参见《天官·内饔》)。

【译文】

委人掌管征收野地的从业税，征收薪柴和草料，凡是草木的果实、木材，凡是可以蓄聚的瓜果蔬菜等物都征收储备。用稍地的聚储物品接待过往的宾客，用甸地的聚储物品救济寄居他乡的旅客，凡是从县地、都地征收的聚储物品，用于颁授困难的民众或赏赐所喜欢的人。

2. 以式法共祭祀之薪蒸、木材①，宾客共其刍薪，丧纪共其薪蒸、木材，军旅共其委积薪刍、凡疏材②，共野委、兵器③，与其野圃财用④。

【注释】

①以式法共祭祀之薪蒸、木材：郑《注》曰：“式法，故事之多少也。薪蒸，给炊及燎，粗者曰薪，细者曰蒸。木材，给张事（谓张设帐棚等）。”

②委积薪刍、凡疏材：郑《注》曰：“委积薪刍者，委积之薪刍也。军旅又有疏材以助禾粟。”孙诒让曰：“以军旅车徒既众，所用薪刍尤多，非平时道路委积所能给，故诸官特于所出道途别为委积。”

③共野委、兵器：野委，野地路旁的委积。郑《注》曰：“谓庐宿止之薪刍也。”庐宿有委积，贾《疏》曰：“委积之中有薪刍，在野外，故云野委也。”兵器，据孙诒让说，是守卫野委所需兵器。按，兵指五兵（五种兵器），器指车辆、日常用器。

④野圃财用：财，通“材”。郑《注》曰：“苑圃藩罗之材。”据贾《疏》，苑圃皆野外的田猎场所：在泽则有圃，在山则有苑。藩罗即藩篱，用以遮拦野兽。

【译文】

按照旧例供给祭祀所需的粗细薪柴、木材，接待过往宾客时供给所需的草料、薪柴，国家有丧事就供给所需的粗细薪柴、木材，国家有征伐就供给所储备的薪柴、草料和草木果实,供给守卫野外储备站点所需的武器、器械,以及供给为野地的苑囿建造藩篱所需的木材。

3. 凡军旅之宾客^①,馆焉^②。

【注释】

①军旅之宾客:贾《疏》曰:"谓诸侯以军举助王征讨者,故谓之军旅之宾客也。"

②馆:使居住、安置。

【译文】

凡是派兵协助王征伐的诸侯,将他们安置在路旁的客舍、宾馆里。

五一　土均

1. 土均掌平土地之政^①,以均地守^②,以均地事^③,以均地贡^④。

【注释】

①掌平土地之政:政,通"征",谓征税。据郑《注》,谓掌平邦国(各诸侯国)、都鄙之地税。

②地守:郑《注》曰:"虞衡之属。"

③地事:即《均人》之地职。

④地贡:郑《注》曰:"诸侯之九贡。"按,即《天官·大宰》所谓九贡。

【译文】

土均掌管使土地税均平,使山林川泽的税收均平,使各种从业税均平,使各诸侯国进献的贡物均平。

2. 以和邦国、都鄙之政令、刑、禁与其施舍①，礼俗、丧纪、祭祀，皆以地嫩恶为轻重之法而行之②，掌其禁令。

【注释】

①和：当读为"宣"，宣布。此王引之说。

②"礼俗"至"行之"：礼俗，郑《注》曰："邦国、都鄙民之所行先王旧礼也。"是相沿成俗之旧礼谓之礼俗。土地肥沃，礼俗、丧事、祭祀法令就规定重些；土地贫瘠，礼俗、丧事、祭祀法令就规定轻些。贾《疏》曰："自礼俗、丧纪、祭祀三事，皆以地之美恶为轻重者，地美则重行之，地恶则轻行之，以其礼许俭，不许无故也。"

【译文】

宣布有关诸侯国、采邑的政令、刑法、禁令以及减免赋税徭役的原则，对诸侯国、采邑的礼俗、丧事、祭祀，都按照土地的好坏制订轻重不等的法令而令其遵行，掌管有关的禁令。

五二　草人

1. 草人掌土化之法以物地①，相其宜而为之种。

【注释】

①土化之法以物地：郑《注》曰："土化之法，化之使美，……以物地，占其形色为之种。"

【译文】

草人掌管改造土壤、审视土地的方法，观察某地土壤形状、颜色适宜种什么就因地制宜地种什么。

2. 凡粪种①，骍刚用牛②，赤缇用羊③，坟壤用麋④，渴泽

用鹿⑤,咸潟用貆⑥,勃壤用狐⑦,埴垆用豕⑧,强㯺用蕡⑨,轻
㼱用犬⑩。

【注释】

①粪种:郑《注》曰:"凡所以粪种者,皆谓煮取汁也。"按,谓将动物
　骨头煮汁浸泡种子,以使土壤肥沃。粪是施肥,种是种子,"种"
　读上声。江永则曰:"凡粪种,谓粪其地以种禾也。种字当读去
　声。凡粪,当施之土;如用兽,则以骨灰撒诸田;用麻子,则用捣
　过麻油之渣布诸田。若土未化,但以汁渍其种,如何能使其土化
　恶为美,此物理之易明者。今人粪田,未见有煮汁渍种者。"孙诒
　让赞同江说。按,姑从郑说。

②用牛:郑司农曰:"以牛骨汁渍其种也,谓之粪种。"下文义皆
　放此。

③缇:《说文》曰:"帛丹黄色也。"

④坟壤用麋:坟壤,坟,土质肥沃。郑《注》曰:"润解。"麋,即麋鹿,
　又叫"四不像",是一种我国特有的动物也是世界珍稀动物。

⑤渴泽:即竭泽,干涸的泽。郑《注》曰:"故水处也。"按,《尔雅·释
　诂》曰:"涸,渴也。"是原有水,今已干涸,故可耕种。

⑥咸潟用貆:潟(xì),盐碱地。郑《注》曰:"卤也。"貆(huān),孙诒让
　说,是"貛"的假借字。

⑦勃壤:郑《注》曰:"粉解者。"盖即沙壤。

⑧埴垆(zhílú):埴,黏土。垆,黑色硬土。贾公彦疏:"以埴为黏,以
　垆为疏,故云黏疏也。"《考工记·总叙》"抟埴"郑《注》曰:"埴,黏
　土也。"又《说文》曰:"垆,黑刚土也。"

⑨强㯺(jiàn)用蕡:强㯺,郑《注》曰:"强坚者。"又《礼记·月令》"可
　以美土强"郑《注》曰:"强,强㯺之地。"彼孔《疏》释之曰:"并谓磥
　(lěi,古同"垒",堆砌)砺(左石右历)磊块之地也。"蕡,麻种。

⑩轻嘌(biāo)：嘌，脆。轻嘌，郑《注》曰："轻脆(脆)者。"

【译文】

凡是浸种，赤色而坚硬的土壤用牛骨汁，浅红色但不坚硬的土地用羊骨汁，润泽而苏松的土壤用麋骨汁，干涸的泽地用鹿骨汁，盐碱地用獾骨汁，沙土地用狐骨汁，有黏性的黑色而坚硬的土壤用猪骨汁，坚硬成块的土壤用麻子汁，轻脆易碎的土壤用狗骨汁。

五三　稻人

1. 稻人掌稼下地①，以潴畜水②，以防止水，以沟荡水③，以遂均水④，以列舍水⑤，以浍写水⑥，以涉扬其芟作田⑦。

【注释】

①稼下地：据郑《注》，稼谓种谷，下地谓"水泽之地"。

②潴(zhū)：水积聚之处，即蓄水池。

③以沟荡水：沟，即《遂人》"十夫有沟"之沟。荡，杜子春读为"和荡"之"荡"，谓以沟行水也。

④遂：即《遂人》"夫间有遂"之遂。

⑤以列舍水：列，宽深各一尺的排水沟。郑《注》曰："田之畦畤也。"按，田中划分有畦，畦边有埂，即所谓畤。舍，止也，将水留止于畦。

⑥浍：即《遂人》"千夫有浍"之浍。

⑦以涉扬其芟作田：涉，谓涉水。扬，谓举而弃之。芟，刈也，谓割除杂草。郑《注》曰："作，犹治也。"又说，次年放水于田将插秧时，头年所芟之草浮于水表，便可涉水将其扬弃，而后治田种稻。

【译文】

稻人掌管在泽地种植稻谷，用蓄水池蓄水，用堤防阻止水，用沟排放水，用遂分导水，用畦埂留存水，用浍泄水。趟水入田除去去年割除的草而整治土地以便种稻。

2. 凡稼泽，夏以水殄草而芟夷之①。

【注释】

①夏以水殄草而芟夷之：殄（tiǎn），灭绝。芟夷，谓割除草。《左传》隐公六年"芟夷蕴崇"杜《注》曰："芟，刈也。夷，杀也。"据孙诒让说，凡杀草，夏初芟夷之，而草又有生者，到六月再在田中蓄水以淹杀之，即所谓"夏以水殄草"。到秋季田中水干时草有未死者，则又"芟夷之"。按，此时所芟夷之草即置于田中，可沤以肥田，而到明年尚未沤烂的草，则待放水插秧时"涉扬"之。

【译文】

凡是在泽地种植作物，每到夏季用水淹的方法灭消灭草而到秋季水干时再将未消灭的草再芟除一次。

3. 泽草所生，种之芒种①。

【注释】

①芒种：谓稻麦，因其实外有芒刺，故称。郑司农曰："稻麦也。"

【译文】

凡是泽地草所生长的地方，就能够在那里种植稻麦。

4. 旱暵共其雩敛①。丧纪共其苇事②。

【注释】

①旱暵（hàn）共其雩敛：旱暵，谓雩祭，一种求雨祭祀。参见《舞

师》。雩敛,孙诒让曰:"修雩所需财用,官不能尽共,则敛之民,
　故曰雩敛。"

②苇事:苇,芦苇。苇事,谓用苇填圹。据郑《注》,下棺入圹前,先
　以苇填塞圹底以防潮。

【译文】

遇到为解除旱灾而举行祈雨雩祭,就供给为雩祭所征收的财物。
遇到丧事就供给填塞墓坑所需的芦苇。

五四　土训

1. 土训掌道地图,以诏地事①。

【注释】

①以诏地事:诏,告知,告诉。地事,不同地区所适宜之事。郑《注》
　曰:"若云荆、扬地宜稻,幽、并地宜麻。"

【译文】

土训掌管讲说地图,以告诉王不同的地形所适宜施行的农事。

2. 道地慝①,以辨地物而原其生②,以诏地求③。

【注释】

①地慝(tè):当地对人有害的东西。郑《注》曰:"若障蛊然也。"按,
　障即瘴气,是南方山林间的一种湿热郁蒸、能致人疾病之气;蛊
　即《秋官·庶氏》所谓"毒蛊"。

②辨地物而原其生:郑《注》曰:"辨其物者,别其所有所无也。"物,
　孙诒让说是指善物,即有益于人之物。原,察也。原其生者,在
　于使王知其物当生时则可求,非生时则不可妄求。

③以诏地求：如该地不产此物，或不到季节，则王不当求。

【译文】

讲说各地的害人恶物，辨别各地有益于人的物产而了解它们的生产季节，以便王有所需求时告诉王某地物产何时可求取获得。

3. 王巡守，则夹王车。

【译文】

如果王外出巡守，就在王车左右随从以备顾问。

五五　诵训

1. 诵训掌道方志①，以诏观事②。掌道方慝③，以诏辟忌④，以知地俗。

【注释】

①方志：四方各国史书所记载的久远之事。郑《注》曰：“四方所识久远之事。”

②以诏观事：郑《注》曰：“以告王观博古。”

③方慝：各地所忌讳的恶语。郑《注》曰：“四方言语所恶也。”

④辟：同“避”。

【译文】

诵训负责讲说四方史书上的历史典故，以告诉王让其能够了解古代的事。负责讲说四方言语的忌讳话语，使王能够避免犯忌，了解各地的风俗习惯。

2. 王巡守，则夹王车。

【译文】

王外出巡守,就随从在王车左右以备顾问。

五六　山虞

1. 山虞掌山林之政令①,物为之厉②,而为之守禁③。

【注释】

①山林之政令:据孙诒让说,如授民山林之地,管理山林之民取草伐木,以及田猎、征收赋税等事,皆其政令。

②厉:谓警戒防护的守卫及藩篱。即设藩篱以为界。

③为之守禁:守,谓守护山林的民众。郑《注》曰:"为守者设禁令也。守者,谓其地之民占(看守)伐林木者。"

【译文】

山虞掌管有关山林的政令,山中的各种物产,都要给它设置藩篱,并为守护山林的民众制定相关的禁令。

2. 仲冬斩阳木①,仲夏斩阴木。凡服耜②,斩季材③,以时入之。令万民时斩材,有期日。凡邦工入山林而抡材④,不禁。春秋之斩木,不入禁。凡窃木者,有刑罚。

【注释】

①阳木:郑《注》曰:"生山南者。"按,阴木则生山北者。

②服耜:服,谓车厢。郑《注》谓之"服牝",即《考工记·车人》所谓"牝服",彼郑《注》曰:"牝服长八尺,谓较也。"按,较是车厢两边挡板上面的横木,牛车、马车皆有左右两较。但马车的较高于车前的轼(车厢前的横木),牛车的较则与轼等高,谓之平较,平较

即此所谓牝服。粗，指未。孙诒让曰："即《车人》所谓未也。未长六尺六寸，以木为之。粗为未头之金，……通言之，未亦得称粗也。"

③季材：季：幼小，幼嫩。季材，即幼小的木材。据郑《注》，车较和未所用木尚柔韧，故用季材。

④抡：选择。郑《注》曰："犹择也。"

【译文】

仲冬时可砍伐生长在山南的树木，仲夏时可砍伐生长在山北的树木。凡是制造车较和未，可砍伐较幼小的木材，并按时送到负责制造的官员那里。命令民众按规定的时间进山砍伐木材，并规定了人数、日期。凡是因国家工程需要而进山林选择木材砍伐的，就不限期禁止。春秋季节砍伐树木，只允许在平地砍伐，而不可进入山内禁伐的区域。凡是盗伐树木的，就有刑罚来惩处。

3. 若祭山林，则为主，而修除①，且跸。

【注释】

①"则为主"二句：为主，担任掌事者。郑《注》曰："主辨护之也。"孙诒让释"辨"谓"即今之办治字"，又引《汉书》颜《注》释"护"为"监视之"。修除，郑《注》曰："治道路场坛。"

【译文】

如果祭祀山林之神，就要作为掌事者负责办理、监视祭祀，而整治、扫除道路、祭场、祭坛等，并且禁止行人通行。

4. 若大田猎，则莱山田之野①。及弊田②，植虞旗于中③，致禽而珥焉④。

【注释】

①莱山野之草：芟除山内打猎场的草莱。郑《注》曰："莱,除其草莱也。"据孙诒让说,除草莱目的有二：一是在田猎区周围除草一圈以表明田猎界线,且方便车辆来往；二是在界内清理出空地,以备教习战阵之需。

②弊田：弊,终止。郑《注》曰："田者止也。"

③虞旗：据孙诒让说,是画有熊的旗。

④致禽而珥焉：郑司农曰："珥者,取禽左耳以效功也。"即谓集中猎获的禽兽到虞旗下,割取禽兽左耳以便计功。

【译文】

如果王亲自参加田猎,就芟除山中田猎场周围的杂草。等到田猎停止时,就在猎场中央树起画有熊的虞旗,集中所猎获的禽兽到旗下,而割取禽兽的左耳以便计功。

五七　林衡

1. 林衡掌巡林麓之禁令①,而平其守②,以时计林麓而赏罚之③。

【注释】

①林麓：林谓平地之林,麓此谓有林之山的山脚。

②平其守：郑《注》曰："平其地之民,守林麓之部分。"

③计林麓而赏罚之：郑《注》曰："计林麓者,计其守之功也,林麓蕃茂,民不窃盗则有赏,不(否)则罚之。"

【译文】

林衡掌管巡视林麓的林木而执行有关的禁令,均平安排民众守林的任务,按时统计他们守护林麓林木的成绩而对他们进行赏罚。

2. 若斩木材,则受法于山虞①,而掌其政令。

【注释】

①受法于山虞:法,法度。据郑《注》,此处法谓"万民入出时日之期"。据贾《疏》,因山虞之官尊,故当由林衡受法于山虞。按,山虞为中士,林衡为下士,故尊于后者。

【译文】

若要砍伐木材,就要到山虞那里接受所安排的时间规定,而掌管相关政令。

五八 川衡

1. 川衡掌巡川泽之禁令①,而平其守,以时舍其守②,犯禁者执而诛罚之。

【注释】

①掌巡川泽之禁令:据贾《疏》,川衡掌川而不掌泽(泽虞掌泽),此处连言泽,是因部分泽、川相连,则兼掌之。

②舍其守:舍,置也。郑《注》曰:"时案视守者,于其舍申戒之。"

【译文】

川衡掌管巡视川泽,执行有关的禁令,而均平安排守护川泽的任务,按时安置守护人,有违犯禁令的人,就要抓起来并加以处罚。

2. 祭祀、宾客,共川奠①。

【注释】

①川奠:奠,祭也。川奠,谓河中所产鱼、蛤等可供奠祭物品。孙诒

让曰:"引申之,凡荐羞通谓之荐,故宾客飨食亦得有川奠。"

【译文】

遇到举行祭祀、招待宾客,就供给河中所产的鱼、蛤等荐祭物品。

五九　泽虞

1. 泽虞掌国泽之政令①,为之厉禁,使其地之人守其财物,以时入之于玉府②,颁其余于万民。

【注释】

①掌国泽:按,当云"掌国泽薮",此处省文。泽薮即湖泊沼泽。

②入之于玉府:郑《注》曰:"谓皮角珠贝也,入之以当邦赋。"

【译文】

泽虞掌管王国湖泽的政令,为之划分范围设置藩篱、制订禁令,使当地的人民守护湖泽的物产,按时将皮角珠贝等作为赋税缴纳给玉府,然后把其余财物分给民众。

2. 凡祭祀、宾客,共泽物之奠①。丧纪,共其苇蒲之事②。

【注释】

①泽物之奠:据郑《注》,谓芹、茆(莼菜)、蓤(菱)、芡等物品。

②共其苇蒲:苇,芦苇。共苇,事与稻人为官联(参见《稻人》)。蒲,蒲草,可织席。共蒲,郑《注》曰:"蒲以为席。"

【译文】

凡是祭祀或接待宾客,就供给湖泽所出产的芹菜、莼菜、菱角、鸡头等物。遇到丧事,供给所需要的芦苇和蒲草。

3. 若大田猎,则莱泽野^①。及弊田,植虞旌以属禽^②。

【注释】

①莱泽野:为泽中打猎场芟除杂草。意同《山虞》之"莱山田之野"。

②植虞旌以属禽:虞旌,郑《注》曰:"注析羽。"孙诒让曰:"此旌亦以熊虎之旗,而注析羽。"注析羽,即集羽毛于竿端以为饰。属禽,贾《疏》曰:"谓百姓致禽讫,虞人属聚之,别其等类,每禽取三十焉。"

【译文】

如果王亲自田猎,就芟除湖泽猎场周围原野的杂草。等到停止田猎时,就在猎场中竖起虞旌而聚集所猎获的禽兽并且分门别类。

六〇　迹人

1. 迹人掌邦田之地政^①,为之厉禁而守之,凡田猎者受令焉^②。禁麛卵者^③,与其毒矢射者。

【注释】

①田之地:谓苑囿。郑《注》曰:"若今苑也。"

②令:谓规定田猎的时间地点。

③麛:本指幼鹿,此处泛指一切幼兽。

【译文】

迹人掌管王国田猎之地的政令,为之设置藩界、制订禁令而加以守护,凡是田猎的人都要接受迹人的命令。禁止捕杀幼兽和掏取鸟卵以及用涂毒药的箭头射杀禽兽。

六一　矿人

1. 矿人掌金玉锡石之地^①,而为之厉禁以守之。若以时取之,则物其地图而授之,巡其禁令。

【注释】

①金:五金的总称。古多指铜。

【译文】

矿人掌管金玉锡石等的出产地,为之设置藩界、制订禁令而加以守护。如果要按时开采,就勘测开采地,绘成地图而授予开采者。巡视是否有人违犯禁令。

六二　角人

1. 角人掌以时征齿、角、凡骨物于山泽之农①,以当邦赋之政令,以度量受之,以共财用。

【注释】

①齿、角:齿谓象牙。角谓犀牛麇鹿角。山泽之农,既种田又田猎畜牧的山泽之民。

【译文】

角人掌管按时向山泽地区的农民征收兽齿、兽角和一切有用的骨制品,而用以抵作上缴国家赋税的政令,征收时用度量器具度量后才接受征收物,以供给国家有关部门的财用。

六三　羽人

1. 羽人掌以时征羽翮之政于山泽之农以当邦赋之政令①。凡受羽,十羽为审②,百羽为抟,十抟为縛。

【注释】

①羽翮：翮，羽茎。按，羽翮此指长茎的羽毛，故下文单称羽。

②审：及下文抟、纚（zhuàn），据郑《注》，皆羽束计量单位。

【译文】

羽人掌管按时向山泽地区的农民征收羽毛而用来抵作上缴国家赋税的政令。凡是接受所征收的羽毛计算标准是：十根羽毛为一审，百根羽毛为一抟，十抟为一纚。

六四　掌葛

1. 掌葛掌以时征绤绤之材于山农①，凡葛征、征草贡之材于泽农以当邦赋之政令②，以权度受之。

【注释】

①绤绤之材：绤（chī），细葛布。绤（xì），粗葛布。绤绤之材，即指葛。

②凡葛征：江永曰："盖草类之如葛者亦征之。"征，税也。草贡之材：郑《注》曰："藾（qǐng）紵（zhù）之属可缉绩者。"按，紵谓紵麻，藾亦麻类植物。二者皆可搓绳织布。

【译文】

掌葛掌管按时向山地之农征收葛草和凡属与葛类似的草类、向泽农征收藾紵等麻类而用以抵作上缴国家贡赋的政令，征收时要称量轻重长短而接受下来。

六五　掌染草

1. 掌染草掌以春秋敛染草之物，以权量受之，以待时而颁之①。

【注释】

①时：此指秋天。

【译文】

掌染草掌管春秋两季征收可以用作染料的草类，征收时要用秤称量轻重而接受下来，以待秋天需用时颁授给染人。

六六　掌炭

1. 掌炭掌灰物、炭物之征令①，以时入之②，以权量受之，以共邦之用。凡炭灰之事。

【注释】

①灰物、炭物：皆用焚烧草木的办法制成。郑《注》曰："灰给浣练。"则灰可洗衣浣布。

②以时入之：《礼记·月令》："季秋之月，……草木黄落，乃伐薪为炭。"则炭的征收约在季秋。

【译文】

掌炭掌管执行征收草木灰、木炭等物的征收法令，按时征收，征收时要用秤称重量而后接受下来，以供给王国使用。凡是有关炭、灰的事情都掌管。

六七　掌荼

1. 掌荼掌以时聚荼①，以共丧事②。征野疏材之物，以待邦事③，凡畜聚之物④。

【注释】

①荼：指茅苇所开白花，可供丧事时填充衣被等使用。

②以共丧事:据《仪礼·既夕礼》,下棺入圹前要先放茵(垫子)入墓
　穴,作为棺木垫。茵主要以茶填充。
③以待邦事:孙诒让曰:"以共祭祀、宾客及王以下之庶羞也。"
④凡畜聚之物:谓瓜瓠葵芋等。

【译文】

　　掌荼掌管按时征收荼,用以供给办丧事之需。还要征收野生的草
木果实,以待王国有事时使用。以及凡是瓜瓠葵芋等可储聚之物都加
以收聚以备使用。

六八　掌蜃

　　1. 掌蜃掌敛互物蜃物①,以共闉圹之蜃②,祭祀共蜃器之
蜃③,共白盛之蜃④。

【注释】

①互物蜃物:互物,蚌蛤之属。蜃,大蛤,在此泛指蛤类。
②闉(yīn)圹之蜃:闉,通"堙"。郑《注》曰:"闉,犹塞也。"谓用蜃灰填
　塞圹底以防潮。
③蜃器:装饰有蜃壳的祭器。
④白盛之蜃:盛,通"成"。以蛤灰涂物、墙,以成其白。"成""盛"可
　通。如上博楚简三《仲弓》:"夫季氏,河东之成(盛)家也。"郑
　《注》曰:"盛,犹成也。"

【译文】

　　掌蜃掌管征收蚌蛤中的蛤类,以供填塞墓穴底部所需的蜃灰。祭祀时
供给装饰祭器所需的蜃壳。供给粉刷器物或墙壁使成白色所需的蜃灰。

六九　囿人

　　1. 囿人掌囿游之兽禁①,牧百兽②,祭祀、丧纪、宾客,共

其生兽、死兽之物。

【注释】

①囿游之兽禁：囿，汉时称苑，即园林。囿游，离宫别苑。周代于大苑（即囿）中另建小苑，小苑中建离宫。因是王的游乐处，故称囿游。禁，郑《注》曰："囿游，囿之离宫小苑观处也。养兽以宴乐视之。禁者，其藩卫也。"

②牧百兽：郑《注》：备养众物也。"今掖庭有鸟兽，自熊虎孔雀，至于狐狸鸟鹤备焉。"

【译文】

囿人掌管囿中离宫别苑游乐处野兽的设置藩篱和防禁，畜养苑中的各种野兽，遇到祭祀、丧事、招待宾客，供给所需的从囿中猎获的活兽与杀死的禽兽。

七十　场人

1. 场人掌国之场圃①，而树之果蓏珍异之物②，以时敛而藏之。凡祭祀、宾客，共其果蓏。享亦如之③。

【注释】

①场圃：即种植瓜果蔬菜的园圃。

②果蓏（luǒ）珍异：蓏，瓜类植物的果实。珍异，郑《注》曰："蒲桃（葡萄）、枇杷之属。"

③享：指宗庙荐新礼，即将新出的瓜果珍异献之于宗庙。孙诒让曰："疑专指宗庙荐新言之。"

【译文】

场人掌管王国的场圃，而种植瓜果和珍异的果树，按时收获果实而加以收藏。凡是有祭祀或接待宾客之事,就供给所需的瓜果。行宗庙荐新礼也是这样做。

七一　廪人

1. 廪人掌九谷之数①,以待国之匪颁、赒赐、稍食②。

【注释】

①九谷:参见《天官·大宰》注。

②匪颁、赒赐、稍食:匪,通“分”。匪颁,即分颁。谓分颁给群臣的俸禄。赒赐,赒即《乡师》所谓“赒万民之艰阨”,赐谓好赐。孙诒让曰:“经凡云赐者,并谓好赐。”稍食,发给庶人在官者的食粮(参见《天官·官正》注)。

【译文】

廪人掌管谷米数量,以备国家分颁群臣俸禄、救济或赏赐臣民、发放庶人在官者食粮。

2. 以岁之上下数邦用①,以知足否,以诏谷用,以治年之凶丰。

【注释】

①岁之上下数邦用:数,计数,计算,查点。郑《注》曰:“犹计也。”上下,贾《疏》曰:“即丰凶。”

【译文】

依据年成的好坏计算王国的粮食开支,以知道是否够用,以报告上级用谷的情况,据以制订出适合于丰年或荒年的不同用粮计划。

3. 凡万民之食食者,人四鬴,上也;人三鬴,中也;人二鬴,下也①。若食不能人二鬴,则令邦移民就谷,诏王杀邦用②。

【注释】

①"人四"至"下也":郑《注》曰:"此皆谓一月食米也。六斗四升曰鬴。"按,鬴(fǔ),同"釜",古代量器名.内方外圆,容六斗四升。

②杀:减少。

【译文】

凡是民众吃粮,每人每月口粮数四鬴,那就算是丰收的上等年成;每人每月口粮数三鬴,那就算是中等年成;每人每月口粮数二鬴,那就算是歉收的下等年成。如果每人每月口粮数不足二鬴,就命令国中的饥民迁移到产粮谷多的丰收地方,并告诉王减省国家的支出费用。

4. 凡邦有会同、师、役之事,则治其粮与其食①。大祭祀②,则共其接盛③。

【注释】

①治其粮与其食:郑《注》曰:"行道曰粮,谓糒(bèi,干粮)也。止居曰食,谓米也。"

②大祭祀:谓祭祀天地、宗庙等神。

③共其接盛:阮校说,"共其"二字衍。郑《注》曰:"'接'读为'一扱再祭',之'扱'。"按,扱(chā),收取。盛,谓祭祀所用粮。

【译文】

凡是国家有会同、征伐、劳役等事,就置备行路与宿营时所需要的粮食。每逢大祭祀,就供给收取的祭粮。

七二　舍人

1. 舍人掌平宫中之政①，分其财守②，以法掌其出入③。

【注释】

①平官中之政：贾《疏》曰："谓平其给米多少，不得特多特少也。"政，郑《注》曰："政，谓用谷之政也。"

②分其财守：财，指谷物。郑《注》曰："分其财守者，计其用谷之数，分送官正、内宰，使守而颁之。"贾《疏》曰："财即米也。……颁与所使守之人。"按，姑从郑说。

③掌其出入：据郑《注》，谓从廪人处支取米，如有多余则需退还。

【译文】

舍人掌管有关合理分发宫中用米的事务，分颁米给官正、内宰，让他们管理好并分发给各官府办公人员，按规定制度掌管米的支出、退还。

2. 凡祭祀，共簠簋①，实之，陈之。宾客亦如之，共其礼车米、筥米、刍、禾②。丧纪，共饭米、熬谷③。

【注释】

①簠（fǔ）簋：簠，祭祀时盛黍稷的方形青铜器。簋（guǐ），祭祀时盛稻粱的圆形青铜器。郑《注》曰："方曰簠，圆曰簋，盛黍稷稻粱器。"

②共其礼车米、筥米、刍、禾：郑《注》曰："礼，致饔饩之礼。"致饔饩，参见《天官·外饔》注。此处车米、筥米、刍、禾，亦行致饔饩之礼所馈。筥（jǔ），盛物的圆形竹器。米指黍稷稻粱。据《仪礼·聘

礼》，筥米设于中庭，车米陈于门外，刍、禾亦盛于车而陈于门外。

③饭米、熬谷：饭米，是为死者行饭含礼（向死者口中填米）所用的米。熬谷，炒熟的谷，按，古人在殡棺时，将熬谷分置若干筐中，放在棺旁，引诱蚁类，使不危害棺尸。李调元曰："熬黍稷置棺旁，惑蚍蜉也。"

【译文】

凡是祭祀，供给簠簋，盛满祭品，加以陈列。遇到接待宾客也这样做，并供给行致饔饩之礼所需的用车载的米、用筥盛的米、草料和禾。遇到丧事，供给行饭含礼所用的米和熬谷。

3. 以岁时县穜稑之种①，以共王后之春献种②。

【注释】

①县穜稑之种：穜（tóng），先种后熟的谷物，稑（lù），后种先熟的谷物。穜稑，此处泛指各种谷物。郑司农曰："先种后孰谓之穜，后种先孰谓之稑。"据郑《注》，县（悬）之者，是为风干种子。

②王后之春献种：谓上春献种于王

【译文】

每年按四秀时令将各种谷物的种子悬挂起来风干，以供给王后到来年春天把这些种子献给天子。

4. 掌米粟之出入①，辨其物②。岁终则会计其政③。

【注释】

①米粟：已舂者为米，未舂者为粟。此处泛指各种谷物。

②辨其物：郑《注》曰："九谷六米别为书。"

③政：郑《注》曰："用谷之多少。"

【译文】

掌管米谷的支出和收入，辨明它们的种类和名称。每到夏历年终就统计用谷的多少。

七三　仓人

1. 仓人掌粟人之藏，辨九谷之物，以待邦用。若谷不足，则止余法用①，有余则藏之，以待凶而颁之。

【注释】

①止余法用：止，减少。余，谓足国用后所余。所余储藏起来以备用，即所谓委积。郑《注》曰："止，犹杀也。杀余法用，谓道路之委积，所以丰优宾客之属。"《遗人》郑《注》曰："委积者，廪人、仓人计九谷之数足国用，以其余共之，所谓余法用也。"

【译文】

仓人掌管所各种收入谷物的储藏，辨别九谷的名称种类，以备王国所用。如果谷物不够使用，就减少委积的支用；如果谷物有余，就储藏起来，以备灾荒年颁用。

2. 凡国之大事①，共道路之谷积、食饮之具②。

【注释】

①大事：关系国家利益、王地位之事。据郑《注》，此指丧事或战争。

②共道路之谷积：谷积，即委积之谷物。按，此官与遗人为官联，遗人所掌委积之谷，即由此官及廪人计九谷足国用而以其余供之。

【译文】

凡国家有丧葬、军旅等大事,供给道路委积所需的谷物、饮食用品。

七四　司禄(阙)①

【注释】

①阙:谓记载司禄职责的《周礼》经文亡佚,以下遇"阙"时同此。

七五　司稼

1. 司稼掌巡邦野之稼①,而辨穜稑之种,周知其名,与其所宜地以为法②,而县于邑闾③。

【注释】

①邦野:指畿内远郊以外的野地。

②以为法:郑《注》曰:"后年种谷用为法也。"

③闾:此指里门,《秋官·叙官·修闾氏》郑《注》曰:"闾谓里门。"

【译文】

司稼掌管巡视邦野的庄稼,辨别各种谷物的种类,周遍了解它们的名称,以及它们所适宜种植的土壤,制订为下年种植的规章,悬挂在邑中里门上以便百姓知晓遵守。

2. 巡野观稼,以年之上下出敛法①。

【注释】

①以年之上下出敛法:秦蕙田《通考·凶礼一》曰:"《周礼》田税之制,虽有常式,而又命司稼一官,巡视稼之美恶,以知年之上下,小耗则减之,大耗则除之。"

【译文】

巡视野地的庄稼生长情况,根据年成的好坏制订征收赋税的法令。

3. 掌均万民之食①,而赒其急,而平其兴②。

【注释】

①均:郑《注》曰:"谓度其多少。"

②平其兴:兴,征聚。江永曰:"兴,起也,发也。谓赒急之时,平其所兴发之廪食。"

【译文】

掌管调度民众粮食的多少,而救济人们的急困,均平地分发储备粮给急困之民。

七六　舂人

1. 舂人掌共米物①。祭祀共其粢盛之米②。宾客共其牢礼之米③。凡飨食共其食米④。掌凡米事⑤。

【注释】

①米物:郑《注》曰:"言非一米。"

②粢盛:谓盛在祭器内以供祭祀的谷物。郑《注》曰:"谓黍稷稻粱之属,可盛以为簠簋实。"

③牢礼:谓向宾客馈送各种肉食、米禾之礼,即致饔饩之礼。致饔饩有米,据郑《注》,此指供给"可以实筐筥"者,亦即《舍人》所谓"筥米"。

④飨食:谓飨礼和食礼(参见《牛人》注)。按,"食"字原脱,孙诒让《校记》曰:"'飨'下夺'食'字,各本并有。"故补。

⑤凡米事:孙诒让曰:"谓凡舂抭(舀)之事,舂人悉掌之。"

【译文】

春人掌管供给春好的各种米。每逢祭祀,供给盛在簠簋等祭器中的米。招待宾客,供给行牢礼时盛在筥中的米。凡是举行飨礼、食礼,供给饭食所使用的米。掌管凡是有关春米、舀米等事情。

七七　饎人

1. 饎人掌凡祭祀共盛①。共王及后之六食②。凡宾客共其簠簋之食③。飨、食亦如之。

【注释】

①饎(chì)人掌凡祭祀共盛:饎,同"饎"(参见本篇《叙官》第60节)。共盛,郑《注》曰:"炊而共之。"

②六食:六种谷物做成的饭。郑《注》曰:"六谷之饭。"孙诒让曰:"凡祭祀之粢盛,皆于灶炊之。"

③"凡宾客"句:郑玄注:"谓致飧饔。"即在致飧、致饔饩时。

【译文】

饎人掌管凡是属祭祀所当供给的装在簠簋中的炊熟的米。供给王和王后用六谷做的饭食。凡是招待宾客,供给用簠簋盛的炊熟的饭食。每逢举行飨礼和食礼等宴会,也是这样做。

七八　槀人

1. 槀人掌共外、内朝冗食者之食①。若飨耆老、孤子、士、庶子②,共其食。

【注释】

①外、内朝冗食者:外内朝,外朝和内朝。外朝在皋门内、库门外,

即在王官五门的第一、二门之间,是司寇审案断狱处。内朝,即治朝,在路门外、应门内,即在王官五门的第四与第五门之间,是群臣办事处,相对于外朝则为内朝。冗食者,贾《疏》曰:"谓以次当直,留在朝宿不还,须以食供之。""冗,散也,外内朝上直(即值班)诸吏,谓之冗吏,亦曰散吏。以上直不归家食,槁人供之,因名冗食者。"

②耆老、孤子、土、庶子:耆老,六十岁以上的老人。《礼记·曲礼上》:"六十曰耆,……七十曰老。"士、庶子,皆贵族子弟。郑《注》曰:"士庶子,卿大夫士之子弟,宿卫王官者。"

【译文】

槁人掌管供给在外朝和内朝当值加班和值班人员的饭食。如果国家用飨礼款待老人、烈士遗孤、士、庶子,就供给所需的饭食。

2. 掌豢祭祀之犬。

【译文】

掌管豢养供祭祀用的犬。

春官

宗伯第三

【题解】

春官系统掌"邦礼"，又谓之"礼官"，即掌礼事的官。其长为大宗伯，其副为小宗伯。其所属编制，官府六十，其职官分为七十种。大宗伯职文归纳为"五礼"（吉、凶、宾、军、嘉礼）、"九仪"、"六瑞"、"六挚"、"六器"。其下六十八属官，大体可分以下几类。第一类是掌礼事的官，包括肆师、郁人、鬯人、鸡人、司尊彝、司几筵、典瑞、典命、司服、典祀、守祧、世妇、内宗、外宗、冢人、墓大夫、职丧、都宗人、家宗人、神仕等。第二类是掌乐事的官，包括大司乐、乐师、大胥、小胥、大师、小师、瞽矇、视瞭、典同、磬师、钟师、笙师、镈师、韎师、旄人、籥师，籥章、鞮鞻氏、典庸器、司干等。第三类是掌卜筮的官，包括大卜、卜师、龟人、菙氏、占人、筮人、占梦，视祲等。第四类是祝巫之官，包括大祝、小祝、丧祝、甸祝、诅祝、司巫、男巫、女巫等。第五类是掌史及星历的官，包括大史、小史、冯相氏、保章氏、内史、外史、御史等。第六类是掌车旗的官，包括巾车、典路、车仆、司常等。第七类是掌宗庙宝器以及吏治文书收藏的官，包括天府一职。可见，春官职责主要掌礼。礼、乐二官数量占其大半。然而第二类的官，又掌学校教育，如《大司乐》"掌成均（大学）之法"，《大胥》"掌学士之版"等，此种职责似当属之地官。杨天宇先生推测，此盖因作者对职官的分工尚不够严密所致。

据孙诒让统计，春官共设职七十个。其人员编制数目，属于春官直属系统的，计卿一人，中大夫五人，下大夫二十四人，上士四十九人，中士一百五十人，下士二百七十五人，府一百零八人，史二百六十三人，胥一百五十八人，徒一千七百六十人，工一百零四人：凡正官自卿至庶人，总计二千七百九十七人。又瞽矇上瞽四十人，中瞽一百人，下瞽一百六十人，视瞭三百人，眡师舞者十六人：凡乐工等无爵者，总计六百一十六人。又奄八人，又世妇官卿十二人，下大夫二十四人，中士四十八人，郑玄以为士人，今定为女官；女府十二人，女史十二人，奚九十六人，又女祧十六人，奚三十二人：凡女官女庶人，总计二百五十二人。此外，内宗、外宗、旄人舞者、男巫、女巫、以神仕者，并无员数。又都宗人，每都上士二人，中士四人，府二人，史四人，胥四人，徒四十人；家宗人，每家上士二人，中士四人，府二人，史四人，胥四人，徒四十人：皆有员数而无总数，不可计。大凡可计者三千六百七十三人。（《周礼正义》，中华书局 1987 年版，第 1294、1295 页）

叙官

1. 惟王建国，辨方正位，体国经野，设官分职，以为民极①。乃立春官宗伯②，使帅其属，而掌邦礼，以佐王和邦国③。

【注释】

①"惟王建国"五句：见《天官·冢宰》注。按，《春官·叙官》许多词未注释，可参见《天官·叙官》注。

②春官宗伯：即下文大宗伯。因宗伯在六官中位居第三，于四时当春，故称。宗谓宗庙，伯谓长官。宗伯，礼官之长，掌管邦礼。司徒在六官中分工是主管国家土地、人民、教化、产殖、赋税等事。

③"使帅其属"三句：按，此即《天官·大宰》所掌六典之三，所谓"三曰礼典，以和邦国，以统百官，以谐万民"之义。邦礼，国家的礼制，即吉、凶、宾、军、嘉五礼。详下文《大宗伯》。

【译文】

王建立国都，辨别国都所在地的方向，确定宗庙、朝廷所在的位置，主次有别地划分国都、郊野的界限，进行建设经营。分设百官职位，作为天下民众取法的榜样。为了达到此目的，于是设立春官宗伯这一官职，让他率领部属，来掌管天下的礼事，以辅佐王协和天下各国。

2. 礼官之属①：大宗伯②，卿一人；小宗伯③，中大夫二人；肆师④，下大夫四人，上士八人，中士十有六人，旅下士三十有二人，府六人，史十有二人，胥十有二人，徒百有二十人。

【注释】

①礼官：上节云春官宗伯"掌邦礼"，故称春官系统官员为"礼官"，即主管礼制之官。

②大宗伯：官名。礼官之长。掌管天神、地祇、人鬼之礼，以辅佐王建立、安定邦国。略如后世之礼部尚书。

③小宗伯：官名。大宗伯的副职。掌管建国之神位，辨昭穆及三族之别。职务略如后世之礼部侍郎。

④肆师：官名。大宗伯的助手。掌管国家祭祀的礼仪制度。肆，陈列。

【译文】

礼官的属官有：大宗伯，由卿一人任长官；小宗伯，由中大夫二人任长官；肆师，由下大夫四人任长官；此外还有上士八人，中士十六人，众下士三十二人递相辅佐,下辖府六人,史十二人,胥十二人,徒一百二十人。

3. 郁人^①,下士二人,府二人,史一人^②,徒八人。

【注释】

①郁人:官名。掌管裸器。郁,谓郁金香草,制造郁香酒的原料。裸,又作"灌",谓以郁香酒浇地降神。

②府二人,史一人:据王引之说,当作"府一人,史二人"(参见《天官·叙官》注)。

【译文】

郁人,由下士二人任长官,下辖府二人,史一人,徒八人。

4. 鬯人^①,下士二人,府一人,史一人,徒八人。

【注释】

①鬯(chàng)人:官名。掌管供给秬鬯酒。按,秬(jù),黑黍。鬯即用黑黍酿造的酒。

【译文】

鬯人,由下士二人任长官,下辖府一人,史一人,徒八人。

5. 鸡人^①,下士一人,史一人,徒四人。

【注释】

①鸡人:官名。掌管供给鸡牲及报时。

【译文】

鸡人,由下士一人任长官,下辖史一人,徒四人。

6. 司尊彝^①,下士二人,府四人,史二人^②,胥二人,徒二十人。

【注释】

①司尊彝:官名。掌管行礼所需的六尊、六彝的陈设位置,辨明其用途及所盛之酒醴。尊、彝皆酒器。彝用以盛郁香酒,尊盛五齐。郑《注》曰:"彝亦尊也,郁鬯曰彝。"

②府四人,史二人:据王引之说,当为"府二人,史四人"。

【译文】

司尊彝,由下士二人任长官,下辖府二人,史四人,胥二人,徒二十人。

7. 司几筵^①,下士二人,府二人,史一人^②,徒八人。

【注释】

①司几筵:官名。掌管五几、五席的名称、种类,辨明其用途及陈设的位置。几,几案,条几。筵,席子。郑《注》曰:"筵亦席也。铺陈之曰筵,藉之曰席。"

②府二人,史一人:据王引之说,当作"府一人,史二人"。

【译文】

司几筵,由下士二人任长官,下辖府一人,史二人,徒八人。

8. 天府^①,上士一人,中士二人,府四人,史二人^②,胥二人,徒二十人。

【注释】

①天府:官名。掌管收藏宗庙玉器宝物。

②府四人，史二人：据王引之说，当作"府二人，史四人"。

【译文】

　　天府，由上士一人任长官，中士二人任副职，下辖府二人，史四人，胥二人，徒二十人。

　　9. 典瑞①，中士二人，府二人，史二人，胥一人，徒十人。

【注释】

　　①典瑞：官名。掌管玉瑞、玉器的收藏保管。瑞，玉制的符信。郑《注》曰："瑞，节信也。"

【译文】

　　典瑞，由中士二人任长官，下辖府二人，史二人，胥一人，徒十人。

　　10. 典命①，中士二人，府二人，史二人，胥一人，徒十人。

【注释】

　　①典命：官名。掌管王封迁诸侯、群臣爵位（命数）的文书。

【译文】

　　典命，由中士二人任长官，下辖府二人，史二人，胥一人，徒十人。

　　11. 司服①，中士二人，府二人，史一人②，胥一人，徒十人。

【注释】

　　①司服：官名。掌管王的吉凶礼服。
　　②府二人，史一人：据王引之说，当作"府一人，史二人"。

【译文】

司服,由中士二人任长官,下辖府一人,史二人,胥一人,徒十人。

12. 典祀^①,中士二人,下士四人,府二人,史二人,胥四人,徒四十人。

【注释】

①典祀:官名。掌管四郊外祀之坛域。外祀,谓在国都四郊举行的祭祀。

【译文】

典祀,由中士二人任长官,下士四人任副职,下辖府二人,史二人,胥四人,徒四十人。

13. 守祧^①,奄八人^②,女祧每庙二人,奚四人。

【注释】

①守祧:官名。掌管守护先王先公的庙祧。按,庙、祧,对文则异,散文则通。祧本指远祖之庙或迁主所藏之庙,此泛指宗庙。金鹗曰:"守祧职兼庙祧,而冠以祧名,是庙祧通称为祧也。"
②奄:及下文女祧、奚,参见《天官·叙官》注。

【译文】

守祧,由奄八人任长官,每庙下辖女祧二人,奚四人。

14. 世妇^①,每宫卿二人^②,下大夫四人,中士八人,女府二人,女史二人,奚十有六人。

【注释】

①世妇:妇官名。天子之妾,位次九嫔,协助王后掌管宫中行礼之事。按,据孙诒让说,此世妇及下所列属官皆为外命妇(即卿大夫之妻)。

②每宫卿二人:据郑《注》,王后六官,则十二人,余类推。

【译文】

世妇,每宫由卿二人任长官,下大夫四人,中士八人递相辅佐,下辖女府二人,女史二人,奚十六人。

15. 内宗①,凡内女之有爵者②。

【注释】

①内宗:官名。掌管佐助王后祭祀、宾客飨食之事。由内女(嫁于大夫士而有爵的王同姓之女)任长官。郑《注》曰:"内女,王同姓之女,谓之内宗,有爵,其嫁于大夫及士者。"孙诒让认为宗妇亦应包括在内。姑从郑说。

②凡:表示无固定数目。郑《注》曰:"无常数之言。"

【译文】

内宗,由凡是内女中出嫁而有爵位者任长官。

16. 外宗①,凡外女之有爵者②。

【注释】

①外宗:官名。掌管协助王后祭祀等事,由外女任长官。

②外女:郑《注》曰:"王诸姑姊妹之女,谓之外宗。"孙诒让认为外亲之妇(即外姓卿大夫士之女嫁与王的姑、姊妹之子为妻者)亦包

括在内。姑从郑说。

【译文】

外宗，由凡是外女中出嫁而有爵位者任长官。

17. 冢人①，下大夫二人，中士四人，府二人，史四人，胥十有二人，徒百有二十人。

【注释】

①冢人：官名。掌管王族及贵族墓葬茔域及下葬事宜。

【译文】

冢人，由下大夫二人任长官，中士四人任副职，下辖府二人，史四人，胥十二人，徒一百二十人。

18. 墓大夫①，下大夫二人，中士八人，府二人，史四人，胥二十人，徒二百人。

【注释】

①墓大夫：官名。掌管王国中万民的墓葬事宜。

【译文】

墓大夫，由下大夫二人任长官，中士八人任副职，下辖府二人，史四人，胥二十人，徒二百人。

19. 职丧①，上士二人，中士四人，下士八人，府二人，史四人，胥四人，徒四十人。

【注释】

①职丧:官名。掌管诸侯、卿大夫士的丧事。

【译文】

职丧,由上士二人任长官,中士四人、下士八人递相辅佐,下辖府二人,史四人,胥四人,徒四十人。

20. 大司乐①,中大夫二人。乐师②,下大夫四人,上士八人,下士十有六人。府四人,史八人,胥八人,徒八十人③。

【注释】

①大司乐:官名。乐官之长,掌管王国大学教育之法,教国子乐德、乐语、乐舞。自乐师至鞮鞻氏,皆其属官。

②乐师:官名。大司乐之副职,掌管国子乐舞教育及乐官官吏。

③"府四人"至"徒八十人":按,大司乐、乐师同府治事,故其府、史、胥、徒同。

【译文】

大司乐,由中大夫二人任长官。乐师,由下大夫四人任长官,此外还有上士八人、下士十六人递相辅佐,下辖府四人,史八人,胥八人,徒八十人。

21. 大胥①,中士四人。小胥②,下士八人,府二人,史四人,徒四十人。

【注释】

①大胥:乐官名。掌管学士(卿大夫之子学舞者)的名籍、招致并教育学舞者、管理学宫中事务等。胥,有才智。

②小胥:官名。协助大胥掌管国学学士的征召、考察。按,大胥、小
　胥同府治事,故其府、史、徒同。

【译文】

大胥,由中士四人任长官。其副手小胥,由下士八人任长官,下辖
府二人,史四人,徒四十人。

22.大师①,下大夫二人。小师②,上士四人。瞽矇③:上
瞽四十人,中瞽百人,下瞽百有六十人。视瞭三百人④。府
四人,史八人,胥十有二人,徒百有二十人⑤。

【注释】

①大师:官名。为乐官之长。掌管六律、六同等音律。以盲人的贤
　智者任长官。

②小师:亦称少师,官名。掌管教授瞽矇演奏鼓乐、唱歌。以盲人
　任长官。

③瞽矇:官名。即众乐工,从事演奏乐器和歌唱。皆由盲人任长
　官。依其技艺高下分为上瞽、中瞽、下瞽三等。瞽、矇皆盲人,或
　曰,目缝黏合者谓之瞽,有眸子无视力者谓之矇。

④视瞭三百人:视瞭,官名。掌管击鼗(鼓)奏磬,扶助瞽矇。皆目
　明者,人数与瞽矇数相等。

⑤"府四人"至"徒百有二十人":按,大师、小师、瞽矇、视瞭同府治
　事,故其府、史、胥、徒同。阮校曰:"(此)府、史、胥、徒,统属于四
　官(指大师、小师、瞽矇、视瞭),故经文合并为一条,如《大司乐》、
　《乐师》合为一条之例。"

【译文】

大师,由下大夫二人任长官。小师,由上士四人任长官。瞽矇:上
瞽四十人,中瞽一百人,下瞽一百六十人。视瞭三百人。共下辖府四

人,史八人,胥十二人,徒一百二十人。

23. 典同^①,中士二人,府一人,史一人,胥二人,徒二十人。

【注释】

①典同:官名。掌管调理乐器的音律的官。同,同"吕",阴律;律,阳律。

【译文】

典同,由中士二人任长官,下辖府一人,史一人,胥二人,徒二十人。

24. 磬师^①,中士四人,下士八人,府四人,史二人^②,胥四人,徒四十人。

【注释】

①磬师:官名。掌管教击编钟、编磬的官。
②府四人,史二人:据王引之说,当作"府二人,史四人",是。

【译文】

磬师,由中士四人任长官,下士八人任副职,下辖府二人,史四人,胥四人,徒四十人。

25. 钟师^①,中士四人,下士八人,府二人,史二人,胥六人,徒六十人。

【注释】

①钟师:官名。掌管敲击钟、镈,以为奏乐节奏。

【译文】

钟师,由中士四人任长官,下士八人任副职,下辖府二人,史二人,胥六人,徒六十人。

26. 笙师①,中士二人,下士四人,府二人,史二人,胥一人,徒十人。

【注释】

①笙师:官名。掌管教吹奏竽、笙等管乐器。

【译文】

笙师,由中士二人任长官,下士四人任副职,下辖府二人,史二人,胥一人,徒十人。

27. 镈师①,中士二人,下士四人,府二人,史二人,胥二人,徒二十人。

【注释】

①镈(bó)师:官名。掌管金奏时击鼓。镈,形如钟而略大的乐器。

【译文】

镈师,由中士二人任长官,下士四人任副职,下辖府二人,史二人,胥二人,徒二十人。

28. 韎师①,下士二人,府一人,史一人,舞者十有六人,徒四十人。

【注释】

①𩎟师：官名。掌管教授东方夷族舞乐。𩎟(mèi，又读 mò)，东方夷
　族之乐舞名。

【译文】

𩎟师，由下士二人任长官，下辖府一人，史一人，舞者十六人，徒四
十人。

29. 旄人①，下士四人，舞者众寡无数，府二人，史二人，
胥二人，徒二十人。

【注释】

①旄(máo)人：官名。掌管教授民间通俗乐舞及四夷乐舞。旄，牦
　牛尾，舞者手持的道具。

【译文】

旄人，由下士四人任长官，舞者的多少无定数，下辖府二人，史二
人，胥二人，徒二十人。

30. 籥师①，中士四人，府二人，史二人，胥二人，徒二
十人。

【注释】

①籥(yuè)师：官名。掌管教授国子跳文舞时吹籥。籥，正字作龠。
　竹制管乐器。单管，似笛，舞者所吹，有三孔、六孔两种。六孔者
　可兼为舞具。

【译文】

籥师，由中士四人任长官，下辖府二人，史二人，胥二人，徒二十人。

31. 籥章^①,中士二人,下士四人,府一人,史一人,胥二人,徒二十人。

【注释】

①籥章:官名。掌管演奏、教授敲击土鼓和用籥吹奏豳地诗乐。

【译文】

籥章,由中士二人任长官,下士四人任副职,下辖府一人,史一人,胥二人,徒二十人。

32. 鞮鞻氏^①,下士四人,府一人,史一人,胥二人,徒二十人。

【注释】

①鞮鞻(dīlóu)氏:官名。掌管教授四夷音乐歌舞。鞮,四夷舞者所着皮制舞鞋。

【译文】

鞮鞻氏,由下士四人任长官,下辖府一人,史一人,胥二人,徒二十人。

33. 典庸器^①,下士四人,府四人,史二人^②,胥八人,徒八十人。

【注释】

①典庸器:官名。掌管收藏、保管乐器、钟鼎之器。庸器,从战败国所获得的重器。

②府四人,史二人:据王引之说,当作"府二人,史四人",是。

【译文】

典庸器,由下士四人任长官,下辖府二人,史四人,胥八人,徒八十人。

34. 司干①,下士二人,府二人,史二人,徒二十人。

【注释】

①司干:官名。掌管舞蹈所执之道具,如羽干戚等。干,盾,跳舞时手持的道具。

【译文】

司干,由下士二人任长官,下辖府二人,史二人,徒二十人。

35. 大卜①,下大夫二人。卜师②,上士四人。卜人③,中士八人,下士十有六人,府二人,史二人,胥四人,徒四十人。

【注释】

①大卜:官名。为卜官之长。掌管卜筮之法。下文自卜师至筮人,皆其属官。郑《注》曰:"卜筮官之长。"卜,通过龟甲问吉凶叫卜。

②卜师:官名。掌管开取兆书、辨龟、授龟等具体占卜之事。

③卜人:官名。协助大卜、卜师做事。贾《疏》曰:"卜人无别职(即分官述职无其职文),以其助大卜、卜师行事故也。"按,以上三官同府治事,故其府、史、胥、徒同。

【译文】

大卜,由下大夫二人任长官。卜师,由上士四人任长官。卜人,由中士八人任长官,下士十六人任副职,下辖府二人,史二人,胥四人,徒四十人。

36. 龟人^①,中士二人,府二人,史二人,工四人^②,胥四人,徒四十人。

【注释】

①龟人:官名。掌管龟甲的攻治、收藏及供给,以备占卜之用。

②工:据郑《注》,是掌取龟、攻(治)龟的工人。

【译文】

龟人,由中士二人任长官,下辖府二人,史二人,工四人,胥四人,徒四十人。

37. 菙氏^①,下士二人,史一人,徒八人。

【注释】

①菙(chuí)氏:官名。掌管供给灼龟所用的燋(灼龟所用的火种)、契(灼龟所用的荆木)。菙,据阮校说,是"棰"字之误。即荆木。

【译文】

棰氏,由下士二人任长官,下辖史一人,徒八人。

38. 占人^①,下士八人,府一人,史二人,徒八人。

【注释】

①占人:官名。掌管占视蓍、龟的卦兆而言吉凶。占,用龟甲、蓍草占问吉凶。

【译文】

占人,由下士八人任长官,下辖府一人,史二人,徒八人。

39. 筮人①,中士二人,府一人,史二人,徒四人。

【注释】

①筮人:官名。掌管占筮事。筮,用蓍草问吉凶。

【译文】

筮人,由中士二人任长官,下辖府一人,史二人,徒四人。

40. 占梦①,中士二人,史二人、徒四人。

【注释】

①占梦:官名。掌管占验梦的吉凶。

【译文】

占梦,由中士二人任长官,下辖史二人,徒四人。

41. 视祲①,中士二人,史二人,徒四人。

【注释】

①视祲(jìn):官名。掌管占望云气,以辨吉凶妖祥。祲,妖氛,不祥之气。

【译文】

视祲,由中士二人任长官,下辖史二人,徒四人。

42. 大祝①,下大夫二人,上士四人。小祝②,中士八人,下士十有六人,府二人、史四人,胥四人,徒四十人。

【注释】

①大祝：官名。为祝官之长，掌管祭祀告神之赞辞。下文自小祝至诅祝，皆其属官。郑《注》曰："祝官之长。"《说文》："祝，祭主赞辞者。"

②小祝：官名。掌管小祭祀之祝号，并协助大祝行事。贾《疏》曰："大祝与小祝别职而同官，故共府、史、胥、徒。"

【译文】

大祝，由下大夫二人任长官，上士四人任副职。小祝，由中士八人任长官，下士十六人任副职。下辖府二人，史四人，胥四人，徒四十人。

43. 丧祝①，上士二人，中士四人，下士八人，府二人，史二人，胥四人，徒四十人。

【注释】

①丧祝：官名。掌管丧事祝告之事。

【译文】

丧祝，由上士二人任长官，中士四人任副职，[此外还有]下士八人递相辅佐，下辖府二人，史二人，胥四人，徒四十人。

44. 甸祝①，下士二人，府一人，史一人，徒四人。

【注释】

①甸祝：官名。掌管四时田猎及征伐、祭祀的祝告之事。甸，通"田"，田猎。郑《注》曰："甸之言田也，田狩之祝。"

【译文】

甸祝，由下士二人任长官，下辖府一人，史一人，徒四人。

45.诅祝^①,下士二人,府一人,史一人,徒四人。

【注释】

①诅祝:官名。掌管盟、诅及六祈(类、造、攻、说、襘、禜)等祝号
　之事。

【译文】

诅祝,由下士二人任长官,下辖府一人,史一人,徒四人。

46.司巫^①,中士二人,府一人,史一人,胥一人,徒十人。

【注释】

①司巫:官名。为巫官之长,掌管群巫的政令。巫,从事祈祷、卜筮
　兼用药物为人求福、去灾、治病的人。

【译文】

司巫,由中士二人任长官,下辖府一人,史一人,胥一人,徒十人。

47.男巫^①,无数。女巫^②,无数。其师^③,中士四人,府
二人,史四人,胥四人,徒四十人。

【注释】

①男巫:官名。掌管望祀、望延(详其职文)及以茅招迎四方众神。

②女巫:官中女官。掌管以巫舞通神。

③其师:即巫师,男巫、女巫之长。孙诒让曰:"为男女巫之长,以男
　巫之有才智者为之。"

【译文】

男巫,无定数。女巫,无定数。巫师,由中士四人任长官,下辖府二

人,史四人,胥四人,徒四十人。

48. 大史^①,下大夫二人,上士四人。小史^②,中士八人,下士十有六人。府四人,史八人,胥四人,徒四十人。

【注释】

①大史:官名。史官之长。掌管法典、礼籍、祭祀、星历等。属官有小史、冯相氏、保章氏。郑《注》曰:“史官之长。”

②小史:官名。大史之副。掌管王国及诸侯国之史籍以及定世系、辨昭穆等事。按,大史、小史同府治事,故其府、史、胥、徒同。贾《疏》曰:“小史与大史别职而官同,故共府史也。”

【译文】

大史,由下大夫二人任长官,上士四人任副职。小史,由中士八人任长官,下士十六人任副职。下辖府四人,史八人,胥四人,徒四十人。

49. 冯相氏^①,中士二人,下士四人,府二人,史四人,徒八人。

【注释】

①冯(píng)相氏:官名。掌管天文星历的推算,登高台以观测天文之次序。冯,登。相,视。

【译文】

冯相氏,由中士二人任长官,下士四人任副职,下辖府二人,史四人,徒八人。

50. 保章氏^①,中士二人,下士四人,府二人,史四人,徒八人。

【注释】

①保章氏:官名。掌管观察、记录天星变动等天文现象,以观天下
　之变,分辨吉凶。

【译文】

保章氏,由中士二人任长官,下士四人任副职,下辖府二人,史四
人,徒八人。

51. 内史①,中大夫一人,下大夫二人,上士四人,中士八
人,下士十有六人,府四人,史八人,胥四人,胥四人,徒四
十人。

【注释】

①内史:官名。掌管天子八柄之法及国法之贰,以助王治理邦国。
　属官有外史、御史。孙诒让曰:"《官正·注》谓其官府在宫中,故
　曰内史。又与大史相左右,亦曰右史,而与外史、御史为长。"按,
　因内史官府在宫内,职能如王之秘书长,故称。

【译文】

内史,由中大夫一人任长官,下大夫二人任副职,此外还有上士四
人、中士八人、下士十六人递相辅佐,下辖府四人,史八人,胥四人,徒四
十人。

52. 外史①,上士四人,中士八人,下士十有六人,胥二
人,徒二十人。

【注释】

①外史：官名。掌管书写王下达给畿外邦国的命令，收藏各诸侯国史书及三皇五帝之书，并推广统一的文字。

【译文】

外史，由上士四人任长官，此外还有中士八人、下士十六人递相辅佐，下辖胥二人，徒二十人。

53. 御史①，中士八人，下士十有六人，其史百有二十人，府四人，胥四人，徒四十人。

【注释】

①御史：官名。掌管邦国、都鄙及万民之治令文件、档案典籍，并协助记事及起草文件。孙诒让曰："此官亦掌藏书，所谓柱下史也。本职不言藏书者，文不具也。"

②其史百有二十人：史人数特多，因御史有为王草拟诏令之责，故需多人从事。

【译文】

御史，由中士八人任长官，下士十六人任副职，其手下的史有一百二十人，下辖府四人，胥四人，徒四十人。

54. 巾车①，下大夫二人，上士四人，中士八人，下士十有六人，府四人，史八人，工百人，胥五人，徒五十人。

【注释】

①巾车：官名。掌管天子、王后及官用之车及用车规格、配备等政令。车官之长，属官有典路、车仆。巾，犹衣，车上蒙有装饰物，故称。

【译文】

巾车,由下大夫二人任长官,上士四人任副职,中士八人、下士十六人递相辅佐,下辖府四人,史八人,工人一百人,胥五人,徒五十人。

55. 典路①,中士二人,下士四人,府二人,史二人,胥二人,徒二十人。

【注释】

①典路:官名。掌管王、王后所乘的车辇,并佐助驾车、解马等事。路,车也,王、王后所乘之车。郑《注》曰:"王之所乘车。"

【译文】

典路,由中士二人任长官,下士四人任副职,下辖府二人,史二人,胥二人,徒二十人。

56. 车仆①,中士二人,下士四人,府二人,史二人,胥二人,徒二十人。

【注释】

①车仆:官名。掌管五种战车(即戎路、广车、阙车、苹车、轻车)之副车的卒伍。

【译文】

车仆,由中士二人任长官,下士四人任副职,下辖府二人,史二人,胥二人,徒二十人。

57. 司常①,中士二人,下士四人,府二人,史二人,胥四人,徒四十人。

【注释】

①司常:官名。掌管各种旗帜的名称及其使用方法。常,旌旗。

【译文】

司常,由中士二人任长官,下士四人任副职,下辖府二人,史二人,胥四人,徒四十人。

58. 都宗人①,上士二人,中士四人,府二人,史四人,胥四人,徒四十人。

【注释】

①都宗人:官名。掌管王子弟及公卿所封采邑(即大都、小都)的祭祀。大都,王子弟、公的采邑。小都,卿的采邑。按,宗人性质同于宗伯,但级别较低。胡匡衷曰:"宗伯,诸侯以下通谓之宗人。"

【译文】

都宗人,每都由上士二人任长官,中士四人任副职,下辖府二人,史四人,胥四人,徒四十人。

59. 家宗人①,如都宗人之数。

【注释】

①家宗人:官名。掌管大夫采邑的祭祀。家,郑《注》曰:"谓大夫所食采邑。"

【译文】

家宗人,如同都宗人的编制数目。

60. 凡以神仕者①,无数,以其艺为之贵贱之等②。

【注释】

①以神士者:神士者,以事神为官职的人。负责辨别天上鬼神祇的
　方位,祀之以消除灾祸。以男巫中有才智者担任。士,通"仕",
　其职文即作"仕"。郑《注》曰:"以神士者,男巫之俊,有学问才
　智者。"

②以其艺为之贵贱之等:郑《注》曰:"艺,谓礼乐射御书数。高者为
　上士,次之为中士,又次之为下士。"

【译文】

凡是以神士为职业的人,没有固定的数目,国家按照他们技艺的高
低来区分其地位贵贱的等次而给予不同待遇。

一　大宗伯

1. 大宗伯之职,掌建邦之天神、人鬼、地示之礼①,以佐
王建保邦国。

【注释】

①人鬼、地示之礼:人鬼,谓宗庙之神。示,"祇"的本字,谓地神。
　礼:祭祀义。郑《注》曰:"谓祀之、祭之、享之"。孙诒让曰:"此经
　通例,天神曰祀,地祇曰祭,人鬼曰享。"

【译文】

大宗伯的职责,是掌管为王国建立对于天神、人鬼、地神的祭祀礼
制,以辅佐王建立、安定天下各国。

2. 以吉礼事邦国之鬼神示①。以禋祀祀昊天上帝②,以
实柴祀日、月、星、辰③,以槱燎祀司中、司命·风师、雨师④。

【注释】

①吉礼：五礼之一。也叫祭礼。按,《大宗伯》将古礼分为吉、凶、宾、军、嘉五大类，称为"五礼"，吉礼是有关祭祀之礼。事神致福是其基本内容，故名。

②禋（yīn）祀祀昊天上帝：禋祀，谓烧柴升烟以祭天。按，禋祀及下文实柴、槱（yǒu，堆积）燎，名虽不同而是同一种祭法：先积柴，再在柴上加牲体、玉帛等，然后燔烧而使烟气上升，天神闻到烟气，就算享用了。昊天上帝，是天上的至上神。

③以实柴祀日、月、星、辰：实柴，歆神之礼。星，谓五星。辰，谓二十八宿。郑《注》曰："星，谓五纬，辰，谓日月所会十二次。"按，五纬，据贾《疏》，指五星：东方岁星（即木星），南方荧惑（即火星），西方太白（即金星），北方辰星（即水星），中央镇星（即土星）。十二次，参见《地官·大司徒》注。

④司中、司命：郑《注》曰："司中、司命，文昌第五、第四星。"按，文昌，星官名，属紫微垣，有六星，第四星为司命，据说主赏功进贤；第五星为司中，据说主察人间咎过。风师、雨师：据郑司农说，即分别指箕星、毕星，能兴风、雨。

【译文】

用吉礼侍奉天下各国的人鬼、天神和地神。在祀天神开始请神降临时，用禋祀来祭祀昊天、上帝，用实柴来祭祀日、月、星、辰，用槱燎来祭祀司中、司命、风师、雨师。

3. 以血祭祭社稷、五祀、五岳①，以貍沉祭山林、川泽②，以疈辜祭四方、百物③。

【注释】

①"以血"至"五岳"：血祭，即用牲血祭祀。金鹗曰："血祭，盖以血

滴于地,如郁之灌地也。"其祭法,据孙诒让说,是先荐而后灌,即先进献而后灌地,使血气达于地下,以供神享之。社稷,即土谷之神。五祀,据郑《注》,此谓祭祀"五官之神"。金鹗曰:"五神分列五方,佐地以造化万物,天子祀之,谓之五祀。《月令》云春神句芒,夏神祝融,中央后土,秋神蓐收,冬神玄冥,即五祀之神也。"五官,谓五行之官。《左传》昭公二十九年记蔡墨曰:"有五行之官,是谓五官,实列受氏姓,封为上公,祀为贵神,社稷五祀,是尊是奉。"五岳,郑《注》曰:"东曰岱宗,南曰衡山,西曰华山,北曰恒山,中曰嵩高山。"

②貍沉:貍,通"埋"。貍沉,谓祭地祇时的歆神之礼。指将牲体、玉帛等,埋于山,或沉于河以祭。郑《注》曰:"祭山林曰貍,川泽曰沉。"

③以疈辜祭四方、百物:疈(pì)辜,谓祭地祇的歆神之礼。郑司农曰:"披磔牲以祭。"即将牲体分割、肢解以祭。四方百物,谓四方小神。

【译文】

用血祭的礼数来祭祀社稷、五祀、五岳,用埋沉的礼数来祭祀山林、川泽,用疈辜的礼数来祭祀四方众多小神。

4. 以肆、献、祼享先王,以馈食享先王①,以祠春享先王,以禴夏享先王,以尝秋享先王,以烝冬享先王②。

【注释】

①"以肆、献、祼(guàn)享先王"二句:此记宗庙四时祭的礼节。郑《注》曰:"肆者,进所解牲体,谓荐熟时也。献,献醴,谓荐血腥也。祼之言灌,灌以郁鬯,谓始献尸求神时也。"馈食,谓进献黍稷做的饭。按,祭祀的顺序,当先祼,再荐血腥、献醴(即醴齐),

再荐熟，最后馈食（参见《天官·笾人》注），此处四事义互见，四时祭皆当备此四事。肆，通"剔"，此谓进献剔解过的牲体。献，谓献醴。谓以郁鬯香酒浇地而请神降临。馈食，祭祀时向尸进献熟食。孙诒让曰："凡王礼庙享皆九献，而告祭及祈祷礼杀（即减），容有自馈食始者，故此经以为六享之一也。"

②"以祠春享先王"四句：祠、禴（yuè，古同"礿"）、尝、烝（zhēng），是宗庙四时的祭名。祠，春季祭祀先王的祭名。禴，夏季祭祀先王的祭名。尝，秋季祭祀先王的祭名。烝，冬季祭祀先王的祭名。钱玄《注》曰："四时祭于宗庙祭祀中为最隆重的祭祀。天子、诸侯之四时祭，包括：祼、荐血腥、荐熟、馈食诸节。"（《三礼通论》页468）

【译文】

用经过解割而煮熟的牲肉、牲血和生的牲肉、向地下灌郁鬯香酒的礼数来祭祀先王，用馈食的礼数祭祀先王，春季用祠祭来祭祀先王，夏季用禴祭来祭祀先王，秋季用尝祭来祭祀先王，冬季用烝祭来祭祀先王。

5. 以凶礼哀邦国之忧①：以丧礼哀死亡，以荒礼哀凶札②，以吊礼哀祸灾③，以禬礼哀围败④，以恤礼哀寇乱⑤。

【注释】

①凶礼：五礼之二，凡是遇到凶事所行之礼，包括下述丧礼、荒礼、吊礼、禬礼、恤礼等。哀，郑《注》曰："谓救患分灾。"

②荒礼：指遭遇饥荒、疾疫时所当行之礼，如王、群臣皆减膳、彻乐等以振救。

③以吊礼哀祸灾：吊，慰问。祸灾，谓水火之灾。郑《注》曰："谓遭水火。"

④檜(guì)礼：谓同盟诸侯国聚合财物以救济某战败之同盟国之礼。

⑤恤礼：指慰问救济他国遭受寇乱之礼。郑《注》曰："恤，忧也。邻
国相忧。兵作于外为寇，作于内为乱。"

【译文】

用凶礼哀悼天下各国所遭遇的忧伤：用丧礼哀悼死亡者，用荒礼哀
悼饥荒和疾疫流行，用吊礼哀悼水灾、火灾等灾祸，用檜礼哀悼被敌国
战败的盟国，用恤礼哀悼遭受侵犯或有内乱的邻国。

6. 以宾礼亲邦国①：春见曰朝，夏见曰宗，秋见曰觐，冬
见曰遇②，时见曰会③，殷见曰同④，时聘曰问⑤，殷覜曰视⑥。

【注释】

①宾礼：五礼之三，接待宾客之礼。包括下述朝、宗、觐、遇、会、同、
问、视等八种礼。

②"春见曰朝"四句：朝、宗、觐、遇，是诸侯四时朝见王之礼名。按，
朝、宗、遇三礼皆亡，觐礼存《仪礼·觐礼》篇中，可参。郑《注》
曰："朝犹朝(zhāo)也，欲其来之早。宗，尊也，欲其尊王。觐之言
勤也，欲其勤王之事。遇，偶也，欲其若不期而偶至。"金鹗曰：
"朝宗觐遇，特以时而异其名，其礼必不有异。"

③时见：据郑《注》，如王有征伐之事，就在国外筑坛，使诸侯国来
朝，征讨不顺服的诸侯。因见无常期，故称时见。按，"时"，谓不
定时。

④殷见：据郑《注》，殷，众多义。谓众多诸侯。王本有巡守天下的
制度(《大行人》曰"十二岁王乃巡守殷国")，若王不巡守，则诸侯
同来王都朝见，此谓殷见之礼。

⑤时聘：郑《注》曰："亦无常期，天子有事乃聘之焉。"按，此指诸侯
遣卿前往聘问天子。因无常期，故称。

⑥殷覜(tiào)：覜，《说文》曰"诸侯三年大相聘曰覜。覜，视也"，即
　来探望王。郑《注》曰："殷覜，谓一服（即侯服）朝之岁，以朝者
　少，诸侯乃使卿以大礼重聘焉。一服朝在元年、七年、十一年。"
　按，殷覜，指每十二年内，凡遇仅有侯服诸侯来朝的三年（王在位
　的元年、七年、十一年），其他诸侯遣卿来望天子。

【译文】

　　用宾礼来使天下各邦国相亲附：诸侯春季朝王叫做朝，诸侯夏
季朝王叫做宗，诸侯秋季朝王叫做觐，诸侯冬季朝王叫做遇，王将有
征讨而无定期地会合诸侯叫做会，王在应巡守之年如没有巡狩，天
下众诸侯国一齐来朝王叫做同，诸侯无定期地派卿前来慰问王叫做
问，每十二年中有三年侯服诸侯来朝，而其他五服众诸侯派卿来探
望王叫做视。

　　7. 以军礼同邦国①：大师之礼②，用众也；大均之礼③，恤
众也；大田之礼④，简众也；大役之礼⑤，任众也；大封之礼⑥，
合众也。

【注释】

①军礼：五礼之四，有关军事活动的礼数。包括下述大师、大均、大
　田、大役、大封之礼等五种礼。
②大师之礼：军礼之一。谓天子率兵征伐之礼。沈文倬曰："大师
　之礼是天子或诸侯的征伐行动，究竟要举行多少典礼，经传亡
　佚，已无法稽考。但宗庙谋议，命将出师，载（木）主远征，凯旋献
　俘，凡《诗》、《书》、《国语》、《左传》等所涉及的，处处都有典礼的
　痕迹。可见军礼的内容是丰富的。"（《中国文化史三百题·古代
　的"五礼"包括哪些主要内容》，上海古籍出版社1987年版）
③大均之礼：军礼之一。谓校正户口、调整赋税之礼。孙诒让曰：

　　"校比户口,以平均征赋之事。事止于邦畿内。"

④大田之礼:军礼之一。谓天子诸侯亲自参加四时田猎及操练检
　　阅士兵之礼。

⑤大役之礼:军礼之一。谓国家为建筑王宫、城邑等工程建设项目
　　而征调徒众之礼。沈文倬认为:大役是国家兴办的筑城邑、建宫
　　殿,以及开河、造堤等大规模的土木工程,无价征发的民工,如不
　　用军法部勒,自难迅速完成。

⑥大封之礼:军礼之一。谓以武力校正封国疆界之礼。孙诒让曰:
　　"大封者,谓邦国疆界有侵越者,当率师以定之。"

【译文】

　　用军礼协同天下各国使服从中央:大军出征之礼,是用来利用民众
的义勇之志;大校比以平均赋税之礼,是用来体恤民众的赋税负担;举
行大田猎之礼,是为了检阅徒众以习兵练武;大兴劳役之礼,是为了任
用民众的劳力;大规模勘定疆界之礼,是为了聚合民众。

　　8. 以嘉礼亲万民①:以饮、食之礼②,亲宗族兄弟;以昏、
冠之礼③,亲成男女;以宾射之礼④,亲故旧朋友⑤;以飨、燕
之礼⑥,亲四方之宾客;以脤、膰之礼⑦,亲兄弟之国;以贺庆
之礼⑧,亲异姓之国⑨。

【注释】

①嘉礼:五礼之五,即喜庆之礼。包括下述饮、食之礼、以昏、冠之
　　礼、宾射之礼、飨、燕之礼、脤、膰之礼、贺庆之礼等六方面的礼。

②饮、食之礼:谓人君招待族人吃饭饮酒之礼。饮,谓饮酒礼。食,
　　谓食礼。

③昏、冠之礼:婚礼和冠礼。男子二十而冠,则可娶妻;女子十五而

笄,则可出嫁。昏,古"婚"字。按,昏冠之礼虽就男子而言,亦包括女子姻笄。

④宾射之礼:谓天子与来朝诸侯(即宾)分宾主在朝比射之礼。射前有燕宴。宾射盖亦包括天子之故旧朋友。

⑤故旧朋友:据郑《注》,故旧是王为太子时的同学;做王后则与诸侯为友,是其朋友。

⑥飨、燕之礼:谓招待宾客的宴会之礼。飨,食礼之一。盖宴会饮食之礼有三等:飨、食、燕。飨最隆重,设太牢,有饭,有殽,有酒。次为食,设太牢,有殽,有饭,以饭为主,设酒而不饮。再次为燕,设犬牲,以饮酒为主,不醉不归。飨多用于接待朝聘之诸侯宾客,宴饮于庙;养老孤,则飨在学。王雪萍曰:"飨礼是既设盛礼——裸献礼向宾客致敬,又设盛宴——有食有饮有肴馔招待宾客。概而言之,飨礼是设有隆重礼仪招待宾客的盛宴。"(王雪萍:《〈周礼〉饮食制度研究》,广陵书社 2010 年版,页 263)燕,通"宴"。

⑦脤、膰之礼:脤是祭祀社稷的肉,膰是祭祀宗庙的肉。天子将脤膰赐给同姓之国,表示彼此都能得到神的福佑。脤(shèn),社稷祭肉。膰(fán),宗庙祭肉。按,王祭祀后,有把祭肉分赐给同姓、异姓诸侯之礼,以示同受福祥。

⑧贺庆之礼:谓诸侯有值得庆贺之事,天子派人携带礼品前往庆贺。贾《疏》曰:"谓诸侯之国有喜可贺可庆之事,王使大夫往,以物贺庆之。"

⑨亲异姓之国:此句与上句当为互文:祭肉亦赐予异姓,同姓之国亦行贺庆之礼以亲之。

【译文】

用嘉礼来使民众相互亲善:用饮酒礼和食礼,来敦睦宗族兄弟相亲;用婚礼和冠礼,来使男女相亲相爱并使青年男女具有成人的品德性情;用宾射礼,来使故旧和朋友相亲昵;用飨礼和燕礼,来使四方朝聘的宾客相亲近;用赏赐祭祀社稷和宗庙祭肉之礼,来使同姓兄弟及异姓国家相亲近;用贺庆之礼,来使异姓国家相亲近。

9. 以九仪之命①,正邦国之位。壹命受职②,再命受服③,三命受位④,四命受器⑤,五命赐则⑥,六命赐官⑦,七命赐国⑧,八命作牧⑨,九命作伯⑩。

【注释】

①九仪之命:即九等仪命。命谓册命,即天子策命之诸侯群臣的等级。等级有九,总称九命。九命之制在于统一天下诸侯群臣之等级,以及其相应的礼仪等级,命数有九,仪制亦有九,故又称九仪之命、仪命。郑《注》曰:"每命异仪,贵贱之位乃正。"

②壹命受职:壹命,是最低的贵族等级。王之下士、公侯伯之士、子男之大夫为壹命。受职,接受职务。

③再命受服:再命,王之中士、公侯伯之大夫、子男之卿为再命。受服,杜佑《通典》卷三六曰:"受服于君,不自为也。然则一命者,其服自为也。"

④三命受位:三命,王之上士、列国之卿为三命。受位,郑《注》曰:"此列国之卿,始有列位于王,为王之臣也。"

⑤四命受器:四命,据郑《注》,王之下大夫、公国之孤卿为四命。器,谓祭器。杜佑曰:"四命始受器、三命以下皆自为之也。"(同上)

⑥五命赐则:则,郑《注》曰:"地未成国之名。王之下大夫四命,出封加一等,五命,赐之以方百里、二百里之地者。方三百里以上为成国。"按,据郑《注》,受地不及三百里而未成国,实即子、男类小国,封地方百里或二百里,谓之则。一说,则为王掌控都鄙之

法。姑从郑说。

⑦六命赐官：六命，王之卿为六命，有采邑。赐官，据郑《注》，王之卿赐予自主选用官吏的特权。

⑧七命赐国：七命，王之卿六命，出封加一等，则为七命。赐国，据郑司农说，是出封为侯伯之国。

⑨八命作牧：侯伯七命，因有功德，加一命为八命。王之三公亦八命。牧，州牧。一州诸侯之长。九州共九牧。

⑩九命作伯：九命，王之八命，因有功德，加一命为九命，可为方伯。伯，即方伯，掌领一方的诸侯之长，由九命之上公担任，有代天子征伐的权力。

【译文】

用九等仪命，统一诸侯国的爵位贵贱。一命可以接受国君分派的职务进入仕途，再命可以接受国君所颁赐的命服，三命可以接受王朝的臣位，四命可以接受公所颁赐的祭器，五命可以由王赐予一则之地，六命可以赐予在采邑中自主选用官吏的权力，七命可以出封为侯伯之国的国君，八命可以被任命为一州的州牧，九命可以担任一方的方伯。

10. 以玉作六瑞^①，以等邦国^②。王执镇圭^③，公执桓圭^④，侯执信圭^⑤，伯执躬圭^⑥，子执谷璧^⑦，男执蒲璧^⑧。

【注释】

①六瑞：瑞，玉制的信物，《典瑞》郑《注》释之为"符信"。六瑞，即下文所记镇圭、桓圭、信圭、躬圭、谷璧、蒲璧。

②等：谓等级，区分公、侯、伯、子、男的不同等级。

③镇圭：镇，安也。圭，一种上圆下方的长方形瑞玉。镇圭，天子镇抚天下之圭，刻有四镇（见《职方氏》）山形，长一尺二寸，是圭中最长者。按，圭的形制，据《礼记·杂记下》引《赞大行》说，宽三

寸,厚半寸,顶端一寸半削成三角形,依爵等不同而有不同长度:公圭九寸,侯伯七寸,子男五寸。

④桓圭:一种长九寸、刻有桓(官室的柱子)形的圭。公执桓圭,象征协助天子安定天下。

⑤信圭:一种长七寸、刻有伸直的人形的圭,画文较繁细。亦称身圭。郑《注》曰:"信当为身,声之误也。"侯执信圭,象征"欲其慎行以保身"。

⑥躬圭:一种长七寸、刻有微曲的人形的圭,诸伯所执。象征意义同信圭。

⑦谷璧:璧,是一种正圆形的玉,中央有孔。据郑《注》说,璧径五寸。谷璧,一种直径五寸、刻有五谷形的璧。子执谷璧,表示养活民众。

⑧蒲璧:一种直径五寸、刻有蒲草花纹的璧。男爵执蒲璧,象征安民。

【译文】

用玉制作成六种玉瑞,以区别五等诸侯的等级。王手执镇圭,公手执桓圭,侯手执信圭,伯手执躬圭,子手执谷璧,男手执蒲璧。

11. 以禽作六挚①,以等诸臣。孤执皮帛②,卿执羔③,大夫执雁④,士执雉⑤,庶人执鹜⑥,工商执鸡⑦。

【注释】

①以禽作六挚:禽,鸟兽的总名。挚,拜访别人时所持的见面礼。

②孤执皮帛:孤,官爵名。有天子之孤和诸侯上公之孤两类。天子之孤为冢卿,于六卿中独尊(此王引之说)。诸侯唯有上公有孤,侯伯子男不设孤。此处泛指天子之孤与公国之孤。《通典》卷七十五引魏博士高堂隆曰:"孤,谓天子七命之孤及大国四命之

孤。"皮帛,束帛外包上虎豹皮作为装饰。郑《注》曰:"束帛而表
(包裹)以皮为之饰。皮,虎豹皮。"

③羔:《白虎通义》曰:"卿以羔为贽,羔者,取其群而不党,卿职在尽
忠率下,不阿党也。"

④雁:郑玄等人解释为鸿雁,王引之等人认为是鹅,孙诒让曰:"王
说是也。凡此经雁并为鹅。"

⑤雉:野鸡。郑《注》曰:"雉,取其守介而死,不失其节。"

⑥鹜(wù):鸭子。鸭子不能飞远,如庶人只知守土耕种。

⑦鸡:郑《注》曰:"取其守时而动。"

【译文】

　　用禽兽作六种见面礼,以区别不同身份臣民的等级。孤手执兽皮
裹饰的束帛作见面礼,卿手执羔羊作见面礼,大夫手执鹅作见面礼,士
手执野鸡作见面礼,庶人手执鸭作见面礼,工商阶层手执鸡作见面礼。

　　12. 以玉作六器①,以礼天地四方②。以苍璧礼天③,以
黄琮礼地④,以青圭礼东方⑤,以赤璋礼南方⑥,以白琥礼西
方⑦,以玄璜礼北方⑧。皆有牲币⑨,各放其器之色⑩。

【注释】

①六器:用来祭祀方明(亦称六宗,即六方之神,包括天神、地神和
四方之神)的六种玉器。即下文苍璧、黄琮、青圭、赤璋、白琥、玄
璜等。

②礼:犹言祭祀。郑《注》曰:"谓(祭祀)始告神时,荐于神坐。"

③苍璧:苍,天的颜色。苍璧,青色的玉璧。天子祭天所荐之玉。
外圆内方,象天之形。

④黄琮(cóng):黄,地的颜色。琮是外方内圆,中央有孔如筒形的
玉。出土玉琮皆如此。一说,琮为八角形(此郑《注》说),当

不确。

⑤青圭:青,东方之色。圭是上锐(象征春天万物出生。)下方的玉。

⑥赤璋:赤,南方之色。璋是圭的一半,象征夏物半死。《说文》曰:"半圭为璋。"

⑦白琥:白,西方之色。琥,据贾《疏》,是虎形玉雕。象征秋天的肃杀。一说,琥是琮的一半(此孔广森说)。姑从贾说。

⑧玄璜:玄,北方之色。璜,璧的一半,象征冬天万物闭藏,只见半个天。《说文》曰:"璜,半璧也。"

⑨牲币:牺牲和帛。币,即束帛,缯帛,用作祭祀或馈赠的礼品。(参见《天官·大宰》注)。

⑩放(fǎng):仿效,依照。

【译文】

用玉制作六种玉器,祭祀时用以进献天、地和东西南北四方之神。用苍璧进献天,用黄琮进献地,用青圭进献东方,用赤璋进献南方,用白琥进献西方,用玄璜进献北方。祭祀上述诸神时,都有牺牲和束帛,而牲、帛之色各依照该方所用玉器的颜色。

13. 以天产作阴德①,以中礼防之②。以地产作阳德③,以和乐防之④。以礼乐合天地之化,百物之产⑤,以事鬼神,以谐万民,以致百物。

【注释】

①以天产作阴德:郑《注》曰:"天产者,动物,谓六牲之属;地产者,植物,谓九谷之属。阴德,阴气在人者。……阳德,阳气在人者。"据郑《注》,天产指六牲等动物,属阳。阴德,指人所具有的阴气。一说,阴德指婚礼。姑从郑说。按,古人认为,人赋有阴阳二气,阴气主虚、主静,须阳物来调剂,故需吃动物性食物,"作

之使动"。

②以中礼防之：据郑《注》，"作之使动"，动得过分就会伤害人的正性（阴阳调和之性），故要用礼来调节，使其适中。

③以地产作阳德：据郑《注》，地产指植物，九谷之类，属阴。阳德，指人所具有的阳气。一说，阳德指乡射、乡饮酒之礼。姑从郑说。阳气主盈、主躁，须阴物来调剂，故需吃植物性食物，"作之使静"。

④以和乐防之：据郑《注》，"作之使静"，静得过分亦会伤害人的正性，因此要用乐来调节，使阴阳二气保持和谐。

⑤"以礼乐"二句：孙诒让曰："天地之化，谓金玉锡石之等。百物之产，则谓《大司徒》五地动植诸物。圣人制作礼乐，合聚万物，为牲牢、粢盛、酒醴、器服之等，以待祭祀、宾客之事而用之也。"则前者谓无机物，如金玉锡石等；后者谓各种动植物等生物。

【译文】

用动物性食物调剂人体内的阴气动起来，用教人适中的礼来防止阴气动得过分；用植物性食物调剂人体内的阳气静下来，用和谐的音乐来防止阳气动得过分。圣人制礼作乐，合聚天地之间化生的无生物，各种动物、植物，用来祭祀鬼神，和谐万民，用来得到所需的种种物品。

14. 凡祀大神，享大鬼，祭大示，帅执事而卜日，宿①，视涤濯，莅玉鬯，省牲镬，奉玉粢②，诏大号③，治其大礼④，诏相王之大礼。若王不与祭祀，则摄位。凡大祭祀，王后不与，则摄而荐豆、笾彻⑤。

【注释】

①宿：再次申诫。祭祀前十日戒百官使斋谓之戒，祭祀前三日或一

日再戒百官谓之宿。孙诒让曰:"凡王礼,大祭祀,祭前十日则戒,……祭前三日申戒也。"

②"莅玉鬯"三句:王引之说,这三句"专谓享大鬼",即专就宗庙祭祀言。又说,玉鬯,是指圭瓒(行祼礼时用以盛酒灌地之器:瓒是玉勺,而以圭为柄);玉粢,与《天官·九嫔》玉粢同,指玉敦,盛祭祀用黍稷等谷物的玉饰祭器。莅,亲临视察。玉鬯,宗庙祭祀行祼礼时盛郁鬯酒灌地的玉柄勺子。

③诏大号:诏,告诉。大号,尊称,美名。郑《注》曰:"大号,六号之大者,以诏大祝,以为祝辞。"按,大祝掌管"辨六号"(参见《大祝》)。又大祝"掌六祝之辞",故诏之"以为祝辞"。

④治其大礼:大礼,王亲自行的对天神、地祇、人鬼的祭祀之礼,相对群臣礼为小礼言。郑《注》曰:"治,犹简习也。豫简习大礼,至祭,当以诏相王。群臣礼为小礼。"孙诒让曰:"阅习大礼所以理董之,故谓之治。"

⑤荐豆、笾彻:郑《注》曰:"荐、彻豆笾,王后之事。"参见《九嫔》。

【译文】

凡是祭祀大天神、大人鬼、大地神,要事先率领有关官吏占卜祭祀的日期,祭前三日重申对百官的告诫,祭祀前夕视察祭器、炊具的洗涤情况,前往视察行祼礼用的圭瓒,察看牺牲和烹煮牲体用的镬,亲手奉持盛黍稷用的玉敦,告诉大祝祭祀对象的美好称呼以便大祝作祝祷辞,预先演习王所当行的祭祀礼仪,等到正式祭祀时就提醒王并协助王行礼。如果王因故不参加祭祀,就代替王行祭礼。凡是大祭祀,如果王后因故不参加,就代替王后进献和撤除豆、笾。

15. 大宾客①,则摄而载果②。朝觐、会同,则为上相③。大丧亦如之。王哭诸侯亦如之④。王命诸侯,则傧⑤。

【注释】

①大宾客：谓来朝诸侯。

②摄而载果：载果，即再裸。载，通"再"。果，通"裸"。郑《注》曰："载，为也。果，读为'裸'，代王裸宾客以鬯。君无酌臣之礼。"按，裸宾客以鬯，即向宾客进献郁鬯，亦即行裸礼(参见《秋官·大行人》注)。

③上相：王举行大典时主持礼仪的最高官员，第一摈相。犹今司仪。相者多个，大宗伯为卿，级别高，排在最前，故称上相或上摈。郑《注》曰："出接宾曰摈，入诏礼曰相。"

④王哭诸侯亦如之：贾《疏》曰："谓诸侯薨于本国，赴告天子，天子为位哭之，大宗伯亦为上相。"亦如之，即亦为上相。

⑤傧：导引宾客，以礼迎宾。郑《注》曰："进之也。"

【译文】

遇到招待大宾客，就代王向宾客行裸礼。遇到诸侯朝觐王或王外出会同，就担任上相。遇到王、王后或太子的丧事，也是这样。遇到诸侯死于本国而王哭吊死去的诸侯时也是这样。王策命诸侯时，就导引被策命者进前受命。

16. 国有大故①，则旅上帝及四望②。王大封，则先告后土③。

【注释】

①故：郑《注》曰："谓凶灾。"

②旅上帝及四望：旅，祭名，一种祈求之祭(参见《天官·掌次》注)。上帝，据《注》《疏》，此处谓五方帝。四望，谓设坛四望而遥祭四方名山大川(五岳、四镇、四渎)及海(参见《舞师》注)。

③告后土：告，祭名，用牲币祭。郑《注》曰："后土，土神也。"

【译文】

国家有重大灾害，就旅祭上帝和望祀四方的名山大川。王分封诸侯，就事先告祭后土。

17. 乃颁祀于邦国、都家、乡邑①。

【注释】

①颁祀于邦国、都家：祀，祀典。颁祀，郑《注》曰："班其所当祀及其礼。"都家，泛指大都、小都、家邑三等采邑（参见《地官·载师》注）。

【译文】

向各诸侯国、各采邑、各乡遂和公邑颁布所当遵循的祀典。并以天子的名义向邦国、都家、乡遂、公邑颁发祀典。

二　小宗伯

1. 小宗伯之职，掌建国之神位：右社稷，左宗庙①。兆五帝于四郊②。四望、四类亦如之③。兆山川丘陵坟衍④，各因其方⑤。

【注释】

①右社稷，左宗庙：孙诒让以为是在路门外、应门内之左右，中间夹王之治朝。

②兆五帝于四郊：兆，为祭坛圈定营域。郑《注》曰："为坛之营域。"五帝，即五方帝，即东方太暤、南方炎帝、西方少暤、北方颛顼、中央黄帝。据郑《注》说，中央黄帝亦兆于南郊。

③四类：谓日、月、星、辰、风师、雨师、司中、司命等神。郑《注》曰：

"日、月、星、辰，运行无常，以气类为之位：兆日于东郊，兆月与风师于西郊，兆司中、司命于南郊，兆雨师于北郊。"

④山川丘陵坟衍：参见《地官·大司徒》注。按，此皆地神而小于四望者。

⑤各因其方：郑《注》曰："顺其所在。"谓如东方的山川丘陵坟衍，则兆之于东方。

【译文】

小宗伯的职责，掌管在都城及四郊建立王国祭祀的神位：在王宫路门外的右边建立社稷坛，左边建立宗庙。在四郊划定五帝祭祀坛场的范围。划定四望、四类祭祀坛场的范围也这样做。在四郊为山川丘陵坟衍划定祭祀坛场的范围，各自依照它们所在的方向。

2. 掌五礼之禁令①，与其用等②。

【注释】

①五礼：郑司农曰："吉、凶、军、宾、嘉。"

②用等：谓因行礼者身份不同，所用牺牲、器物之尊卑等差。郑《注》曰："牲器尊卑之差。"

【译文】

掌管有关吉、凶、宾、军、嘉五礼的禁令，以及在行礼时所用牺牲和礼器的级别等差。

3. 辨庙祧之昭穆①。

【注释】

①辨庙祧之昭穆：庙祧，据周制，天子七庙：始祖庙（即后稷庙）、二

祧庙(即文王庙、武王庙)和四亲庙(即父庙、祖庙、曾祖庙、高祖庙四座)。昭穆,即宗庙中神主排列的顺序:始祖庙居中,文、武二祧分居左右,左为昭,右为穆。父子递为昭穆。郑《注》曰:"祧,迁主所藏之庙。自始祖之后,父曰昭,子曰穆。"按,新死者入父庙,而父庙中原来的父(现为祖)的牌位则上迁于祖庙。如此依次递迁,原来高祖的牌位就要迁出高祖庙(谓"迁主"),而藏于祧庙:当昭者藏于文王庙,当穆者藏于武王庙,即"辨庙祧之昭穆"。

【译文】

辨别四亲庙、祧庙神位的昭穆顺序。

4. 辨吉凶之五服①,车旗宫室之禁②。

【注释】

①五服:即五种吉服(即祭服)和五种丧服。郑《注》曰:"王及公、卿、大夫、士之服。"

②禁:据贾《疏》,谓车旗宫室皆严守等差,禁止僭越。

【译文】

辨别王和公、卿、大夫、士的五等吉服、凶服,掌管有关五等服装和车旗、宫室的禁令,禁止僭上逼下。

5. 掌三族之别①,以辨亲疏②,其正室皆谓之门子③,掌其政令。

【注释】

①三族:郑《注》:"谓父、子、孙。"按,实指九族,即自己,上有父、祖、

曾祖、高祖，下有子、孙、曾孙、玄孙。

②辨亲疏：谓依血缘关系远近，亲情有薄厚，亲情厚则丧服重，亲情薄则丧服轻。贾《疏》曰："据己上至高祖，下至玄孙，傍至缌麻，重服者则亲，轻服者则疏也。"

③其正室皆谓之门子：正室，嫡子。郑《注》曰："适子也。"按，侧室为庶子。门子，嫡子，将代父当门户者。

【译文】

掌管区别三族（九族）的远近，以辨别他们关系的亲疏，各族的嫡子都叫做门子，掌管有关征调使用门子的政令。

6. 毛六牲①，辨其名物，而颁之于五官，使共奉之②。辨六粢之名物与其用③，使六宫之人共奉之④。辨六彝之名物⑤，以待果将⑥。辨六尊之名物⑦，以待祭祀、宾客。

【注释】

①毛：据郑《注》，谓选择牲体的毛色。

②"而颁之于五官"二句：五官，谓地官大司徒、春官大宗伯、夏官大司马、秋官大司寇、冬官大司空。郑司农曰："司徒主牛，宗伯主鸡，司马主马及羊，司寇主犬，司空主豕。"据贾《疏》，所择之牲皆先交充人饲养，至祭日之旦，再颁与五官。

③辨六粢之名物与其用：郑《注》曰："六粢，谓六谷：黍、稷、稻、粱、麦、苽。"李光坡曰："用者，祭有大小，则用有多寡。"

④六宫之人：孙诒让说，谓女御以下。

⑤六彝：六种盛郁鬯香酒的酒器。郑《注》曰："鸡彝、鸟彝、斝（jiǎ）彝、黄彝、虎彝、蜼彝。"（参见《司尊彝》）

⑥果将：即祼将，谓助王行祼祭之礼，即持郁鬯香酒以献尸或宾客。郑《注》曰："果，读为'祼'。"

⑦六尊：谓六种酒器。郑司农曰："献尊、象尊、壶尊、著尊、大尊、
　　山尊。"

【译文】

选择六牲的毛色挑出毛色纯一的，辨别牲的名称、实物，而分颁
给大司徒等五官，让他们供奉于祭祀。辨别六谷的名称、实物及其
用量多少，并让六宫之人按照要求供奉于祭祀。辨别六彝的名称、
实物，以备行裸将礼时使用。辨别六尊的名称、实物，以备祭祀和招
待宾客之用。

7. 掌衣服、车旗、宫室之赏赐①。

【注释】

①掌衣服、车旗、宫室之赏赐：郑《注》曰："王以赏赐有功者。"孙诒
　　让曰："此亦谓辨其名物、等差，令有司共具之，以待赏赐。"又曰：
　　"宫室之赏赐，谓赐宅里也。"

【译文】

掌管衣服、车旗、宫室等赏赐的各种规格的事。

8. 掌四时祭祀之序事与其礼①。

【注释】

①序事：谓卜日、省牲、视涤濯、饔饎等事。因诸事有其顺序，故称。

【译文】

掌管四时祭祀之事中各种礼仪的前后顺序及其礼数。

9. 若国大贞①，则奉玉帛以诏号②。

【注释】

①大贞：即大卜，卜问大事。郑司农曰："大贞，谓卜立君，卜大封（封诸侯）。"

②奉玉帛以诏号：玉帛，用以礼神。号，名号，对神鬼等受祭者及祭品的美称。郑《注》曰："神号、币号。"按，币即玉帛，亦各有号，如"嘉玉"等（参见《大祝》注）。

【译文】

如果国家有大事而要占卜，就供奉玉帛并告知卜人神、玉帛的名号。

10. 大祭祀，省牲，视涤濯。祭之日，逆粢，省镬①，告时于王②，告备于王。凡祭祀、宾客，以时将瓒果③。诏相祭祀之小礼④。凡大礼，佐大宗伯。

【注释】

①"大祭"至"省镬"：贾《疏》曰："与《大宗伯》文同，谓佐大宗伯。……其逆粢，即《大宗伯》莅玉粢者是也。大宗伯莅之，小宗伯迎之，是相佐也。"据郑《注》，逆粢，逆，接受。粢谓粢盛。是受之于饎人（按，饎人"掌凡祭祀共盛"）；省镬，是"视烹腥熟"。

②时：郑《注》曰："荐陈之早晚。"

③将瓒果：瓒果，行祼礼时所用的瓒。郑《注》曰："将，送也，犹奉也。"果，亦读为"祼"。瓒，据郑《注》，谓天子圭瓒，诸侯璋瓒。按，瓒是勺，以圭为柄称圭瓒，以璋为柄称璋瓒，统名玉瓒。祭祀时将玉瓒递给天子，招待宾客时将玉瓒递给大宗伯。

④小礼：郑《注》曰："群臣之礼。"谓王不参加，王若参加则为大礼。

【译文】

遇到大祭祀，祭祀前夕要协助大宗伯省视祭牲是否合乎要求，察看祭器、炊具是否洗涤干净。等到祭祀那天,要从饎人手中迎受祭祀用的谷,并省视镬中的牲肉烹煮情况,向王报告陈列、进献祭品的时间,并报告所有馈具都已经备齐。凡是祭祀或招待宾客,要按时奉送行祼礼所用的圭瓒。告知、教导群臣如何行祭祀小礼。凡是天子参加的祭祀大礼,就要佐助大宗伯告教王如何行礼。

11. 赐卿、大夫、士爵,则傧①。

【注释】

①赐卿、大夫、士爵,则傧:郑《注》曰:"赐,犹命也。傧之,如命诸侯之仪。"按,《大宗伯》曰:"王命诸侯,则傧。"与此同义。

【译文】

天子策命卿、大夫、士,就赞引被策命者前来受命。

12. 小祭祀,掌事如大宗伯之礼①。大宾客,受其将币之赍②。

【注释】

①"小祭祀"两句:贾《疏》曰:"谓王玄冕所祭(按,小祭祀王著玄冕,见《司服》),则小宗伯专掌其事,其法如大宗伯也。"

②将币之赍:币,此处泛指贡献之物。赍,《说文》曰:"持遗(送)也。"郑《注》曰:"谓所赍来贡献之财物。"

【译文】

小祭祀,所掌管的礼事如同大宗伯掌管祭祀的礼法。有诸侯来朝,接受他们带来进贡给王的财物。

13. 若大师，则帅有司而立军社，奉主车①。若军将有事，则与祭有司将事于四望②。若大甸③，则帅有司而衅兽于郊④，遂颁禽。

【注释】

①"则帅有司"二句：有司，谓大祝。军社，军中之社。天子亲征，先祭祀社神，然后带社神神主出征，谓之军社。主车，载有神主的车。郑《注》曰："有司，大祝也。王出军，必先有事于社及迁庙，而以其行。社主曰军社，迁主曰祖。"按，有事于社及迁庙，谓出军前先要告祭社神和迁庙之神，告祭之后，就用斋车(据《礼记·曾子问》郑注说，斋车指金路)载着社主和迁主而行，社主称军社，迁主称祖。又所谓迁主，指新迁入祧庙的神主，即高祖之父的木牌位。《礼记·曾子问》孙希旦《集解》释迁庙主曰："迁庙主多，莫适载焉，宜奉其近者而载之，故知为新迁庙之主也。"又郑《注》曰："社之主，盖用石为之。"按，社主本为树，此言石者，秦蕙田《通考·吉礼四十二》引丘濬曰："意者当时坛壝之上则树以木，而又以石为主，……遇有征行，则奉之以车而行乎。"

②"若军将有事"二句：王引之曰："'于四望'三字当在'若军将有事'之下，写者错乱耳。"有事，郑《注》曰："将与敌合战也。"祭有司，郑《注》曰："谓大祝之属。"

③大甸：甸，通"田"，田猎。大甸，天子四时田猎活动。

④帅有司而衅(yè)兽于郊：衅，狩猎时以兽馈神。郑《注》曰："有司，大司马之属。衅，馈也。以禽馈四方之神于郊，郊有群神之兆(坛位)。"

【译文】

如果王率军亲征，就要率领大祝设立军社，并守护载有神主的车辆。如果军队将要交战，就和掌管祭祀的官吏一道祭祀四方名山大川。

如果王亲自田猎,田猎结束之后就率领大司马的属官在国郊向四郊的群神进献猎获的禽兽,接着就将剩下的猎物颁赐给群臣。

14. 大灾,及执事祷祠于上下神示①。

【注释】

①及执事祷祠于上下神示:执事,郑《注》曰:"大祝及男巫、女巫也。"祷,向神祈福之祭。祠,报谢神灵之祭,俗称还愿。

【译文】

国家发生大灾荒,就同大祝、男、女巫等官员一道向上上下下的天神地祇祈祷、报谢祭祀以求免灾。

15. 王崩,大肆以秬鬯渳①。及执事莅大敛、小敛②,帅异族而佐③。县衰冠之式于路门之外④。及执事视葬献器⑤,遂哭之⑥。卜葬兆⑦,甫竁⑧,亦如之。既葬,诏相丧祭之礼⑨。成葬而祭墓,为位⑩。

【注释】

①大肆以秬鬯渳(mǐ):大肆,郑《注》曰:"始陈尸,伸之。"按,伸之,谓将王的尸体伸直、放正。秬鬯,据《肆师》,即郁鬯。渳,李调元曰:"谓浴尸。"据孙诒让说,小宗伯于渳尸仅起督察作用。

②大敛、小敛:为死人包裹衣衾曰敛。据《公羊传》定公元年何《注》说,王死第五天小敛,第七天大敛。大敛所用衣衾多,礼仪隆重,且当殡棺。

③帅异族而佐:异族,谓天子的异姓。佐,据郑《注》,谓佐助敛事。

④县衰冠之式:县,同"悬"。衰,丧服。冠,丧冠。式,法式,谓衰冠

　　所用布的尺寸、颜色等。

⑤及执事视葬献器：执事，郑《注》曰："盖梓匠（木工之长）之属。"葬献器，谓明器。

⑥哭之：谓代嗣王而哭。据《仪礼·士丧礼》，小敛之后需人代哭，据彼郑《注》说，为防孝子悲哀伤身，而哭声不可断绝，故制定代哭之礼。

⑦兆：界域。此指墓地四旁的界限。郑《注》曰："墓茔域。"

⑧甫竁（cuì）：甫，始也。竁，穿地挖墓穴。

⑨丧祭之礼：谓虞祭、祔祭。郑《注》曰："虞、祔也。"虞祭，葬后当天中午迎死者之神于殡宫的安神（安慰死者灵魂）之祭。祔祭，虞祭后数日将死者牌位按昭穆附于祖庙之祭。虞，安也。祔，付也。按，虞祭、祔祭间还有卒哭祭。

⑩"成葬"二句：郑《注》曰："成葬，丘已封也。天子之冢盖不一日而毕。位，坛位也。先祖形体托于此地，祀其神以安之。"神，据贾《疏》，谓地神后土，故祭墓实为祭地神。

【译文】

　　王驾崩，负责督察伸展王尸和监视有关官员用郁鬯香酒为王尸沐浴。同大祝等官员亲临大敛、小敛。并率领和王异姓的人帮助小敛、大敛。在路门外悬挂丧服、丧冠的标准样式，以昭示百官。到将葬时同梓匠等官吏察看随葬明器，接着便代替嗣王哭泣。占卜墓地，开始挖墓穴时，也这样代替嗣王哭泣。下葬以后，告教嗣王如何行虞祭、祔祭礼。聚土成坟以后要祭祀坟墓所在地的地神，在坟墓左边设置土神的神位。

　　16. 凡王之会同、军旅、甸、役之祷祠，肄仪①，为位。国有祸灾，则亦如之。凡天地之大灾②，类社稷③、宗庙，则为位。

【注释】

①肄仪：肄，习也。谓预先演习礼仪。

②天地之大灾：谓如水灾、火灾、日食、月食、地震等。

③类：祭名，属祈祷之祭。因征伐、灾变等非常事故而祭天神。礼
　　数类似正常礼而略有精简，坛兆亦可临时就地设置，故名。孙诒
　　让曰："盖依放祭社稷、宗庙之正礼而略杀。"

【译文】

凡是因王会同、征伐、田猎或征用劳役而祭祀求福，就预先演习礼
仪，设置预演中的祭位。国家有灾祸而举行祭祀祈祷，也是这样做。凡
是天地有了日食、地震等大灾祸，对社稷、宗庙进行类祭时，就安排神位。

17. 凡国之大礼，佐大宗伯。凡小礼，掌事如大宗伯
之仪。

【译文】

凡是王国的重大典礼，就辅佐大宗伯行礼事。凡是小型典礼，就可
以专掌礼事，如同大宗伯掌管重大礼事时那样的仪法。

三　肆师

1. 肆师之职，掌立国祀之礼①，以佐大宗伯。立大祀②，
用玉、帛、牲牷③。立次祀，用牲币。立小祀，用牲。以岁时
序其祭祀，及其祈珥④。

【注释】

①立国祀之礼：按，《大宗伯》曰："建邦之天神、人鬼、地示之礼。"即
　　此所谓国祀之礼。

②大祀：及下文次祀、小祀，据郑司农及郑玄《注》说，大祀，对天地、宗庙等大神的祭祀；次祀，也叫中祀，指对日月星辰、社稷、五祀、五岳等中神的祭祀；小祀，指对司中、司命、风师、雨师、山川、百物（诸小神）等小神的祭祀。

③牲牷：角体完好无损而纯色的牲。牷，毛色纯一无杂色。

④祈珥：谓衈礼、衈庙礼，即杀牲取血以涂抹新成之器物。祈，假借作"刉"，割牲。珥，通"衈"，割牲取血。郑《注》读为"刉衈"（jī ěr），曰："衈礼之事。"按，衈礼，据郑《注》，新庙落成时用羊血涂屋，用鸡血涂门、夹室，即"刉衈"。

【译文】

肆师的职责是，掌管建立王国的祭祀礼仪，以协助大宗伯。建立大祭祀礼仪，规定祭品可以用玉、束帛、纯色而完好的牺牲。建立次一等祭祀礼仪，规定其祭品可以使用牲和束帛。建立小祭祀礼仪，规定其祭品可以使用牲。按照一年四季的时间，安排好那所有祭祀的顺序，以及行宫庙新落成的衈礼。

2. 大祭祀，展牲牲，系于牢，颁于职人①。凡祭祀之卜日、宿、为期②，诏相其礼。视涤濯亦如之③。祭之日，表粢盛④，告絜；展器陈，告备；及果，筑鬻⑤。相治小礼⑥，诛其慢怠者。掌兆中、庙中之禁令⑦。凡祭祀礼成，则告事毕。

【注释】

①"大祭"至"职人"：贾《疏》曰："肆师以将有天地、宗庙大祭祀，牧人以牲与充人之时，肆师省阅其牲，看完否及色，堪为祭牲，乃系于牢（栏圈），颁付于职人也。"据郑《注》，职人，"职"当读为"枳"，职人指充人及监门（参见《地官·司门》）。

②卜日、宿、为期：卜日，在祭前十日；宿，即祭前三日的申戒。（一说，宿，祭前一日的申戒。）为期，指在祭祀前夕，确定次日祭祀的具体时间。

③亦如之：谓亦诏相其礼。

④表粢盛：表，标明之。祭祀用的谷物。盛，谓盛之于器，如簠簋等。郑《注》曰："粢，六谷也。在器曰盛。"王志长曰："簠以盛稻粱，簋以盛黍稷，有盖，不知其实，故有徽识以表其名。"

⑤及果，筑煮：果，通"祼"，谓祼礼。即以郁香酒浇地歆神。筑，捣也。谓筑捣郁金香而煮成汁液，以备郁人调和鬯酒为郁鬯。

⑥相治小礼：相治，孙诒让曰："亦佐小宗伯。"小礼，谓臣礼。

⑦兆：界域。此指祭坛四旁的界限。郑《注》曰："坛壝域。"

【译文】

举行大祭祀时，要先察看牺牲是否合乎要求，然后把符合要求的牺牲拴系在栏圈里，交付给充人和监门负责精心饲养。凡是祭祀中的占卜日期、祭前三日申戒百官，以及祭祀前夕确定明日开始祭祀的具体时间等，都要告教并协助大宗伯行礼。视察祭器、炊具是否洗涤干净时也是这样做。正式祭祀那天，要在簠簋旁边用标签标明器物内所盛的谷物种类，报告所献谷物洁净；要检查所陈列的馔具，报告陈列齐备；等到将行祼礼时，要将郁金香草捣碎并煮汁而用以调和鬯酒。告教并协助小宗伯主持祭祀的小礼，责备行礼怠慢的人。掌管郊外各祭坛兆域、国中所有庙宇的禁令。凡是祭祀的礼仪完成，就报告说礼事完毕。

3. 大宾客，莅筵几①，筑煮，赞果将②。大朝觐，佐傧③，共设匦瓮之礼④。飨、食授祭⑤。

【注释】

①莅筵几：筵，席也。几，似今小炕桌，置于席左端，供人坐于席上

时凭依。贾《疏》曰:"司几筵设之,肆师莅之也。"

②赞果将:郑《注》曰:"酌郁鬯,授大宗伯载祼。"果将,即祼送,献郁鬯以行祼礼。

②佐傧:郑《注》曰:"为承傧。"孙诒让曰:"大朝觐大宗伯为上傧,此肆师佐之,是为承傧。"又曰:"傧,依郑义当作'摈'。"

④共设匪瓮之礼:郑《注》曰:"设于宾客之馆。"又怀疑"匪"盖"筐"字之误。是。按,共,同"供"。按,诸侯来朝,王当以飨礼和食礼款待之,如王因故未设宴招待,就把主、副食装到筐、瓮中,派人送至宾客馆舍,此即"共设匪瓮之礼"。匪(筐)瓮,此指酒食。

⑤飨、食授祭:飨、食,谓王亲自为宾客举行飨礼、食礼。祭,谓行食前祭礼。授祭,谓由肆师拿起当祭的食物授给宾,由其行食前祭礼。郑《注》曰:"授宾祭肺。"按,食前必祭,即将食品取少许放器皿旁,以示对始造此食品先人的纪念。周人重肺,故食先祭肺。

【译文】

王设宴招待来朝诸侯,要亲临检查筵席和几案的设置,捣碎郁金香草并煮成汁液而调和鬯酒,协助大宗伯向宾客行祼礼。诸侯大朝觐时,担任第二傧相而协助上摈行事。王如果因故未能参加飨礼、食礼,就供给所当设的酒食装入筐瓮,派人送至宾客馆舍;王亲自为宾客举行飨礼或食礼,就把当祭的食物递给客人以供其行食前祭礼。

4. 与祝侯、禳于畺及郊①。

【注释】

①与祝侯、禳于畺及郊:祝,谓小祝。侯、禳,侯,祈祷福祥之祭,禳,祈祷消灾之祭。皆为祈福消灾的小祭名(参见《小祝》)。畺及郊,疆地及郊地。郑《注》曰:"畺五百里,远郊百里,近郊五十里。"

【译文】

同小祝一道在疆地和郊地举行侯祭和禳祭。

5. 大丧，大沬以鬯①，则筑煮。令外、内命妇序哭②。禁外、内命男女之衰不中法者③，且授之杖④。

【注释】

①大沬(mǐ)：谓浴尸。

②序哭：以丧服重轻为先后顺序而哭。

③禁外、内命男女之衰不中法者：外、内命男女，即外命男、内命男和外命女、内命女。郑《注》曰："外命男，六乡以出也。内命男，朝廷卿大夫士也。其妻为外命女。"即凡内外命男之妻皆为外命女，这是相对宫中九嫔以下内命女而言的。不中法，违背格式要求。

④授之杖：杖，谓丧杖。据贾《疏》，外、内命男和内命女都为王服斩衰丧，当授杖，而外命女则为王服齐衰丧，不授杖。

【译文】

有大丧，将要用郁鬯香酒洗沐尸体，就捣碎郁金香草并煮成汁液而调和鬯酒。命令外内命妇按照次序哭泣。禁止外内百官、外内命妇穿着不合定制的丧服，并且发给他们丧杖。

6. 凡师、甸，用牲于社、宗①，则为位。类造上帝②，封于大神③。祭兵于山川，亦如之。凡师不功，则助牵主车④。凡四时之大甸猎，祭表貉⑤，则为位⑥。

【注释】

①社、宗：社即《小宗伯》中的"军社"，宗谓军中的迁庙神主。郑

《注》曰："社,军社也。宗,迁主也。"(参见《小宗伯》)

②类造上帝:类,一种祭祀祭名。造,即,就。郑《注》曰:"类礼,依郊祀(祭天礼)而为之者。"又曰:"造,犹即也。"贾《疏》谓与造门之造同。

③封于大神:郑《注》曰:"封,谓坛也。"大神,亦即上帝。

④助牵主车:郑《注》曰:"助大司马也。"按,《夏官·大司马》曰:"若师不功,则厌而奉主车。"故曰助大司马。

⑤祭表貉:立表举行貉祭。表,指练兵场上从南到北所立的四表(标杆)。据郑《注》,貉祭是军中之祭,在立表处祭祀始造军法之神(或曰蚩尤、黄帝),以鼓励士气。貉(mà),通"祃"。按,表貉之祭,当在最南第一表处。

⑥为位:谓设几筵以为神位。

【译文】

凡是出师征伐或四时田猎,如果用牲祭祀军社和迁主,就设置神位。如果用类祭祭上帝,就封土筑坛以行礼祭祀上帝。为军事而告祭山川,也是这样。凡是军队战败,就协助大司马牵引载有迁庙神主的斋车。凡是四季的大田猎,在练兵场立表处举行貉祭,就设立神位。

7. 尝之日①,莅卜来岁之芟②。狝之日③,莅卜来岁之戒④。社之日,莅卜来岁之稼。

【注释】

①尝:秋祭名。

②卜来岁之芟:郑《注》曰:"芟草,除田也。……卜者,问后岁宜芟不。"按,问宜芟不,犹问杂草多不。孙诒让曰:"卜者,卜其所收之草物多少。"姑从郑说。

③狝(xiǎn):秋季打猎。郑《注》曰:"秋田为狝。"

④卜来岁之戒:郑《注》曰:"卜者,问后岁兵寇之备。"

【译文】

秋季用尝祭祭先王那天,亲临卜问来年是否需要芟除杂草。秋季开始田猎那天,亲临卜问来年是否有外敌入侵、是否有盗贼。秋季祭社神那天,亲临卜问来年庄稼的好坏情况。

8. 若国有大故①,则令国人祭②。岁时之祭祀亦如之。

【注释】

①大故:郑《注》曰:"水旱凶荒。"
②祭:郑《注》曰:"社及禜、酺。"即祭祀土地神、水旱神、给人与农作物带来灾害的神。

【译文】

如果国家发生了水旱凶荒等大灾害,就命令国人举行祭祀。一年四季的正常祭祀也命令国人照章举行。

9. 凡卿大夫之丧,相其礼①。

【注释】

①相:郑《注》曰:"相其适子。"按,肆师需辅佐嫡长子行拜宾、送宾等礼事。

【译文】

凡是卿大夫的丧事,就相赞他们的嫡长子行礼事。

10. 凡国之大事,治其礼仪①,以佐宗伯。凡国之小事,治其礼仪,而掌其事,如宗伯之礼。

【注释】

①治其礼仪：贾《疏》曰："谓佐大、小宗伯治之，谨习其事也。"

【译文】

凡是国家的重大典礼，就演习有关的礼仪，而辅佐大宗伯。凡是国家的小型典礼，就演习有关的礼仪，而专掌礼事，如同大、小宗伯在重大典礼中所实行的礼法那样。

四　郁人

1. 郁人掌裸器①。凡祭祀、宾客之裸事，和郁鬯以实彝而陈之②。凡裸玉③，濯之，陈之，以赞裸事，诏裸将之仪与其节④。凡裸事沃盥。

【注释】

①裸器：行裸礼时所用的彝（盛郁鬯的尊）、舟（尊彝的托盘）和圭瓒、璋瓒（舀郁鬯的勺子）等器具。郑《注》曰："谓彝及舟与瓒。"

②和郁鬯：将郁金香草煮成的汁与秬鬯勾兑在一起。郑《注》曰："筑（捣）郁金，煮之以和鬯酒。"

③裸玉：郑《注》曰："谓圭瓒、璋瓒。"（参见《小宗伯》注）

④节：时间。郑《注》曰："谓王奉玉送裸早晏之时。"

【译文】

郁人掌管行裸礼所用的的器具。凡是祭祀或招待宾客有行裸礼的事，就调和郁鬯盛在彝中而加以陈设。凡是行裸礼所用的圭瓒、璋瓒，都要洗涤干净，加以陈设，而佐助行裸礼，告教王举行献裸的礼仪和行礼的适当时间。凡是行裸礼都要浇水洗手。

2. 大丧之渳，共其肆器①。及葬②，共其裸器③，遂貍之④。

【注释】

①肆器：浴尸器，包括浴尸所用床、席、枕及床下防腐的大冰盘。郑《注》曰："天子亦用夷盘。"

②及葬：指出葬当天黎明的大遣奠（即葬奠）。此为最后一次设奠。下葬后则称祭。

③共其祼器：郑《注》曰："遣奠之彝与瓒乜。"即供彝与瓒，设遣奠时陈设之。遣奠，是出葬前所举行的奠祭礼。

④遂貍之：郑《注》曰："貍（埋）之于祖庙阶间。"按，遣奠设于祖庙，阶间谓堂前东西阶之间。

【译文】

有大丧将洗沐尸体，供给洗沐时陈放尸体所用的器具。等到将下葬时，供给设遣奠所需的祼器，用过之后就埋在祖庙的两阶之间。

3. 大祭祀①，与量人受举斝之卒爵而饮之②。

【注释】

①大祭祀：此谓宗庙之祭。

②与量人受举斝之卒爵而饮之：量人，官名。属夏官大司马。斝（jiǎ），青铜酒器，多为大口，圆腹，下有三空足。受，谓受之于主人（此指王）。卒爵，即最后一斝酒。据孙诒让说，当向尸九献以及献加爵礼后（参见《天官·笾人》注），还有太子与尸（代表死者受祭的人）的献酢之礼。即太子入室，尸举起席前未饮的一斝酒给太子，太子饮干斝中酒；又斟满而给尸献酒，尸接过来饮干；又斟酒回敬太子（即酢），太子只祭一祭、尝一尝就放下了。到祭祀结束，尸将出室时，王把太子未饮的斝赐给郁人、量人饮之，即此

"与量人受举斝之卒爵而饮之。"

【译文】

大祭祀的礼仪完毕后,与量人一起接受王赐予的最后一斝酒而饮干它。

五　鬯人

1. 鬯人掌共秬鬯而饰之①。

【注释】

①共秬鬯而饰之:秬鬯,用黑黍酿造的酒。其酒味强烈,上可通于天,下可通于地,故名。鬯,畅通。饰之,谓设巾。

【译文】

鬯人掌管供给秬鬯并用布巾覆盖盛放秬鬯的酒尊。

2. 凡祭祀社壝用大罍①,禜门用瓢赍②,庙用脩③,凡山川、四方用蜃④,凡祼事用概⑤,凡疈事用散⑥。

【注释】

①祭祀社壝用大罍:社壝,即社稷坛及周围矮墙。罍,盛酒器,圆形或方形,小口,广肩,深腹,下有圈足,上有盖,肩部有两耳或两环耳,饰有云雷图纹。

②禜(yíng)门用瓢赍:禜,掌管水旱之神,此指为禳除水旱等灾害而举行的祭祀。门,谓国都城门。瓢,谓葫芦。赍,通"脐",指葫芦之腹。瓢赍指把葫芦锯成瓢作酒尊。赍,杜子春读为"粢",训为盛。

③脩:及下文蜃、概、散,郑《注》以为"皆漆尊"。又说"脩"读为

"卣",是一种"中尊,谓献、象(皆尊名)之属"。所谓"中尊",是就其尊贵程度次于彝,而尊于罍。据程瑶田说,周制,酒尊有上中下三等:六彝是上等酒尊,实以郁鬯;六尊是中等酒尊,实以五齐;六罍是下等酒尊,群臣用以自酢。

④厦:据《注》《疏》,是一种漆画厦形的酒尊。

⑤凡裸事用概:裸,郑《注》曰:"当作'祼',字之误也。"祼,即《大宗伯》"祼沈"。贾《疏》曰:"若裸,则用郁,……而用概尊,故破从'埋'。埋谓祭山林。"所谓概尊,据《注》《疏》,是一种表面涂黑漆,尊腹有漆画朱带的酒尊。

⑥凡疈事用散:疈事,贾《疏》曰:"即《大宗伯》云'疈辜祭四方百物'者也。"散,一种无装饰的单色漆尊。郑《注》曰:"无饰曰散。"王国维《观堂集林》则认为"散"是"斝"的讹字。姑从郑说。

【译文】

祭祀盛酒的器具,凡是设坛祭祀社稷就用大罍,因水旱而在国都城门举行禜祭就用葫芦锯成瓢盛酒,宗庙祭祀就用卣尊,凡是祭祀山川、四方就用厦尊,凡是行埋祭祭祀山林川泽,就用概尊,凡是毁折牲体祭祀四方的小神,就用散尊。

3. 大丧之大渳,设斗①,共其衅鬯②。凡王之齐事,共其秬鬯③。凡王吊临,共介鬯④。

【注释】

①斗:郑《注》曰:"所以沃尸也。"沃,浇也。斗,勺形用具,是舀水浇尸体供沐洗。

②衅鬯:郑《注》曰:"衅尸以鬯酒。"按,衅谓以鬯涂尸,犹涂血以衅钟鼓。衅鬯的目的,孙诒让说,在于"去其臭恶,使之香美也。"

③共其秬鬯:贾《疏》曰:"给王洗浴,使之香美也。"

④介鬯：郑司农曰："王行吊丧被之，故曰介。"按，介，被义。孙诒让
　曰："殆即以鬯酒洒被王身，以辟（避）秽浊。"

【译文】

大丧将为尸体沐洗，就陈设臿水用的斗，供给涂抹尸体用的秬鬯。
凡是王斋戒，就供给沐洗用的秬鬯。凡是王临吊臣下，供给王洒被身体
以避秽的秬鬯。

六　鸡人

1. 鸡人掌共鸡牲，辨其物①。

【注释】

①辨其物：郑《注》曰："物，谓毛色也。辨之者，阳祀用骍，阴祀用
　黝。"孙诒让曰："凡牲畜，以毛色别其种类，通谓之物。"

【译文】

鸡人掌管供给祭祀用的鸡牲，辨别鸡牲的毛色。

2. 大祭祀，夜呼旦以叫百官①。凡国之大宾客、会同、军旅、丧纪，亦如之。

【注释】

①夜呼旦以叫百官：郑《注》曰："夜，夜漏未尽，鸡鸣时也。呼旦，以
　警起百官，使夙兴（早起）。"夜漏未尽，谓夜将尽而天将明时。

【译文】

举行大祭祀，夜将尽天快亮时就要高声呼喊"天亮了！"以叫起百
官。凡是国家有招待来朝诸侯、大的会同、王率军出征、丧事等，也要这
样做。

3. 凡国事为期,则告之时。

【译文】

凡是国家的事情确定了行事的具体时间,就要把时间报告给主事的官吏。

4. 凡祭祀,面禳①,衅,共其鸡牲。

【注释】

①面禳:禳,攘除变异之灾的祭祀。郑司农曰:"四面禳也。"贾《疏》曰:"面禳,谓祈祷之属。"

【译文】

凡是祭祀,或四面禳祭以消灾,或举行衅庙礼等事,供给所需要的鸡牲。

七　司尊彝

1. 司尊彝掌六尊、六彝之位①,诏其酌②,辨其用,与其实③。

【注释】

①六尊、六彝之位:六尊,盛放五齐(五种未经过滤的酒。参见《酒正》。)的六种酒器,即牺尊(尊作牺牛形,背开圆口)、象尊(象形)、著尊(著地无足之尊)、壶尊(壶形尊)、大(太)尊(太古瓦尊)、山尊(画有山云图纹的瓦尊)。六彝,盛放郁鬯香酒的六种酒器。即鸡彝、鸟彝、斝彝、黄彝、虎彝、蜼彝。位,陈设之位。有尊卑之分。详下节。

②诏其酌：酌，斟也，斟酒于尊彝。按，酒有清、浊两种，清者可径酌
之，浊者则当先涚(jì，过滤)而后酌。故郑《注》曰："酌、涚之使可
酌，各异也。"需诏告之。

③实：指六尊六彝和罍中各盛何酒。

【译文】

司尊彝掌管六尊、六彝的陈列位置，告知执事者酌酒的方法，辨别
六尊、六彝等尊彝的不同用途及所当盛放的酒的种类。

2. 春祠，夏禴，裸用鸡彝、鸟彝①，皆有舟②；其朝践用两
献尊③，其再献用两象尊④，皆有罍，诸臣之所昨也⑤。秋尝，
冬烝，裸用斝彝、黄彝⑥，皆有舟；其朝献用两著尊⑦，其馈献
用两壶尊⑧，皆有罍，诸臣之所昨也。凡四时之间祀，追享，
朝享⑨，裸用虎彝、蜼彝⑩，皆有舟；其朝践用两大尊⑪，其再
献用两山尊⑫，皆有罍，诸臣之所昨也。

【注释】

①裸用鸡彝、鸟彝：裸，郑《注》曰："裸，谓以圭瓒酌郁鬯，始献尸
也。"谓酌郁鬯献尸，王先献，后继献（礼文中称亚献）。鸡彝、鸟
彝，郑《注》曰："谓刻而画之为鸡、凤凰之形者。"据贾《疏》，盛郁
鬯用鸟彝；鸡彝则用以盛明水，以与郁鬯相配，以示反本尚朴，而
并不用以献尸。下文彝、尊各用二者，义皆仿此。

②舟：托盘。

③朝践用两献尊：朝践，即朝事，包括向神荐血腥（牲血和生牲肉），
王、王后先后从献尊中酌醴齐（参见《天官·酒正》）献尸，此为三
献、四献（即第三、第四次向尸献酒，参见《笾人》注）。献尊，郑司
农读"献"为"牺"，牺尊，犀形或牛形的尊。

④再献用两象尊：再献，郑《注》曰："王醑（yìn）尸之后，后酌亚献。"醑尸，谓尸食饭毕献酒供尸饮以洁口。醑尸亦王先献，后亚献，此为七献、八献，接着宾长（众宾中的尊者）一献，为九献，至此祭祀的正礼完毕。据贾《疏》，王醑尸用醴齐，后用盎齐。又据孙诒让曰，宾长亦用盎齐。按，朝践荐血腥之后当荐熟，即行馈食礼，王与后亦当各一献，即为五献、六献。象尊，是尊体为象形的尊。

⑤"皆有罍"二句：罍，一种壶形酒器。规格低于六彝、六尊。昨，通"酢"。郑《注》曰："昨，读为'酢'，字之误也。诸臣献者，酌罍自酢，不敢与王之神灵共尊。"按，诸臣向尸献酒，在宾长九献后，叫加爵。凡王、后、宾长、诸臣向尸献酒，尸都要回敬酒（即酢）。但因群臣位卑，献尸不敢用醴齐、盎齐，而用三酒（盖清酒）盛于罍；又不敢接受尸的酢酒，故就用罍倒清酒以自酢。

⑥斝彝、黄彝：郑司农曰："斝，读为'稼'，稼彝画禾稼也。"黄彝，又称黄目，《礼记·郊特牲》孔《疏》释"黄目"曰："以黄金镂其外以为目。"

⑦朝献用两著尊：朝献，郑《注》曰："谓尸卒食，王醑之。"是此朝献即指王醑尸之礼，即七献之礼。按，朝献既为王醑尸，当在馈献（五献、六献）之后，而述之于馈献之前者，据孙诒让说，是因朝献沿用朝践献尸所用著尊与泛齐。著尊，据郑司农引"或曰"说，是一种无足之尊。泛齐，祭祀用的五齐之一，酿酒初成，其上泛有浮沫，故称。参见《天官·酒正》。

⑧壶尊：郑司农曰："以壶为尊。"

⑨"凡四时之间祀"三句：间祀，四时之间不常举行的祭祀。指下文追享、朝享。追享、朝享，谓两种最隆重的宗庙之祭。三年一禘，五年一祫。郑《注》曰："追享，谓追祭迁庙之主，以事有所请祷。朝享，谓受朝政于庙。"按，迁庙主，谓高祖以上迁入祧庙的祖先。朝受政于庙，即行告朔礼，谓每月初一朝庙祭祖，而后回朝廷

听政。

⑩虎彝、蜼彝：虎彝，盖器体刻有虎形。蜼（wèi），郑司农曰："读为蛇虺之'虺'（huǐ，毒蛇），或读为'公用射隼'之'隼'（sǔn，一种凶猛的鸟）。"故蜼彝盖刻有蛇形或隼形。

⑪大尊：太古的瓦尊，形制原始质朴。用于四时间祀之禘祭、祫祭。郑司农曰："太古之瓦尊。"《礼记·礼器》孔《疏》曰："案《礼图》，瓦大受五升，口径尺，颈高二寸，径尺，大中，身锐，下平。"

⑫山尊：据贾《疏》，盛酒的祭器，六尊之一，亦称山罍，尊上刻有山纹云气。

【译文】

春季的祠祭，夏季的禴祭，行祼礼时使用鸡彝、鸟彝，下面都有托盘；行朝践礼使用两只牺尊，行酳礼使用两只象尊，春祠、夏禴都设有罍，供群臣酌酒行自酢礼时使用。秋季举行尝祭，冬季举行烝祭，行祼礼时使用斝彝、黄彝，下面都有托盘；行酳礼时使用两只著尊，行馈食礼时使用两壶尊，秋尝、冬烝都设有罍，供群臣酌酒行自酢礼时使用。凡是四季之间不常举行的祭祀，如追享、朝享，行祼礼时使用虎彝、蜼彝，下面都有托盘；行朝践礼时使用两只大尊，行酳礼时使用两只山尊，追享、朝享也都设有罍，供群臣自酌时使用。

3. 凡六彝、六尊之酌①，郁齐献酌②，醴齐缩酌③，盎齐涗酌④，凡酒修酌⑤。

【注释】

①酌：贾《疏》曰："凡言酌者，皆是沛之使可酌。"沛，谓过滤。

②郁齐献（suō）酌：献酌，搓揉郁金香草，和入秬鬯，过滤使之可酌用。郑《注》曰："献，读为摩莎之'莎'，齐语声之误也。煮郁和秬鬯，以戋（zhǎn）酒摩莎沛之，出其香汁也。"按，郁齐即郁鬯，郁鬯

是捣碎郁金香草煮之，然后调和于秬鬯而成。因调和出的郁鬯浊不可酌，故要掺和酨酒（即盎齐），使之稍清。同时为使郁金香草香气能充分调和于秬鬯中，故又用手摩莎（搓拌），以出其香气，然后过滤，再酌以献神。

③醴齐缩酌：缩酌，过滤醴齐酒去渣使可酌的一种方法。醴齐较浊，要加入事酒（临事而酿的速成酒，较清）冲淡，用茅草过滤去渣滓，然后方可酌用。郑《注》曰："醴齐尤浊，和以明酌，沛之以茅，缩去滓也。"明酌，据郑《注》，即三酒中的事酒。缩，即沛。孙诒让曰："凡沛用茅谓之缩，不用茅者谓之沛。"

④盎齐涗（shuì）酌：涗，亦沛。涗酌，滤酒使清。以清酒加入盎齐（冬酿夏成之酒），以竹筐过滤而使之可酌用。郑《注》曰："盎齐差清，和以清酒，沛之而已。"按，盎齐清于醴齐，故曰"差清"。但仍浊而有渣滓，故需以清酒和而沛之。

⑤凡酒修酌：凡酒，谓三酒，即事酒、昔酒、清酒。修酌，谓以水和三酒而过滤使之可酌用的方法。一说，郑《注》引郑司农云："修酌者，以水洗勺而酌也。"姑从前说。修，"涤"字之误。郑《注》曰："凡酒，谓三酒也。修，读如（段玉裁《汉读考》说当作"读为"）涤濯之'涤'。涤酌，以水和而沛之。"江永曰："凡酒涤酌，谓以所酌之玄酒涤之，非谓别取水也。"按，水即玄酒。三酒较清，只需掺水冲淡，用竹筐过滤即可酌用。

【译文】

凡是六彝、六尊中所盛之酒的过滤酌用，郁鬯是要和盎齐掺兑、用手搓拌再用茅草过滤，而后酌用，醴齐是和事酒掺兑、用茅草过滤而后酌用，盎齐用清酒掺兑、用筛子过滤而后酌用，三酒要加进明水再用竹筐过滤，而后酌用。

4. 大丧，存奠彝①。大旅亦如之②。

【注释】

①存奠彝:存,省察,省视。郑《注》曰:"存,省也。"又据郑《注》,奠彝是出葬前为大遣奠而设。大遣奠是丧奠中最隆重者,故设有彝尊,以盛郁鬯。

②大旅:旅祭上帝与四望。即《大宗伯》所谓"国有大故,则旅上帝"。

【译文】

遇到王、王后或太子的丧事,省察举行大遣奠时所陈设的彝尊。举行大旅祭时也是这样。

八　司几筵

1. 司几筵掌五几、五席之名物①,辨其用与其位。

【注释】

①五几、五席:五几,即郑《注》所谓左右玉几、雕几、彤几、漆几、素几等五种几案。五席,即莞席、藻席、次席、蒲席、熊席等五种席子。

【译文】

司几筵掌管五几、五席的名称、种类,辨别它们的用途和所当陈设的位置。

2. 凡大朝觐、大飨、射①,凡封国、命诸侯,王位设黼依②,依前南乡设莞筵纷纯③,加缫席画纯④,加次席黼纯⑤,左右玉几⑥。祀先王昨席亦如之⑦。

【注释】

①大朝觐、大飨、射:据贾《疏》,大朝觐,是王因会同而在庙中行朝

觐之礼。大飨,是王为来朝诸侯在庙中行飨礼。大射,是王在祭祀前为选择助祭者而举行的射礼。

②黼依:据郑《注》,谓王座位后绣有黑白相间斧形花纹的屏风,以绛(大红)色帛制成。

③莞筵纷纯:莞筵,莞草编织的席。纷,有图纹的长条丝带。郑《注》曰:"如绶,有文而狭者。"按,《尚书·顾命》曰:"筍席玄纷纯。"则纷盖亦玄(黑)色。纯,即镶边,绲边。

④缫席画纯:缫席,以蒲翦(一种较细弱的蒲草)编织的、绘有五彩图案的席。据郑《注》,缫,同"藻",五彩纹。画,画有云气图案。

⑤次席:用桃枝竹编织的席。郑《注》曰:"桃枝席,有次列成文。"按,桃枝,竹名。次列成文,即依次编列而成花纹。

⑥左右玉几:谓席左右皆设玉饰之几,以示王至尊。玉几,饰有玉的几。

⑦祀先王昨席:昨席,即酢席。王接受尸的酢酒所坐之席。昨,通"酢",回敬酒。郑《注》曰:"昨,读曰'酢',谓祭祀及王受酢之席。"按,受酢,谓王献尸后接受尸的酢酒。

【译文】

凡是大朝觐、大飨礼、大射礼,凡是分封立国、策命诸侯,在王位后面设置黼依,黼依的前边朝南方向铺设一层有黑丝带镶边的莞席,莞席上再加铺一层边缘画有云气图案的五彩蒲席,蒲席上再加铺一层绣有黑白相间斧形花纹丝带镶边的竹席,席的左右两端则设置玉几。祭祀先王时所铺设的席和接受尸的酢酒所铺设的席也是这样。

3. 诸侯祭祀,席蒲筵缋纯①,加莞席纷纯,右雕几②;昨席莞筵纷纯,加缫席画纯。筵国宾于牖前③,亦如之,左彤几④。

【注释】

①缋纯：用有花纹的丝带做的镶边。缋，同"绘"，郑《注》曰："画文也。"

②雕几：雕琢有花纹而无玉饰的几。

③筵国宾于牖前：国宾，据郑《注》，指来朝的诸侯和来聘的孤卿大夫。牖，指庙堂后的室窗。

④左彤几：《说文》："彤，丹饰也。"彤几，即漆成红色的几。据郑《注》，这是为来聘的孤卿大夫设的几，为诸侯则当设雕几。又上文曰"右雕几"，而此言"左彤几"者，前为神设，而此为人设。

【译文】

诸侯祭祀宗庙，为神铺设用有花纹的丝带镶边的蒲席，蒲席上面加铺一层用黑色丝带镶边的莞席，席的右端设置雕几。为诸侯接受酢酒铺设的酢席是，先铺上带有黑色镶边的莞席，莞席上面再加一层边缘绘有花纹的五彩蒲席。在王的宗庙里为国宾在堂上窗前铺席也是这样，国宾若是诸侯，就在席的左边设置雕几；国宾若是孤卿大夫，就在席的左边设置红漆几。

4. 甸役，则设熊席①，右漆几②。凡丧事③，设苇席，右素几④，其柏席用萑黼纯⑤，诸侯则纷纯，每敦一几⑥。

【注释】

①设熊席：郑《注》曰："谓王甸（田猎），有司祭表貉所设席。"（参见《肆师》注）熊席，即以熊皮制成的席。

②漆几：段玉裁《汉读考》以为是黑漆之几。

③丧事：据郑《注》，此指为死者设奠祭祀。郑《注》曰："谓凡奠也。"

④素几：无漆饰的木几。

⑤柏席用萑：柏席，据郑司农引或说是载黍稷之席。黍稷盛于敦，

置于几上,几置柏席上。一说,郑《注》曰:"柏,椁字磨灭之余。
椁席,藏中神坐之席也。"姑从郑司农引或说。萑(huán),芦苇一
类的植物。郑《注》曰:"如荼而细者。"

⑥敦(dào):通"燾(dào)",覆盖。棺在殡时由椁覆盖,棺在墓穴时
则由棺饰覆盖,故此处实指棺材。

【译文】

王发徒役田猎,举行貉祭时就铺设一层熊席,席的右边端设置黑漆
几。凡是丧事中的奠祭,铺设苇席,席的右边设置素几;奠祭时放置黍
稷的席是绘有黑白相间斧形花纹丝带镶边的萑席,诸侯设奠的萑席就
用有图纹的黑色长条丝带镶边,每口棺设一张几。

5. 凡吉事变几①,凶事仍几②。

【注释】

①吉事变几:据郑《注》,吉事指宗庙祭祀,每进行一个仪节就更换
一次几,因神事尚文,变几以"示新之也"。

②凶事仍几:丧事尚质,仍沿用同一条几。郑《注》曰:"凶事谓凡
奠,几朝夕相因。丧礼略。"

【译文】

凡是吉礼中的祭祀活动,随着仪节的进行都要更换新几,而凶礼中
的所有奠祭活动,从头到尾则仍沿用同一条几。

九　天府

1. 天府掌祖庙之守藏①,与其禁令。凡国之玉镇、大宝
器藏焉②。若有大祭、大丧,则出而陈之③,既事藏之。

【注释】

①祖庙之守藏：祖庙，据郑《注》，此指始祖后稷之庙。守藏，收藏保管。

②玉镇、大宝器：玉镇，指六瑞。大宝器，指六器。贾《疏》曰："此云玉镇，即《大宗伯》'以玉作六瑞'，镇圭之属即此宝镇也。彼又云'以玉作六器'，苍璧礼天之属即此宝器也。"按，六瑞谓之镇者，梁崔灵恩《三礼义宗》云："皆受之于天子，以为瑞信，镇抚国家也。"

③陈之：陈列展览。

【译文】

天府掌管始祖庙中珍宝、档案的收藏，以及有关的禁令。凡是王国的玉镇、大宝器都收藏在祖庙中，如果有大祭祀或大丧事，就拿出来陈列展览，事过之后再收藏起来。

2. 凡官府、乡、州及都鄙之治中①，受而藏之，以诏王察群吏之治。

【注释】

①凡官府、乡、州及都鄙之治中：贾《疏》曰："不言六遂及四等公邑之官者，于文略，其实皆有也。"治中，治理政事的文书档案。江永曰："凡官府簿书谓之中，……犹今之案卷也。此中字之本义。故掌文书者谓之史，其字从又从中。又者，以手持簿书也。吏字事字皆从中。"

【译文】

凡是王国中央、地方各级官府、各乡、州以及各采邑治理政事的办公文书档案，都接受而加以收藏保管，以告知王考察内外官吏们的政绩。

3. 上春,衅宝镇及宝器①。

【注释】

①衅宝镇及宝器:衅,杀牲以牲血涂器而祭之。宝镇、宝器,即玉镇、大宝器。

【译文】

每年春正月,要用牲血涂抹守藏的各种宝镇和宝器而祭之。

4. 凡吉凶之事①,祖庙之中,沃盥执烛②。

【注释】

①凡吉凶之事:据郑《注》,吉事,指宗庙四时祭祀;凶事指为王或王后之丧行迁祖奠(为迁柩朝祖而奠)、祖奠(为柩车将上路而奠)、大遣奠(即葬奠)等奠祭礼。

②沃盥执烛:按,吉凶之礼皆尚洁净,故事前当沃盥。又吉凶之礼皆天未明即行事,故需执烛。

【译文】

凡是祭祀或丧事,在祖庙中举行,有关官吏为尸和王浇水洗手时就在一旁为他们举起火把照明。

5. 季冬,陈玉以贞来岁之媺恶①。

【注释】

①陈玉以贞来岁之媺(měi)恶:媺,同"美"。陈玉,据贾《疏》,是贞卜前礼神。贞来岁之媺恶,孙诒让曰:"与肆师卜来岁之芟、戒、稼三事略同。"(参见《春官·肆师》)

【译文】

每年冬十二月,要陈设礼神的玉器而占卜来年年成的好坏。

6. 若迁宝则奉之①。

【注释】

①迁宝:国都迁移,宝器随之迁移。贾《疏》曰:"谓王者迁都,若平王东迁,则宝亦迁。"

【译文】

如果国家迁都,也要随之迁移祖庙的宝器,就负责奉送。

7. 若祭天之司民、司禄①,而献民数、谷数②,则受而藏之。

【注释】

①司民、司禄:司民,星名。主民。司禄,星名。主谷。郑《注》曰:"司民,轩辕角也。司禄,文昌第六星。"按,轩辕,星官名,有星十七颗,呈龙形,其中有大民、小民二星,盖即司民。谷物丰收才能颁禄,故郑《注》曰:"祭此二星者,以孟冬既祭之,而上民谷之数于天府。"

②献民数、谷数:李光坡说孟冬司寇献民数、司徒献谷数于王,天府从王那里受而藏之。

【译文】

如果在每年冬十月祭祀司民、司禄二星以后,有关官吏向王进献本年全国的人民数和谷物数,就从王那里接受薄书并加以保管。

十　典瑞

1. 典瑞掌玉瑞、玉器之藏①，辨其名物与其用事，设其服饰②。

【注释】

①玉瑞、玉器：即《大宗伯》所谓六瑞、六器。郑《注》曰："人执以见曰瑞，礼神曰器。瑞，符信也。"

②服饰：指玉瑞、玉器的外部装饰。即下文所说的"缫藉"。郑《注》曰："服玉之饰，谓缫藉。"

【译文】

典瑞掌管玉瑞、玉器的收藏，辨别它们的名称和种类以及运用它们的事项，并为它们设置装饰用的衬垫。

2. 王晋大圭①，执镇圭②，缫藉五采五就③，以朝日④。公执桓圭，侯执信圭，伯执躬圭，缫皆三采三就⑤；子执谷璧，男执蒲璧，缫皆二采再就⑥：以朝、觐、宗、遇⑦、会同于王。诸侯相见，亦如之。璩圭、璋、璧、琮⑧，缫皆二采一就⑨，以覜聘⑩。

【注释】

①晋大圭：晋，通"搢"，插也。郑司农曰："谓插于绅带之间。"大圭，天子所服之圭。长三尺，首方，用以朝日。钱玄说："这是特大的圭，长三尺，上略向内削，其上瑞如椎，方形。大圭亦谓之珽，或谓之玉笏，天子插在腰里的。"（《三礼通论》页249）

②镇圭：及下桓圭、信吏、躬圭、谷璧、蒲璧，参见本篇《大宗伯》。

③缫藉五采、五就：缫藉，是圭的彩色衬垫。亦为圭饰，可保护玉器避免受损。缫，通"藻"，文彩。据郑《注》，圭垫以木制，外包皮革，皮革画五彩，故谓之缫（藻），因用于衬垫玉器故谓之藉。五采，孙诒让说是玄、黄、朱、白、苍五种颜色。五就，即五匝，一就为一匝。用五种颜色依次绕缫藉而画之，画五圈，备五彩，是为一就，即一匝。五匝为五就。

④朝日：祭名。在国都东门外迎日而祭。孙诒让曰："盖天子朝日之礼，每岁凡十有四举：一立春日，二春分日，并十二月每月朔日为十四。十四者之中，唯春分之朝日为特祭，其礼尤重。"

⑤三采三就：三采，谓朱、白、苍三色。三就，朱白苍三色各横绕画一圈叫一就。

⑥二采再就：二采，谓朱、绿二色。再就，将朱、绿二色各横绕画两圈。

⑦朝、觐、宗、遇：四季朝见天子之礼名。参见《大宗伯》。

⑧瑑圭、璋、璧、琮：瑑（zhuàn），玉器上雕刻的凸起花纹。璋、璧、琮，参见《大宗伯》。

⑨二采：据贾《疏》，亦朱、绿二色。

⑩覜（tiào）聘：覜，谓诸侯遣卿以大礼定期聘问天子。郑《注》曰："大夫众来曰覜，寡来曰聘。"按，诸侯朝见天子以距离王畿远近分一年、二年、三年、四年、五年、六年朝见一次，故一个朝见周期（十二年）内，第七、十一年只有一年一朝的诸侯前来，其他诸侯则派卿以大礼聘问。此即"覜"、"殷覜"、"视"。即如郑《注》说，众多诸侯的大夫都定期来聘问称覜；不定期来聘问称聘。参见《大宗伯》。

【译文】

王腰插大圭，手执镇圭，圭垫上用玄黄朱白苍五种颜色横绕着画五匝，这样来行拜日礼。公手执桓圭，侯手执信圭，伯手执躬圭，圭垫都用朱白苍三种颜色横绕着画三匝;子手执谷璧,男手执蒲璧,璧垫都用朱绿两种颜色横绕着画两匝:这样来向王行春朝、秋觐、夏宗、冬遇和会同之礼。诸侯之间会见也是这样。刻有凸起花纹的圭、璋、璧、琮,它们的衬垫都是用两种颜色横绕着画一匝,在诸侯派遣大夫聘问王时使用。

3. 四圭有邸以祀天①,旅上帝②。两圭有邸以祀地③,旅四望。裸圭有瓒④,以肆先王⑤,以裸宾客⑥。圭璧以祀日月星辰⑦。璋邸射以祀山川⑧,以造赠宾客⑨。

【注释】

①四圭有邸以祀天:四圭,圭名,祭天所用的礼器。以一整块玉琢成,中央以圆璧为本,璧的上下左右四边各伸出一圭,故称。圭长一尺二寸。郑司农曰:"于中央为璧,圭著其四面,一玉俱成。"邸,根本,此指中央的璧。可参见戴震《考工记图》。邸,本也。因四圭共著于一璧,如从同一根本生出四圭,故称"四圭有邸"。天,据秦蕙田《通考·吉礼一》说,与下文上帝同,皆谓至上帝。

②旅上帝:上帝,指受命帝。周代的受命帝是苍帝。参见《大宗伯》。按,上文祀天为正祭,旅祭礼简于正祭。

③两圭有邸:两圭,玉名,以一琮为本,上下各连有一圭,以一整块玉雕成。用于祀地及四望。邸指中央的琮。

④裸圭有瓒:即王行裸礼时所用的圭瓒。孙诒让曰:"裸圭,谓以圭为柄;有瓒,谓以金为瓒。所谓天子圭瓒也。"瓒是勺头,圭是勺柄。裸圭,即圭瓒之柄。柄前端有供舀取郁鬯用的勺状瓒,故称。

⑤肆:本指剔解牲体以祭,引申为祭祀名。郑《注》曰:"肆解牲体以祭,因以为名。"

⑥裸宾客:即向宾客献酒。孙诒让曰:"此据朝觐诸侯言之,凡五等诸侯来朝,礼及飨并有裸。"

⑦圭璧:玉名。形如一圭而根端著于璧,故名。

⑧璋邸射:玉名。器形如从琮上伸出一璋,而琮的八钝角被削成锐角。郑《注》曰:"璋有邸而射,取杀于四望。"按,邸,此谓琮。射,谓圭璋上端锐出的部分。言射剡者,因璋形如圭之半,顶端甚尖似箭之射。

⑨造赠宾客:造与赠都是馈赠宾客之礼。孙诒让曰:"凡造,至宾馆而致礼皆是也。"如王派人到宾馆致食、饔之礼,称造。孙氏又曰:"赠则为宾行至近郊劳送之礼。"此指来聘的宾客(即使者)回国,出主国(被聘问国)都城而下榻在近郊馆舍时,主国国君派人来向宾客馈送礼物,称赠(参见《仪礼·聘礼》)。造赠宾客都要拿玉器(即璋邸射)致辞。

【译文】

　　用以璧为本的四圭祭祀昊天,并用来旅祭上帝。用以琮为本的两圭祭祀地,并用来旅祭四方的名山大川。用有勺的祼圭肆祭先王,并在设宴招待宾客时用来向宾客行祼礼。用圭璧来祭祀日月星辰。用以琮为本而锐出一璋的玉器祭祀中小山川,并用来在造赠宾客生熟食品时拿着它致辞。

　　4. 土圭以致四时日月①,封国则以土地②。珍圭以征守③,以恤凶荒。牙璋以起军旅④,以治兵守。璧羡以起度⑤。驵圭、璋、璧、琮、琥、璜之渠眉⑥,疏璧、琮以敛尸⑦。谷圭以和难,以聘女⑧。琬圭以治德,以结好⑨。琰圭以易行,以除慝⑩。

【注释】

①土圭以致四时日月:土圭,玉名。长一尺五寸,可用来求地中,故

称。郑《注》曰:"以致四时日月者,度其景至不至,以知其行得失也。冬夏以致日,春秋以致月。"(参见《地官·大司徒》注)

②封国以土地:土地,即度地。土,通"度",测量。郑《注》曰:"土地,犹度地也。封建诸侯,以土圭度日景,观分寸长短,以制其域所封也。"

③珍圭以征守:据郑《注》,珍圭,玉名。是天子派遣使臣传达王命时授予使臣的瑞节(符信),大小、形制与琬琰接近。按,据《考工记·玉人》,琬、琰皆长九寸,琬圭顶端不作三角形而呈弧形,琰圭则两侧向里坳作弧形。杜子春曰:"以征守者,以征召守国诸侯。"

④牙璋:兵符之一种。长七寸,形似半圭,锐出部分边缘有齿,以玉制成,故称。是天子使臣传达王命时所持瑞节,作用如后世虎符。钱玄说:"属于璋的一种。旧说,璋之上削部分有不平如锯齿者,谓之牙璋。"(《三礼通论》页253)

⑤璧羡以起度:璧羡,一种椭圆形的璧,长一尺,宽八寸。羡,通"延"。详《考工记·玉人》。郑司农曰:"羡,长也。此璧径长尺,以起度量。"即谓其径长可用作一尺的标准。琬圭,玉名。长九寸,上端半圆形。天子使臣传达王命时所持之瑞节。琰圭:一种玉名。长九寸,上端锐如锋芒。天子使臣传达王命时所持之瑞节。琰圭有锋芒,故有征讨诛伐之象。

⑥驵圭、璋、璧、琮、琥、璜之渠眉:驵,郑《注》以为当读为"组",声之误也。组为丝带,用以贯穿以下六玉以为敛尸所用,故贾《疏》以为六玉两头皆有孔,以便穿系丝带。渠眉,即玉饰的隆起沟纹。凹下部分为渠,渠两侧为眉。郑《注》曰:"渠眉,玉饰之沟瑑也。以组穿联六玉沟瑑之中,以敛尸。圭在左,璋在首,琥在右,璜在足,璧在背,琮在腹,盖取象方明(即天、地、四方神),神之也。"按,穿丝带的孔盖凿于玉器两头的沟纹中。

⑦疏璧、琮以敛尸：疏，通也。据郑《注》，谓璧、琮上的沟纹上下打眼贯通，璧象天，琮象地，打眼象征通于天地。敛尸，据郑《注》，指大敛，其法：璋在头部，圭在左边，琥在右边，璜在足部，璧在背部，琮在腹部。

⑧"谷圭"二句：谷圭，玉名。长七寸，是上刻五谷图纹的圭。谷，善也。天子派遣使臣做好事，就授予谷圭作瑞节。难，郑《注》曰："仇雠。"易祓曰："若天子遣人和诸侯之难，及遣人聘女于诸侯，皆以谷圭行之。"即拿着谷圭以致辞。

⑨"琬圭"二句：治德，郑《注》曰："诸侯有德，王命赐之。"结好，据郑《注》，诸侯派大夫来聘，王即使大夫执此圭回国向其君"命事"，即命以结友好之事。

⑩"琰圭"二句：易行，改变（坏的）品行。郑司农曰："易行除慝，易恶行令为善者，以此圭责让喻告之也。"

【译文】

土圭用来测度四季的日影、月影的长短，分封诸侯国就用来测量封域。珍圭用来征召诸侯、传达王命，抚恤凶年灾荒。牙璋用来发兵，用来调动军队、发兵防守。璧的美径长可用来作度量的标准。用丝带贯穿圭、璋、璧、琮、琥、璜沟纹中镂出的孔眼，使璧、琮的沟纹贯通，这样用来敛尸。谷圭用来调和诸侯间的仇怨，用来给女方下聘礼，琬圭用来奖励有德的诸侯，用来缔结诸侯间的友好关系。琰圭用来责备行为不端的诸侯改变行为，除恶向善。

5. 大祭祀、大旅①，凡宾客之事②，共其玉器而奉之。大丧，共饭玉、含玉、赠玉③。凡玉器出，则共奉之④。

【注释】

①大祭祀、大旅：孙诒让曰："即上经祀天地，肆先王，亦兼有祀日月

星辰山川等。"

②宾客之事:孙诒让曰:"即祼及造赠等是也。"

③饭玉、含玉、赠玉:郑《注》曰:"饭玉,碎玉以杂米也。"按,此为王、诸侯、大夫之礼,士则只用米。《注》又曰:"含玉,柱左右巓及在口中者。"则含玉即在死者的左右巓(diān,牙床末端最后长出的两对磨牙,亦称智牙)及口的中部放入小璧。赠玉,棺材放入墓穴后赠给死者的璧。郑《注》曰:"盖璧也。"饭玉,在死者口中放少许碎玉(杂有米粒)。

④"凡玉器出"二句:郑《注》曰:"玉器出,谓王所好赐也。奉之,送以往;远则送于使者。"

【译文】

举行大祭祀、大旅祭,以及凡是招待宾客的事,供给所需要的玉器并奉送到行礼处。有大丧,供给所需的饭玉、含玉和赠玉。凡是有玉器赐予臣下,就供给并奉送到被赐者之处。

十一　典命

1. 典命掌诸侯之五仪①,诸臣之五等之命。上公九命为伯②,其国家、宫室、车旗、衣服、礼仪皆以九为节③。侯伯七命,其国家、宫室、车旗、衣服、礼仪皆以七为节;子男五命,其国家、宫室、车旗、衣服、礼仪皆以五为节。王之三公八命,其卿六命,其大夫四命,及其出封,皆加一等,其国家、宫室、车旗、衣服、礼仪亦如之。

【注释】

①五仪:五等诸侯(公、侯、伯、子、男)的礼仪。郑《注》曰:"五仪,公、侯、伯、子、男之仪。五等,谓孤以下四命、三命、再命、一命、

不命也。或言仪,或言命,互文也。"

②上公九命为伯:即《大宗伯》"九命为伯"。郑《注》曰:"上公,谓王
之三公有德者,加命为二伯。"按,王之三公八命,加一命则为九
命,称上公,出任为方伯。

③"其国家"至"为节":国家,谓都城。郑《注》曰:"国家,国之所居,
谓城方也。公之城盖方九里,宫方九百步。"按,下文侯伯七命以
七为节,子男五命以五为节,其国家、宫室皆放此。又,车旗、衣
服、礼仪之数,参见《秋官·大行人》。

【译文】

典命掌管诸侯的五等礼仪,以及王的诸臣的五等命数。上公九命
就成为伯,其都城面积、宫室大小、车旗、衣服、礼仪的规格都以九为节
度;侯、伯是七命,其都城面积、宫室大小、车旗、衣服、礼仪的规格都以
七为节度;子、男是五命,其都城面积、宫室大小、车旗、衣服、礼仪的规
格都以五为节度。王的三公是八命,王的卿是六命,王的大夫是四命,
如果到他们被出封为王畿之外的诸侯,都加一等,他们的都城面积、宫
室大小、车旗、衣服、礼仪的规格也就随着依命数都加一等。

2. 凡诸侯之适子誓于天子①,摄其君,则下其君之礼一
等②;未誓,则以皮帛继子男③。

【注释】

①适子:嫡子。适,通"嫡"。誓:册命,郑《注》曰:"犹命也。"

②则下其君之礼一等:谓公之子不能享受公的待遇,只能享受侯
伯待遇;侯伯之子不能享受侯伯的待遇,而只能享受子男
待遇。

③以皮帛继子男:此指朝聘天子时。据郑《注》,已命者,"公之子如
侯伯而执圭,侯伯之子如子男而执璧",皆下其所当执一等。此

未命者,则不得执圭璧,而执皮帛。皮帛,大国之孤为宾客时所
执之礼品,以十端白缯为束帛,以虎豹之皮包裹帛以为饰。

【译文】

凡是诸侯的嫡长子被天子册命立为太子,代理他的国君朝聘天子
时,就比国君的礼仪降低一等;如果尚未被天子册命认可,朝聘天子时
就只能拿着用皮裹饰的束帛排在子男后面行礼。

3. 公之孤四命①,以皮帛视小国之君②;其卿三命,其大
夫再命,其士一命。其宫室、车旗、衣服、礼仪各视其命之
数。侯伯之卿、大夫、士亦如之。子男之卿再命,其大夫一
命,其士不命③。其宫室、车旗、衣服、礼仪各视其命之数。

【注释】

①公之孤:据郑司农说,九命上公能够置孤一人。

②视小国之君:郑《注》曰:"列于卿,大夫之位而礼如子男也。"

③不命:非正式任命的士,地位低于命士一等。

【译文】

公的孤卿的等级是四命,朝聘天子时以用皮裹饰的束帛作为见面
礼而比照小国之君的礼仪;公的卿是三命,公的大夫是再命,公的士是
一命;他们的宫室大小、车旗、衣服、礼仪的规格,各自比照他们的命数
为节度。侯、伯的卿、大夫、士也是这样。子、男的卿的等级是再命,子
男的大夫是一命,子男的士不命,他们的宫室大小、车旗、衣服、礼仪的
规格,也各自比照他们的命数为节度。

十二　司服

1. 司服掌王之吉凶衣服,辨其名物,与其用事。

【译文】

　　司服掌管王行吉礼或凶礼时所应当穿的衣服,辨别这些衣服的名称、种类,以及所适用的礼事场合。

　　2. 王之吉服①:祀昊天上帝则服大裘而冕②,祀五帝亦如之;享先王则衮冕③;享先公、飨、射则鷩冕④;祀四望、山川则毳冕⑤;祭社稷、五祀则希冕⑥;祭群小祀则玄冕⑦;凡兵事韦弁服⑧;视朝则皮弁服⑨;凡甸冠弁服⑩。

【注释】

①吉服:即祭服。

②服大裘而冕:大裘,郑司农说,即黑羔裘。据金榜说,大裘外还有玄衣,玄衣外还有十二章之衮服。冕,首服之最尊者,其形制,上有一块长方形的木板叫做延,延下有一冠圈叫做武,延的前沿垂有一串串的小玉珠叫做旒。天子之冕有十二旒(详《夏官·弁师》)。然陈祥道《礼书》卷一曰:"大裘之冕盖无旒。"

③衮冕:礼服名,即穿衮服而戴冕。按,下文凡曰"某冕",皆谓穿某服而戴冕。衮服,是绘刺有卷曲的龙形之服。衮服有两种:一种十二章;一种九章。所谓十二章,是指衣裳上绘刺有日、月、星、龙、华虫(有五色文采的虫类)、宗彝(虎蜼[wèi],一种体形较大的黄黑色长尾猴,尾长数尺)、藻(水藻)、火、粉米(白米)、黼(黑白相间)、黻(黑青相间)等十二种花纹图案。所谓九章,是揩十二章去掉日、月、星。据金榜说,王祭天服十二章之衮,祭先王则服九章之衮。

④享先公、飨、射则鷩冕:先公,指后稷之后、大王(文王之祖父)前的周人先祖。因其未被追尊为王,故称。鷩冕,即鷩服而冕。鷩

(bì)，赤雉，即"锦鸡"。据郑《注》，鷩冕是七章之服，即九章之衮服去掉龙、山，并将华虫改为雉(野鸡)，但仍称华虫。

⑤毳(cuì)冕：毳，鸟兽的细毛。据郑《注》，是五章之服，即鷩服之七章去掉华虫、火。

⑥希(zhǐ)冕：即希服而冕。希，假借作"黹"。黹(zhǐ)，缝纫，刺绣。此礼服图纹是绣上的，故称。又据郑《注》说，此为三章之服，即毳服五章去掉宗彝、藻。

⑦祭群小祀则玄冕：群小祀，郑《注》曰："林泽、坟衍、四方百物之属。"玄冕，即玄衣而冕。据郑《注》，玄衣只一章，其上衣无图纹，只下裳上绣黻纹。又据郑《注》说，凡冕服，从衮冕以至玄冕，皆"玄衣纁裳"，即上衣为玄色，下裳为纁(xūn，浅红色)色。

⑧韦弁服：据郑《注》，用韎(mèi，赤黄色)韦(熟牛皮)制成的弁和衣裳。弁，一种礼帽，形似瓜皮帽。孙诒让曰："兵事虽服韦弁服，临战则韦弁服上又蒙甲胄。"

⑨皮弁服：皮弁，据《仪礼·士冠礼》郑《注》说，是白鹿皮制成的弁。其服，据《士冠礼》，是一种白色而腰间有褶皱的裳，外束缁带，系白色蔽膝。据胡培翚《仪礼正义》说，衣、冠同色，亦白色。

⑩冠弁服：弁服之一。据郑《注》，冠弁即玄冠，即用黑缯做的冠。服为缁布衣，裳与上皮弁服同。一说，据孙诒让说，是头戴冠弁(即先戴玄冠，后在其上戴皮冠。皮冠行礼时可去掉)。姑从郑说。

【译文】

王行吉礼时穿的服装：祭祀昊天和上帝就身穿大裘而头戴冕，祭祀五帝时的穿戴也是这样；祭祀先公、举行飨礼招待宾客、举行大射礼，就身穿鷩服而头戴冕；祭祀四方的名山大川和一般的山川就身穿毳服而头戴冕；祭祀社稷、五行之神就身穿希服而头戴冕；祭祀各种小的神灵就身穿玄服而头戴冕；凡是军事活动就身穿韦服而头戴韦弁；处理朝政就身穿白布衣裳而头戴皮弁；凡是田猎就身穿缁衣白裳而头戴玄冠。

3. 凡凶事服弁、服①。凡吊事弁绖、服②。凡丧，为天王斩衰，为王后齐衰③；王为三公六卿锡衰④，为诸侯缌衰⑤，为大夫、士疑衰⑥，其首服皆弁绖。大札、大荒、大灾素服⑦。

【注释】

① 凡凶事服弁、服：凶事，此指丧事。服弁，即丧冠。服，谓丧服。郑《注》曰："服弁，丧冠也。其服，斩衰、齐衰。"按，丧服分五等，最重的是斩衰，其次是齐衰，以下还有大功、小功、缌麻。详《仪礼·丧服》。

② 凡吊事弁绖、服：吊事，谓王吊诸侯、诸臣。弁绖，吊唁时所戴的帽子。在爵弁上绕一圈麻绳。郑《注》曰："如爵弁而素，加环绖。"按，爵弁，是赤而微黑的布制成，其形略似冕而无旒。但吊丧的爵弁是白色，故云"爵弁而素"。环绖，即首绖，是麻做的孝带，加在爵弁上如环，故名。服，谓吊服，郑《注》曰："其服锡衰、缌衰、疑衰。"

③ "凡丧"三句：《礼记·昏义》云："天子之与后，犹父之与母也。故为天王服斩衰，服父之义也；为后服齐衰，服母之义也。"天王，王死告丧于诸侯称天王。

④ 锡衰：天子参加三公六卿丧仪所穿的、以细麻布制成的一种丧服。按，用十五升的布（一升八十缕）为原料，成布前先将十五升布的线缕抽去一半（七升半）加灰捶洗使洁白光滑；成布后将布再如此加工一次后，制作锡衰。锡，通"緆"，光滑的麻布。经典习见"锡"假为"緆"。《仪礼·丧服》："传曰：锡者何也？麻之有锡者也。锡者十五升抽其半。无事其缕，有事其布，曰锡。"郑《注》曰："谓之锡者，治其布使之滑易也。"即谓锡衰是用麻布做

成,布的粗细是"十五升去其半"。

⑤缌衰:天子参加诸侯丧仪所穿的一种丧服。郑《注》引郑司农曰:
"缌亦十五升去其半,有事其缕,无事其布。"可见缌衰与锡衰的
区别在于,先将麻缕加灰捶洗再织布,而织成的布则不再捶洗。

⑥疑衰:天子参加大夫、士丧仪所穿的一种丧服。郑众说用十四升
布做成。郑《注》曰:"疑之言拟也,拟于吉。"据贾《疏》,吉服用布
十五升,疑衰则十四升,只比吉服少一升,故云"拟于吉"。孙诒
让则曰:"窃谓疑衰,衰裳皆当以十五升布,布缕皆有事,与吉布
同,其异于吉服者,以为衰制耳。"即谓疑衰布料和平常衣服布料
相同,只是剪成孝服。按,姑从孙说。

⑦大札、大荒、大灾素服:素服,本色或白色衣服。国有大灾荒,天
子、卿大夫所穿,头戴缟冠,身穿白布衣,素裳,素屦,全身皆白。
郑《注》曰:"大札,疫病也。大荒,饥馑也。大灾,水火为害。"

【译文】

凡是丧事就头戴丧冠、身穿丧服。凡是吊唁群臣的事就戴爵弁加
环绖,身穿吊服。凡是服丧,诸侯群臣都要为天王服斩衰丧,为王后服
齐衰丧;王为三公、六卿服丧就身穿锡衰,为诸侯服丧就身穿缌衰,为大
夫、士就身穿疑衰,不管哪种丧服,头上戴的都是爵弁加环绖。遇到发
生大瘟疫、大饥荒、重大灾害,君臣就都穿戴白色的衣帽。

4. 公之服,自衮冕而下如王之服①;侯伯之服,自鷩冕而
下如公之服;子男之服,自毳冕而下如侯伯之服;孤之服,自
希冕而下如子男之服;卿大夫之服,自玄冕而下如孤之服,
其凶服加以大功、小功②;士之服,自皮弁而下如大夫之服③,
其凶服亦如之④,其齐服有玄端、素端⑤。

【注释】

①自衮冕而下如王之服：是谓除王之大裘及其十二章之衮冕外，自九章之衮冕，以至七章之鷩冕、五章之毳冕、三章之希冕、一章之玄冕，公皆可服，皆同于王。下文义仿此。郑《注》曰："自公之衮冕，至卿大夫之玄冕，皆其朝聘天子及助祭之服。"

②其凶服加以大功、小功：据《注》《疏》，天子、诸侯服丧，其正服只服斩衰、齐衰，至卿大夫，则还要加上大功、小功。

③自皮弁而下：谓士可服皮弁服、冠弁服。

④其凶服亦如之：郑《注》曰："士亦如之，又加缌焉。"谓亦如卿大夫之加大功、小功，此外还要加上缌麻之服。

⑤齐服有玄端、素端：齐，通"斋"，斋戒。玄端，一种黑色礼服。玄冠（或爵弁、布冠等），缁布衣，玄裳（或黄裳、杂裳），黑屦。玄端为士之常服，天子、诸侯作为燕居之服。吉事斋戒时穿玄端。《仪礼·士冠礼》曰："玄裳、黄裳、杂裳（前玄后黄的裳）可也。"其袖正直端方，故名。素端，诸侯、大夫、士的祭服名。缟冠，白布衣，素裳，素屦，全身皆素（白）。与玄端样式相同。凶事斋戒穿素端。郑《注》曰："士齐有素端者，亦为札荒有所祷请。变素服言素端者，明异制。"贾《疏》曰："素端者，即上素服。"

【译文】

公的服装，从衮冕以下与王的服装相同；侯、伯的服装，从鷩冕以下与公的服装相同；子、男的服装，从毳冕以下与侯伯的服装相同；孤的服装，从希冕以下与子、男的服装相同；卿大夫的服装，从玄冕以下与孤的服装相同，他们的丧服除了斩衰、齐衰以外，还要加上大功、小功丧服；士的服装，从皮弁服以下与大夫的服装相同，他们的丧服除了斩衰、齐衰以外，还要加上大功服、小功服以及缌麻服，他们斋戒时的服装都是玄端和素端。

5. 凡大祭祀、大宾客①,共其衣服而奉之。大丧,共其复衣服,敛衣服,奠衣服②,廞衣服③,皆掌其陈序④。

【注释】

①大祭祀、大宾客:贾《疏》曰:"大祭祀,则中兼有次小祭祀,以其皆是王亲祭,故举大而言。宾客言大者,据诸侯来朝也。"

②奠衣服:死者的魂衣,祭奠时取出陈列于坐上,送葬时陈于容车(送葬时载死者画像、衣冠之车)。

③廞(xīn)衣服:陈列作为明器用的衣服。盖以竹木制作。廞,陈列,陈设。孙诒让曰:"凡器物之陈而不用者谓之廞。"按,据孙氏说,葬前一日陈明衣于祖庙之庭,葬日至圹,则陈于墓道。

④皆掌其陈序:孙诒让曰:"自复衣服以下,并陈而后用,皆以尊卑次第序列之也。"

【译文】

凡是遇到王亲自参加祭祀或招待来朝诸侯,供给王所需的礼服并奉送给王。有大丧,供给用来招魂的衣服,大敛、小敛时要用的衣服,奠祭死者要用的衣服,以及陈列要用的明衣,都要掌管这些衣服陈列的次序。

十三　典祀

1. 典祀掌外祀之兆守①,皆有域,掌其政令。

【注释】

①外祀之兆守:外祀,谓在四郊祭祀的诸神。如南郊祭天,北郊祭地,四郊望祭名山大川等。相对宗庙为内祀而言。参见《外饔》注。郝敬曰:"皆有坛位曰兆。"

【译文】

典祀掌管外祭祀坛位的守护，都有一定的界限，掌管此范围内闲人不得进入的禁令。

2. 若以时祭祀，则帅其属而修除，征役于司隶而役之。及祭，帅其属而守其厉禁而跸之①。

【注释】

①厉禁而跸之：警戒防护的守卫、屏障及禁令。郑司农曰："遮列禁人，不得令入。"

【译文】

如果是按季举行的祭祀，就率领本部门的下属先期对祭祀坛场进行打扫除草，并从司隶那里征调徒役前来听候役使。等到祭祀那天，就率领本部门的下属守卫警戒而禁止闲人出入走动。

十四　守祧

1. 守祧掌守先王、先公之庙祧①，其遗衣服藏焉②。

【注释】

①先王：周代的先王，一般指太王、王季、文王、武王。庙祧：此泛指宗庙。

②遗衣服：谓大敛时剩下的衣服。郑《注》曰："大敛之余也。"据说王者大敛用衣一百二十称（套），此外所余尚多，即所谓"遗衣服"。

【译文】

守祧掌管守护先王、先公的宗庙，并将他们遗留的衣服收藏在庙中。

2. 若将祭祀,则各以其服授尸①。其庙则有司修除之,其祧则守祧黝垩之②。既祭,则藏其隋③,与其服。

【注释】

①各以其服授尸:郑《注》曰:"尸当服卒者之上服,以象生时。"按,上服,谓生前服之最尊者。

②"其庙"二句:庙,作动词用,谓祭祀此庙。祧,作动词用,谓祭祀此祧。郑《注》曰:"庙,祭此庙也。祧,祭迁主。有司,宗伯也。"据郑司农说,涂墙使白谓之垩,涂地使黑谓之黝。黝,段玉裁、孙诒让认为当作"幽",而幽通"黝",黑也。按,"幽""黝"通假者传世文献习见。《礼记·玉藻》:"一命缊韨幽衡,再命赤韨幽衡。"郑《注》:"幽读为黝。"《诗·曹风·侯人》《毛传》、《小雅·采芑》《正义》引幽作黝。(高亨等《古文通假会典》,页708)出土文献亦有用例。如九店楚简《丛辰》:"(长)者吉,(幼)者不吉。"上博楚简(九)《颜渊问于孔子》:"老老而(慈)(幼)。"(白于蓝《战国秦汉简帛古书通假字汇纂》,页124)黝垩,与上文"修除"互文。

③隋:尸行食前祭礼时,从俎豆上取下置于席前的黍稷等当祭的食物。郑《注》曰:"隋尸所祭肺脊黍稷之属。"按,隋,字亦作"堕"。堕,下也,将当祭之物从高处取下。《仪礼·士虞礼》郑《注》曰:"下祭曰堕,堕之犹言堕下也。"

【译文】

如果将要祭祀先王、先公,就把各庙所藏他们遗留的衣服授予各庙的尸。如果将要举行祭祀宗庙的神主,就由宗伯负责事先打扫除草,祭祀庙祧的神主,就由守祧负责事先把墙涂白、把地涂黑、打扫除草。祭祀结束,就将尸用以行食前祭礼剩下的食品收藏起来埋在西阶东面的地下,并把尸穿的衣服重新收藏起来。

十五　世妇

1. 世妇掌女宫之宿戒①，及祭祀，比其具②。

【注释】

①女宫之宿戒：女宫，因罪或从坐没入宫中服役的女子。郑《注》曰："刑女给宫中事者。"宿戒，戒是祭前十日戒百官使斋。宿是祭前三日或一日再戒百官使斋。贾《疏》曰："祭前十日，戒之使齐（斋戒），祭前三日又宿（申）之，故宿戒并言。"

②比其具：比，检查，查对。郑《注》曰："比，次也。具，所濯溉及粢盛之爨。"爨，谓灶具。

【译文】

世妇掌祭祀前三日重申对女宫的告诫，等到祭祀那天，依次检查应当由女宫具备的各种祭祀器物。

2. 诏王后之礼事。帅六宫之人共粢盛①。相外、内宗之礼事②。大宾客之飨、食亦如之③。

【注释】

①六宫之人：孙诒让曰："谓女御以下。"

②相外、内宗：据郑《注》，外宗谓异姓之女有爵者，内宗谓同姓之女有爵者，皆是被选出佐王后行祭礼者，而世妇则相助之。

③亦如之：郑《注》曰："比帅诏相，其事同。"即招待来朝诸侯而举行飨礼、食礼时，该提醒、率领、告教的，还要随时进行。

【译文】

告教王后祭祀应行的礼仪事项。率领六宫的人供给祭祀所用的谷物。协助外宗、内宗祭祀应行的礼仪事项。为招待来朝诸侯而举行飨礼、食礼时也是这样做。

3. 大丧，比外、内命妇之朝莫哭①，不敬者而苛罚之。凡王后有拜事于妇人②，则诏相。

【注释】

①比外、内命妇之朝莫哭：比，贾《疏》曰：“以尊卑为位而哭。”外、内命妇，参见《天官·内宰》注。朝莫（暮）哭，即朝夕哭。按，人死殡后，亲属每天早晨、傍晚都要入殡宫（殡棺之寝）去哭，叫朝夕哭。

②有拜事于妇人：据贾《疏》，此指拜谢二王后之夫人于堂上。按，周分封夏、殷二王后裔为杞、宋二国，有大丧则此二国君与其夫人前来吊丧，而由王太子（即嗣王）拜谢二君于堂下，由王后拜其夫人于堂上。

【译文】

有大丧，依尊卑次序排列外、内命妇的朝夕哭位，如发现有不恭敬的就加以呵斥责罚。凡是王后拜谢前来吊丧的夏殷二王后代国君夫人，就告教并协助行拜谢礼。

4. 凡内事有达于外官者①，世妇掌之。

【注释】

①外官：谓宫外的百官官府。

【译文】

凡是内宫的事有需要通知宫外官府的，就由世妇负责办理。

十六　内宗

1. 内宗掌宗庙之祭祀荐加豆、笾①，及以乐彻，则佐传豆、笾②。宾客之飨、食亦如之。

【注释】

①加豆笾：加爵之豆笾。九献后，诸臣向尸敬酒，谓加爵。加爵时进献的豆笾谓加豆笾。

②佐传豆、笾：王后将豆、笾从神坐前彻下递给外宗，外宗递给内宗，内宗再递给外官。

【译文】

内宗掌管宗庙祭祀时向尸进献加豆、加笾，等到依照音乐的节奏撤除祭品时，就协助传递撤下的豆、笾。招待宾客举行飨礼、食礼时也是这样做。

2. 王后有事则从。

【译文】

王后有事则在后跟随。

3. 大丧，序哭者。哭诸侯亦如之①。凡卿大夫之丧，掌其吊临②。

【注释】

①哭诸侯：据贾《疏》，此指有诸侯来朝而死于国都，因而哭之。

②掌其吊临：据贾《疏》，卿大夫为王臣，位较诸侯轻，王后不亲吊，

故使内宗代掌吊事。

【译文】

有大丧,按照亲疏尊卑次序排列内外宗、内外命妇的哭位。王后哭吊诸侯时也是这样做。凡是王的卿大夫的丧事,就代王后掌管吊唁临哭的事情。

十七　外宗

1. 外宗掌宗庙之祭祀佐王后荐玉豆①,视豆笾②,及以乐彻,亦如之。

【注释】

①王后荐玉豆:玉豆,玉饰的豆。按,此处言荐玉豆而不言荐笾,文略。王后荐玉豆,是在行朝事礼和馈食礼时(参见《天官·笾人》)。荐玉豆:实际上是“荐玉豆荐玉笾”,这里没说“荐玉笾”,是省文。

②视豆笾:贾《疏》曰:“谓在堂东未设之时,视其实也。”按,豆笾未设时放置在堂东。

【译文】

外宗掌管宗庙祭祀时协助王后向尸进献玉豆、玉笾,进献前要察看豆笾中的祭品是否合乎要求,到依照音乐节奏撤除祭品时,也协助王后彻豆笾。

2. 王后以乐羞粢则赞①。凡王后之献,亦如之。王后不与,则赞宗伯②。

【注释】

①羞：进，进献食物。粢，谓粢盛。即装有黍稷的簠簋。贾《疏》曰："粢，黍稷也。"

②"王后不与"二句：郑《注》曰："后有故不与祭，宗伯摄其事。"

【译文】

王后依照音乐节奏向尸进献黍稷时就要在旁协助。凡是王后向尸献酒时，也协助王后。王后如果因故不参与宗庙祭祀，就要协助代替王后的宗伯行祭礼。

3. 小祭祀①，掌事。宾客之事，亦如之。

【注释】

①小祭祀：指祭祀宫中的灶神、门神、户神之类。亦即《天官·女祝》所谓"王后之内祭祀"。

【译文】

王后举行小祭祀，就为王后掌管祭事。接待宾客，也掌管须由王后参与的有关事宜。在宫中举行的小祭祀，由外宗全权负责。设宴招待来朝诸侯也是这样。

4. 大丧，则叙外内朝莫哭者①。哭诸侯亦如之②。

【注释】

①叙外内朝莫哭者：外内，郑《注》曰："内外宗及外命妇。"朝莫哭，参见前文《世妇》注。

②哭诸侯：哭来朝而死于国都的诸侯。

【译文】

有大丧，在朝夕哭时，就要依照亲疏尊卑的次序排列外内宗和外命妇的哭位。哭吊诸侯也是这样做。

十八　冢人

1. 冢人掌公墓之地①，辨其兆域而为之图，先王之葬居中，以昭穆为左右②。凡诸侯居左右以前，卿、大夫、士居后③，各以其族④。

【注释】

①公墓：郑《注》训公为君，贾《疏》以为君通王与诸侯言。按，此处实指"王之墓域"，即王及其同姓墓地。

②以昭穆为左右：参见《小宗伯》注。昭穆既是宗庙的排列次序，也是墓葬的排列次序。郑《注》曰："昭居左，穆居右，夹处东西。"

③"凡诸侯"至"居后"：此谓把整个墓地划分为中、前、后三部分：先王及其子孙王者的墓葬居中，其庶子为诸侯者的墓葬居前，而庶子之为卿大夫士者的墓葬居后，皆依昭穆分列左右。又据孙诒让说，此指王的庶子分封在畿内为诸侯及卿大夫士者。

④各以其族：族，谓所出之王，郑《注》曰："子孙各就其所出王，以尊卑处其前后。"贾《疏》曰："尊谓诸侯，卑谓卿大夫。"按，如某王之子为诸侯，子为昭，就葬在该王墓左之前，为卿大夫士则葬在墓左之后；其孙为诸侯，孙为穆，则葬在该王墓右之前，为卿大夫士，则葬在墓右之后。

【译文】

冢人掌管王的墓地，辨明墓地四周的范围而绘制成图，先王的坟墓处在墓地的中央，子孙们按照昭穆的顺序分葬左右。凡是陪葬的同姓诸侯葬在王墓的左右前方，凡是陪葬的同姓卿、大夫、士葬在王墓的左右后方，各自按照所属的王族系安排前后左右。

2. 凡死于兵者，不入兆域①。凡有功者居前②，以爵等为丘封之度③，与其树数。

【注释】

①"死于兵者"二句：姜兆锡说，王族无斩刑，死于兵，犹受斩刑，遗体不全，故不得居兆域之内。

②凡有功者居前：郑《注》曰："居王墓之前，处昭穆之中央。"

③以爵等为丘封之度：贾公彦引《春秋纬》曰："天子坟高三仞，树以松；诸侯半之，树以柏；大夫八尺，树以药草；士四尺，树以槐；庶人无坟，树以杨柳。"丘封，泛指坟墓。王公之墓高大，曰丘；群臣之墓低小，曰封。方苞《集注》曰："王公曰丘，诸臣曰封。"

【译文】

凡是死于刀兵的人，不得入葬王族墓地。凡是有功者葬在王墓的正前方，按照死者爵位的等级来确定所起坟的大小和坟上种植树木的多少。

3. 大丧，既有日，请度甫竁①，遂为之尸②。及竁，以度为丘隧③，共丧之窆器④。及葬，言鸾车、象人⑤。及窆，执斧以莅，遂入藏凶器⑥，正墓位，踣墓域，守墓禁⑦。凡祭墓为尸。

【注释】

①"既有日"两句：郑司农曰："既有日，既有葬日也。"一说，孙诒让认为指"诹日"，诹，谋也，即商量好的破土穿圹之日。姑从郑众

说。甫,始也。竁,挖地造墓穴。贾《疏》曰:"谓冢人请于冢宰,量度始穿地之处也。"

②为之尸:谓为墓地地神之尸。郑《注》曰:"为祭墓地之尸也。"

③度为丘隧:郑《注》曰:"隧,羡道(即墓道)也。度丘与羡道广袤所至。"

④窆(biǎn)器:下葬入葬的用器,如丰碑(为天子下棺所设)等。郑《注》曰:"下棺丰碑之属。"

⑤言鸾车、象人:言犹语,谓告以当行。鸾车,据郑《注》,即遣车,象征王的神灵居于车上。木制,装有鸾、和(皆车铃),作为明器以送葬,故称遣车。遣,送葬。象人,谓随葬的桐木制人偶,即俑。

⑥凶器:谓明器,藏于墓圹中的器物。

⑦禁:用以防卫、封闭、阻隔的设施。郑《注》曰:"所为垒限。"

【译文】

有大丧,已经确定了葬期,就报请冢宰开始度量挖墓穴的地方,等到葬毕祭祀墓地时就充当尸。等到正式挖墓穴时,度量建造坟丘、墓道的规模,供给丧事下葬时所需的器物。等到出葬那天,要告诉随葬的鸾车和人偶说"该上路了"。等到下葬时,要手执斧亲临督察以备不虞,接着便把明器藏入椁中,然后规正墓位使位次不乱,禁止闲人进入墓域之内,守护好墓区的地界围栏严禁随便动土。凡是祭墓地之神就充当尸。

4. 凡诸侯及诸臣葬于墓者①,授之兆,为之跸,均其禁。

【注释】

①诸侯及诸臣:据贾《疏》,此处泛指同姓、异姓诸侯及诸臣(谓卿大夫士)的墓地。

【译文】

凡是王的同姓或异姓诸侯及诸臣要葬入墓地的,就要给他们划定墓葬区域,为之禁止闲人通行,平均安排守护墓地界域的人的工作量。

十九 墓大夫

1. 墓大夫掌凡邦墓之地域①,为之图。令国民族葬而掌其禁令,正其位②,掌其度数③,使皆有私地域。

【注释】

①邦墓:公墓,国家的墓地,万民归葬之所。由国家指定地域,无偿提供给无爵之平民,令其以族相从而葬。有爵者则入于公墓。郑《注》曰:"凡邦中之墓地,万民所葬地。"郝敬曰:"民间族葬之地。"孙诒让曰:"万民族葬之处谓之邦墓。"

②位:谓昭穆顺序。

③度数:指根据其身份高低确定坟头大小。郑《注》曰:"爵等之大小。"据孙诒让说,庶民亦有上升为士大夫者。

【译文】

墓大夫掌管全国所有公共墓地的地域,并将这些墓地绘制成图。命令国中民众都要聚族而葬而掌管有关的禁令。指导民众排正昭穆位置,掌管其中依爵位所定坟墓建造规模的大小,并使每一家都有本族私有的墓葬地域。

2. 凡争墓地者,听其狱讼。帅其属而巡墓厉①,居其中之室以守之②。

【注释】

①厉:警戒防护的守卫及其藩篱。此谓茔域之界限。郑《注》曰:"茔限遮列处。"

②居其中之室以守之：居其中，郑司农曰："有官寺在墓中。"室，谓墓大夫的办公处。

【译文】

凡是有争夺墓地的纠纷，就听断他们的争讼。率领其下属巡视墓地四周的地界围栏，在墓地中央的办公处指挥下属分别守护各处墓地。

二十　职丧

1. 职丧掌诸侯之丧，及卿、大夫、士凡有爵者之丧，以国之丧礼，莅其禁令，序其事①。

【注释】

①事：指袭、小敛、大敛、殡、葬之事。

【译文】

职丧掌管王畿内诸侯的丧事，以及卿、大夫、士等所有有爵位者的丧事，按照国家规定的丧礼，亲临死者家督察他们执行禁令，安排好丧事中各个环节的先后顺序。

2. 凡国有司以王命有事焉①，则诏赞主人。凡其丧祭②，诏其号③，治其礼④。

【注释】

①凡国有司以王命有事焉：国有司，谓王国的官吏。有事，郑《注》曰："谓含、襚、赠、赗之属。"按，含谓赠送饭含（含在死者口中的玉），襚谓赠送死者衣被，赠谓赠送随葬物，赗谓赠丧家助葬的车马等物。

②丧祭：谓虞祭、祔祭等（参见《小宗伯》注）。

③号：谓祭神时给牺牲等取的尊称、美名。

④治其礼：谓演习其礼。

【译文】

凡是王国的官吏依照王的命令前来行致含、致襚、致赠、致赗等吊丧礼事，就告知并帮助主人如何行礼，并接受礼品。凡是主人举行丧祭，就要告知所用牲、谷等的名号，指导演习有关礼仪。

3. 凡公有司之所共①，职丧令之，趣其事。

【注释】

①公有司：王国之有司。与"国有司"同义。

【译文】

凡是王国官吏按照规定应当为丧家供给的物品，由职丧告令他们，并催促从速办理。

二一　大司乐

1. 大司乐掌成均之法①，以治建国之学政，而合国之子弟焉②。凡有道者、有德者，使教焉，死则以为乐祖③，祭于瞽宗④。

【注释】

①成均：据黄以周《礼书通故·学礼通故一》说，是周代大学之通称。

②国之子弟：即国子，贵族子弟。

③乐祖：音乐的祖师。乐官才艺出众、道德高尚者，死后尊为乐祖。郑《注》曰："死则以为乐之祖，神而祭之。"

④瞽宗：据郑司农说，泛指学校。

【译文】

　　大司乐掌管大学的教学法规，建立并掌理王国有关学校教育的政令，于是聚集国子们到大学里学习。凡是有道艺、有德行的人，就请他们来大学执教，死后就尊奉他们为乐祖，并在学校里祭祀他们。

　　2. 以乐德教国子中、和、祇、庸、孝、友①，以乐语教国子兴、道、讽、诵、言、语②，以乐舞教国子舞《云门》、《大卷》、《大咸》、《大韶》、《大夏》、《大濩》、《大武》③。

【注释】

①以乐德教国子中、和、祇、庸：乐德，据柯尚迁说，是"以乐涵养而成"之德，即指下文中、和、祇、庸、孝、友六者。中，通"忠"。和，刚柔适中。祇，恭敬。庸，有常，有原则。孝，孝顺，善事父母。友，和睦兄弟。郑《注》曰："中，犹忠也。和，刚柔适也。祇，敬。庸，有常也。"

②以乐语教国子兴：乐语，即指下文兴、道、讽、诵、言、语六种说话应答的技巧。兴，郑《注》曰："以善物喻善事。"借用乙物来比喻甲物。道，通"导"，引导。谓称引古语以论今。讽，背诵诗文。诵，吟咏诗文。言，主动发言。语，回答叙述。道、讽、诵、言、语：郑《注》曰："道，读曰'导'。导者，言古以剀（kǎi，摩也）今也。"孙诒让曰："导引远古之言语，以摩切今所行之事。"郑《注》又曰："倍（背诵）文曰讽。以声节之曰诵。"据孙诒让说，讽是直言，诵是吟咏而有声调。郑《注》又曰："发端曰言。答述曰语。"

③"以乐舞"至《大武》：乐舞，即下文的七种舞，郑《注》说，是周所存六代之舞：《云门》、《大卷》是黄帝之舞。据贾《疏》说，二者是同一乐曲。《大咸》（又名《咸池》）是唐尧之舞。咸，皆也，池，施

也。言尧德之无所不施也。《大韶》是虞舜之舞。韶者，绍也，言舜能继承帝尧之德。《大夏》是夏禹之舞。夏，大也，言夏禹平治水土，其德大。《大濩》是商汤之舞。濩，护，救，言汤能救民之急。《大武》是周武王之舞。武王伐纣而以武功救民于水火。

【译文】

用乐德教育国子具备六种德行：忠诚、刚柔适中、恭敬、有原则、孝顺父母、友爱兄弟，用乐语教育国子掌握六种语言技巧：比喻、称引古语、背诵诗文、吟咏诗文、主动发言、回答叙述，用乐舞教育国子学会六代舞蹈：《云门》、《大卷》、《大咸》、《大韶》、《大夏》、《大濩》、《大武》等舞蹈。

3. 以六律、六同、五声、八音、六舞大合乐①，以致鬼、神、示，以和邦国，以谐万民，以安宾客，以说远人，以作动物②。

【注释】

①六律、六同：合起来即十二律，十二个声高不同的标准音。各有其特定名称：1. 黄钟，2. 大吕，3. 大蔟，4. 夹钟，5. 姑洗，6. 中吕，7. 蕤宾，8. 林钟，9. 夷则，10. 南吕，11. 无射，12. 应钟。十二律分为阴阳两类：奇数六律为阳律，称六律；偶数六律为阴律，称六吕、六同。参见《大师》。五声：即宫、商、角、徵、羽五等音阶。八音：指金、石、土、革、丝、木、匏、竹八类乐器。据《大师》郑《注》说，金指钟镈，石指磬，土指埙，革指鼓鼗，丝指琴瑟，木指柷敔，匏指笙，竹指箫。六舞大合乐：六舞即六代之舞。大合乐，谓合奏六大乐舞，乐器演奏、歌唱配合进行，使音律谐和，舞蹈应节。孙诒让曰："李氏（李光坡）以大合乐为肄习之事，最为允当。盖'合'之云者，亦谓讲肄其器调，谐协其音节。"

②动物：生物之一类，与植物相对。包括毛物、鳞物、羽物、介物、蠃

物等。郑《注》曰："羽、蠃之属。"

【译文】

用六律、六同、五声、八音和六代的舞一起进行大规模的联合演奏，以招致人鬼、天神和地祇而祭祀，以使得各邦国亲睦，以和谐民众，以安定宾客，以使边远的少数民族悦服归附，以使动物繁盛兴旺。

4. 乃分乐而序之①，以祭，以享，以祀。乃奏黄钟，歌大吕②，舞《云门》，以祀天神；乃奏大蔟，歌应钟，舞《咸池》③，以祭地示；乃奏姑洗，歌南吕，舞《大韶》，以祀四望；乃奏蕤宾，歌函钟④，舞《大夏》，以祭山川；乃奏夷则，歌小吕⑤，舞《大濩》，以享先妣⑥；乃奏无射，歌夹钟，舞《大武》，以享先祖⑦。凡六乐者，文之以五声，播之以八音⑧。

【注释】

①分乐而序之：贾《疏》曰："上总云六舞，今分此六代之舞，尊者用前代，卑者用后代，使尊卑有序，故云序。"

②奏黄钟，歌大吕：孙诒让曰："经凡以'奏'与'歌'对文者，奏，并谓金奏；歌，并谓升歌。奏以《九夏》，歌则以三百篇之《诗》。""奏黄钟者，击钟磬等以黄钟宫起调毕曲；歌大吕者，歌《诗》等以大吕宫起调毕曲。"按：凡言奏，并在堂下；凡言歌，并在堂上。崔灵恩曰："奏黄钟者，用黄钟为调；歌大吕者，用大吕为调。奏者谓堂下四悬，歌者谓堂上所歌。"徐养原曰："六歌六奏，盖皆宫调也。"此谓奏，谓演奏堂下庭中四面所悬的钟磬等，其调式则是黄钟宫（即用黄钟律来定宫音的音高）；所谓歌，即升歌，即乐人升堂而歌，歌的调式则是大吕宫（即用大吕律来定宫音的音高）。下文奏某、歌某，义皆放此。

③《咸池》：即《大咸》。

④函钟：即林钟。

⑤小吕：即中吕。

⑥先妣：郑《注》曰："姜嫄也。姜嫄履大人迹，感神灵而生后稷，是周之先母也。"按，姜嫄是周人祖先后稷之母，其传说见《诗·大雅·生民》。

⑦先祖：祖先。郑《注》曰："先王、先公。"

⑧"凡六乐者"三句：郑《注》曰："六者，言其均，皆待五声、八音乃成也。播之言被也。"按，均谓调式。文、播（被），皆调和、协调、配合义。

【译文】

于是分别演奏六代的乐舞而依尊卑顺序排列先后，用以祭地祇，享人鬼，祀天神。钟磬演奏黄钟宫调式的乐曲，用大吕宫调式歌唱，跳起《云门》舞，用来祭祀天神；钟磬演奏大蔟宫调式的乐曲，用应钟宫的调式歌唱，跳起《咸池》舞，用来祭祀地神；钟磬演奏姑洗宫调式的乐曲，用南吕宫的调式歌唱，跳起《大韶》舞，用来祭祀四方名山大川；钟磬演奏蕤宾宫调式的乐曲，用函钟宫的调式歌唱，跳起《大夏》舞，用来祭祀山川；钟磬演奏夷则宫调式的乐曲，用中吕宫的调式歌唱，跳起《大濩》舞，用来祭祀国母姜嫄；钟磬演奏无射宫调式的乐曲，用夹钟宫的调式歌唱，跳起《大武》舞，用来祭祀先王、先公。所有六种调式的舞乐，在表演时都要用五声、八音来相协调。

5. 凡六乐者，一变而致羽物①，及川泽之示；再变而致赢物，及山林之示；三变而致鳞物②，及丘陵之示；四变而致毛物，及坟衍之示③；五变而致介物，及土示；六变而致象物④，及天神。

【注释】

①一变而致羽物：变，郑《注》曰："犹更也，乐成则更奏也。"意谓演
　奏一遍后从头再来。致，谓感召而使之来。羽物，及下文赢物、
　鳞物、毛物、介物等五类动物，参见《地官·大司徒》。

②致：《注疏》本误刻作"示"。

③坟衍：指水边高地及低下平坦之地。贾《疏》曰："水涯曰坟，下平
　曰衍。"

④象物：指龙、凤、龟、麟等四灵。郑《注》曰："象物，有象在天，所谓
　四灵者。天地之神，四灵之知，非德至和则不至。《礼运》曰：何
　谓四灵？麟凤龟龙，谓之四灵。"按，有象在天，谓龙、凤、龟分别
　像二十八宿中的青龙、朱崔、玄武；孙诒让曰："惟麟无所属。"一
　说，白虎七宿盖为麟。（《十三经辞典·周礼卷》，页308）

【译文】

　　上述六种舞乐，演奏一遍就招致有羽毛的动物，以及川泽之神；演奏
两遍就招致毛短浅的兽类动物，以及山林之神；演奏三遍就招致有鳞
甲的鱼类动物，以及丘陵之神；演奏四遍就招致毛细密的动物，以及坟
衍之神；演奏五遍就招致有甲壳的动物，以及土神；演奏六遍就招致龙
凤龟麟，以及天神。

　　6. 凡乐，圜钟为宫①，黄钟为角，大蔟为徵，姑洗为羽，雷
鼓、雷鼗②，孤竹之管③，云和之琴瑟④，《云门》之舞，冬日至，
于地上之圜丘奏之⑤，若乐六变，则天神皆降，可得而礼矣⑥。
凡乐，函钟为宫，大蔟为角，姑洗为徵，南吕为羽，灵鼓、灵
鼗⑦，孙竹之管⑧，空桑之琴瑟，《咸池》之舞。夏日至，于泽中
之方丘奏之⑨，若乐八变，则地示皆出，可得而礼矣。凡乐，
黄钟为宫，大吕为角，大蔟为徵，应钟为羽，路鼓、路鼗⑩，阴

竹之管^⑪，龙门之琴瑟^⑫，《九德》之歌，《九韶》之舞^⑬，于宗庙之中奏之，若乐九变，则人鬼可得而礼矣。

【注释】

①圜钟为宫：谓以圜钟律来定宫音的音高。圜钟，即夹钟也。孙诒让曰："首用圜钟宫调，则中吕商，林钟角，无射徵，黄钟半律羽也。"下三句义放此。

②雷鼓、雷鼗（táo）：雷鼓，是一种八面鼓。鼗，一种长柄手摇的小鼓，两旁缀灵活小耳，执柄摇动时，两耳双面击鼓作响。俗称"拨浪鼓"。郑《注》曰："雷鼓雷鼗，八面；灵鼓灵鼗，六面；路鼓路鼗，四面。"孙诒让曰："胡彦升谓三鼓并止二面，未知是否。"

③孤竹之管：孤竹，据郑《注》，一种独生的竹。管，古乐器名，像笛，六孔，双管并吹。

④云和：郑《注》说是山名。

⑤圜丘：国都南郊祭天的圆形高丘。圆象征天。

⑥礼：谓向神进献玉。郑《注》曰："先奏是乐以致其神，礼之以玉而祼焉。"

⑦灵鼓、灵鼗：据郑《注》，都是六面鼓。

⑧孙竹：段玉裁《周礼汉读考·春官》："枝根谓根之横生者，《韩非·解老》所谓曼根，今俗所谓竹鞭是也。鞭所行之末生竹，曰孙竹。"据段氏说，是横生的竹根生出的小竹。

⑨泽中之方丘：前文"空桑"，郑《注》曰是山名。方丘，国都北郊祭地的方形高丘。方象地。贾《疏》曰："言泽中方丘者，……因下以事地，故于泽中。……不可以水中设祭，故亦取自然之方丘，象地方故也。"

⑩路鼓、路鼗：据郑《注》，都是四面鼓。

⑪阴竹：郑《注》曰："生于山北者。"

⑫龙门：郑《注》说是山名。在今陕西韩城和山西河津之间，黄河穿越其间。

⑬"《九德》之歌"两句：《九德》之歌，是歌颂六府三事功德的乐歌。郑司农曰："《春秋传》所谓水、火、金、木、土、谷谓之六府，正德、利用、厚生谓之三事。六府三事谓之九功，九功之德皆可歌也，谓之九歌也。"古人或以为是禹时乐歌，用于宗庙大祭祀颂扬祖德。《九韶》，郑《注》曰："当读为'大韶'，字之误也。"

【译文】

凡是舞乐，用圜钟律定宫音的音高，用黄钟律定角音的音高，用大蔟律定徵音的音高，用姑洗律定羽音的音高，为演奏定基调，敲响雷鼓、雷鼗，吹奏孤竹制成的管乐器，弹奏云和山上的木材制成的琴瑟，表演《云门》舞，冬至那天，在国都南郊的圜丘上演奏起来，如果舞乐演奏六遍，天神就会纷纷下降，这时候就可以向神进献玉，而行祭祀之礼了。凡是舞乐，用函钟律定宫音的音高，用大蔟律定角音的音高，用姑洗律定徵音的音高，用南宫律定羽音的音高，为演奏定基调，敲响灵鼓、灵鼗，吹奏孙竹制成的管乐器，弹奏空桑山上的木材制成的琴瑟，表演《咸池》舞，夏至那天，在国都北郊泽中的方丘上演奏起来，如果舞乐演奏八遍，地神就都会纷纷出来，这时候就可以向神进献玉，而行祭祀之礼了。凡是舞乐，用黄钟律定宫音的音高，用大吕律定角音的音高，用大蔟律定徵音的音高，用应钟律定羽音的音高，为演奏定基调，敲响路鼓、路鼗，吹奏阴竹制成的管乐器，弹奏龙门山的木材制成的琴瑟，唱起《九德》歌，表演《大韶》舞，在宗庙中演奏起来，如果舞乐演奏九遍，就会吸引祖先的神灵纷纷降临，这时候就可以向神灵进献玉，而行祭祀之礼了。

7. 凡乐事大祭祀宿县^①，遂以声展之^②。王出入则令奏《王夏》^③；尸出入则令奏《肆夏》；牲出入则令奏《昭夏》。帅国子而舞。大飨不入牲,其他皆如祭祀④。大射⑤,王出入令奏《王夏》⑥,及射,令奏《驺虞》⑦;诏诸侯以弓矢舞⑧。王大食,三宥⑨,皆令奏钟鼓。王师大献⑩,则令奏恺乐⑪。

【注释】

①宿县:宿,谓祭之前夕。县,同"悬"。指悬挂钟磬等敲击乐器于簨虡(乐器支架)之上。

②以声展之:郑《注》曰:"叩听其声,具陈次之,以知完不。"

③王出入则令奏《王夏》:王出入,以及下言尸、牲出入,据贾《疏》,皆谓出入庙门。《王夏》,及下《肆夏》、《昭夏》,郑《注》曰:"三《夏》皆乐章名。"

④其他:谓天子出入则令奏《王夏》,宾客出入则令奏《肆夏》。郑《注》曰:"谓王出入、宾客出入,亦奏《王夏》、《肆夏》。"

⑤大射:王为选择助祭者而举行的射礼。

⑥出入:据孙诒让说,此大射是在辟雍(即大学)中举行的,故亦出入于此。

⑦《驺虞》:《诗经·召南》之一篇。天子射箭时,以《驺虞》为节拍。

⑧诸侯:谓参加大射者。

⑨王大食,三宥:郑《注》曰:"大食,朔月、月半以乐侑食时也。侑犹劝也。"谓王每月初一、十五加牲盛馔,其礼胜于常日,需三次奏钟鼓以劝食。

⑩大献:出师得胜,告捷于祖庙。郑《注》曰:"献捷于祖。"

⑪恺乐:即凯旋之乐。恺,《说文》作"岂",今通作"凯"。郑《注》曰:"献功之乐。"

【译文】

凡是演奏音乐的事,大祭祀时,就在祭祀前夕把乐器悬挂起来,依次陈列并试奏检查乐器有无缺损。祭祀时王出入庙门就下令演奏《王夏》；尸出入庙门就下令演奏《肆夏》；牲出入时就下令演奏《昭夏》。率领国子表演舞蹈。招待宾客举行大飨礼时没有牵牲入庙的礼节，其他都和祭祀时一样。举行大射礼时，王出入辟雍就下令演奏《王夏》，等到王射箭时，就下令演奏《驺虞》；告知诸侯手持弓矢舞蹈。每逢初一、十五王大食时，要三次奏乐以劝王进食，都下令演奏钟鼓。王出征凯旋向宗庙列祖列宗大献战功，就下令演奏凯旋的乐曲。

8. 凡日月食，四镇、五岳崩①，大傀异灾②，诸侯薨，令去乐。

【注释】

①四镇、五岳：郑《注》曰："四镇，山之重大者，谓扬州之会稽，青州之沂山，幽州之医无闾，冀州之霍山。五岳，岱在兖州，衡在荆州，华在豫州，岳在雍州，恒在并州。"按，此《注》并据《夏官·职方氏》为文。

②大傀异灾：令人心惊胆战的灾异。如星陨如雨、地震等。傀，奇怪。郑《注》曰："傀犹怪也。大怪异灾，谓天地奇变，若星辰奔霣（陨）及震裂为害者。"

【译文】

凡是遇见日食、月食，四镇、五岳发生崩裂，以及天地奇变等大怪异的灾害，或有诸侯去世，就下令撤去舞乐并收藏起来。

9. 大札、大凶、大灾、大臣死，凡国之大忧，令弛县。

【译文】

大瘟疫、大饥馑、大水灾或火灾、大臣死，凡是遇到此类国家的大忧患,就下令暂时解下悬挂的乐器。

10. 凡建国,禁其淫声、过声、凶声、慢声①。

【注释】

①"禁其"句:淫声,淫乱之声。凶声,郑《注》曰:"亡国之声,若桑间、濮上。"过声,郑《注》曰:"失哀乐之节。"按,谓当哀不哀,当乐不乐,或哀乐过度。

【译文】

凡是建立诸侯国,要一律禁止该国制作、演奏淫乱的乐曲、哀乐失节的乐曲、不祥的亡国乐曲、惰慢不恭的乐曲。

11. 大丧,莅廞乐器①。及葬,藏乐器,亦如之。

【注释】

①廞(xīn):陈列。

【译文】

遇有大丧,要亲临督察陈列随葬的乐器。等到下棺入圹,要把乐器藏于椁中时,也是这样做。

二二　乐师

1. 乐师掌国学之政①,以教国子小舞②。凡舞,有帔舞③,有羽舞④,有皇舞⑤,有旄舞⑥,有干舞⑦,有人舞⑧。

【注释】

①国学:指都城王宫左面的小学。小学,对大学而言。国子十三岁

入小学,二十岁入大学。

②小舞:郑《注》曰:"谓以年幼少时教之舞。"按,谓下文帗舞、羽舞、皇舞、旄舞、干舞、人舞等六舞。据贾《疏》,此小舞是对《云门》等六代之舞为大舞而言。

③帗舞:舞者执帗(五色帛制舞具,有柄可执)而舞。参见《地官·鼓人》注。

④羽舞:手执白色羽毛制成的舞具而舞。参见《舞师》注。

⑤皇舞:执皇(舞具,似帗,用五彩羽毛制成,有柄可执)而舞。

⑥旄舞:手持牦牛尾而舞。郑司农曰:"旄舞者,氂(旄)牛之尾。"盖谓手执牦牛尾而舞。

⑦干舞:手执干戚而舞。郑司农曰:"兵舞。"按,干是盾牌,属兵器。又《礼记·文王世子》孔《疏》曰:"若其小舞,则以干配戈,则周礼《乐师》教小舞干舞是也。"

⑧人舞:舞者手无所执,以衣袖为舞具。郑《注》曰:"人舞无所执,以手袖为威仪。"

【译文】

乐师掌管有关小学的政令,而教育国子学习小舞。凡是小舞,有帗舞,有羽舞,有皇舞,有旄舞,有干舞,有人舞。

2. 教乐仪:行以《肆夏》,趋以《采荠》①,车亦如之。环拜以钟鼓为节②。

【注释】

①"教乐仪"三句:郑《注》曰:"教乐仪,教王以乐出入于大寝、朝廷之仪。"大寝,即路寝。《肆夏》,及下《采荠》,郑司农曰:"皆乐名。或曰皆逸诗。"

②环拜:环,旋转,转身。环拜,转身与直拜。

【译文】

教王按照音乐节奏走路的礼仪：徐徐行走时要合乎《肆夏》的节奏，小步快走时要合乎《采荠》的节奏，乘车时也是这样。转身或行拜礼都要合乎钟鼓的节奏。

3. 凡射，王以《驺虞》为节，诸侯以《貍首》为节①，大夫以《采蘋》为节，士以《采蘩》为节②。

【注释】

①貍首：逸诗名。

②"大夫以《采蘋》为节"两句：《采蘋》、《采蘩》，皆《诗经·召南》篇名。

【译文】

凡是举行射礼，王射箭时要演奏《驺虞》为节奏，诸侯射箭时要演奏《貍首》为节奏，大夫射箭时要演奏《采蘋》为节奏，士射箭时要演奏《采蘩》为节奏。

4. 凡乐掌其序事，治其乐政①。凡国之小事用乐者②，令奏钟鼓。凡乐成则告备。诏来瞽③，皋舞④。诏及彻，帅学士而歌彻⑤，令相⑥。

【注释】

①"凡乐"二句：序事，郑《注》曰："序事，次序用乐之事。"乐政，孙诒让曰："谓若正乐县（即端正悬挂的乐器）、舞位及诸戒令，皆是也。"

②小事：据郑《注》，谓小祭祀。

③诏来瞽：郑《注》曰："诏视瞭扶瞽者来入也。"视瞭，官名，负责挽扶瞽师进出。瞽者，即瞽矇，演奏乐器、讽诵诗歌。

④皋舞：呼叫国子跳舞。皋，通"噪"。呼告。郑司农曰："皋，当为'告'"。郑《注》曰："告国子当舞者舞。"

⑤"诏及彻"二句：句首"诏"字盖涉上文而衍。据郑《注》，学士谓国子，歌谓歌《雍》（《诗经·周颂》篇名）。歌彻，据郑《注》曰，撤掉祭品时唱《雍》诗（在《诗经·周颂》中）。按，歌者本为瞽者，舞者本为学士，曾钊曰"学士非专为舞而不歌"。

⑥令相：郑《注》曰："令视瞭扶工。"工谓乐工，即瞽者。

【译文】

　　凡是演奏音乐掌管有关乐器陈列与演奏先后次序的事，治理有关音乐演奏中的事务。凡是国家举行小祭祀需用乐的，就下令演奏钟鼓。凡是音乐演奏结束就向王报告演奏完毕。告知视瞭扶着瞽者进来表演歌唱，告诉应该跳舞的国子表演舞蹈。等到祭祀完毕撤祭器时，就要率领国子而歌唱并撤去祭器，下令视瞭把瞽者挽扶出去。

　　5. 飨、食诸侯，序其乐事，令奏钟鼓，令相，如祭之仪。燕射①，帅射夫以弓矢舞②，乐出入③，令奏钟鼓。凡军大献④，教恺歌，遂倡之⑤。凡丧，陈乐器，则帅乐官⑥。及序哭⑦，亦如之。

【注释】

①燕射：燕饮之射。天子与诸侯举行燕礼后举行的射礼。射时张兽侯。孙诒让曰："王与诸侯、群臣因燕而射。"

②射夫：谓众射者。郑《注》曰："众耦也。"按，众耦谓参加燕射的诸侯匹配成的射耦。

③乐出入：据郑《注》，指吹笙、歌唱、舞蹈者及其乐器的出入。

④大献：贾《疏》曰："谓师克胜献捷于祖庙也。"

⑤"教恺歌"二句：倡，领唱。贾《疏》曰："师还未至之时，预教瞽矇，入祖庙，遂使乐师倡导为之。"

⑥乐官：贾《疏》曰："谓笙师、镈师之属。"

⑦序哭：按次序哭。郑《注》曰："哭此乐器亦帅之。"贾《疏》曰："谓使人持此乐器向圹（墓穴），及入圹之时序哭之也。"

【译文】

用飨礼或食礼招待诸侯时，安排有关乐器布置及演奏前后顺序的事，下令演奏钟鼓，下令视瞭挽扶瞽者进来，都和祭祀的礼仪一样。举行燕射时，要率领射者手持弓矢而舞。凡是乐人进场出场时，就下令演奏钟鼓。凡是征伐胜利后向祖庙大献战功，要预先教会瞽者唱凯歌，到时候就担任领唱。凡是王家的丧事，陈列随葬的乐器时，就要率领乐官前往陈列。等到这些乐器填入墓穴、排列哭位而哭泣时，也率领乐官哭泣。

6. 凡乐官掌其政令，听其治讼①。

【注释】

①治讼：孙诒让曰："治谓陈请，讼谓争讼。"

【译文】

掌管所有乐官的事务、戒令，听断他们的请求、争讼。

二三　大胥

1. 大胥掌学士之版①，以待致诸子②。

【注释】

①学士之版:郝敬曰:"学士,谓卿大夫诸子之入国学者。版,名籍也。"

②待致诸子:郝敬曰:"谓有事则按名籍招致。"诸子,即上文学士。

【译文】

大胥掌管学士的花名册,以待有事时召集他们。

2. 春入学,舍采①,合舞②。秋颁学,合声③。以六乐之会正舞位④,以序出入舞者⑤。

【注释】

①舍采:即释菜礼。古代学生入学时,以芹藻之类蔬菜祭祀先师。郑《注》曰:"采,读为'菜'。始入学必释菜,礼先师也。"

②合舞:使舞蹈合乎乐曲之节奏。郑司农曰:"等其进退,使应节奏。"

③秋颁学,合声:颁,分别,分辨,区分学生才艺高下。郑《注》曰:"春使之学,秋颁其才艺所为。合声,亦等其曲折,使应节奏。"

④舞位:舞者在舞蹈时若干佾(行列)中的位置。

⑤以序出入舞者:郑《注》曰:"以长幼次之,使出入不纰错。"

【译文】

学士春季入学,用释菜礼祭祀先师教他们舞蹈,使他们舞蹈动作整齐而又合乎乐曲节奏。秋季区分他们的学习成绩,并使他们歌声整齐而合乎节奏。用六代的音乐与舞蹈紧密配合并端正舞位,依年龄长幼安排舞者的出入次序。

3. 比乐官,展乐器。

【译文】

考核乐官的优劣,检查乐器有无损坏缺失。

4. 凡祭祀之用乐者,以鼓征学士。

【译文】

凡是祭祀需要用乐的场合,就击鼓召集学土。

5. 序宫中之事。

【译文】

依次安排好学宫中有关教授舞乐的事情。

二四　小胥

1. 小胥掌学士之征令而比之[1],觥其不敬者[2];巡舞列,而挞其怠慢者。

【注释】

[1]小胥掌学士之征令而比之:贾《疏》曰:"大胥掌学士之版,以待召聚舞者,小胥赞大胥为征令校比之,知其在不。"

[2]觥其不敬者:觥,罚爵,以兽角制成。参见《地官・间胥》。不敬,郑《注》曰:"谓慢期不时至也。"

【译文】

小胥掌管协助大胥发布征召学士的命令而考查人数是否到齐,用觥爵罚迟到者饮酒;巡视舞蹈的队列,而用教鞭责罚怠慢的人。

2. 正乐县之位^①。王宫县,诸侯轩县,卿大夫判县,士特县^②。辨其声。凡县钟磬,半为堵,全为肆^③。

【注释】

①乐县:郑《注》曰:"谓钟磬之属悬于筍虡(悬挂钟磬的支架)者。"县,同"悬"。

②"王宫县"三句:宫,围绕。宫县,四面皆有乐悬。轩,曲折。轩县,三面有乐悬,缺一面,状如古文"曲"字形。判,一半。判县,只两面有乐悬,为四面之半。特,独特。特县,只一面有乐悬。郑司农曰:"宫县四面县,轩县去其一面,判县又去其一面,特县又去其一面。"按,古代钟磬等乐器悬挂在架子上,其形制因用乐者身份不同而有别。据郑《注》,轩县是去南面,判县去南北两面,特县则县于东面。

③"凡县钟磬"三句:郑《注》曰:"钟磬者,编悬之,二八十六枚,而在一虡(jù,悬钟磬的木架)谓之堵。钟一堵,磬一堵,谓之肆。"

【译文】

端正所悬挂乐器的位置。王的乐器悬挂堂下四面,诸侯悬挂东西北三面,卿大夫悬挂东西两面,士只悬挂东面一面。辨别所悬挂乐器的声音是否符合音律。凡是悬挂钟磬,如果仅在一个支架上悬挂十六枚钟或十六枚磬,只有一种,就叫做堵,钟磬二者全都悬挂,就叫做肆。

二五　大师

1. 大师掌六律、六同,以合阴阳之声。阳声:黄钟、大蔟、姑洗、蕤宾、夷则、无射;阴声:大吕、应钟、南吕、函钟、小吕、夹钟^①。皆文之以五声:宫、商、角、徵、羽;皆播之以八音:金、石、土、革、丝、木、匏、竹^②。

【注释】

①"大师"至"夹钟"：参见《大司乐》注。

②"皆文"至"匏、竹"：参见《大司乐》注。

【译文】

大师掌理审定六律、六吕，以调和阴声、阳声。阳声是：黄钟、大蔟、姑洗、蕤宾、夷则、无射等六律；阴声是：大吕、应钟、南吕、函钟、小吕、夹钟等六吕。阳声、阴声都要分别与宫、商、角、徵、羽五声及金、石、土、革、丝、木、匏、竹八音相配合，以吹奏出美妙的音乐。

2. 教六诗①：曰风，曰赋，曰比，曰兴，曰雅，曰颂②。以六德为之本③，以六律为之音④。

【注释】

①教六诗：教，郑《注》曰："教瞽矇也。"六诗，即《诗》之六义：风、赋、比、兴、雅、颂。

②"曰风"至"曰颂"：郑《注》曰："风，言圣贤治道之遗化也。赋之言铺，直铺陈今之政教善恶。比，见今之失，不敢斥言，取比类以言之。兴，见今之美，嫌于媚谀，取善事以喻劝之。雅，正也，言今之正者，以为后世法。颂之言诵也，容也，诵今之德，广以美之。"

②六德：六种德行标准。据郑《注》，谓知、仁、圣、义、忠、和。一说，孙诒让以为即《大司乐》"乐德"："中、和、祇、庸、孝、友"。按，出土文献郭店楚简《六德》言"六德"为"圣、智、仁、宜（义）、忠、信"。可参。姑从郑说。

④以六律为之音：郑《注》曰："以律视其人为之音，知其宜何歌。"

【译文】

教瞽矇掌握诗的六种表现手法：叫做风，叫做赋，叫做比，叫做兴，叫做雅，叫做颂。受教育者要以六德作为立身根本，施教者要以六律来确定受教育者适合学的歌唱的音调。

3. 大祭祀,帅瞽登歌①,令奏击拊②;下管播乐器,令奏鼓朄③。大飨亦如之。大射,帅瞽而歌射节④。大师,执同律以听军声⑤,而诏吉凶。大丧,帅瞽而廞⑥;作柩,谥⑦。

【注释】

①登歌:谓登堂而歌。

②令奏击拊:拊,打击乐器名。皮制,内填糠,形如小鼓。郑《注》曰:"拊形如鼓,以韦为之,著之以糠。"又曰:"击拊,瞽乃歌。"

③"下管"二句:下管,在堂下吹奏管乐器。播乐器,八音中管外其他乐器也演奏起来。鼓,击也。朄(yǐn),一种小鼓。大师击朄,表示奏乐开始。郑司农曰:"小鼓也。先击小鼓,乃击大鼓,小鼓为大鼓先引,故曰朄。朄读为道引之'引'。"

④歌射节:郑《注》曰:"射节王歌《驺虞》。"歌射节:歌诗作为射箭的节拍。

⑤执同律以听军声:同律,谓铜制的律管,共十二支,可发出十二个高度不同的标准音,即所谓十二律。同,通"铜",《典同》郑《注》曰:"律(管)……皆以铜为。"听军声,以耳受声,听取吉凶。郑《注》引《兵书》曰:"王者行师出军之日,授将弓矢,士卒振旅,将张弓大呼,大师吹律合音。商则战胜,军士强;角则军扰多变,失士心;宫则军和,士卒同心;徵则将急数怒,军士劳;羽则兵弱,少威明。"

⑥"大丧"二句:大丧,据贾《疏》,其上当有"凡"字。据王引之说,是帅瞽陈乐器(作为明器的乐器),陈之者实为视瞭,而曰瞽者,"以视瞽相瞽故也。"

⑦作柩,谥:王引之曰:"作柩,盖谓将载时也。作,起也,动也。……言当作柩之时,大师则进而谥焉。"

【译文】

　　每逢举行大祭祀，就率领瞽矇登堂歌唱，敲击柎作为开始歌唱的命令。歌毕堂下演奏管乐器及其他乐器时，而大师敲击楝作为笙师开始吹奏的命令。举行大飨礼招待来朝诸侯而奏乐时也是这样做。举行大射礼时，要率领瞽矇在堂下歌唱以作为射箭的伴奏。大征伐时，大师要手持铜制律管以辨别军将发出的呼声，而辨别、告知王出师的吉凶。凡是有大丧时，要率领瞽矇陈列随葬的乐器；出葬那天将把棺柩装到柩车上时，为死者进上谥号。

　　4. 凡国之瞽矇正焉①。

【注释】

①正焉：正，听从。郑《注》曰："从大师之政教。"

【译文】

凡是王国的瞽矇都听从大师的政教指挥。

二六　小师

　　1. 小师掌教鼓、鼗、柷、敔、埙、箫、管、弦、歌①。

【注释】

①柷、敔、埙：柷（zhù），打击乐器名，方匣形，木制，奏乐开始时击柷。《尔雅·释乐》郭《注》曰："柷如漆桶，方二尺四寸，深一尺八寸，中有椎，柄连底，挏（dòng，摇动）之，令左右击。"敔（yǔ），打击乐器名，木制，状如伏虎，背上有鉏铻，用杖敲击发声。奏乐将终时，击之使演奏停止。《释乐》郭《注》曰："敔如伏虎，背上有二十七鉏铻（chúwú），刻以木，长尺，栎之籈者，其名。"按，

籈(zhēn)，击敔的木棒。鉏铻，齿状的突起物。栎，刮击。埙，即
陶埙，大如鹅卵，锐上平底，中空，上有吹孔，旁有按音孔。歌：
谓歌诗。

【译文】

小师掌管教导瞽矇演奏鼓、鼗、柷、敔、埙、箫、管、琴瑟以及歌诗。

2. 大祭祀，登歌，击拊^①；下管，击应鼓^②；彻，歌^③。大飨
亦如之。大丧，与廞^④。凡小祭祀小乐事，鼓㼧。

【注释】

①击拊：按，击拊令奏本是大师的职责（见《大师》），此小师亦曰击
拊者，据郑《注》，是佐大师令奏，而小师"亦自有拊击之"。
②应鼓：据郑《注》，又叫应鼙，一种小鼓。设在堂下东阶，因与堂下
西阶的朔鼙相呼应，故称。按，当下管（即堂下演奏管乐器）时，大
师先令击㼧，随之而小师击应鼓以应和之，众鼓则随应鼓而奏之。
③歌：郑《注》曰："于有司彻而歌《雍》。"
④与廞：郑《注》曰："从大师。"

【译文】

举行大祭祀，瞽矇登堂歌唱时，就敲击拊；歌毕堂下用管乐器吹奏
乐曲时，就敲击应鼓；祭毕撤除祭器时，就率领瞽矇歌唱《雍》诗。举行
大飨礼招待来朝诸侯时也是这样做。有大丧时，要协助大师参与陈设
随葬的乐器。凡是举行小祭祀而小规模地演奏音乐，就敲击㼧为管乐
器等的演奏发令。

3. 掌六乐声音之节与其和。

【译文】

掌管辨别六代舞乐声音的节奏并使其相互谐和。

二七　瞽矇

1. 瞽矇掌播鼗、柷、敔、埙、箫、管、弦、歌，讽诵诗[①]，世奠系[②]，鼓琴瑟[③]。

【注释】

①讽诵诗：讽诵，背诵。不以声节之为讽，以声节之为诵。郑司农曰："主诵诗以刺君过。"

②世奠系：奠，定也；世系，帝王家谱。奠世系，谓已编定的帝王家谱。奠，杜子春云："读为'定'。"按，据俞樾说，此处"世"字与"奠系"误倒，当依《小史》作"奠系世"，彼处郑司农曰："系世，谓帝系、世本之属是也。小史主定之，瞽矇讽诵之。"此处杜子春云："瞽矇主诵诗，并诵世系，以戒劝人君也。"

③鼓琴瑟：孙诒让曰："是于诵诗及世系时，鼓琴瑟以播其音叹美之。"

【译文】

瞽矇掌管演奏鼗、柷、敔、埙、箫、管、弦等乐器以及歌唱，讽诵诗以及小史撰定的帝王家谱、世本等以劝诫王。弹奏琴瑟。以示赞美嘉言懿行。

2. 掌《九德》、六诗之歌[①]，以役大师[②]。

【注释】

①《九德》、六诗：《九德》，参见《大司乐》。六诗，指《诗经》中的六首诗。金鹗曰："其诗或《雅》或《南》。"按，《雅》盖指《小雅》中的《鹿

鸣》、《四牡》、《皇皇者华》，或《鱼丽》、《南有嘉鱼》、《南山有台》；《南》盖指《周南》中的《关雎》、《葛覃》、《卷耳》，或《召南》中的《鹊巢》、《采蘩》、《采蘋》(见于《仪礼·乡饮酒礼》)。

②役：役使。此用为被动。郑《注》曰："为之使。"

【译文】

掌管《九德》和六诗的歌唱，以听从大师的役使。

二八　视瞭

1. 视瞭掌凡乐事播鼗，击颂磬、笙磬①，掌大师之县②。凡乐事相瞽。

【注释】

①颂磬、笙磬：编磬悬在堂下西阶西称颂磬，悬在堂下阼阶东称笙磬。《仪礼·大射仪》郑《注》曰："笙犹生也。东为阳中，万物以生，……是以东方钟磬谓之笙。"彼处郑《注》曰："成功曰颂。西为阴中，万物之所成，……是以西方钟磬谓之颂。"

②掌大师之县：大师目盲，故由视瞭代悬。

【译文】

视瞭掌管凡有演奏时就摇动鼗，敲击颂磬、笙磬。掌管为大师悬挂乐器。凡是演奏音乐的事情，就搀扶瞽瞍。

2. 大丧，廞乐器。大旅亦如之①。宾射，皆奏其钟鼓②，鼗、恺献③，亦如之。

【注释】

①大旅亦如之：大旅，参见《天官·掌次》注。亦如之，谓亦陈乐器。

②奏其钟鼓：郑《注》曰："击棘以奏之。"

③鼛(qì)：鼓名。用于巡夜警戒守备。参见《地官·鼓人》注。

【译文】

遇到有大丧时，陈设随葬的乐器。举行大旅祭时也陈设乐器。凡是举行宾射礼，都击棘以令击奏钟鼓。巡夜警戒的鼛鼓和军队凯旋献功奏乐的钟鼓，也负责击奏。

二九　典同

1. 典同掌六律、六同之和①，以辨天地、四方、阴阳之声②，以为乐器。

【注释】

①六律、六同：六律属阳声，六同属阴声。郑《注》曰："阳声属天，阴声属地，天地之声布于四方。"

②天地、四方、阴阳之声：六律属天；六同属地；将十二律分布四方，每方有三律：东方有大蔟、夹钟、姑洗，南方有中吕、蕤宾、林钟，西方有夷则、南吕、无射，北方有应钟、黄钟、大吕。译文姑直译。

【译文】

典同掌管六律、六同的谐和，以辨别天地、四方、阴阳的声音，以调整各种乐器的声音。

2. 凡声：高声䃂①，正声缓②，下声肆③，陂声散④，险声敛⑤，达声赢⑥，微声韽⑦，回声衍⑧，侈声筰⑨，弇声郁⑩，薄声甄⑪，厚声石⑫。

【注释】

①高声硍：硍（gǔn），形容钟的声音沉闷重浊，不响亮。郑《注》曰：
　　"高，钟形大上，上大也。高则声上藏，衮然旋如裹（阮校曰"盖作
　　'裹'是"）。"

②正声缓：郑《注》曰："正，谓上下直正，则声缓无所动。"

③下声肆：郑《注》曰："下，谓钟形大下，下大也。下则声出去
　　放肆。"

④陂（bēi）声散：陂，倾斜。谓钟形一边偏大。郑《注》曰："陂，读为
　　险陂之'陂'，陂谓偏侈，陂则声离散也。"

⑤险声敛：郑《注》曰："险，谓偏弇也，险则声敛不越也。"

⑥达声赢：郑《注》曰："达，谓其形微大也，达则声有余若大放也。"
　　即声音宏大有余。

⑦微声韽（ān）：韽，声音微小。郑《注》曰："微，谓其形微小也。"又
　　曰："韽，声小不成也。"

⑧回声衍：回，圆。郑《注》曰："回谓其形微圜也，回则其声淫衍无
　　鸿杀也。"

⑨侈声筰（zuó）：侈，大也。筰，通"窄"，狭窄。郑《注》曰："侈，谓
　　央约也，侈则声迫筰，出去疾也。"按，钟体中央过于狭窄则两头
　　必大。

⑩弇声郁：郑《注》曰："弇，谓中央宽也，弇则声郁勃不出也。"按，中
　　央过宽必然钟口过小。

⑪薄声甄：甄，通"震"，震动。郑《注》曰："甄犹掉也。钟微薄则
　　声掉。"

⑫厚声石：石，形容声音重浊、不响亮。郑《注》曰："钟大厚则如石，
　　叩之无声。"

【译文】

凡是钟所发出的声音：如果钟体上部过大，发出的声音就盘旋在钟

内而不响亮;如果钟体上下过直同大,发出的声音就缓慢凝滞;如果钟体下部过大,发出的声音就会放肆外出而毫无余韵;钟体一边偏大,发出的声音就离散而不内聚;如果钟体一边偏窄,发出的声音就内敛而不外扬;如果钟体偏大,发出的声音就过于宏大;如果钟体偏小,发出的声音就微弱而小;如果钟体过圆,发出的声音就过于宛转回旋略无节奏;如果钟体中央偏小,发出的声音就过于迫促细长;如果钟体中央偏宽,发出的声音就抑郁回旋而不扬;如果钟体偏薄,发出的声音就震颤动摇;如果钟体过厚,就发出的声音就如敲打石头而重浊无声。

3. 凡为乐器①,以十有二律为之数度②,以十有二声为之齐量③。凡和乐亦如之④。

【注释】

①凡为乐器:孙诒让曰:"此官制乐器之官法也。乐器,亦通晐八音诸器。而以钟为律度之本。"

②以十有二律为之数度:数度,广和长。钟类乐器,广谓口径、宽度,长谓高度。按,琴弦的粗细长短,钟磬的大小厚薄,以及各种乐器的大小尺寸,皆以发声能符合十二律为准,以确定其广、长。

③以十有二声为之齐量:十有二声,即上文十二种有毛病的钟声。齐量,即容量。郑《注》曰:"侈弇之所容。"按,钟要依十二病钟来查找、纠正其毛病。

④和:郑《注》曰:"谓调其故器也。"

【译文】

凡是制造乐器,都以发出的声音能够符合钟的十二律来确定它们的口径、高度,对照十二种病钟的声音来纠正其容量使合乎要求。凡是调整旧乐器也是这样。

三十　磬师

1. 磬师掌教击磬、击编钟，教缦乐、燕乐之钟磬①。

【注释】

①缦乐、燕乐：缦乐，杂乐。郑《注》曰："杂声之和乐"。据孙诒让说，杂声非雅乐，但却可同雅乐相和。燕乐，此即房中之乐，指后、夫人在房中演唱以讽劝其君的乐歌。郑《注》曰："房中之乐，所谓阴声也。"

【译文】

磬师掌管教导视瞭敲击编磬、编钟，教导他们敲击缦乐、燕乐演奏中的钟磬。

2. 凡祭祀，奏缦乐。

【译文】

凡是举行祭祀，就演奏缦乐。

三一　钟师

1. 钟师掌金奏①。

【注释】

①金奏：郑《注》曰："击金以为奏乐之节。金，谓钟及镈。"贾《疏》曰："此即钟师自击不编之钟。凡作乐，先击钟，故郑云金奏，击金以为奏乐之节。"孙诒让曰："凡诸侯以上作乐之节，以金奏

为始。"

【译文】

钟师掌管敲击钟镈,作为演奏的开端。

2. 凡乐事,以钟鼓奏九《夏》^①:《王夏》、《肆夏》、《昭夏》、《纳夏》、《章夏》、《齐夏》、《族夏》、《祴夏》、《骜夏》^②。

【注释】

①以钟鼓奏九《夏》:九夏,金鹗等以为,即《王夏》以下九种大的乐曲。一说,郑《注》以为属颂类诗篇,秦汉时已亡佚。夏,大也。郑《注》曰:"以钟鼓者,先击钟,次击鼓,以奏九《夏》。"徐养原曰:"窃疑《九夏》皆总名,每夏不止一曲。"孙诒让曰:"皆奏而不歌。"姑从金说。

②《王夏》至《骜夏》:杜子春曰:"祴,读为陔鼓之'陔'。王出入奏《王夏》,尸出入奏《肆夏》,牲出入奏《昭夏》,四方宾来奏《纳夏》,臣有功奏《章夏》,夫人祭奏《齐夏》,族人侍奏《族夏》,客醉而出奏《陔夏》,公出入奏《骜夏》。"

【译文】

凡是演奏音乐之事,就用钟鼓演奏九《夏》:《王夏》、《肆夏》、《昭夏》、《纳夏》、《章夏》、《齐夏》、《族夏》、《祴夏》、《骜夏》。

3. 凡祭祀、飨、食,奏燕乐^①。凡射,王奏《驺虞》,诸侯奏《狸首》,卿大夫奏《采蘋》,士奏《采蘩》。

【注释】

①奏燕乐:郑《注》曰:"以钟鼓奏之。"

【译文】

凡是举行祭祀、飨礼或食礼，就演奏燕乐。凡是举行射礼，王射箭时为之奏《驺虞》，诸侯射箭时为之奏《狸首》，卿大夫射箭时为之奏《采蘋》，士射箭时为之奏《采蘩》。

4. 掌鼜①，鼓缦乐②。

【注释】

①鼜：即应鼜，小鼓。

②鼓缦乐：据郑《注》，谓击鼜以和之。

【译文】

掌管敲击应鼜，磬师演奏缦乐时就敲击应鼜以应和之。

三二　笙师

1. 笙师掌教吹竽、笙、埙、籥、箫、篪、篴、管①，舂牍、应、雅②，以教《祴》乐③。

【注释】

①竽：竹制簧管乐器。与笙似而略大。《广雅·释乐》云："竽象笙，三十六管。"长沙马王堆汉墓出土竽为二十二管。籥（yuè）：竹制管乐器。单管，似笛。有吹籥（三孔）、舞籥（六孔）两种。《尔雅·释乐》郭《注》曰："籥如笛，三孔而短小。"篪（chí）：竹制管乐器，单管横吹，似笛。按，原文作"箎"。据阮校改。篴：同"笛"。竹制管乐器。孙诒让曰："笛虽古乐，经秦汉而失传，汉笛起于羌。大抵汉魏六朝所谓笛，皆竖笛也。宋元以后谓竖笛为箫，谓横笛为笛，而笛之名实淆矣。"

②春牍、应、雅：郑《注》以为"春"字统"牍、应、雅"三字言。牍，据郑
　司农说，是以直径五六寸的大竹做成而撞地为节奏的乐器，郑司
　农又曰："应，长六尺五寸，其中有椎。雅，状如漆筒而弇口，大二
　围，长五尺六寸，以羊韦鞔之，有两纽，疏画。"可见应、雅亦是撞
　击以为节奏的乐器。
③《祴》乐：郑《注》曰："《祴夏》之乐。"按，《祴夏》即《陔夏》，是宾醉
　而出时演奏的送宾乐曲，据郑《注》说，奏《陔夏》时，视瞭撞击牍、
　应、雅出声以为宾出之行节。

【译文】

　笙师掌管教导视瞭吹奏竽、笙、埙、篪、箫、篴（笛）、管，以牍、应、
雅捣地发声，以教导他们配合演奏《陔夏》乐曲的节奏。

　　2. 凡祭祀、飨射，共其钟笙之乐①。燕乐亦如之。大丧，
廞其乐器；及葬，奉而藏之。大旅，则陈之。

【注释】

　①钟笙之乐：此谓钟笙并奏时，笙师吹出与钟声相应的笙乐。郑
　　《注》曰："钟笙，与钟声相应之笙。"

【译文】

　凡是举行祭祀、飨礼或食礼，供给与钟声相应和的笙乐。演奏燕乐
时也是这样做。遇到有大丧时，陈列所掌管而用以随葬的乐器；等到下
葬时，奉送乐器到墓地而藏于椁中。举行大旅祭时，就陈列所掌管的
乐器。

三三　镈师

　　1. 镈师掌金奏之鼓。凡祭祀，鼓其金奏之乐①。飨、食、

宾射亦如之^②。军大献，则鼓其恺乐。凡军之夜，三鼜皆鼓之，守鼜亦如之^③。大丧，廞其乐器，奉而藏之。

【注释】

①掌金奏之鼓：郑《注》曰："谓主击晋鼓，以奏其钟镈也。"按，《地官·鼓人》曰："以晋鼓鼓金奏。"孙诒让曰："金奏于乐始作时奏之。盖先击编钟，次击镈，而后以晋鼓和之。"此职与彼为官联。

②亦如之：贾《疏》曰："皆鼓其金奏之乐也。"

③守鼜（cào）：鼜，巡夜警戒守备之鼓。孙诒让曰："谓王宫中常时戒守之鼓。"

【译文】

镈师掌管演奏钟镈时敲击晋鼓以与金奏之声相和。凡是举行祭祀，敲击晋鼓配合钟镈演奏。举行飨礼、食礼和宾射礼时也是这样做。王师出征凯旋而在宗庙大献战功时，就敲击鼓配合演奏凯旋乐曲。凡是军营中的巡夜，一夜敲三遍以示警戒的鼜鼓都由镈师负责敲击，王宫平时巡夜警戒守备的镈鼓也如此敲击。遇到大丧时，陈列出所掌管的用来随葬的乐器，并奉送到墓地而藏于椁中。

三四　韎师

1. 韎师掌教韎乐^①，祭祀则帅其属而舞之。大飨亦如之。

【注释】

①韎（mèi）乐：据郑《注》，为东方夷族之舞乐名。

【译文】

韎师掌管教练东夷舞乐，遇到祭祀就率领其下属跳东夷之舞。举行大飨礼时也是这样。

三五　旄人

1. 旄人掌教舞散乐①,舞夷乐②。凡四方之以舞仕者属焉③。

【注释】

①散乐:郑《注》曰:"野人为乐之善者。"即民间舞乐之优秀者。一说,乐舞名。周代民间乐舞,别于雅乐。(《十三经辞典·周礼卷》,页170)孙诒让曰:"此经凡言散者,皆粗沽猥杂、亚次于上之义。"姑从郑说。

②夷乐:郑《注》曰:"四夷之乐,亦皆有声歌及舞。"

③四方之以舞仕者:贾《疏》曰:"此即野人能舞者。"亦即从民间选出的善舞者。

【译文】

旄人掌管教练民间选拔出来的善于舞乐的人,教练四夷舞乐。凡是从四方选出从事舞乐的人都隶属于旄人管理。

2. 凡祭祀、宾客,舞其燕乐①。

【注释】

①舞其燕乐:贾《疏》曰:"谓作燕乐时,使四方舞士舞之以夷乐。"

【译文】

凡是举行祭祀或设宴招待宾客,在演奏燕乐时就让其属下的四方从事舞乐的人表演四夷舞乐。

三六　籥师

1. 籥师掌教国子舞羽吹籥①。祭祀则鼓羽籥之舞。宾客飨、食,则亦如之。大丧,廞其乐器,奉而藏之。

【注释】

①舞羽吹籥:即文舞。郑《注》曰:"文舞有持羽、吹籥者,所谓籥舞也。……《诗》云:‘左手执籥,右手秉翟(野鸡羽毛)。’"按,籥,管乐器,六孔,舞者所吹。

【译文】

籥师掌管教导国子持羽吹籥而跳文舞。每逢举行祭祀就击鼓作为跳文舞的节奏。招待宾客举行飨礼或食礼时,就也是这样做。遇到大丧时,就要陈列所掌管而用来随葬的乐器,并奉送到墓地而藏于椁中。

三七　籥章

1. 籥章掌土鼓、豳籥①。中春,昼击土鼓,吹豳诗②,以逆暑。中秋,夜迎寒亦如之。凡国祈年于田祖③,吹豳雅④,击土鼓,以乐田畯⑤。国祭蜡⑥,则吹豳颂⑦,击土鼓,以息老物⑧。

【注释】

①土鼓、豳籥:土鼓,古乐器名。即瓦鼓,陶制鼓身,蒙以皮革,击打发声。杜子春曰:"以瓦为匡,以革为两面。可击也。"豳籥,豳地之籥。郑司农曰:"豳国之地竹。"孙诒让说,豳籥是豳地(在今陕西旬邑西南)所吹的苇籥,所吹为《诗经》之《雅》、《颂》。一说,豳人吹籥所奏之乐章。郑《注》曰:"豳人吹籥之声章。"姑从郑司

农、孙诒让说。

②吹豳诗：郑《注》曰："《豳风·七月》也。"

③田祖：最初教民稼穑之官。又叫先啬。郑《注》曰："谓神农也。"

④豳雅：据郑《注》，亦指《七月》，此盖指其首章。孙诒让曰："此经云'吹《诗》'者，谓以豳之土音为声；'吹《豳》雅'者，谓以王之正音为声；'吹《豳》颂'者，谓以宫庙大乐之音为声。其声虽殊，而为《七月》之诗则一也。"

⑤以乐田畯：田畯，又叫司啬，古代治农之官，此指农神。郑司农曰："田畯，古之先教田者。"贾《疏》曰："此田祖与田畯，所祈当同日，但位别礼殊，乐则同，故连言之也。"

⑥祭蜡：即大蜡八祭（参见《地官·党正》注）。蜡，祭名。每年十二月农事结束，祭祀各类农神。

⑦豳颂：据郑《注》，亦指《七月》，此盖指其末章。

⑧息老物：郑《注》曰："（蜡祭）求万物而祭之者，万物助天成岁事，至此为其老而劳，乃祀而老息之，于是国亦养老焉。"

【译文】

籥章掌管敲击土鼓和吹奏豳籥。每年春二月，在白天敲击土鼓，用苇籥吹奏《豳风·七月》诗，以迎接暑气的到来。每年秋八月，在夜间迎接寒气的到来时也是这样做。凡是国家祭祀田祖祈求丰年时，就要用苇籥吹奏豳雅，敲击土鼓，以使田畯感到快乐。每逢国家举行蜡祭时，就要用苇籥吹奏豳颂，敲击土鼓，以祈使衰老而疲劳的万物，以及整年操劳的农人得到休息。

三八　鞮鞻氏

1. 鞮鞻氏掌四夷之乐与其声歌，祭祀则吹而歌之①，燕亦如之②。

【注释】

①吹而歌之：据郑《注》，是吹管、籥。

②燕：此谓燕礼。

【译文】

鞮鞻氏掌管四方少数民族的舞乐及其歌唱，祭祀时就以管、籥吹奏歌唱，举行燕礼时也是这样做。

三九　典庸器

1. 典庸器掌藏乐器、庸器①。及祭祀，帅其属而设筍虡②，陈庸器③。飨、食、宾射亦如之。大丧，廞筍虡。

【注释】

①庸器：据郑《注》，谓从战败国所获钟鼎等重器。庸，功也。因刻有记功文字，故称。

②筍虡(sǔnjù)：悬挂钟磬等乐器的木架，两柱之间悬挂钟磬的横梁称筍，两边的立柱称虡。

③陈庸器：郑《注》曰："陈功器，以华国也。"按，陈庸器以壮国威。

【译文】

典庸器掌管收藏乐器和庸器。等到祭祀时，率领其下属陈列筍虡，陈列庸器。举行飨礼、食礼和宾射礼时也是这样做。遇到大丧时，陈列用来随葬的筍虡。

四○　司干

1. 司干掌舞器①。祭祀，舞者既陈，则授舞器，既舞，则受之。宾飨亦如之。大丧，廞舞器；及葬，奉而藏之。

【注释】

①舞器：据《注》《疏》，谓舞者所执羽籥（文舞时执）、干戚（武舞时执）等道具。

【译文】

司干掌管授予、收藏舞蹈器具。举行祭祀时，舞蹈者已经排列好了队伍，就授予他们舞器，舞蹈完毕后再接受舞器而收藏起来。招待宾客举行大飨礼时也是这样做。遇到大丧时，要陈列用来随葬的舞器；到下葬时，奉送到墓地并且藏于椁中。

四一　大卜

1. 大卜掌三兆之法①：一曰玉兆，二曰瓦兆，三曰原兆。其经兆之体皆百有二十②，其颂皆千有二百③。

【注释】

①三兆：兆，是龟甲经火烧灼后呈现的裂纹，卜者可据以推测吉凶。三兆，即下文玉兆、瓦兆、原兆。据郑《注》说，因兆纹分别与玉、瓦或原田上的裂纹相似，故分此三类。

②经兆之体：基本兆象。据《占人》注疏，龟甲烧灼后裂纹呈金、木、水、火、土五种基本兆象，即经兆。每种经兆又分二十四体，即经兆之体。参见《占人》。

③颂：据郑《注》，谓繇（zhòu）辞，即占辞，推断兆象吉凶的文辞。因其皆韵语，故称颂。

【译文】

大卜掌管对于三类兆象的占卜法：一是玉兆，二是瓦兆，三是原兆。每种占卜法的基本兆象，都有一百二十种，而这些兆象的繇辞都有一千二百条。

2. 掌三《易》之法：一曰《连山》[①]，二曰《归藏》，三曰《周易》。其经卦皆八[②]，其别皆六十有四[③]。

【注释】

①掌三《易》之法：易，变易义，古人认为据蓍草的分组变易可预测吉凶。三《易》，指《连山》、《归藏》、《周易》。据贾《疏》引《郑志》及《易赞》说，分别为夏、商、周三代的《易》书，即三代的占筮书。按，关于三《易》得名，《连山》，贾《疏》曰："其卦以纯《艮》为首，《艮》为山，山上山下，是名《连山》。云气出内于山，故名《易》为《连山》。"《归藏》，郑《注》曰："万物莫不归而藏于其中。"《周易》，《周易郑康成注》曰："言易道周普，无所不备。"《连山》、《归藏》二书汉初已佚，内容不详。

②经卦皆八：按，经卦即单卦、基本卦，是由三爻（爻分阴阳二种）构成，共有乾、坤、震、巽、坎、离、艮、兑八种卦形。

③其别皆六十有四：按，八经卦两两相重，可组成六十四卦，即所谓别卦、重卦。

【译文】

掌管三种《易》书的占筮方法：一叫做《连山》，二叫做《归藏》，三叫做《周易》。它们的经卦都有八个，它们的别卦都有六十四卦。

3. 掌三梦之法：一曰《致梦》，二曰《觭梦》，三曰《咸陟》[①]。其经运十[②]，其别九十[③]。

【注释】

①"掌三梦之法"四句：三梦，即下文《致梦》、《觭梦》、《咸陟》，据郑《注》，这是夏、商、周三代的占梦书。觭(qí)，通"奇"。《致梦》，谓

梦中所至之境。《觭梦》,谓奇怪之梦。《咸陟》,谓所梦皆得应
验。按,此三种占梦书今均佚。

②其经运十:运,假借作"员",数目。毛应龙引郑锷曰:"占梦之正
法有十也。"

③九十:毛应龙引郑锷曰:"一运而九变,十运而九十变,故云'经运
十,其别九十也'。"

【译文】

掌管三种梦书的占梦方法:一叫做《致梦》,二叫做《觭梦》,三叫做
《咸陟》。它们所记载的基本占法都有十种,又都变化出九十种占法。

4. 以邦事作龟之八命①:一曰征,二曰象,三曰与,四曰
谋,五曰果,六曰至,七曰雨,八曰瘳。以八命者,赞三兆、三
《易》、三梦之占,以观国家之吉凶,以诏救政。

【注释】

①作龟之八命:命,谓命龟之文辞,即将所要占卜之事制作成辞,占
卜时告知于龟。郑《注》曰:"定作其辞,于将卜以命龟也。"按,以
下八方面命辞,占筮、占梦时亦用之。

【译文】

占卜时根据国家大事制作八方面的命龟辞:一是征伐与否,二是天
象吉凶,三是是否参与某事,四是谋议可行与否,五是事情结果如何,六
是某人到达与否,七是是否下雨,八是疾病能否痊愈。用这八方面的命
辞,帮助推演三类兆象、三种《易》书和三种梦书的占卜,从而来观测国
家的吉凶,如果不吉就告诉王应如何采取补救政事的措施。

5. 凡国大贞,卜立君,卜大封,则视高作龟①;大祭祀,则

视高命龟^②；凡小事，莅卜^③。

【注释】

①视高作龟：视高，指示龟骨高起可灼烧处。郑《注》曰："视高，以
龟骨高者可灼处示宗伯也。大事宗伯莅卜，卜用龟之腹骨，骨近
足者其部高。"郑司农曰："作龟，谓凿龟令可爇也。"按，作龟，即
取龟腹甲，于高处背面凿眼（但不凿透），用火灼烤，凿处因较薄
而裂开兆纹。

②命龟：郑《注》曰："命龟，告龟以所卜之事。"

③凡小事，莅卜：大事由大宗伯莅卜，小事则由大卜莅卜。莅卜，亲
临主持占卜事。郑《注》曰："代宗伯。"

【译文】

凡是国家有大事要卜问，如卜问立新君，卜问大分封，就向大宗伯
指示龟的腹甲高起当灼的部位并且在此凿眼以便灼烤。大祭祀的卜
日，就向大宗伯指示龟的腹甲高起当灼的部位并且发布命龟辞；凡是卜
问小事情，就代替大宗伯亲临主持占卜。

6. 国大迁、大师，则贞龟^①。凡旅，陈龟^②。凡丧事，
命龟。

【注释】

①贞龟：郑《注》释"贞"为正，端正，曰："正龟于卜位也。"

②陈龟：陈列诸侯进献的宝龟。

【译文】

如果占卜国家大规模的迁移，或进行大规模的征伐，就把龟甲端正
地放在卜位上。凡是占卜举行旅祭，就要陈列龟甲。凡是占卜丧事，就

宣读命龟之辞。

四二　卜师

1. 卜师掌开龟之四兆①：一曰《方兆》，二曰《功兆》，三曰《义兆》，四曰《弓兆》。

【注释】

①开龟之四兆：四兆，龟卜兆书的四篇。郑《注》曰："开出其占书也。经兆百二十体，此言四兆者，分之为四部，若《易》之二篇。"按，基本兆象一百二十种，每三十种编为一篇，共四篇。各篇的具体内容，郑玄亦不详其实。一说，四兆谓四类兆象。姑从郑说。

【译文】

卜师掌管占卜时取出龟卜的四篇兆书：一是《方兆》，二是《功兆》，三是《义兆》，四是《弓兆》。

2. 凡卜事视高①，扬火以作龟，致其墨②。

【注释】

①视高：王与之引郑锷曰："凡卜必以龟骨可灼之高处视于莅卜之人。"

②墨：龟甲经烧灼后出现如墨线般明显的裂纹。孙诒让曰："即兆也。谓之墨者，如墨画之分明。"

【译文】

凡是有占卜之事就给主持卜事的官员指示龟甲高起当灼的部位，并把火烧旺来灼烤龟甲，直到得到明显的兆纹。

3.凡卜,辨龟之上、下、左、右、阴、阳^①,以授命龟者,而诏相之^②。

【注释】

①上、下、左、右、阴、阳:郑《注》曰:"上,仰者也;下,俯者也;左,左倪也;右,右倪也;阴,后弇也;阳,前弇也。"倪,谓低下。弇,覆盖,遮蔽。此谓甲长掩覆其体。按,据郑《注》,上谓龟行走仰头,下谓龟行走低头,左谓龟甲左侧稍斜,右谓龟甲右侧稍斜,阴谓甲后部稍长而下掩,阳谓甲前部稍长而下掩。

②诏相之:郑《注》曰:"告以其辞及威仪。"

【译文】

凡是用龟占卜,辨别龟甲形状的上仰、下俯、向左斜、向右斜、后边长、前边长,将应该用的龟甲授给命龟的人,并在一旁告知命龟之辞、协助命龟的礼仪。

四三　龟人

1.龟人掌六龟之属^①,各有名物:天龟曰灵属,地龟曰绎属,东龟曰果属,西龟曰雷属,南龟曰猎属,北龟曰若属^②,各以其方之色与其体辨之^③。

【注释】

①六龟之属:六龟,即下文天龟、地龟、东龟、西龟、南龟、北龟。属,类也。

②"天龟"六句:郑《注》曰:"龟俯者灵,仰者绎,前弇果,后弇猎,左倪雷,右倪若,是其体也。……天龟俯,地龟仰,东龟前,南龟却,西龟左,北龟右。"按,所谓天龟俯、俯者灵,惠士奇曰:"谓行低

头。"即行走时低头的龟,其甲前低。此类龟取名天龟,而名之为灵属。依五行学说(下同),天色玄,故天龟缘是玄色。所谓地龟仰、仰者绎,惠士奇曰:"谓行前头仰。"即行走仰头的龟,其甲前仰,取名地龟,而名之为绎属。地色黄,故其甲缘黄色。所谓东龟前、前弇果,谓龟甲前略长,前长则弇(掩)覆其前体,此类龟取名东龟,而名之为果属。果,通"裸"。贾《疏》曰:"此龟前甲长,后甲短,露出边,为裸露。"东方色青,故其甲缘青色。所谓南龟却、后弇猎,谓龟行走时头向左下垂,故甲后略长,后长则掩覆其后体,此类龟取名南龟,而名之为猎属。南方色赤,故其甲缘是赤色。所谓西龟左、左倪雷,是说龟甲左侧略斜,此类龟取名西龟,而名之为雷属。类,通"雷"。西方色白,故其甲缘是白色。所谓北龟右、右倪若,是说龟行走时头向右下垂,故甲右侧略斜,此类龟取名北龟,而名之为若属。北方色黑,故其甲缘是黑色。此处诸多取名,为故意神秘其事。

③各以其方之色与其体辨之:郑《注》曰:"谓天龟玄,地龟黄,东龟青,西龟白,南龟赤,北龟黑。"所谓体,即所谓俯、仰、前弇、后弇、左倪、右倪,此皆六类龟体的特征。

【译文】

龟人掌管六类龟,各自有它的名称与特征:行走低头的天龟之类叫做灵属,行走仰头的地龟之类叫做绎属,前甲略长的东龟之类叫做果属,龟甲左侧略斜的西龟之类叫做雷属,后甲略长的南龟之类叫做猎属,龟甲右侧略斜的北龟之类叫做若属,各自按照这些龟所在方位的颜色及其形体特征来辨别它们。

2. 凡取龟用秋时①,攻龟用春时②,各以其物,入于龟室。

【注释】

①取龟:谓杀龟取甲。

②攻龟:谓整治龟甲。

【译文】

凡是杀龟取甲都在秋季,整治加工龟甲都在春季,各自依照它们的名称种类,分别收进储藏龟甲的仓库。

3. 上春衅龟①,祭祀先卜②。若有祭事,则奉龟以往。旅亦如之。丧亦如之。

【注释】

①衅龟:谓杀牲取血以涂抹龟甲。

②先卜:郑《注》曰:"始用卜筮者。"

【译文】

每年春正月用牲血涂抹龟甲,祭祀发明卜筮的先人。如果有祭祀之事,就捧着龟甲而前往。举行旅祭时也是这样。有丧事时也是这样。

四四　菙氏

1. 菙氏掌共燋、契①,以待卜事。凡卜,以明火爇燋②,遂吹其焌契③,以授卜师,遂役之。

【注释】

①燋、契:燋,占卜时用以灼龟引火的苇束火炬。郑《注》曰:"燋谓炬,其存火。"孙诒让曰:"燋即未爇之烛,烛即已爇之炬。二者同物异名。"按,炬,《说文》作"苣",谓"束苇烧也"。朱骏声《说文通训定声》:"炬谓之燋,如今之火把,以苇为之。"契,刻龟甲的荆木

制凿子。(《十三经辞典·周礼卷》,页86)一说,古代在龟甲、兽骨上灼刻文字和灼刻文字用的刀具,皆称契。(《辞源》上册,页792)姑从《十三经辞典》说。郑《注》曰:"楚焞,即契所用灼龟也。"楚焞,楚,荆木。焞(tūn),《说文》段注以为是明火。孙诒让曰:"盖契龟之凿亦所以钻刻,故直谓之契也。"燋、契(楚焞),皆为占卜时灼龟用具。

②以明火爇(ruò)燋:用阳燧(类似凹透镜)在日光下取火,将燋点燃,以保存火种。

③焌(jùn),谓点火。《说文》曰:"然火也。"

【译文】

菙氏掌管供给引火、灼龟用的燋、契,以待占卜之用。凡是用龟占卜时,先用明火点燃燋,接着吹燋火点燃灼龟用的契,再把燃烧的契授给卜师,让他灼龟,然后听从卜师的吩咐以充任其助手。

四五　占人

1. 占人掌占龟①,以八筮占八颂②,以八卦占筮之八故③,以视吉凶。

【注释】

①占人掌占龟:掌占龟,占人既掌管占龟,又掌管占筮。郑《注》说,因"筮短龟长",此处主其长者而言。

②以八筮占八颂:郑《注》曰:"将卜八事,先以筮筮之。言颂者,同于龟占也。"按,所谓八事,即《大卜》所载"以邦事作龟之八命",即八方面大事。因是大事,故卜前当先筮。颂,本指龟占的繇辞,此谓筮辞,因繇辞为韵语,筮辞亦为韵语,都可名之为颂。

③以八卦占筮之八故:故,事也。郑《注》曰:"谓八事不卜而徒筮之也。"孙诒让说,占八事若王不参与,就可"徒筮",即只用筮。

【译文】

占人掌管用龟甲占卜和用蓍草占筮。占卜之前先据筮辞用蓍草占筮八事,如果只占筮而不占卜,就依八卦占筮的八事来进一步占问,来观察吉凶。

2. 凡卜筮①,君占体②,大夫占色③,史占墨④,卜人占坼⑤。

【注释】

①卜筮:用龟甲曰卜,用蓍草曰筮,此处言卜筮,实主卜言。

②体:指占卜之兆象,即龟甲上的裂纹。贾《疏》:"(兆象)谓金木水火土五种之兆。……其兆直上向背者为木兆,直下向足者为水兆,邪向背者为火兆,邪向下者为金兆,横者为土兆。是兆象也。"

③色:谓兆气。《春官·太卜》郑《注》曰:"体有五色。五色者,《洪范》所谓曰雨、曰济、曰圛、曰蟊、曰克。"按,《史记·宋世家》集解引郑玄《书注》曰:"卜五占之用,谓雨、济、圛、雾、克也。……雨者,兆之体,气如雨然也。济者,如雨止之云气在上者也。圛者,色泽而光明也。雾者,气不释,郁冥冥也。克者,如祲气之色相犯也。"

④墨:郑《注》曰:"兆广也。"即较粗而明显的兆纹,如树干者。

⑤坼(chè):谓龟甲裂纹之细小纹路。郑《注》曰:"兆璺(xìn)也。"

【译文】

凡是卜筮,国君观察兆象的吉凶,大夫观察兆气的善恶,史官观察兆的粗大裂纹,卜人观察兆的细小裂纹。

3. 凡卜筮既事,则系币以比其命①。岁终,则计其占之中否。

【注释】

①系币以比其命:郑《注》曰:"谓既卜筮,史必书其命龟之事及兆于册,系其礼神之币,而合藏焉。"按,币,帛也,荐神所用。比,并也。命,谓命龟辞。

【译文】

凡卜筮完毕,就把进献神的帛和记录在简策上的命辞及兆象,系在一起收藏起来以对照命辞是否应验。每到年终,就要统计全年卜筮的结果应验与未应验的各有多少。

四六　筮人

1. 筮人掌三《易》,以辨九筮之名:一曰《连山》,二曰《归藏》,三曰《周易》;九筮之名,一曰巫更,二曰巫咸,三曰巫式,四曰巫目,五曰巫易,六曰巫比,七曰巫祠,八曰巫参,九曰巫环①:以辨吉凶。

【注释】

①"一曰巫更"九句:郑《注》曰:"此九'巫'读皆当为'筮'。更,谓筮迁都邑也。咸,犹金也,谓筮众心欢不也(即民众是否欢喜拥护某项举措)。式,谓筮制作法式也(即国家采用某种制作法式当否)。目,谓事众筮其要所当也(即有关民众最重要的事是什么)。易,谓民众不说(悦),筮所改易也(即民众所不喜悦的事当如何改易更张)。比,谓筮与民和比也(即如何与民众和好协同)。祠,谓筮牲与日也(谓祭祀之牲与日期)。参,谓筮御(驾车

人)与右(车右)也。环,谓筮可致师(挑战,用兵)不也。"是谓占筮不同的事项,有不同的名称,以上凡九事,故有九名。如筮迁都就叫"筮更",筮"致师"就叫"筮环",等等。

【译文】

筮人掌管三种《易》书,以辨别九筮的名称:一是《连山》,二是《归藏》,三是《周易》;九筮的名称,一是筮更,二是筮咸,三是筮式,四是筮目,五是筮易,六是筮比,七是筮祠,八是筮参,九是筮环:用以辨别吉凶。

2. 凡国之大事,先筮而后卜。

【译文】

凡是国家大事,先占筮而后占卜。

3. 上春相筮①。凡国事共筮。

【注释】

①相筮:筮,此指占筮所用蓍草。郑《注》释"相"为择,曰:"谓更选择其蓍也。"

【译文】

每年春正月选择蓍草。凡是占筮国事就负责供给蓍草。

四七　占梦

1. 占梦掌其岁时观天地之会①,辨阴阳之气②。以日月星辰占六梦之吉凶③:一曰正梦④,二曰噩梦⑤,三曰思梦⑥,四曰寤梦⑦,五曰喜梦⑧,六曰惧梦⑨。

【注释】

①天地之会：日月所会之次。一年中日月交会十二次，其交会点每月在不同之次，如正月会于诹訾之次，二月会于降娄之次，三月会于大梁之次，十二月日月会于玄枵之次，等等。吕飞鹏曰："当指日月所会之次而言。"按，次谓十二次，日依次而行；月与日每月交会一次，当天即朔日（初一）。

②阴阳之气：盖谓五行之相生相克。

③日月星辰：郑《注》曰："谓日月之行及合辰所在。"即日月运行的度数和交会的位置，如在十二次的某次、二十八宿的某宿等。

④正梦：正常状态下做的梦。郑《注》曰："无所感动，平安自梦。"

⑤噩梦：因惊愕而得梦。杜子春曰："'噩'当为惊愕之'愕'，谓惊愕而梦。"

⑥思梦：因有所思念而得梦。郑《注》曰："觉时（白天）所思念之而梦。"

⑦寤梦：即白日之梦。郑《注》曰："觉时道之而梦。"孙诒让曰："盖觉时有所见而道其事，神思偶涉，亦能成梦。"

⑧喜梦：因喜悦而得梦。郑《注》曰："喜悦而梦。"

⑨惧梦：因恐惧而得梦。郑《注》曰："恐惧而梦。"

【译文】

占梦掌管每年四季观察日月的交会，辨别五行的相生相克。依据做梦时日月星辰运行度数、交会位置来占测六类梦的吉凶：一是正梦，二是噩梦，三是思梦，四是寤梦，五是喜梦，六是惧梦。

2. 季冬，聘王梦①，献吉梦于王②，王拜而受之。乃舍萌于四方③，以赠恶梦④。遂令始难欧疫⑤。

【注释】

①聘王梦：聘，问也。俞樾曰："聘王梦，为王求吉梦也。"

②献吉梦：是将全年所占吉梦的记录献于王。

③舍萌：即释菜。谓行释菜之礼。郑《注》曰："舍，读为释。舍萌犹
　释采（菜）也。古书释菜、释奠多作'舍'字。萌，菜始生也。"

④赠：郑《注》曰："送也。"

⑤令始难欧疫：郑《注》曰："令，令方相氏也。……（方相氏）帅百隶
　为之欧疫疠鬼也。"难，通"傩"（nuó），腊月驱逐疫鬼的仪式。欧，
　假借为"殴"，驱也。

【译文】

冬季十二月，问王所梦以为王占卜来年吉凶，并且把全年所占王的
吉梦献给王，王先拜而后接受。于是在四方行释菜之礼，以求送走噩
梦。接着令方相氏开始驱逐疾疫之鬼。

四八　视祲

1. 视祲掌十辉之法①，以观妖祥②，辨吉凶：一曰祲③，二
曰象④，三曰镌⑤，四曰监⑥，五曰暗⑦，六曰瞢⑧，七曰弥⑨，八
曰叙⑩，九曰隮⑪，十曰想⑫。

【注释】

①辉（yùn）：同"晕"。指太阳周围的光气圈、气晕。

②妖祥：妖，恶也。祥，善也。

③祲：郑司农曰："阴阳气相侵也。"

④象：谓云气构成某种具体的形象。据郑司农说，谓有云如众赤鸟
　在日旁。

⑤镌（xī）：一种锥形的解结工具。谓日旁云气作刺日状。郑司农
　曰："谓日旁气四面反乡（向），如辉状也。"

⑥监：谓日上下、两旁都有云气内向，似监守太阳状。郑司农曰：

"云气临日也。"

⑦暗：谓白天无日，黑暗无光。郑司农曰："日月食也。"

⑧瞢(méng)：谓虽有日而暗淡无光。郑司农曰："日月瞢瞢无光也。"

⑨弥：郑司农曰："白虹弥天也。"一说，孙诒让引徐养原曰："弥、迷同音相通。"姑从郑司农说。

⑩叙：郑司农曰："云有次序，如山在日上也。"

⑪隮(jī)：谓彩虹。郑司农曰："升气也。"

⑫想：郑司农曰："辉光也。"孙诒让曰："亦谓光气可想象也。"

【译文】

视祲掌管观察十种日旁气晕之法，以观察善恶的征兆，辨别吉凶：一是祲，二是象，三是鑴，四是监，五是暗，六是瞢，七是弥，八是叙，九是隮，十是想。

2. 掌安宅叙降①。正岁则行事，岁终则弊其事②。

【注释】

①叙降：郑《注》曰："次序其凶祸所下，谓禳移之。"

②弊：评判，决定。郑《注》曰："断也，谓计其吉凶然否、多少。"

【译文】

掌管安定居宅、依次占测凶祸所降之地而进行禳除、迁移。每年夏历正月就开始进行安定居宅的事，年终就评判全年安定居宅的情况并总计应验多少。

四九　大祝

1. 大祝掌六祝之辞，以事鬼神示，祈福祥，求永贞①：一曰顺祝②，二曰年祝③，三曰吉祝④，四曰化祝⑤，五曰瑞祝⑥，

六曰策祝^⑦。

【注释】

①永贞：谓长享正命、永得吉祥。郑《注》曰："永，长也。贞，正也。……历年得正命也。"

②顺祝：祈祷丰年之祝。郑司农曰："顺丰年也。"

③年祝：祈祷年年吉利之祝。郑司农曰："求永贞也。"

④吉祝：祈祷多福之祝。郑司农曰："祈福祥也。"

⑤化祝：祈祷逢凶化吉之祝。郑司衣曰："弭灾兵也。"

⑥瑞祝：郑司农曰："逆（迎）时雨、宁风旱也。"

⑦策祝：祈祷远离犯罪、无病灾之祝。郑司农曰："远罪疾。"

【译文】

大祝掌握六种祝告辞，用于祭祀人鬼、天神和地神，祈求福祥，祈求永得正命吉利而无邪：一是顺祝，二是年祝，三是吉祝，四是化祝，五是瑞祝，六是策祝。

2. 掌六祈以同鬼神示^①：一曰类^②，二曰造，三曰禬，四曰禜，五曰攻，六曰说。

【注释】

①祈：郑《注》曰："祈，嘆也，谓为有灾变，号呼告神以求福。"六祈，即下文类、造、禬、禜、攻、说六种祈祷祭祀。同鬼神示：郑《注》曰："天神、人鬼、地祇不和，则六疬作见，故以祈礼同之。"

②类：及下文造、禬、禜、攻、说，皆祭名。类、造二祭之礼亡，今不可考。禬（guì），是为祈祷禳除疬疫病灾而举行的祭祀。禜（yíng），是为祈祷攘除水旱等灾祸而举行的祭祀。攻、说，郑《注》曰："以

辞責之。"盖亦为攘灾而责疠鬼,其详今皆不可考。

【译文】

掌握六种祭祀祈祷法以协调人鬼、天神和地神的关系:一是类祭,二是造祭,三是禬祭,四是禜祭,五是攻祭,六是说祭。

3. 作六辞,以通上下、亲疏、远近:一曰祠①,二曰命②,三曰诰③,四曰会④,五曰祷⑤,六曰诔⑥。

【注释】

①祠:谓得体的应酬话。郑司农曰:"当为辞,谓辞令也。"孙诒让曰:"谓朝聘往来交接之辞令。"

②命:亦辞,谓外交辞令。

③诰:是上对下发布的一种告诫、勉励文辞。

④会:郑《注》曰:"谓会同盟誓之辞。"

⑤祷:郑《注》曰:"贺庆言福祚之辞。"

⑥诔:是总述死者一生德行以示哀悼的祭告之辞。

【译文】

制作六类文辞,以沟通上下、亲疏、远近的人:一是朝聘往来交接之辞,二是外交辞令,三是上对下的告诫、劝励之辞,四是会同盟誓之辞,五是贺庆祝福之辞,六是概括死者生平以示哀悼的诔辞。

4. 辨六号①:一曰神号②,二曰鬼号③,三曰示号④,四曰牲号⑤,五曰粢号⑥,六曰币号⑦。

【注释】

①号:祭祀时所用美称。

②神号：对天神的美号。据郑《注》，如称至上神为"皇天上帝"。

③鬼号：对人鬼的美号。据郑《注》，如称某祖为"皇祖伯某"。

④示号：对地祇的美号。据郑《注》，如称地神为"后土地祇"。

⑤牲号：对牺牲的美号。如《礼记·曲礼》称牛曰一元大武，羊曰柔毛，鸡曰翰音等。

⑥粢号：对粢盛的美号。谓祭祀用谷。如《曲礼》称黍曰香合，粱曰香萁，稻曰嘉疏等。

⑦币号：对礼神的礼品的美号。币谓玉帛。郑《注》曰："若玉云嘉玉，币(帛)云量币。"

【译文】

辨别六种祭祀时所用的尊美的称号：一是神的美号，二是人鬼的美号，三是地神的美号，四是牺牲的美号，五是谷物的美号，六是玉帛的美号。

5. 辨九祭①：一曰命祭②，二曰衍祭③，三曰炮祭④，四曰周祭⑤，五曰振祭⑥，六曰擩祭⑦，七曰绝祭⑧，八曰缭祭⑨，九曰共祭⑩。

【注释】

①九祭：皆谓食前祭。

②命祭：即堕祭。接受祝的命令之后，佐食(即佐尸食者)负责为尸取下当祭的食物授给尸，再由尸祭之。据凌廷堪《释例》卷五《周官九祭解》曰："谓堕祭也。堕祭，必祝命之，故曰命祭。"按，命祭是九祭中礼最重的一种。

③衍祭：祭祀名。有四说：一、郑玄以为衍当为延，延祭即主人延客(引导客人)进行食前祭祀，主人先祭，客人后祭。衍，通"延"，引导。孙诒让赞同郑玄说。二、郑司农以为即羡祭，道中以食物祭

祀野鬼。三、李光坡释衍为酳（yìn，食后以酒漱口），谓为饮酒之祭祀。凌廷堪说，即祭酒，用酒行食前祭礼。凡接受献酒皆当祭，其法，左手执爵，右手舀取少许酒倒在豆间地下。四、夏炘谓以勺子舀取羹祭祀。姑从郑玄说。

④炮祭：即包祭、兼祭，谓豆间已有祭物，又以他物置入，兼而祭之。炮，通"包"，兼。郑《注》曰："炮，字当为'包'。……包犹兼也。"凌廷堪曰："笾实为糗饵，豆实为菹醢，则用兼祭。豆笾同祭，故谓之兼祭。"

⑤周祭：即遍祭。谓将所有佳肴，依次一一祭之。郑《注》曰："周，犹遍也。"

⑥振祭：据《注》《疏》，即将所当祭的食物先擩（rǔ，即醮一下）醢或盐，然后取出在手中振动几下，尝一尝，再放在豆间以示祭祀。

⑦擩祭：将笾中的肉脯取出一点，放在醢里蘸一下，然后放在盛脯的笾和盛醢的豆之间。郑《注》曰："振祭、擩祭本同，不食者擩则祭之，将食者既擩必振乃祭也。"按，所谓食与不食，即尝与不尝。不尝则不振，擩毕即置于豆间，即所谓擩祭。

⑧绝祭：据郑司农说，谓掐断肺的末端以祭。绝，掐断。

⑨缭祭：亦谓将肺的末端掐断以祭，但此前要用手从肺的底部抚摸至肺的末端。缭，扭断。郑司农曰："以手从持肺本循之至于末，乃绝以祭也。"按，缭祭、绝祭的区别，在于是否循本。

⑩共祭：即供祭、授祭。祭者不亲自取所祭食品，而由他人将祭品递来。共，通"供"，供给。《注》曰："共犹授也。王祭食，宰夫（孙诒让以为当作膳夫）即授祭。"

【译文】

辨别九种食前祭礼：一是命祭，二是衍祭，三是包祭，四是周祭，五是振祭，六是擩祭，七是绝祭，八是缭祭，九是共祭。

6. 辨九拜,一曰稽首①,二曰顿首②,三曰空首③,四曰振动④,五曰吉拜⑤,六曰凶拜⑥,七曰奇拜⑦,八曰襃拜⑧,九曰肃拜⑨,以享、右祭祀⑩。

【注释】

①稽首:九拜之一。先拱手下地,而后叩头下地。为九拜最恭敬者,多为君臣之礼。秦蕙田《通考·吉礼六十二》引郑锷曰:"稽之为言久也,拜头至地,其留甚久,此拜之最重者也。"

②顿首:九拜之一,为男子之正拜。双膝跪地,拱手俯身,手、首、心三者平行,再下俯以首急遽叩地,至地即举。顿,击也。秦蕙田引郑锷曰:"顿之为言暂也,头虽叩地,顿而便起,不久留焉,此稍重者也。"段玉裁曰:"何以谓之头至手? 既跪而拱手,而头俯至手,与心平,是之谓头至手。头不至于地,是以谓之空首,对稽首、顿首之头着地而言也。"

③空首:九拜之一。又叫拜。郑《注》曰:"拜头至手,所谓拜手也。"贾《疏》曰:"先以两手拱至地,乃头至手,是为空首也,以其头不至地,故名空首。"段玉裁《经韵楼集·释拜》曰:"何以谓之头至手也? ……既跪而拱手,头俯至于手,与心平,是之谓头至手。头不至于地,是以《周礼》谓之空首。"

④振动:九拜之一。其说有四:郑司农以为,"以两手相系也";郑玄以为,郑《注》曰:"战栗变动之拜",即谓有所感动悚栗而拜;凌廷堪据杜子春注以为,"振动,即丧礼拜而后踊(顿足跳跃)也";孙诒让以为,"疑即拜仪之应乐节者也。乐师教乐仪,云环拜以钟鼓为节,盖吉拜之最繁者,当与乐节相应,故有振动之仪。"姑从孙说。即与音乐节拍相应的拜礼。

⑤吉拜:谓尚左手之拜。孙诒让说,凡常时之拜皆尚左手,即左手放在右手上而拜。

⑥凶拜：谓尚右手之拜。孙诒让说，居丧时之拜，皆尚右手。

⑦奇拜：谓一拜。奇(jī)，数目不成双的。段玉裁《释拜》曰：“谓一拜也。奇者，不耦也。凡经言拜，不言再拜者，皆谓一拜也。”

⑧褒拜：谓再拜以上之拜。褒，大也。黄以周曰：“古人行礼，多用一拜。其或再拜以加敬，三拜以示遍，皆为褒大之拜。”段玉裁《释拜》曰：“谓再拜以上也。褒者，大也，有所多大之辞也。”

⑨肃拜：九拜之一。屈膝跪地，双手下垂不至于地而头微俯。为妇人所行之常礼。段玉裁《释拜》曰：“妇人之拜也。”孙诒让曰：“盖跪而微俯其首，下其手，则首虽俯不至于手，手虽下不至地也。”按，对九拜的解释，异说颇多，此处仅略释以备参。

⑩以享、右祭祀：右，通“侑”，劝也，谓劝尸进食。郑《注》曰：“享，献也，谓朝献、馈献也。右，读为‘侑’，侑劝尸食而拜。”按，献，谓向尸献酒。王祭礼当九献，此处唯举二礼为例。所谓劝侑尸食，王祭礼，尸食十五饭(即一共吃十五口饭)，当吃毕十一饭后，尸要“告饱”，祝要行拜礼侑食，劝尸继续吃饭，直至尸食足十五饭而止。贾《疏》曰：“此九拜不专为祭祀，而以祭祀结之者，祭祀事重，故举以言之。”

【译文】

辨别九种跪拜的礼节：一是稽首，二是顿首，三是空首，四是振动，五是吉拜，六是凶拜，七是奇拜，八是褒拜，九是肃拜，用于祭祀祖宗进献祭品时向尸献酒和劝侑尸吃饭。

7. 凡大禋祀、肆享、祭示①，则执明水、火而号祝②。

【注释】

①禋祀：谓祭祀天神。郑《注》曰：“祭天神也。”(参见《春官·大宗伯》注)肆享：谓祭祀祖庙。肆谓剔解牲体，享是庙祭的通名。

②明水、火：明水、明火。明水，即夜间用铜盘承接的露水。明火，指用阳燧（类似凹面镜）在日光下取火。《秋官·司烜氏》曰："掌以夫遂取明火于日，以鉴取明水于月。"

【译文】

凡是用大裸祀祭祀天神、剔解牲体祭祀宗庙、祭祀地神，就手执明水、明火而告知各种祭祀名号、向神祝告。

8. 隋衅、逆牲、逆尸①，令钟鼓。右亦如之②。

【注释】

①隋衅：郑《注》曰："谓荐（进献）血也。凡血祭曰衅。"孙诒让曰："《说文·肉部》云：'隋，裂肉也。'血祭必先杀牲，故取割裂之义。"

②右：通"侑"。

【译文】

当向祖先进献牲血、迎取祭祀用牲、迎接尸的时候，就命令钟师等击鼓钟鼓，劝侑尸吃食时也是这样。

9. 来瞽，令皋舞①，相尸礼②。既祭，令彻。

【注释】

①来瞽，令皋舞：皋，通"号"，谓呼叫。据郑《注》，来、皋皆呼人进入之声。

②相尸礼：郑《注》曰："延（请）其出入，诏其坐作（起）。"

【译文】

呼喊瞽者进来歌唱奏乐，并下令呼喊舞者进来表演舞蹈，教导尸如何行礼。祭祀结束了，下令彻除祭器、祭品。

10.大丧，始崩，以肆鬯涗尸^①，相饭^②，赞敛，彻奠^③；言甸人读祷^④，付、练、祥^⑤，掌国事^⑥。

【注释】

①以肆鬯涗尸：肆，陈也，谓陈尸。鬯，郁鬯。郑《注》曰："肆鬯，所为陈尸设鬯也。"涗，浴尸。

②饭：谓饭含。

③彻奠：据贾《疏》，谓彻始死奠、小敛奠和大敛奠。

④言甸人读祷：郑《注》曰："言，犹语也。……甸人丧事代王受眚灾，大祝为祷辞语之，使以祷于藉田之神也。"按，甸人即甸师，有王丧代王受眚灾的职责。参见《甸师》。

⑤付、练、祥：付，通"祔"，祭名。指卒哭后次日，将新死者按昭穆附于祖庙。参见《小宗伯》注。练，即小祥祭，人死一周年举行的祭名，孝子除去缞服，穿上白素之练服。祥，谓大祥祭，人死两周年举行的祭名。孝子除去孝服，生活恢复正常。

⑥掌国事：郑《注》曰："辨护之。"据贾《疏》，谓大祝于祔、练、祥之时，供其祭物，相其礼仪。按，祔、练、祥皆国事，故曰大祝"掌国事"。

【译文】

大丧，王刚刚驾崩时，为陈尸设郁鬯香酒并用以浴尸，辅助行饭含礼，协助大敛、小敛，依次撤除奠祭物；既殡之后，制作并告诉甸师读代王受灾祸的祈祷之辞；到了举行祔祭、小祥祭和大祥祭时，掌管供给祭物、指教礼仪等有关事务。

11. 国有大故、天灾①,弥祀社稷②,祷,祠③。

【注释】

①大故、天灾:大故,此谓兵寇之灾。郑《注》曰:"大故,兵寇也。天灾,疫疠、水旱也。"

②弥:表示统括,遍。郑《注》曰:"犹遍也。"

③祷,祠:祷,祈祷,向神许愿。祠,向神还愿。郑《注》曰:"既则祠之以报焉。"贾《疏》曰:"以其始为曰祷,得求曰祠,故以报赛(亦报)解祠。"

【译文】

如果国家有大的变故或天灾,就要遍祀社稷,并举行祈祷之祭,事后则要向神祭祀还愿。

12. 大师,宜于社①,造于祖②,设军社③,类上帝,国将有事于四望④,及军归献于社,则前祝⑤。

【注释】

①宜:祭名,或是祈求适宜之祭。其详不可考。《尔雅·释天》曰:"起大事,动大众,必先有事乎社而出,谓之宜。"《尔雅》此句邢昺疏:"言国家起发军旅之大事,以兴动其大众,必先有祭祀于此社而后出行,其祭之名谓之为宜。"按,刘信芳怀疑近期楚地出土文献中的"祷"(《包山楚简》200、《望山楚简》—112、119)、"宜祷"(《望山楚简》—50)、"弋祷"(《葛陵简》乙四82)等,与古代"宜"祭相类,云:"祷,疾病祈祷之仪,仅见于楚出土文字资料,祭主多为先祖,祭品多为特牲。"可参考。(刘信芳《楚系简帛释例》,页258)

②造：及下文类，皆祭名。

③设军社：参见《小宗伯》注。

④有事：谓祭祀。

⑤前祝：郑《注》曰："大祝居前，先以祝辞告之。"

【译文】

王亲征，要用宜祭祭祀社神，用造祭祭祀祖先，在军中设立军社，并要用类祭祭祀上帝，国家将要祭祀四方名山大川，以及军队出征凯旋向社神献捷时，就要在祭祀神灵前先致以祝告辞。

13. 大会同，造于庙，宜于社。遇大山川，则用事焉。反行舍奠①。

【注释】

①舍奠：即释奠，祭名。用于庙社、山川、征伐等事。舍，通"释"。

【译文】

遇到有大会同，就要到宗庙举行造祭，到社举行宜祭。前往会同途中经过大山川，就要进行祭祀。返回以后就要举行释奠之礼，大祝都掌管其事并负责祝告。

14. 建邦国，先告后土，用牲币。

【译文】

分建诸侯国，大宗伯负责事先告祭社神后土，而大祝则用牲和玉帛做祭品。

15. 禁督逆祀命者①。颁祭号于邦国、都鄙②。

【注释】

①逆祀命：祀命，祀令，国家所颁祀典的规定。郑《注》曰："王之所
　命，诸侯之所祀，有逆者，则刑罚焉。"

②祭号：郑《注》曰："六号。"

【译文】

禁止和督察诸侯中是否有违背祭祀命令的。向各诸侯国、王畿各
采邑颁发有关祭祀的六种名号。

五〇　小祝

1. 小祝掌小祭祀①，将事侯、禳、祷、祠之祝号②，以祈福
祥，顺丰年，逆时雨，宁风旱，弥灾兵③，远罪疾。

【注释】

①小祭祀：即指下文侯、禳、祷、祠等祭。

②侯、禳、祷、祠：侯，祈求福祥之祭。内容即下文"祈福祥，顺丰年，
　逆时雨"。禳，禳除灾害之祭。禳的内容即下文"宁风旱，弥灾
　兵，远罪疾"。祷、祠，参见《大祝》注。

③弥：停息，防止。郑《注》曰："读曰'敉'(mǐ)，敉，安也。"孙诒让
　曰："经凡云弥者，并取安息御止之义。"

【译文】

小祝掌管在举行小祭祀时，来负责侯祭、禳祭、祈祷和报福之祭时
的祝辞、祭祀的名号，来祈求福祥，祈求年成丰收，迎接时雨，消除风旱，
消弭灾祸兵乱，远离罪戾和疾病。

2. 大祭祀，逆粢盛①，送逆尸，沃尸盥，赞隋，赞彻，赞奠。

【注释】

①逆粢盛：迎取祭祀用的黍稷。孙诒让曰："逆粢盛当有两次，一在祭日之晨，所逆者未炊之米也；一在六献后，尸将入室时，所逆者已炊之食。"

【译文】

举行大祭祀时，协助小宗伯迎取盛在祭器中的谷物，迎尸、送尸，浇水为尸洗手，协助尸行隋祭，协助大祝下令撤除祭器，协助安放祭祀用的酒爵。

3. 凡事佐大祝。

【译文】

凡事都要协助大祝来做。

4. 大丧，赞涗，设熬①，置铭②。及葬设道赍之奠③，分祷五祀④。

【注释】

①设熬：熬，炒熟的谷物。参见《地官·舍人》注。

②铭：郑司农曰："书死者名于旌。"按，旌即死者生前的旗，死后书名其上，以作为棺柩的标志。

③道赍之奠：在送葬道中陈牲体以祷告五方之神。赍，赍送也。郑《注》曰："赍犹送也。送道之奠，谓遣奠也。"按，遣奠，即大遣奠，谓临出葬前为死者所设奠祭礼。

④分祷五祀：五祀，谓中霤（主堂室之神）、国门（主城门之神）、国行（主行路之神）、户（门神）、灶（灶神）等小神。郑《注》曰："分其牲

体以祭五祀,告王去此宫(指殡宫)中,不复反,故兴祭祀也。王
七祀,祀五者,司命、大厉,平生出入不以告。"按,据《礼记·祭
法》,王七祀指祭祀司命(宫中小神)、中霤、国门、国行、泰厉(古
代帝王无后者之鬼)、户、灶等七神。此谓分出设遣奠的牲体,以
祭五祀。

【译文】

有大丧,要协助大祝沐浴尸体,殡棺时在棺柩旁边放置炒熟的谷
物,设置铭旌。等到将出葬时置遣奠,并分出牲体以祭祀五祀。

5. 大师,掌衅、祈、号、祝①。有寇戎之事,则保郊祀
于社②。

【注释】

①衅:即以牲血涂鼓。郑司农曰:"谓衅鼓也。"

②保郊祀于社:贾《疏》曰:"保、祀互文,……郊社皆守而祀之。"孙
诒让曰:"于社,犹言及社。"

【译文】

王率领大军亲征,则掌管衅鼓、祈祷、祭祀的名号和宣读祝告辞。
如果有寇贼或外敌入侵的事,就要负责进行祭祀和守护四郊的群祀坛
域及社坛。

6. 凡外内小祭祀、小丧纪、小会同、小军旅①,掌事焉。

【注释】

①"凡外内"至"小军旅":据贾《疏》,外小祭祀,谓祭祀林泽、四方百
物;内小祭祀,谓宫中祭祀七祀等;小丧纪,孙诒让说,谓王之夫

人、子弟及公卿大夫之丧礼；小会同，谓王不亲往，而使卿大夫与
诸侯会同；小军旅，谓王不亲征，而派遣卿大夫率军出征。

【译文】

凡外内小祭祀、小丧祭、小会同、小征伐，皆由小祝掌管有关祈祷祝
号的事。

五一　丧祝

1. 丧祝掌大丧劝防之事①。及辟，令启②。及朝，御柩，
乃奠③。及祖④，饰棺，乃载⑤，遂御⑥。及葬，御柩出宫⑦，乃
代⑧。及圹，说载，除饰。小丧亦如之。掌丧祭祝号。王吊，
则与巫前⑨。

【注释】

①劝防：柩车行进时，告诫引柩车者放置棺柩倾跌。郑《注》曰：
"劝，犹倡帅前引者。防，谓执披备倾戏（亏）。"按，倡帅犹言指
挥。前引谓在前拉柩车者。披，指拴系在柩车上棺柩两侧的帛
带，柩车行路时，有人在两旁执披，以防因颠簸致使棺柩倾斜。

②及辟，令启：郑司农曰："辟，谓除蕝（cuán，丛也）涂椁也。令启，
谓丧祝主命役人开之也。"按，天子殡棺时，要在棺周围丛集堆积
树枝，此即蕝；然后用泥巴涂封起来，算作是椁，谓之涂椁。到葬
前启殡时，则令人除去蕝涂，谓之辟。

③及朝，御柩，乃奠：朝，谓出葬前行朝庙礼，即葬前将棺柩运到祖
庙，犹如活人出门远行，要到祖庙行告庙礼一样。御，谓将载棺
柩的輴车拉至庙，而丧祝执纛居前指挥其事。奠，谓因迁柩朝庙
而设奠祭礼。

④祖：一种祭名。出行时祭祀路神。此谓丧柩始行将葬而设奠，称

祖奠。

⑤饰棺，乃载：贾《疏》曰："既载乃饰。……此先云'饰棺'，后言'乃载'者，直取便文，非行事之次第。"饰棺，参见《天官·缝人》。

⑥遂御：为出葬做准备而御。按，饰棺后，将把车辕朝内的柩车车头调转朝外。这一行动由丧祝指挥。

⑦出宫：谓柩车出祖庙。据贾《疏》，柩车出庙，丧祝在车前退行指挥拉柩车。

⑧乃代：郑《注》曰："丧祝二人相与更也。"

⑨与巫前：参见下文《男巫》。

【译文】

丧祝掌管大丧出葬时指挥拉柩车者、执披者以防护柩车的事。到了需要除去殡棺外的涂封物时，就下令开启棺殡。等到要迁柩行朝庙礼时，则指挥运载棺柩前往祖庙，于是设置朝庙奠。等到要设祖奠时，就装饰棺柩，将棺柩装载到柩车上，接着执蠹走在前面，指挥柩车调头前进。等到要出葬时，就指挥拉柩车出庙，于是由另一个丧祝换班接替指挥。到达墓穴处，就把棺柩从柩车上卸下来，除去棺饰。遇有小丧事时也是这样做。掌管丧祭中的祝告辞和各种美号。如果王外出到群臣家里去吊唁，就要手执笤帚与手执桃枝的男巫一道走在王前面为王驱除不祥的邪气。

2. 掌胜国邑之社稷之祝号①，以祭祀、祷、祠焉②。

【注释】

①胜国邑之社稷：参见《地官·媒氏》注。

②祭祀、祷、祠：贾《疏》曰："祭祀谓春秋正祭，祷，祠谓国有故（而祭）。祈请求福曰祷，得福报赛曰祠。"

【译文】

掌管对被灭之国的社稷的祝辞和各种名号,以对它进行祭祀、祈祷福佑和事后的报祭还愿。

3. 凡卿大夫之丧,掌事而敛、饰棺焉。

【译文】

凡是卿大夫的丧事,掌管有关的事项并负责尸体入殓和装饰棺枢等。

五二　甸祝

1. 甸祝掌四时之田表貉之祝号①,舍奠于祖庙、祢亦如之②。

【注释】

①表貉:兵祭名。立望表以行貉祭。古代田猎或出征前,立望表于营前或阵前以祭神。祭祀造兵之神黄帝、蚩尤。(参见《肆师》注)。

②舍奠:即行释奠礼(参见《大祝》注)。祢:父庙。

【译文】

甸祝掌管四季田猎在立表处举行貉祭时拟制的祝告辞和各种名号,出发之前要在祖庙和祢庙行释奠礼时也要这样做。

2. 师甸①,致禽于虞中②,乃属禽③。及郊,馌兽④,舍奠于祖祢⑤,乃敛禽⑥。禂牲、禂马⑦,皆掌其祝号。

【注释】

①师甸：师，众也。郑《注》曰："师田，谓起大众以田也。"

②虞中：树有虞旗的田猎处的中央（参见《天官·兽人》注）。

③属禽：郑《注》曰："别其种类。"

④馌兽：馌，馈赠，进献。郑《注》曰："馌，馈也。以所获兽馈于郊，荐于四方群兆。"（参见《小宗伯》注）

⑤舍奠于祖祢：据《注》《疏》，是以所获禽牲荐庙，并报告田猎返回。

⑥敛禽：谓收取百分之三十所获禽兽送交腊人，作为原料制作祭祀用的脯腊。郑《注》曰："谓取三十入腊人也。"按，其余的猎获物，贾《疏》曰："入宾客庖厨。"

⑦禂牲、禂马：禂（dǎo），祭名。为牲畜无疾病、肥壮而祭祷。郑《注》曰："杜子春云：'禂，祷也。为马祷无疾，为田祷多获禽。'……玄谓禂，读如伏诛之'诛'，今'侏大'字也。为牲祭，求肥充；为马祭，求肥健。"按，《集韵·虞韵》曰："侏，大也。"此为肥大义。一说，禂，同"祷"。俞樾《群经平议·周官二·甸甸》："禂字盖即祷之古文。"孙怡让引曾钊曰："禂即祷别体。"姑从郑说。

【译文】

举行大田猎，当把所获猎物集中到树有虞旗的田猎处的中央时，便给猎物分门归类。返回时来到国郊，就用所猎获的禽兽馈祭国郊四方的群神，回到都城又用所猎获的兽在祖庙、祢庙行释奠礼，挑选三十头禽牲缴纳给腊人以备作为原料制作脯腊。用禂祭祭所猎获的禽牲祈祷多获禽兽，用禂祭祭马祈祷马不生病，都要掌管祝告辞和各种名号。

五三　诅祝

1. 诅祝掌盟、诅、类、造、攻、说、禬、禜之祝号①。

【注释】

①盟、诅：郑《注》曰："盟、诅主于要誓，大事曰盟，小事曰诅。"又说自盟、诅以至禬、禜八者，皆祝告神明之辞。按，类、造以下六者，参见《大祝》。

【译文】

诅祝掌管制作盟、诅、类、造、攻、说、禬、禜的祝告辞和各种美号。

2. 作盟、诅之载辞①，以叙国之信用，以质邦国之剂信②。

【注释】

①作盟、诅之载辞：盟、诅，皆为对神盟誓。据郑《注》，大事的盟誓称盟，小事的盟誓称诅。载辞，将文辞记载到盟书契约上。郑《注》曰："为辞而载之于策。"

②质邦国之剂信：质，成也。剂，契约，证券。贾《疏》曰："谓要券。"按，要券即券书，确定买卖信用关系的凭证，此泛指各种券书。

【译文】

写作盟、诅的誓词而记载到简策上，以申述王国的信用，以促成诸侯国券书的信任，如同对契约的信任。

五四　司巫

1. 司巫掌群巫之政令。

【译文】

司巫掌管有关群巫的管理政令。

2. 若国大旱，则帅巫而舞雩①。国有大灾，则帅巫而造巫恒②。

【注释】

①舞雩：雩，求雨之祭。《公羊传》桓公五年何《注》曰："雩，旱请雨祭名。……使童男女各八人，舞而呼'雩'，故谓之雩。"

②造巫恒：郑《注》曰："恒，久也。巫久者，先巫之故事。"按，其故事即前辈巫师做事成例。盖记录在册可造往而视之。

【译文】

如果国家发生大旱，就率领群巫跳舞而进行雩祭。国家如果发生重大灾祸，就率领群巫翻阅先辈巫师攘除同类灾情的旧例以便仿效。

3. 祭祀，则共匰主及道布①，及蒩馆②。凡祭事，守瘗③。凡丧事，掌巫降之礼。

【注释】

①匰（dān）主及道布：匰，宗庙安放神主的竹制器具。《说文》曰："宗庙盛木主器也。"《广雅·释器》云："筒乜。"孙诒让引黄以周曰："于祭时设之，平时在石函，无匰。"按，木主即死者的木制牌位，亦名神主。据孙诒让说，宗庙木主盛在石匰（即所谓石室）中，当祭祀时从石匰中取出，而盛于匰中，以授大祝，祭毕还当藏之于石匰中。道布，祭神时所设之巾，以供神自洁。孙诒让曰："生人有巾以自洁清，故祭时亦得为神共之。"

②蒩（zū）馆：蒩，草垫，祭祀时用以盛放黍稷等祭品。参见《地官·乡师》注。馆，祭祀时盛放祭品的筐。郑《注》曰："所以承藉，谓若今筐也。"

③守瘗（yì）：祭祀地神时，将牲币埋在地下，设人负责守护。瘗，掩
　　埋，埋葬。此谓埋牲币以祭地。

【译文】

举行祭祀时，就供给盛放木主的匮以及神所用的布巾，以及盛放草
垫用的筐。凡是用埋沉方法祭地神的祭祀，负责守护瘗埋在地下的牲
币。凡是丧事，掌管巫下神之礼。

五五　男巫

1. 男巫掌望祀、望衍授号①，旁招以茅②。

【注释】

①望祀、望衍授号：望祀，祭名，遥望四方名山大川之祭。郑《注》
　　曰："望祀，谓有牲、粢盛者。"望衍，祭名，遥望延请神灵。郑《注》
　　曰："衍，读为'延'，声之误也。"又曰："延，进也，谓但用币致其
　　神。"孙诒让曰："但用币，则无牲及粢盛也。致其神，即是进而礼
　　之，故云望延。然则望衍与望祀神同，唯礼有详略耳。"一说，杜
　　子春以为"望衍"即"衍祭"。姑从郑说。授号，方苞《集注》曰：
　　"授奉祭者以神之号。"

②旁招：旁，谓四方。招，郑《注》曰："招四方之所望祭者。"

【译文】

男巫掌管在举行望祀、望延时接受诅祝所授给应祭之神的名号，用
茅作旌向四方招呼所望祭之神。

2. 冬堂赠①，无方无筭②。春招弭③，以除疾病。

【注释】

①冬堂赠：据郑《注》，冬谓岁终；赠，送走。谓以礼送不祥及恶梦；送必由自堂始，故曰堂赠。

②无方无筭：无方，不分方向。无筭，距离不分远近。筭，"算"的借字。郑《注》曰："当东则东，当西则西，可近则近，可远则远，无常数。"

③招弭：据郑《注》，招谓招福；弭读为"敉"，安也，谓安凶祸。

【译文】

每年岁终举行堂赠之祭以送走不祥和恶梦，所送的方向和远近则不确定。每年春季以礼招求福祥，安息灾祸，以除去疾病。

3. 王吊，则与祝前。

【译文】

王到群臣家里吊唁，就手执桃枝与手执苕帚的丧祝走在王前面以驱除凶邪不祥之气。

五六　女巫

1. 女巫掌岁时祓除、衅浴①。

【注释】

①岁时祓除、衅浴：岁时，曾钊曰："岁时，谓岁之良时。"祓除，祭名，谓除灾去邪的祭礼。岁首于宗庙社坛行之，三月于水滨行之。《说文》曰："祓，除恶祭也。"郑《注》曰："岁时祓除，如今三月上巳如水上之类。"衅浴，衅假借为"薰"，薰谓香草。郑《注》曰："衅浴，谓以香薰草药沐浴。"

【译文】

女巫掌管每年在一定时节举行以除灾去邪的祓祭，以及用香草煮水沐浴以洗去不洁。

2. 旱暵①，则舞雩。

【注释】

①旱暵(hàn)：干旱。暵，贾《疏》曰："谓热气也。"

【译文】

发生旱灾，就跳舞以求雨。

3. 若王后吊①，则与祝前②。

【注释】

①王后吊：据孙诒让说，是吊唁诸侯夫人或公卿之妻。

②祝：据贾《疏》，谓女祝。

【译文】

如果王后外出吊唁，就要手执桃枝与手执笤帚的女祝走在王后前面以驱除凶邪不祥之气。

4. 凡邦之大灾，歌哭而请。

【译文】

凡是国家发生了重大灾祸，就要或者悲歌或者号哭而请求神灵消除灾祸。

五七　大史

1. 大史掌建邦之六典，以逆邦国之治；掌法以逆官府之治；掌则以逆都鄙之治①。凡辨法者考焉②，不信者刑之③。

【注释】

①"大史"四句：此处的典、法、则，即大宰所掌建之"六典（治典、教典、礼典、政典、刑典、事典）、八法（官属、官职、官联、官常、官成、官法、官刑、官计）、八则（祭祀、法则、废置、禄位、赋贡、礼俗、刑赏、田役）"（参见《天官·大宰》第1、2、3节），据《注》《疏》，大史是从大宰处"迎受其治职文书"而掌之。

②辨法者考焉：辨，用法同"辩"，争讼，争辩。辨法者，郑《注》释为争讼者。贾《疏》曰："案上文，大史既受邦国、官府、都鄙治职文书，其三者之内，有争讼来正之者，大史观其辨法，得理考之。"

③不信者：理亏的一方。信，通"伸"，直也。

【译文】

大史掌握大宰所建王国的六典，以迎受天下各诸侯国上报的关于治理情况的文书；掌握八法以迎受各官府上报的关于治理情况的文书；掌握八则以迎受各采邑上报的关于治理情况的文书。凡各邦国、官府、采邑因六典、八法、八则发生争讼的就据法考其是非，理亏的一方就要加以惩罚。

2. 凡邦国、都鄙及万民之有约剂者藏焉①，以贰六官，六官之所登②。若约剂乱，则辟法③，不信者刑之。

【注释】

①约剂：作为凭据的契约文书。郑《注》曰："要盟之载辞及券书也。"

②六官之所登：郑《注》曰："其有后事，六官又登焉。"孙诒让说，后事谓约剂有所更改，又登更改后抄写副本登之大史。

③辟法：辟，打开。贾《疏》曰："为之开府库考按其然否。"

【译文】

凡是各邦国、采邑和民众相互间订有契约券书的就负责收藏，用来作为六官所藏正本的副本，如果契约券书有所更改，又收藏六官所上报的副本。如果有违背契约券书的，就打开契约券书副本加以按验，不守约而理屈的一方就要加以处罚。

3. 正岁年以序事①，颁之于官府及都鄙。颁告朔于邦国②。闰月，诏王居门终月③。

【注释】

①正岁年以序事：正岁年，即通过置闰，协调阴、阳历的岁、年之间的误差。郑《注》曰："中数曰岁，朔数曰年。中、朔大小不齐，正之以闰。"按，中谓中气，即阴历每月的第二个节气，如立春为正月的节气，惊蛰即为正月中气。所谓中数，即指今年某中气到明年该中气的天数，如今年冬至（是十一月的中气）到明年冬至，是365.25天，实即地球绕太阳一周的时间，即一个太阳年，此即岁，古人谓之中数，今人谓之阳历。朔，谓阴历每月初一，是日月交会之日。朔数即十二次日月交会的天数，也即阴历的十二个月，其天数为354天（比一个太阳年少11.25天），此即年，古人谓之朔数，今人谓之阴历。通过置闰协调岁、年间的误差，即"正之以闰"。序事，郑《注》曰："定四时，以次序授民时之事。"

②颁告朔于邦国：据郑众说，即将下一年十二个月的朔政（每月的

天文、节气、候应,及据之制订的政令)布告于诸侯。

③门:郑《注》曰:"谓路寝门也。"

【译文】

用置闰调整岁和年的误差而制订历法,以便排出一年各季节民众应做事情的顺序,并向各官府和采邑颁布。年终颁布下一年十二个月的朔政给天下各诸侯国。逢闰月,就告诉王一整月都居住在路寝门内听政。

4. 大祭祀,与执事卜日①。戒及宿之日②,与群执事读礼书而协事③。祭之日,执书以次位常。辨事者考焉④,不信者诛之。

【注释】

①与执事卜日:郑《注》曰:"执事,大卜之属。与之者,当视墨。"视墨,参见《占人》注。

②戒及宿之日:戒,谓祭前十日告诫百官,宿谓祭前三日申诫百官。

③读礼书而协事:礼书,记载礼法之书。协,协同,协助。协事,郑《注》曰:"协,合也。合谓习录所当共之事也。"习,谓演习。

④辨事者:孙诒让说,与前"辨法"义同,亦谓以事争讼者。

【译文】

举行大祭祀,与掌卜事的官吏一起占卜吉日。告诫百官那天和申诫那天,都要同众多参与祭祀事务的官员一起阅读礼书而演习、记录所当办的事情。到了祭祀那天,要手执礼书来安排助祭诸臣依照常礼所当站立的位次。有因祭祀事务争讼的就根据礼书审核判断,违礼的一方就要加以责罚。

5. 大会同朝觐①，以书协礼事。及将币之日②，执书以诏王。大师，抱天时与大师同车③。大迁国，抱法以前④。大丧，执法以莅劝防⑤，遣之日读诔⑥。凡丧事考焉⑦。小丧赐谥⑧。凡射事，饰中，舍筭⑨，执其礼事。

【注释】

①大会同朝觐：参见《天官·大宰》注。

②将币：奉献玉帛等财物。将，送也。孙诒让曰："凡言将币者，皆指授玉。"

③抱天时与大师同车：抱，谓占验。天时，亦称式、栻，是占卜天时的器具。其形上圆象天，下方象地，四周刻二十八星宿、十二月次、干支等。按，1977年安徽阜阳双古堆1号汉墓出土一个汉代式盘，是有年代可考的最早的一件。孙诒让曰："盖以观台占候仪器自随。"大师，瞽官之长。按，《大师》曰："大师，执同律以听军声，而诏吉凶。"是亦主占事，故大史与之同车。

④法：郑《注》曰："司空营国之法也。"

⑤劝防：参见《丧祝》注。

⑥遣：谓大遣奠，是对死者的最后一次祭奠。（参见《小祝》注）。遣者，送也。因其祭品丰盛，故称。

⑦凡丧事考焉：郑《注》曰："为有得失。"

⑧小丧：据郑《注》，谓卿大夫之丧。一说，惠士奇说，谓诸侯之丧。姑从郑说。

⑨饰中，舍筭：中，是木制伏兽形盛筭器（筭，射筭，计算射中次数的筹码）。中的形制，《礼记·投壶》孔《疏》曰："刻木为之，状如兕、鹿而伏，背上立圆圈以盛筭。"饰，谓洗刷之。舍，通"释"。释筭，即将中里的筭释之于地，以计射中次数。

【译文】

遇到诸侯大会同和诸侯来朝觐王,也要事先依照礼书演习并记录所当行的礼事。到了诸侯向王进献玉那天,要手执礼书告知王应如何行礼。遇到王亲自率军出征,要占验天象吉凶,就抱持占卜天时的式与大师同乘一车。遇到国都大迁徙,就要抱持司空营建国都之法前往。遇到大丧时,要执掌丧葬之法而亲临指挥拉柩车者和执披者防护柩车的事,举行大遣奠那天宣读诔辞。凡是丧事要考察礼数是否得体。遇到小丧,负责赐予死者谥号。凡有举行射箭比赛的事,要刷洗盛算的中,从中里取算放在地上来统计射中的次数,并执掌有关的礼事。

五八　小史

1. 小史掌邦国之志①,奠系世②,辨昭穆。若有事,则诏王之忌讳③。

【注释】

①邦国之志:郑司农曰:"志,谓记也。"孙诒让曰:"谓掌王国及畿内侯国之史记。"

②奠系世:奠,确定,规定。郑司农曰:"小史主定之,瞽矇讽诵之。"参见《瞽矇》注。

③忌讳:死日和名字。郑司农曰:"先王死日为忌,名为讳。"

【译文】

小史掌管王国和王畿内侯国的史记,确定帝系和世本,辨别其中的昭穆次序。如果王有事到宗庙中祈祷祭祀,就告诉王先王的忌日和名讳以免触犯。

2. 大祭祀,读礼法①,史以书叙昭穆之俎簋②。

【注释】

①礼法：贾《疏》说，即上文《大史》的"礼书"。

②俎簋：两种祭器。俎用以盛牲体，簋用以盛黍稷。郑《注》曰："牲与黍稷。"

【译文】

举行大祭祀，大史与有关官吏读礼法书，小史要按照礼法书的规定排好昭穆、俎簋的次序。

3. 大丧、大宾客、大会同、大军旅①，佐大史。凡国事之用礼法者，掌其小事②。

【注释】

①大宾客、大会同、大军旅：大宾客指来朝诸侯，大会同指王亲自参加会同，大军旅指王亲征。

②小事：与"大事"相对而言，可随文而释。王应电曰："若小祭祀、小丧纪、小宾客、小军旅及燕射。"

【译文】

遇到有大丧、大宾客、大会同、大征伐时，就佐助大史行事。凡是王国的事要使用礼法的，就单独掌管其中小事所涉及的礼法。

4. 卿大夫之丧，赐谥、读诔。

【译文】

卿大夫的丧事，负责依据王的命令赐予谥号、宣读诔辞。

五九　冯相氏

1. 冯相氏掌十有二岁①，十有二月②，十有二辰③，十日^④，二十有八星之位^⑤，辨其叙事，以会天位^⑥。冬夏致日，春秋致月^⑦，以辨四时之叙。

【注释】

①十有二岁：即指太岁十二年绕天一周。岁，谓太岁。又叫岁阴、太阴。郑《注》曰："岁，谓大（太）岁。"按，古人以为岁星（即木星）十二年运行一周天（实为 11.86 年），故将黄道十二等分，以岁星所在的部分作为岁名以纪年，如某年岁星运行到星纪之次，此年就记作"岁在星纪"：此称"岁星纪年法"。但岁星运行方向自西向东，与将黄道分为十二支（即子丑寅卯等）的方向相反，使用不便。于是古人又虚构出一个岁星（即太岁）承担纪年任务，而运行则和真岁星方向相反。如某年岁星运行到玄枵之次，太岁便运行到大火之次，当十二辰的卯，此年记作"太岁在卯"：此称"太岁纪年法"。

②十有二月：指十二个朔望月，即月球绕地球十二周的时间，即阴历的一年，约 345.37 天。

③十有二辰：谓十二地支，即子、丑、寅、卯、申、酉、戌、亥、辰、巳、午、未。辰，郑《注》曰："斗所建之辰。"按，古人依照十二辰把天空分为十二个方位，北斗星绕北极星旋转，其斗柄正好一年旋转一周，分别指向十二辰之位，如夏历二月斗柄指向卯，此月即称建卯之月。

④十日：谓一旬的十天，称十天干，即甲、乙、丙、丁、戊、己、庚、辛、壬、癸。

⑤二十有八星：即二十八宿。古人把位于黄道附近的二十八个星宿作为观察日月五星运行位置的坐标，即东方苍龙七宿：角、亢、氏、房、心、尾、箕；北方玄武七宿：斗、牛、女、虚、危、室、壁；西方白虎七宿：奎、娄、胃、昴、毕、觜、参；南方朱雀七宿：井、鬼、柳、

星、张、翼、轸。其由西向东,把一周天分成二十八个不等分。

⑥会天位:郑《注》曰:"会天位者,合此岁、日、月、辰、星宿五者,以为时事之候。"孙诒让曰:"谓推岁、日、月、辰、星宿五者所在次度,合而课之,以推时之早晚,为行事之候,若后世推步家所为。"

⑦"冬夏致日"二句:冬夏春秋,分指冬至、夏至、春分、秋分。孙诒让说,此处所论"即《典瑞》土圭以致四时日月之法",即测度日、月影的长短,以判定时节是否来临(参见本篇《典瑞》注)。

【译文】

冯相氏掌管观测十二年绕天一周的太岁、一年十二次盈亏的月亮、斗柄所指的十二辰、一旬的十日、日月五星所在二十八宿的位置,辨别和排列年月时节朔望等历法的事,而据以安排农事,以推算日月五星等天体运行、会合的情况。冬至、夏至那天,立表测度日影的长短,春分、秋分那天,立表测度月影的长短,据以辨别四季的代序是否正常。

六○　保章氏

1. 保章氏掌天星,以志星、辰、日、月之变动①,以观天下之迁,辨其吉凶。

【注释】

①以志星、辰:志,记也,谓记之于简策。星,谓五星。即金、木、水、火、土五星。辰,星次。农历每月月朔日月交会,其交会于天空中星辰所在的位置谓之星次。

【译文】

保章氏掌管观测天上的星象,以记录星、辰、日、月的变动、交会,据以观测天下的变化,辨别这种变化的吉凶。

2. 以星土辨九州之地①，所封封域皆有分星，以观妖祥②。

【注释】

①星土：郑《注》曰："星所主土也。"星所主土，即星宿的分野。按，古人根据地上的区域来划分天上的星宿，把天上的星宿分别指配于地上的州国，说某星是某国的分星，或某某星宿是某某州国的分星；反之，某某州国也即是某某星宿所主，或某某星宿的分野。如《史记•天官书》将二十八宿分配于地上的九州，曰"角、亢、氐，兖州。房、心，豫州。尾、箕，幽州"，等等。又如《淮南子•天文训》将二十八宿分指地上的列国，曰："角、亢，郑。房、氐、心，宋。尾、箕，燕"，等等。

②以观妖祥：据郑《注》，观察妖祥的办法是，看该分野是否出现客星、彗星，有则主凶，无则主吉。

【译文】

根据星宿的分野来辨别九州的地域，所分封诸侯国的封域都有自己的分星，通过观察分星据以观测妖祸吉祥的预兆。

3. 以十有二岁之相①，观天下之妖祥②。

【注释】

①十有二岁之相：十有二，谓十二次。岁，谓岁星，也指太岁。相，视也，孙诒让曰："谓可视而占者，即前《注》云'赢缩圜角'。"按，赢缩谓运行的快慢，圜角谓光芒的明暗。

②观天下之妖祥：据郑司农说，似乎哪个国家位于太岁所在，岁星所居的分野，就有福祥。其并举例说："吴伐越。越得岁而吴伐

之,必受其凶。"

【译文】

根据岁星历经十二次运行一周天时的星象,来观测天下的妖祸吉祥。

4. 以五云之物①,辨吉凶、水旱降丰荒之祲象②。

【注释】

①五云之物:五种日旁云气的颜色。物,郑《注》曰:"色也。视日旁云气之色。"

②水旱降丰荒之祲象:郑《注》曰:"降,下也,知水旱所下之国。"祲,阴阳相侵形成的云气,能显示灾祥征兆。祲象,五色云气所显示的吉凶迹象。

【译文】

根据日旁五种云气的颜色,来辨别能预兆吉凶、水旱所降以及年成丰歉的阴阳相侵形成的迹象。

5. 以十有二风①,察天地之和、命乖别之妖祥②。

【注释】

①十有二风:郑《注》曰:"十有二辰皆有风。"十二辰,在此实指十二月。

②察天地之和、命乖别:和,和谐、和顺义,与"乖别"对举,乖别则不和,故郑《注》曰:"吹其律以知和不。"命,告知。按,古人把乐律和历法联系起来,以十二乐律分配于十二月。到某月即吹某种律管,察风声与律声是否和谐,据以判断天地之气是

否和谐。

【译文】

根据十二个月的风情，来观测天地之气的和谐与否，告知乖戾不和
等所蕴含的妖祸福祥预兆。

6. 凡此五物者，以诏救政，访序事①。

【注释】

①"凡此五物者"三句：凡此五物，指上文五种占验天象的方法。诏
救政，孙诒让说："盖兼修德（修养德行）、修政（改良政治）、修救
（采取补救措施）言之。"访序事，郑《注》曰："访，谋也。……谋今
时天时占相所宜，次序其事。"

【译文】

凡是以上所述五种占验方法，用以报告王采取多种措施补救政治
失误，谋议并依次安排好所应做的事情。

六一　内史

1. 内史掌王之八枋之法①，以诏王治：一曰爵，二曰禄，
三曰废，四曰置，五曰杀，六曰生，七曰予，八曰夺。

【注释】

①内史掌王之八枋之法：枋，通"柄"。八柄，天子驾驭臣下的八种
手段，本是大宰所建（参见《天官·大宰》），内史居官中协助大宰
诏王，故郑《注》说"大宰据以诏王，内史又居中贰之"。

【译文】

内史协助大宰掌管王驾驭群臣的八种权柄的运用之法，用以告知

王的治理群臣：一是爵位，二是俸禄，三是废黜官职，四是安置官职，五是诛杀，六是赦免死罪，七是赐予，八是剥夺。

2. 执国法及国令之贰^①，以考政事，以逆会计。

【注释】

①"执国法"句：国法，王国的法律条文。据郑《注》，谓六典、八法、八则。按，国法的正本掌于大宰，内史则掌其副本。国令，王所下达的政令。孙诒让说，此指先王及今王下达到畿内的政令。

【译文】

执掌国法和王所下达政令的副本，据以考核各诸侯国、官府和采邑的政事，据以接受并核查他们的会计文书以便据以施行诛赏。

3. 掌叙事之法^①，受纳访以诏王听治^②。

【注释】

①叙事之法：即"序事之法"。郑《注》曰："叙，六叙也。……六叙六曰'以叙听其情'。"（参见《天官·小宰》第3节）据郑《注》，此"叙事之法"由内史协助小宰掌之。

②纳访：访，谋议。郑《注》曰："纳访，纳谋于王也。"

【译文】

掌管根据尊卑次序安排百官向王奏事之法，接纳群臣的谋议并转告给王作为听断处理政务的参考。

4. 凡命诸侯及孤卿大夫，则策命之。凡四方之事书，内史读之。王制禄，则赞为之，以方出之。赏赐亦如之。内史

掌书王命，遂贰之。

【译文】

凡是策命诸侯以及孤卿大夫，就受王命拟写策书加以任命。凡是四方诸侯有事请示的文书，由内史宣读给王听。王制订俸禄，就帮助王起草文书，写在方版上宣示出去。当王有所赏赐时也是这样做。内史掌管书写王的命令，接着便抄写副本以备参考。

六二　外史

1. 外史掌书外令。

【译文】

外史掌管撰书王下达给畿外的命令，并保存副本以备参考。

2. 掌四方之志①，掌三皇五帝之书②。

【注释】

①四方之志：四方诸侯的史记。据郑《注》，如鲁之《春秋》，晋之《乘》。

②三皇五帝之书：《左传》称之为《三坟》、《五典》，今皆不存。郑《注》曰："楚灵王所谓《三坟》、《五典》。"三皇五帝所指有多说。据郑《注》，三皇为伏牺、女娲、神农。据司马迁说，五帝为黄帝、颛顼、帝喾、帝尧、帝舜。

【译文】

掌管四方诸侯国的史记，掌管三皇五帝时的典籍。

3. 掌达书名于四方^①。

【注释】

①达书名于四方：书名，谓文字。郑《注》引或说曰："古曰名，今曰字，使四方知书之文字，得能读之。"孙诒让曰："谓以书名（文字）制形声，达之四方，使通其音义，即后世字书之权舆也。"

【译文】

掌管将统一规范的文字定本传达到四方各国。

4. 若以书使于四方^①，则书其令。

【注释】

①书：与下文"令"互文，皆谓王的书面命令。

【译文】

如果王派遣使者手持王的命令出使四方诸侯，就负责书写王的命令而将之授给使者。

六三　御史

1. 御史掌邦国、都鄙及万民之治令，以赞冢宰^①。凡治者受法令焉。掌赞书。凡数从政者^②。

【注释】

①"御史"二句：谓掌治其文书，以赞冢宰。冢宰即大宰。

②凡数从政者：凡数，《释文》作"数凡"，孔继汾、洪颐煊等赞同作"数凡"。郑《注》曰："自公卿以下至胥吏凡数，及其见在空缺者。"从政者，谓自公卿至胥徒所有在官府工作的人员。

【译文】

御史掌管有关各诸侯国、采邑以及民众治理方面的命令文书,以协助冢宰进行治理。凡是从事治理的官吏都从御史那里收受书面的法令条文。掌管帮助王起草命令。统计所有从政人员的数目。

六四　巾车

1. 巾车掌公车之政令①,辨其用与其旗物,而等叙之,以治其出入②。

【注释】

①公:朝廷,公家。郑《注》曰:"犹官也。"

②出入:贾《疏》曰:"冬官造车讫,来入巾车,又当出封同姓之等亦是也。"

【译文】

巾车掌管有关公家车辆的政令,辨别它们的用途和其上所当建树的旌旗种类,区别不同等级、尊卑次序而按等次使用,管理车辆的接受和派出。

2. 王之五路:一曰玉路①,锡②,樊缨十有再就③,建大常④,十有二斿⑤,以祀;金路,钩⑥,樊缨九就,建大旂⑦,以宾,同姓以封⑧;象路,朱⑨,樊缨七就,建大赤⑩,以朝,异姓以封⑪;革路⑫,龙勒⑬,条缨五就⑭,建大白⑮,以即戎,以封四卫;木路⑯,前樊鹄缨⑰,建大麾⑱,以田,以封蕃国⑲。

【注释】

①玉路:郑《注》曰:"以玉饰诸末。"贾《疏》曰:"凡车上之材,于末头

皆饰之。"按,以下金路、象路二车仿此。

②钖(yáng):又称当卢,马额上的半月形饰物,以韦(熟牛皮)为之而镂饰之以金。郑《注》曰:"钖,马面当卢刻金为之,所谓镂钖也。"

③樊缨十有再就:樊,是"鞶"(今作"繁")的借字。《说文》曰:"鞶,马髦(即马鬣,马颈上的长毛)饰也。"缨,系于马胸的革带装饰。孙诒让曰:"以削革缀于鞶,而下复绕胸而上,则似冠缨;缨之下有垂饰,则似冠緌。"就,一圈。孙诒让曰:"众采备匝为一就。"十有再就,郑《注》曰:"玉路之樊及缨,皆以五彩罽饰之十二就。"按,罽(jì),一种毛织品。就,匝也,

④大常:是一种正幅上画有日月徽号的旗。正幅下边缀有十二根旒(飘带),旒上画有龙。

⑤斿(liú):同"旒",旗正幅旁的飘带状饰物。

⑥钩:马颔下的装饰物。郑《注》曰:"娄颔之钩也。"孙诒让曰:"凡马颔间亦皆有革络,更以金饰之,则谓之钩也。""盖即句曲维娄马颐颔之鞁(bèi)具。"按,句曲谓弯曲如钩,维娄即拴系,颐颔即马的颔部,鞁具是马首及马身装备等套车用器之总称。郑《注》又曰:"金路无钖有钩,亦以金为之。"

⑦大旂(qí):旂,同"旗",是一种画有交龙徽号、缀有九根飘带的旗。

⑧同姓:同族兄弟。郑《注》曰:"同姓以封,谓王子母弟率以功德出封。"按,上博楚简逸诗《多薪》:"多人多人,莫奴(如)(兄)(弟)。……[多人多人,]莫奴(如)同生(姓)。"可参考。(刘信芳《楚简帛通假汇释》,页568)

⑨朱:郑《注》曰:"象路无钩,以朱饰勒而已。"按,勒即笼头,朱饰盖画为朱色。

⑩大赤:一种画有隼鸟徽号、缀有七根飘带的旗。又名旟(yú)。金榜曰:"大赤即鸟隼(sǔn,鸟名,凶猛善飞。亦称"鹘")。"

⑪异姓:指婚姻之亲。郑《注》曰:"王甥舅。"

⑫革路:即蒙有漆饰之革(犀牛皮)而无其他装饰的车。郑《注》曰:
"鞔之以革而漆之,无他饰。"按,鞔(mán),蒙,覆盖。

⑬龙勒:即駹勒,用杂饰以白黑二色的兽皮制成的马勒(笼头)。
龙,当作"駹(máng)",谓杂有白黑二色毛的牲口。郑《注》曰:
"龙,駹也。以白黑饰韦杂色为勒。"

⑭条缨:条,通"绦(tāo)",用丝线编织成的花边或扁平的带子或绳
子,可装饰衣物。郑《注》曰:"条,读为'绦'。其樊及缨以绦丝饰
之而五成。不言'樊'字,盖脱尔。"

⑮大白:一种画有熊虎徽号、缀有五根飘带的旗。金榜曰:"大白即
熊虎。"

⑯木路:车上不蒙犀牛皮,只漆成黑色。郑《注》曰:"不鞔以革,漆
之而已。"

⑰前樊鹄缨:用浅黑色牛皮饰樊,用白色牛皮饰缨。前,通"靲",谓
浅黑色。鹄,《释文》曰:"白也。"郑《注》曰:"前,读为缁靲之
'靲'。靲,浅黑也。木路无龙勒,以浅黑饰韦为樊,鹄色饰韦为
缨。不言就数,饰与革路同。"

⑱大麾:又名旐(zhào),一种画有龟蛇徽号、缀有四根飘带的旗。
金榜曰:"大麾即龟蛇。"

⑲蕃国:建于九州之外的国家,包括夷服、镇服、蕃服。受封于天
子,为九州之藩篱屏障。《大行人》:"九州之外谓之蕃国。"

【译文】

王的五种车:一是玉路,驾车的马有用金镂饰的当卢,还有繁和缨
均以五彩毛织品缠绕十二匝作装饰,车上树着大常旗,大常旁饰有十二
根飘带,用以祭祀;二是金路,驾车的马身上装饰有金饰的钩,还有樊和
缨均以五彩毛织品缠绕九匝作装饰,车上树大旂旗,用于会见宾客,赏
赐同姓诸侯;三是象路,驾车的马身上配有朱饰的笼头,还有樊和缨均

以五彩毛织品缠绕七匝作装饰,车上树着大赤旗,用于每天上朝,赏赐异姓诸侯;四是革路,驾车的马身上配有白黑二色皮革做成的马笼头,还有樊和缨均以五彩丝绦缠绕五匝作装饰,车上树着大白旗,用于军事,用于赏赐守卫四方的诸侯;五是木路,驾车的马身上有浅黑色牛皮装饰的樊和白色牛皮装饰的缨,车上树着大麾旗,用于田猎,用于赏赐九州外的蕃国诸侯。

3. 王后之五路:重翟①,锡面,朱总②;厌翟③,勒面,缋总④;安车⑤,雕面,鹥总⑥,皆有容盖⑦;翟车⑧,贝面,组总⑨,有握⑩;辇车⑪,组挽⑫,有翣⑬,羽盖⑭。

【注释】

①重翟:车名。车两旁遮风尘的蔽(又叫藩)用双层翟羽为饰,故称。翟(dí),雉(野鸡)也,在此指雉羽。贾《疏》曰:"凡言翟者,皆谓翟鸟之羽,以为两旁之蔽。言重翟者,皆二重为之。"

②锡面,朱总:锡,参见上节注。总,车马上的装饰物,以丝带为之(参见注⑥)。郑司农曰:"总著马勒直两耳与两镳。"贾《疏》曰:"凡言总者,谓以总为车马之饰,若妇人之总,亦既系其本,又垂为饰,故皆谓之总也。"按,用总作装饰的有笼头、两耳、两镳、车衡、车轴的两头等处。

③厌翟:车名。车两旁的蔽亦用翟羽作为装饰,但翟羽根部排列互相迫近。贾《疏》曰:"谓相次以厌其本。"按,厌,通"压",谓车两旁用作遮罩的翟羽,上一排的羽稍压着下一排的羽根,下一排的羽稍又压着再下一排的羽根,即"相次压其本"。

④勒面,缋总:勒面,也指锡,而用白黑二色的牛皮作装饰。郑《注》曰:"谓以如王龙勒之韦,为当面饰也。"按,当面,孙诒让说即当卢。缋,郑《注》曰:"画文也。"

⑤安车：妇人坐乘的小车。郑《注》曰："坐乘车。凡妇人车皆坐乘。"贾《疏》曰："王后五路皆是坐乘，独此得安车之名者，以余车有重翟、厌翟、翟车、辇车之名之称，此无异物之称，故独得安车之名也。"

⑥雕面，鹥总：雕面，谓在油漆过的牛皮上雕刻图案作为钖的装饰。郑《注》曰："雕者，画之。"面，即当面，亦即当卢。鹥（yī），鸥鸟名，其羽青黑色，在此指代缯色。郑司农曰："鹥总者，青黑色，以缯为之。"

⑦容盖：容，据郑《注》，即车帗裳。按，帗裳之上有盖，帗裳自盖之四旁垂而下，故曰容盖。

⑧翟车：车旁饰以翟羽的车。郑《注》曰："不重不厌，以翟饰车之侧耳。"

⑨贝面，组总：贝面，郑《注》曰："贝饰勒之当面也。"组总，贾《疏》曰："以组绦为之。"按，组绦即丝带。

⑩幄：通"帽"，车上的帷幕。《释名·释床帐》曰："幄，屋也，以帛衣板，施之形如屋。"

⑪辇车：是一种无装饰、靠人力拉行的小车。郑《注》曰："辇车不言饰，后居宫中从容（无事时）所乘，但漆之而已。"

⑫组挽：以丝带为辇之挽绳。据郑《注》，辇车是人拉的车，组挽供人执以拉车所用。

⑬有翣：郑《注》曰："所以御风尘。"按，翣如大扇，孙诒让曰："盖亦为大羽扇，树车两旁，故可以御风尘与？"

⑭羽盖：羽毛作盖，遮挡阳光。郑《注》曰："以羽作小盖，为翳（遮蔽）日也。"

【译文】

王后的五种车：一是重翟，驾车的马面部有用金镂饰的当卢，马勒两侧缀饰着红色的丝带；二是厌翟，驾车的马面部有杂饰黑白二色的韦做的当卢,马勒两侧缀饰着画有花纹的丝带;三是安车,驾车的马面部有雕刻装饰的当卢,马勒两侧缀饰着青黑色的丝带,以上三种车上都设有容盖;四是翟车,驾车的马面部有用贝壳装饰的当卢,马勒两侧缀饰着丝带,车上设有帷幕,没有上边的盖子;五是辇车,备有拉车用的丝带,车两旁设有遮挡风尘的翣扇,车上设有羽毛做的车盖。

4. 王之丧车五乘:木车①,蒲蔽②,犬裱③,尾囊④,疏饰⑤,小服皆疏⑥;素车⑦,梦蔽⑧,犬裱,素饰⑨,小服皆素;藻车⑩,藻蔽,鹿浅裱⑪,革饰⑫;駹车⑬,雚蔽⑭,然裱⑮,髹饰⑯;漆车⑰,藩蔽⑱,豻裱⑲,雀饰⑳。

【注释】

①木车:天子五丧车之一。即素木之车,未经油漆的丧车,粗布为饰。是新天子始遭丧时所乘,车上备有兵器。郑《注》曰:"不漆者。"

②蒲蔽:用蒲叶做成的系于车厢两旁遮蔽风尘的帘子。蔽,郑《注》曰:"车旁御风尘者。"

③犬裱(mì):裱,同"幭"。古代白犬皮制成的车前横木上的覆盖物。郑《注》曰:"犬,白犬皮。既以皮为覆笭,又以其尾为戈戟之弢。"郑司农曰:"犬皮为覆笭。"按,覆笭,即车前横木上的覆盖物。

④尾囊(gāo):囊,盛兵器的戈戟套,用白犬皮的尾部做成。郑《注》曰:"既以皮(指白犬皮)为覆笭,又以其尾为戈戟之弢。"

⑤疏饰:用粗布镶边作装饰。疏,粗也。郑《注》曰:"粗布饰二物之侧缘。"

⑥小服皆疏:小服,装刀剑等短兵器的套子。服,通"箙"。郑《注》曰:"小箙,刀剑短兵之衣。"孙诒让曰:"亦以犬皮为之,而缘以疏

布也。"

⑦素车:据郑《注》,天子五丧车之一,用白垩土涂为白色的车。车上不放长兵器。

⑧梦蔽:用麻布织成的系于车厢两旁遮蔽风尘的帘子。梦,苴麻(结子的麻)。此谓苴麻织成的布。郑《注》曰:"梦,读为'蔄',蔄麻以为蔽。"

⑨素:及下文"皆素"的"素",据郑《注》,皆指白缯。

⑩藻(zǎo)车:天子五丧车之一,以青色土涂车,以青色缯为车帷。小祥以后天子所乘。藻,同"藻",据郑《注》,一种苍色的水草,在此指代苍色。

⑪鹿浅禩:夏天新生浅毛的鹿皮。

⑫草:郑《注》曰:"以所治去毛者缘之。"

⑬駹车:天子五丧车之一,只在车两旁有漆饰。为服丧二十五月"大祥"时所乘。駹,黑白相杂之色。郑《注》曰:"駹车,边侧有漆饰也。"

⑭萑(huán):郑《注》曰:"细苇席也。"

⑮然:郑《注》曰:"果然也。"按,果然,兽名,据丁晏说,似猿,皮毛白色,杂有黑文。

⑯髤(xiū):据郑《注》,是一种赤而微黑的皮革。

⑰漆车:天子五丧车之一。漆以黑漆之车。为禫时天子所乘。郑《注》曰:"黑车也。"贾《疏》曰:"凡漆不言色者,皆黑。"

⑱藩蔽:据孙诒让说,用漆成黑色的细苇席做成的系于车厢两旁遮蔽风尘的帘子。藩,苇席。

⑲犴(àn):古代北方的一种野犬,似狐,黑嘴。

⑳雀:据郑《注》,是一种黑而微赤的皮革。

【译文】

王的丧车有五种:一是木车,有用蒲草做成的藩蔽,车轼上覆盖用

白狗皮制成的裰,设有用白狗皮尾制成的盛放长兵器的橐,裰和橐都用
粗布镶边,用白犬皮制成的小兵器袋也都用粗布镶边;二是素车,有用
苴麻布制成的藩蔽,车轼上覆盖用白狗皮制成的裰,裰用白缯镶边为饰,
用白犬皮制的小兵器袋也都用白缯镶边为饰;三是藻车,用苍色的缯做
成的藩蔽,车轼上覆盖用夏季浅毛的鹿皮制成的裰,裰用去毛的鹿皮镶
边为饰;四是駹车,有用细苇席做成的藩蔽,车轼上覆盖用野兽果然的
皮做的裰,裰用赤而微黑的皮革镶边为饰;五是漆车,有用黑漆的细苇席
做成的藩蔽,车轼上覆盖用北方野狗皮制成的裰,裰用黑而微赤的皮革
镶边为饰。

5. 服车五乘①:孤乘夏篆②,卿乘夏缦③,大夫乘墨车④,
士乘栈车⑤,庶人乘役车⑥。

【注释】

①服车:指官车,即服王事者所用之车。郑《注》曰:"服事者之车。"

②夏篆:孤办公所乘车,车毂上雕有隆起的花纹,并漆有五彩。夏,
谓五彩。篆,通"瑑",指雕刻的隆起花纹。郑《注》曰:"五彩画毂约
也。"按,毂,在车轮的正中,中空贯轴,周围为车辐所凑。绕毂的
圆周刻成隆起的道道,即篆。篆如绳子拴束毂,故称之为毂约。

③夏缦:卿办公所乘车,车毂上只有五彩画文,而无雕刻的花纹。
郑《注》曰:"亦五彩画,无瑑尔。"

④墨车:大夫办公所乘车,不加纹饰,蒙以皮革。孙诒让曰:"谓车
舆(车厢)黑漆之,毂则徒漆,无刻文,又无画文也。"按,大夫以上
所乘车,车厢皆鞔以革。

⑤栈车:士办公所乘车,用竹木制成,不蒙皮革。郑《注》曰:"不革
鞔(mán,蒙上)而漆之。"

⑥役车:庶人所乘车。据郑《注》,有方形车厢,可载工具以供役事

之用。

【译文】

执行公务的车有五种：孤乘用夏篆，卿乘用夏缦，大夫乘用墨车，士乘用栈车，庶人乘用役车。

6. 凡良车、散车不在等者①，其用无常②。

【注释】

①良车、散车不在等者：良车，指制作工艺精良的车。散车，指制作工艺粗糙的车。不在等者，孙诒让："谓贵贱通用之车，不在五路及服车五者之等者也。"

②其用无常：按，前所举王及后之五路，王之丧车，以及服车五乘，其用途皆有一定，而良车和散车，据郑《注》说，是供王外出燕游或有恩惠之赐时所用，既不在等，其用亦无常例。

【译文】

凡是良车或散车，不在上述规定的分等级的车之内，它们的用途也就不固定。

7. 凡车之出入，岁终则会之①，凡赐阙之②。毁折入赍于职币③。

【注释】

①会之：郑《注》曰："计其完败多少。"

②凡赐阙之：郑《注》曰："完败不计。"

③赍（jī）：通"资"，资财，费用。杜子春曰："乘官车毁折者，入财以偿缮治之直。"

【译文】

　　凡是车辆的派出收回，每到年终就要统计一下本年度车辆的完损情况。凡是赏赐出去的车不论完损都不在统计之列。损毁公家车辆的要交给职币赔偿金。

　　8. 大丧，饰遣车①，遂廞之，行之②。及葬，执盖从车，持旌③。及墓，呼启关，陈车④。小丧⑤，共柩路，与其饰⑥。

【注释】

　　①饰遣车：遣车，随葬明器，载大遣奠所设牲体以遣送死者之车，刻木为之，特小，有铃及旌旗，亦称鸾车。遣车要先装饰，贾《疏》曰："言饰者，还以金、象、革饰之，如生存之车，但麤（粗）小为之耳。"

　　②遂廞之，行之：郑《注》曰："廞，……谓陈驾之。行之，使人以次举之以如墓也。"按，遣车小，可人举而行。

　　③执盖从车，持旌：据郑《注》，执盖，像死者生前乘车外出所建，可用以防雨；旌，谓铭旌，即生前的旗而死后书名其上者。

　　④呼启关，陈车：关，此指墓道之门。陈车，孙诒让曰："谓陈祥车也。"按，祥车指死者生前所乘车，此时用作载魂车，随柩车而行。王生前所乘车即五路（参见第 2 节），五路各有副车，叫做贰车，此时皆于墓地陈之。据郑《注》所引《士丧礼》，陈于墓道的东（左）边，车面朝北，由东向西排列，以东边为上位。

　　⑤小丧：谓王的夫人以下之丧。

　　⑥饰：谓柩车之饰。参见《缝人》。

【译文】

　　有大丧，装饰遣车，然后就陈列起来，而后让人举着前往墓地。到了出葬时，手执车盖跟从柩车，并手举写有死者名字的旌旗。到了墓前,呼令开启墓道的门,陈列祥车。遇到小丧,供给载运棺柩的车,以及柩车上的装饰物。

9. 岁时更续,共其弊车^①。

【注释】

①共其弊车:弊,《注疏》本原误刻作"币"。郑《注》曰:"巾车既更续之,取其弊车,共于车人,材或有中用之。"

【译文】

每年按季节更换新车以备续用,把更换下来的坏车供给车人以备循环取材。

10. 大祭祀,鸣铃以应鸡人^①。

【注释】

①鸣铃以应鸡人:郑《注》曰:"鸡人主呼旦,鸣铃以和之。"

【译文】

举行大祭祀的清晨,摇铃以与鸡人大喊"天亮了"的叫声相呼应。

六五　典路

1. 典路掌王及后之五路^①,辨其名物,与其用说^②。

【注释】

①王及后之五路:按,分别见《巾车》第 2、3 节。

②用说:用,谓驾车以行事。说,通"税",舍也,停止,止息。此谓卸车解马。

【译文】

典路掌管王和王后的五路,辨别它们的名称种类,以及使用时的套马驾车和用过以后卸车解马的事。

2. 若有大祭祀,则出路①,赞驾说②。大丧、大宾客亦如之③。凡会同、军旅、吊于四方,以路从④。

【注释】

①出路:据《巾车》,祭祀当出玉路。

②赞驾说:郑《注》曰:"赞仆与趋马也。"驾说,同上节"用说"。

③大丧、大宾客亦如之:据《巾车》,大丧用丧路,大宾客用金路。

④以路从:郑《注》曰:"王乘一路,典路以其余路(即五路之其余四路)从行,亦以华国。"华国,谓炫耀国力。

【译文】

如果有大祭祀,就出车,帮助驭者给车套马和解马卸车。如果遇到有大丧、大宾客,也是这样做。凡是王会同、征伐、吊唁四方诸侯,就驾着王所乘以外的其余四路车随行。

六六 车仆

1. 车仆掌戎路之萃①,广车之萃②,阙车之萃③,蘋车之萃④,轻车之萃⑤。

【注释】

①戎路之萃:戎路的正车、副车。戎路,天子在军中所乘之车。萃,通"倅",副也,此谓副车。郑《注》曰:"萃,犹副也。"又曰:"戎路,王在军所乘也。"一说,孙诒让曰:"后注云'萃各从其元',元即正

戎(即正车),则郑意五戎正副,此官通掌之,经唯云'萃'者,明五
戎皆有副也。"姑从孙说。

②广车:纵横陈列阵前以作防御屏障的车。广,横也。郑《注》曰:
"横陈之车也。"

③阙车:用以后备补阙的车。类似机动战车。郑《注》曰:"所用补
阙之车也。"

④苹车:有屏蔽的战车。四周蒙以皮甲,以抵御矢石。苹,通"屏"。
郑《注》曰:"苹,犹屏也,所用对敌自蔽隐之车也。"

⑤轻车:用以冲锋挑战、轻便快捷的兵车。郑《注》曰:"所用驰敌致
师之车也。"

【译文】

车仆掌管戎路的正、副车,广车的正、副车,阙车的正、副车,苹车的
正、副车,轻车的正、副车。

2. 凡师共革车①,各以其萃②。会同亦如之。大丧廞
革车③。

【注释】

①共革车:即供王戎车,王之五戎车皆革车(见《巾车》),王乘其一,
其余四车则从行。

②各以其萃:郑《注》曰:"萃各从其元焉。"元,谓正车。

③大丧廞革车:孙诒让曰:"廞应当训为陈,谓葬前一日,则陈于祖
庙之庭;葬日至圹,则陈于墓道也。"

【译文】

凡有征伐供给王革车,又以其余革车的副车随行。遇到王外出会
同时也是这样做。遇到有大丧就陈列作为明器用的革车。

3. 大射,共三乏^①。

【注释】

①共三乏:乏,亦名容、防,是唱获者(犹今射击比赛的报靶人)藏身
的屏障。据聂氏《三礼图》卷八引《旧图》说,乏,屏风状,长、宽皆
七尺,用牛皮制成。按,大射要设三侯,每侯设一唱获者,各需设
一乏,故需供三乏。

【译文】

举行大射礼,为报靶人供给所需的三乏。

六七　司常

1. 司常掌九旗之物名^①,各有属^②,以待国事。日月为
常^③,交龙为旂,通帛为旜^④,杂帛为物,熊虎为旗,鸟隼为旟,
龟蛇为旐,全羽为旞,析羽为旌^⑤。

【注释】

①物名:根据旗上的各种徽号所取的不同名称。郑《注》曰:"所画
异物则异名也。"

②属:此指与正旗同徽号之小旗。郑《注》曰:"属,谓徽识也。"孙诒
让曰:"诸旗大者为正,又各依其章物为小徽识,与大者为属。"

③日月为常:日月,即所画徽号,亦即章物。常,旗名。下放此。

④通帛为旜:通帛,谓旌旗的縿(shān,旌旗的正幅)与斿(liú,同
"旒",旌旗正幅旁的饰物)为同一色的帛制成。而下文"杂帛为
物"则谓縿与斿所用帛不同色。据孙诒让说,旜与物二者,仅指
旗的縿与斿的颜色相同或不同,并非各自别为一旗。如大常之
制即为旜,通帛为缌色(参见下注)。

⑤"全羽为旞"二句：旞(suì)，旗杆上系由完整五彩羽毛为饰物的
　　旗。九旗中的五种正旗常、旂、旗、旟、旐皆以全羽为饰。孙诒让
　　曰："旞、旌皆用染羽，全羽盖谓一羽备五彩，析羽则众羽杂五
　　彩。"按，全羽、析羽即所谓旄，是旗杆上端的饰物。所注之羽有
　　两种：每根羽毛都染作五彩，称全羽；每根羽毛只染一色，而众羽
　　杂备具五彩，称析羽。因装饰旗杆有全羽、析羽，故分别名为旞、
　　旌。据孙氏说，九旗中的旗、物、旞、旌是讲旗物的通制，而并非
　　另有其旗。

【译文】

　　司常掌管九种旗因所画图像不同而取来的名称，各种旗都有同类
属的小旗，以待国家有事时使用。画有日月的旗子叫做常，画有交龙的
旗子叫做旂，缯和斿颜色相同的旗子叫做旗，缯和斿颜色不同的旗子叫
做物，画有熊虎的旗子叫做旗，画有鸟隼的旗子叫做旟，画有龟蛇的旗
子叫做旐，用全羽装饰旗杆的旗子叫做旞，用析羽装饰旗杆的旗子叫
做旌。

　　2. 及国之大阅①，赞司马颁旗物：王建大常，诸侯建旂，
孤卿建旜，大夫、士建物②，师都建旗③，州里建旟④，县鄙建
旐⑤。道车载旞，斿车载旌⑥。皆画其象焉⑦，官府各象其
事，州里各象其名，家各象其号⑧。

【注释】

①大阅：贾《疏》曰："谓仲冬无事，大简阅军礼。"
②"孤卿建旜"二句：据孙诒让说，孤卿与大夫士所建皆画鸟隼之旟，
　　其所异者，孤卿所建为旜之旟，大夫士所建为物之旟，以异尊卑。
③师都建旗：师，据王引之说当作"帅"。孙诒让说，帅即军中将帅，

　　指六乡、六遂大夫;都指大、小都之长,采邑之主。旗,画有熊虎者,旗之制为㫃(通帛)。

④州里建旟:州里,据孙诒让说,指六乡之吏。六乡之吏有乡大夫、州长、党正、族师、闾胥、比长,虽皆建旟,然旒数则异,最尊者乡大夫六旒;最卑者比长,仅一旒。

⑤县鄙建旐:县鄙,郑《注》说指"遂之官",则当包括遂人、遂大夫、遂师、县正、鄙师、酇长、里宰、邻长。旐,画有龟蛇的旗子。据孙诒让说,自县正以上旐并四旒,鄙师三旒,酇长二旒,里宰一旒,邻长不在命士中,无旗。

⑥"道车载旞"二句:据郑《注》,道车,又叫德车,即象路,是王平时无事时在国都内所乘之车;斿车,又叫游车,即木路,是在国都外行游、田猎所乘之车。按,象路当建大赤(即旜),木路当建大麾(即旐,参见《巾车》);大赤杆饰为全羽,故曰"道车载旞";大麾杆饰为析羽,故曰"斿车载旌"。

⑦皆画其象:杜子春曰:"画,当为'书'。"象,指所书之官事(所为之官,所掌之事)、姓名。

⑧"官府"三句:郑《注》曰:"或谓之事,或谓之名,或谓之号,异内外也。"按,官府是王之官府,在国都中,为内;州里及家(谓都家,即采邑主)则皆在国都外。据孙诒让说,经为异内外而殊其名,或曰事,或曰名,或曰号,其实所书皆同,即皆书其官事、姓名。

【译文】

　　等到国家举行大阅兵时,要协助大司马颁发旗帜:王的车上竖立大常,诸侯的车上竖立旂,孤卿的车上竖立縿和斿同色的旗,大夫士的车上竖立縿和斿异色的旗,军中将帅和大都、小都之长的车上竖立縿和斿同色的旗,乡吏的车上竖立縿和斿异色的旗,县鄙官吏的车上竖立旐,道车所载旞旗杆以全羽为装饰,斿车上所载旌旗杆以析羽为装饰。在旗的縿上都要各自书写上各自的官事、姓名:是官府就各自书写上官事、姓名,是州里官吏就各自书写上官事、姓名,采邑主就各自书写上自己的官事、姓名。

　　3. 凡祭祀,各建其旗①。会同、宾客,亦如之,置旌门②。大丧,共铭旌③,建廞车之旌④;及葬,亦如之⑤。凡军事,建旌旗⑥,及致民置旗,弊之。甸亦如之⑦。凡射,共获旌⑧。

【注释】

①各建其旗:谓参加祭祀者,自王至诸侯、卿大夫,皆各建其旗:王建大常,诸侯建旂,孤卿建旃旌,大夫建物旗。

②置旌门:旌门,竖立旌旗作为门。按,此与掌舍为官联。《天官·掌舍》曰:"掌王之会同之舍,……为帷官,设旌门。"

③铭旌:又叫明旌。竖立在灵柩前标志死者官职姓名的旗幡。郑《注》曰:"王则大常也。"

④建廞车之旌:孙诒让说,廞车即廞(陈)遣车,王遣车备五路,则所建亦五路之旗,即大常、旂、旗、旟、旐,所用较粗糙而稍小。

⑤及葬,亦如之:据《注》《疏》,遣车在祖庙陈列时要建旗,出葬上路则去之而由人执以行,到墓地下葬时则又当建之。

⑥凡军事,建旌旗:孙诒让曰:"谓凡大师戎车所建,若前大阅王建大常之等。"

⑦甸亦如之:谓亦为田猎之车和为致民而置旗。

⑧获旌:唱获者(射击报靶者)所执的旌旗。

【译文】

　　凡举行祭祀,为参加祭祀者各自树立其旌旗。遇到会同、接待宾客也是这样,并为王在外的住处设置旌门。有大丧,供给铭旌,为用于陈列的遣车树立旌旗,到了下葬时也是这样。凡有军事行动,协助大司马为兵车树立旌旗,等到召集民众时也设置旌旗,到民众到齐以后就把旌

旗放倒。四时的田猎也是这样。凡是举行射箭比赛,供给报靶者所需
用的旌旗。

4. 岁时共更旌。

【译文】

每年按季供给需要更换的新旗。

六八　都宗人

1. 都宗人掌都祭祀之礼①,凡都祭祀,致福于国②。

【注释】

①掌都祭祀之礼:按,"祭",《注疏》本原误刻作"宗",据阮校改。
都,谓大都(公及王子弟的采邑)、小都(卿的采邑)。郑《注》曰:
"主其礼者,警戒之,纠其戒具。"

②致福于国:谓致祭肉于王。按,臣祭祀后,要致祭肉于君,即所谓
归胙,以示致福。

【译文】

都宗人掌管都中的祭祀之礼。凡是都中举行祭祀,祭祀后要把祭
肉送给王。

2. 正都礼与其服①。

【注释】

①服:指服饰及宫室、车旗。

【译文】

监督并规正国都中的各种礼仪和服饰等。

3. 若有寇戎之事,则保群神之壝。国有大故,则令祷、祠①;既祭,反命于国②。

【注释】

①令祷、祠:令,是以王的名义发命令。祷,祈求福佑之祭,祠,向神还愿之祭。参见《大祝》注。

②既祭,反命于国:郑《注》曰:"祭,谓报塞(赛)也。反命,还白王。"

【译文】

如果有贼寇或外敌侵犯之事,就保护群神的祭祀坛域。国家有重大的灾祸变故,就要命令都中官吏举行祈祷并于事后向神还愿;报神祭举行过后,也要向王汇报。

六九　家宗人

1. 家宗人掌家祭祀之礼①,凡祭祀致福。

【注释】

①家:谓大夫采地食邑。

【译文】

家宗人掌管大夫家邑的祭祀之礼。凡是举行祭祀,祭毕都要送祭肉给王。

2. 国有大故,则令祷、祠①,反命。祭亦如之②。

【注释】

①令：据郑《注》，谓以王命令之。

②祭亦如之：祭，此谓祈祷获福后的报神还愿之祭。亦如之，谓亦以王命令祭之。

【译文】

国家有重大灾祸变故，就命令家邑官吏举行祈祷、事后报神，之后要向王汇报。获福后王命令举行报神还愿祭祀，祭后也是这样。

3. 掌家礼与其衣服、官室、车旗之禁令。

【译文】

掌管有关大夫家邑的礼仪及其衣服、官室、车旗等的禁令。

七〇 神仕

1. 凡以神仕者①，掌三辰之法②，以犹鬼、神、示之居③，辨其名物。

【注释】

①神仕者：以事神为官职的人。负责辨别天上鬼神祇的方位，祀之以消除灾祸。以男巫中有才智者担任。

②三辰之法：此处的三辰，指日、月、星。按，神仕是掌天地众神神位的官，天地众神皆在天上有其位，但天空宽广，神位众多，故以日、月、星所在二十八宿及十二次的位置，来说明众神之位，即孙诒让所谓"以日、月、星辰之宿、次为识别"，此即"三辰之法"。

③以犹鬼、神、示之居：郑《注》曰："犹，图也。居，谓坐也。"按，犹，图画，图绘。坐，位。

【译文】

凡是以事神为官职的人，掌管根据日、月、星三辰位置以确定众神神位之法，以绘制人鬼、天神和地神在天位置的图形，辨别它们的名称和类别。

2. 以冬日至，致天神、人鬼；以夏日至，致地示、物魅①，以禬国之凶荒，民之札丧②。

【注释】

①物魅（mèi）：物之老而能为精怪者。魅，郑《注》曰："百物之神曰魅。"《广雅·释天》："物神谓魅。"

②"以禬国之凶荒"二句：禬，禳除。杜子春曰："禬，除也。"凶荒，札丧，参见《地官·司市》注。

【译文】

在冬至那天招致天神和人鬼降临接受祭祀，在夏至那天招致地神和百物之神降临接受祭祀，以除去国家的凶年灾荒和民众的瘟疫死亡。